böhlauWien

HELGA PESKOLLER

EXTREM

bȫhlau Wien Köln Weimar

Verlag und Autorin danken dem ORF für die Genehmigung zum Abdruck
der Beiträge „Im Gespräch" mit Peter Huemer und „Libretto" mit
Wolfgang Praxmarer sowie der Abbildungen aus den Fernsehsendungen
„Land der Berge" und „Universum".

Die Deutsche Bibliothek – CIP-Einheitsaufnahme
Ein Titeldatensatz für diese Publikation ist bei
Der Deutschen Bibliothek erhältlich

ISBN 3-205-99246-6

Umschlagabbildung: Conny u. Beat Kammerlander im »Silbergeier«/Rätikon © Wolfgang Muxel

Gedruckt auf umweltfreundlichem, chlor- und säurefreiem Papier

Druck: Manz Crossmedia, 1051 Wien

Für Felix

Topo

Einleitung

Gibt man einem Buch den Titel „extrem", muss man sicherge-
hen, dass das, was in ihm erzählt wird, nicht dem zuzurechnen
ist, was als normal gilt, sondern dem, was von der Normalität
abweicht.[1] Wobei die Abweichung nicht geringfügig, sondern,
so das Wörterbuch, äußerst, radikal oder maßlos zu sein hat.
Weicht etwas derart stark von dem ab, was man für normal
hält, gerät man in die Nähe dessen, was ich Leben nenne. In ein
Leben, das gewagt wird, sind mehrere geschachtelt. Sich einem
dieser intensiven Leben anzunähern und es zur Darstellung zu
bringen ist für eine Wissenschaft, die darauf besteht, nur vernünftig zu sein, ein aussichtsloses Unterfangen. Aus diesem
Grund wird die Kunst eingespielt. Mit ihr vermag die Wissenschaft, fallweise über sich hinauszugelangen. Das führt im besten Fall dazu, an die Grenzen eines Wissens zu stoßen, die sie
selbst gezogen und hervorgebracht hat. Die Grenzerfahrung ist
zunächst ein Verlust, in den hier investiert wird. Das hat zur
Folge, dass die Wissenschaft ihre eigene Geschichte, ihre Voraussetzungen und Grundlagen überdenkt. Wird das Denken,
Wissen und die Wissenschaft selbst zum Gegenstand des Forschens, kann sich auch der, der forscht, der Objektivierung nicht
entziehen. Wissenschaft wie ForscherInnen setzen sich aus und
machen die merkwürdige Erfahrung, dass mit dem Wissen das
Unwissen, mit der Sicherheit die Unsicherheit, in der Klarheit
die Unschärfe und durch die Grenzziehung das Unbestimmbare
zunimmt. Wodurch die Tätigkeit des Forschens sich immer weniger von dem unterscheidet, was Gegenstand dieser Untersuchung ist.

Längst daran gewöhnt, bis zum Äußersten zu gehen, wissen
sie, dass ihr Tun zwar zu begründen ist, streng genommen aber
grundlos bleibt. Die Rede ist von Reinhold Messner, Beat und
Hans Kammerlander, Wanda Rutkiewicz, Jerzy Kukuczka und
Lynn Hill, um nur einige zu nennen. Neben allem, was diese ExtrembergsteigerInnen trennt, verbindet sie die Entschiedenheit,
Maßlosigkeit und Radikalität, mit der sie ihre Selbstverschwendung betreiben. Das führt, inmitten der Natur, sowohl bis zum
Abgrund der eigenen Existenz als auch an den Rand der Gesellschaft und immer tiefer in ein Leben, das in Todesnähe das Und-
arstellbare und somit auch die Kunst berührt. Extreme zu (er)le-
ben und ihnen konsequent nachzudenken erfordert daher

---

1 Auch die Umkehrung ist denkbar:
Ein auf das exakte Mittelmaß aus-
gerichtetes Leben, das sich konsequent der Normalität verschreibt,
jedes Abweichen vermeidet und
die Durchschnittlichkeit perfektioniert, wäre – auf eine zwar andere
Art – aber mit Sicherheit ebenso
extrem.

andere Grenzziehungen des Wissens, welche die Grundfeste der Wissenschaft vom Menschen nicht fortschreiben, sondern umarbeiten in ein leidenschaftliches Verhältnis von Wissenschaft, Kunst und Bildung.

Extrem ist der Gegenstand und die Tätigkeit meiner Untersuchungen, und das empirische Material, auf das ich zurückgreife, ist gezeichnet von einer unfassbaren Leidenschaft. Wodurch die Gewichte der Erkenntnis von Anfang an anders zu verteilen sind. Denn, so viel vorweg, die Beweggründe und Praktiken des Kletterns im Schwierigkeitsgrad X und darüber, als auch das Höhenbergsteigen auf den Achttausendern bleibt im Letzten dem Verstehen außerhalb. Dasselbe gilt für eine Wissenschaft, die diesem Tun und den Motiven nachdenkt. Auch sie hebt wie ihr Gegenstand an, sich in ein Spiel gegenläufiger Kräfte zu verfangen. Die eine Kraft ist die der Einbildung, sie drängt nach oben und lässt Menschen über sich hinauswachsen. Die andere Kraft ist die der Schwere, sie zieht nach unten und zum Grund zurück. Je steiler die Wand und je höher man steigt, desto unausweichlicher wird das widerspruchsvolle Durcheinander dieser beiden Kräfte. Im Klettern und Denken wird es von der Art der Hingabe an das Hin und Her und Für und Wider der Leidenschaften abhängen, ob man hier wie dort im Chaos oder in der Ordnung endet.[2]

Zwei Lesarten empfehle ich für das Folgende. Entweder man liest von vorne nach rückwärts mit dem Effekt, Sicherheit in einer thematischen Ordnung zu finden. Oder man orientiert sich an der Zeit und liest kreuz und quer. Die einzelnen Beiträge sind datiert und versuchen, die je letzte Erkenntnis im Nachfolgenden zuzuspitzen und weiterzutreiben.

Der Aufbau des Buches ist einfach. Es besteht aus 4 Kapiteln mit sehr unterschiedlichen Textsorten. Sie reichen vom Geschichtenerzählen über den Erlebnisbericht und das Interview bis hin zu wissenschaftlichen Abhandlungen, Essays und Vorträgen. In das Mündliche und Schriftliche dieser Arbeiten intervenieren Bilder. Es handelt sich um Film- und Videostills, um Fotografien, aber auch um Sprachbilder, Malerei, Installationen und Konzeptkunst. Bilder sind Orte des Lebens und Ausgänge für Selbstbildungsprozesse. Sie enthalten Spuren bewegter Körper und schöpfen aus dem Atmosphärischen der Höhe und der Senkrechten. Eine Anzahl von Bildern und Gedanken wird wiederkehren, aber nie fällt die Wiederholung mit dem Ausgang in eins, immer gibt es Unterschiede durch Abweichung. Die Frage nach dem, was sich in Grenznähe abspielt, wird ebenso bestän-

2 Vgl. von Weizsäcker 1956, 32

dig auftauchen wie ein Reinhold Messner am Nanga Parbat[3] oder ein Beat Kammerlander im „Silbergeier"; dasselbe gilt für die Theoretiker wie beispielsweise Michel Serres oder Dietmar Kamper. Informationsüberschüsse sind in den Fuß-, einmal auch in Endnoten untergebracht. In ihnen tritt der Hintergrund für die Thesen und Fragen hervor.

Betrachten wir die einzelnen Kapitel etwas genauer, fällt ein Bezug zum Berg auf, der sich über die Verschiebung von Kontexten herstellt. Die Verschiebungen zielen auf eine Denkform, die gegenläufige Verfahren und unterschiedliches Wissen miteinander sprechen lässt. Körperwissen mit Ästhetik, Erfahrungs- und praktisches Handlungswissen mit wissenschaftlicher Erkenntnis, Intuition mit Instinkt, Nachschreibung und Performativität mit Analyse. Das geht nie ohne Spannung ab bis hin zum Bruch. Dahinter steht die Erkenntnis, dass sich extreme Phänomene einem systematischen oder gar schematischen Vorgehen verschließen. Extreme sind Antworten. Sie antworten auf Normierung und Disziplinierung, indem sie das Regelwerk der Vernunft, sprich die Prozeduren des Ausgrenzens und Einschließens befragen. Wodurch Extreme direkt wie indirekt Grundlagen der Wissenschaft und Gesellschaft in Frage und zur Diskussion stellen. Beschränkt auf Extreme am Berg, werden die Erschütterungen zugelassen und verstärkt durch die Art des Fragens, sie hat Methode.

Zu Beginn des Kapitels 2 – *Raumverdichtung durch Vertikalität* – wird beispielsweise die Frage gestellt, wie es gelingen kann, alles, was man über sich und die Wand weiß, so zu vergessen, dass das Wissen in den Körper respektive in Hände und Füße übergeht. Der Vortrag *extrem* versucht, sich dem Leben zu nähern und bleibt dem Unterschied von Quantität und Qualität auf der Spur. *Zwischen hoch und tief* fasst in knapper Form die Erfahrung des Kletterns auf wenigen Seiten. Einen Schritt weiter geht *Virtuelle Welt und gemeiner Sinn*. Im Mittelpunkt steht die Geschichte, Struktur und Wirkung des Bildes, das sich zum Weltbild verdichtet, aber gleichzeitig die Wirklichkeit als Fiktion und Täuschung erkennt. Die Haut trägt zur Erkenntnis bei, sie ist das erste Medium. Diesen Gedanken setzt *Die Kunst der Berührung* und *Körper bilden* fort. Das eine Mal durch den Vergleich, verglichen wird das Malen mit dem Klettern; das andere Mal steht der Schöpfungsakt selbst zur Disposition. Die Einbildungskraft kehrt, in einer reflexiven Bewegung, zurück und zwingt, die Unmöglichkeit von Ewigkeit und Einheit realer Körper anzuerkennen. *1 cm* und *Ein Spiel gegen die Täuschung* geht

3 Ich habe Wert darauf gelegt, die BergsteigerInnen immer wieder selbst zu Wort kommen zu lassen. In den einzelnen Studien gibt es daher eine Reihe von Originalzitaten aus verschiedenen Erlebnisberichten der Alpinliteratur – mit einer Ausnahme: Reinhold Messner und sein Verlag haben in „extrem" diesem Verfahren nicht zugestimmt, deshalb weiche ich hier von der Regel ab.

dem Unmöglichen auf den Grund und endet in der Grundlosigkeit. Sequenzen aus Kletterfilmen werden bis zur Unerträglichkeit verlangsamt und gedehnt und plötzlich scheint auf, was jedem Bewegungsakt vorangeht.

Mit dem Vortrag *BergDenken* beginnt Kapitel 3. Am frühen Morgen des 16. April im Jahre 1483 verlässt der Dominikanerpater Felix Faber Reutte. Man hört ihn den Fernpass hinanstapfen, sein Ziel ist Rom. Der Pilger will die Rätischen Alpen so rasch als möglich hinter sich bringen. Auch Hans Kammerlanders Anstrengungen am Mount Everest sind unmenschlich groß ,aber sie sind Teil seiner Passion; ähnlich Beat Kammerlander, der in der Leere höchster Verausgabung sich seiner selbst versichert. *BergDenken* stellt erneut die alte Frage nach dem Warum und unternimmt eine Tour de force durch die Geschichte des Bergsteigens und der Bergästhetik, streift mithin die Entwicklung der Naturwissenschaft als auch der Kriegsführung und zeigt Bilder der frühen Landschaftsmalerei bis hin zur Gegenwartskunst. Auf mein Buch „BergDenken – Eine Kulturgeschichte der Höhe" nehmen die nachfolgenden Interviews Bezug. *Peter Huemer* will die Kette Berg – Mann – Tod geklärt haben, *Wolfgang Praxmarer* möchte herausfinden, was Denken, Schreiben und Klettern verbindet und wie ein extremes Leben funktioniert, und *Gunter Gebauer*, selbst Experte in der Philosophie des Sports, arbeitet die Besonderheit des extremen Bergsteigens und Kletterns heraus und kommt bei der Angst an.

Kapitel 4 geht weit nach draußen und hoch hinauf. *8000 – Ein Bericht aus großer Höhe* handelt von einer Nanga-Parbat-Besteigung, die endlich glückt. Um denselben Berg geht es in *„... unfassbar und doch wirklich"*, auch hier drängt alles auf das Erwachen aus einem Traum und das Augenmerk liegt hier wie dort auf den Variationen des Hörens. Das Ausgangsmaterial allerdings ist anders und somit auch das Vorgehen und die Fragen. Verbunden bleiben beide Artikel in der Skizzierung einer Wissenschaft des Individuellen und Singulären. Das gilt auch für die Abhandlung *17 Stunden*. Sie arbeitet an Hans Kammerlander und mit Henri Bergson die Intensität der Erfahrung als eine Qualität der Zeit heraus. Mit *Bergeinsamkeit* geht das Buch „extrem" zu Ende. Sie handelt von der Angst, am Festhalten der Vernunft verrückt zu werden, da man nicht aufhört, auch nicht im Wissen um eine abgrundtiefe Spaltung, frühen Wünschen treu zu bleiben.

Die *Ausgänge* sind nachträglich entstanden und eine Antwort auf die Frage, die man mir seit dem Erscheinen von „Berg-

Denken" so häufig gestellt hat. Warum bleibe ich derart beharrlich am Thema Berg? Hier stimmt die einfachste Antwort, weil ich nicht anders kann, aber zu leben ist das Einfachste schwierig. Kapitel 1 blendet in eine Zeit, in der ich noch ein Kind war, oben auf der Bettelwurfhütte. Den fünf Geschichten aus der *Kindheit* folgt ein Gespräch mit meiner Mutter. Das Leben und die Arbeit auf der Schutzhütte war nicht gerade ein Honiglecken und „... *Mit di Leit' redn*" war eines der wenigen Vergnügen. Zwei Blicke, der der Mutter und der der Tochter, treffen denselben Ort und lassen ihn auf unterschiedliche Weise noch einmal lebendig werden. Von Ursprüngen anderer Art handelt die Polemik *Götterberge – Berggötter*. Die große Anzahl von Zitaten aus der Alpinliteratur verbindet die Gewalt gegen den Berg. Sie stellt sich als eine gegen den eigenen Körper und gegen die Frau heraus. Grund genug, *„Die Rolle der Frau im Alpinismus"* einer Dekonstruktion zu unterziehen und Frauen Mut zu machen, es den Männern nicht gleichzutun. *Gegenstand* ist der Schlusspunkt einer langen Qualifizierungsgeschichte, der Vortrag war 1996 Teil des Habilitationskolloquiums. Er bringt mein Konzept von Wissenschaft auf den Punkt, indem er sich dem Verhältnis von Berg und Denken zuwendet.

Die Auswahl der Beiträge ist nicht willkürlich erfolgt und könnte durchaus ergänzt werden.[4] Die wenigen „Wurzeln", die Kapitel 1 freilegt, berühren sich beiläufig und bleiben lose gefügt, wodurch die Zwischenräume beweglich und offen bleiben. Ein Ergebnis ist die anhaltende Suchbewegung und die Freude am Experimentieren. Sie führt zu überraschenden Funden und führt immer wieder in, bislang, für das Bergsteigen fremde Zusammenhänge. Die Beiträge von Kapitel 2–4 sind ausnahmslos in der Zeit zwischen Oktober 1997 bis Mai 2000 entstanden, sie vertiefen und radikalisieren, was im Buch „BergDenken" grundgelegt wurde. Waren es hier vor allem die Materialfülle, Formkraft und der kritische Blick auf die Historie, der Berge anders als vorher sehen ließ, geraten jetzt in erster Linie die Struktur und die Auswirkungen der Erfahrung mit extremen Praktiken ins Zentrum. Damals wie heute leitet mich insgeheim immer auch noch die Frage nach dem Warum.

Klettern ist das Kürzel für jene Erfahrungen, die mich am stärksten geprägt haben und die ich bis auf weiteres buchstabieren werde. Ausnahmsweise stelle ich hier einen ganz normalen Erlebnisbericht an den Anfang, er führt auch mich erneut zum Ausgang zurück und nahe an den Gegenstand der Forschung heran. Vermeintlich nahe, denn bei genauerem Hinse-

4 Vgl. Peskoller insbes. 1987, 1988, 1989, 1991, 1993, 1996

hen stellt man fest, dass gerade dann, wenn man etwas selbst erlebt hat, dort also, wo die größte Authentizität zu erwarten wäre, diese ausbleibt. Ein Rätsel um die langen Wege und Passagen der Erfahrung. Die Erfahrung braucht das Andere, etwas, das ihr außerhalb liegt, ein Medium, eine Projektionsfläche, einen Rahmen und Kontexte, die übersetzen, übertragen und mehrfach vermitteln, bis sie das genau erzählt, was ihr geschenkt und widerfahren ist.

KAPITEL 1: AUSGÄNGE

Klettern

Abb. 1   Abb. 2

Als ich am 1. Mai 1972 mit dem Klettern anfing, wusste ich nicht, worauf ich mich einlasse, eines aber war von Anfang an klar, Klettern ist etwas, das man nicht halb machen kann, es verlangt danach, dranzubleiben. Dann erlebt man ein Zusammenspiel aller Kräfte, das, ins Gleichgewicht gebracht, in einen Zustand wachsamer Ruhe führt, die ich bisher so nicht gekannt habe. Obwohl ich zu Beginn viel Angst hatte,[1] folgten der ersten Kletterei mit Seil viele weitere, im Sommer und Winter, in den Ost- und Westalpen, allein, mit Frauen und Männern. Jede Tour hat ihren Ort und einen Namen und hinter jedem Namen stehen Geschichten. Auch wenn ich wollte, könnte ich hier nicht alle diese Geschichten erzählen,[2] an ihrer statt zeige ich eine kleine Auswahl von Bildern. Sie führt mich zu einer einzigen Tour, von der ich etwas ausführlicher berichten werde. Die Entscheidung für diese Tour hat nichts damit zu tun, dass sie schwieriger als andere gewesen wäre oder weil sich in ihr Ungewöhnliches oder besonders Gefährliches zugetragen hätte; das Klettern war ziemlich normal. Im seelischen Gedächtnis verblieb mir die Tour wegen des Zeitpunktes der Besteigung, die ästhetische Erinnerung hat die Kühnheit und Eleganz der Linienführung aufbewahrt. Vielleicht hat zum Nichtvergessen aber auch noch anderes beigetragen, die merkwürdige Verbindung beispielsweise vom Anfang und seinem Ende. Diese Tour sollte meine letzte in

1 Vgl. das Gespräch mit Peter Hue-mer, Kapitel 3 in diesem Buch.
2 Vgl. die Beschreibung über die Phi-lipp-Flamm in Peskoller, BergDenken 1998[2], 255 ff. Erzählen würde ich aber auch gern über den Mont-blanc, als ich das erste Mal oben war, mit 15 im Winter. Oder von der Petratschesverschneidung am Hei-ligkreuzkofel, bei der ich meine Wurzeln im Rücken spürte; auf der gegenüberliegenden Seite befin-det sich nämlich der kleine Weiler „Pescol", dort haben jahrhunderte-lang meine Vorfahren ihr Leben als Jäger und Bauern gefristet. Oder in der Cima Scotoni, als uns nach dem Ausstieg aus der Lacedelli/Ghedina ein Gewitter überrascht hat, dasselbe geschah nach dem Quergang in der Cassin an der Westlichen Zinnen-Nordwand und im Abstieg von der Andrich-Faé an der Civetta-Nordwestwand. Unbe-schwert hingegen war das Klet-tern in der Route von denselben Erstbesteigern am Torre Venezia, nicht anders in der Tissi, damals hatten wir viel gelacht, gesungen und gescherzt. Ernst hingegen bleibt mir die Auckenthaler an der Laliderer-Nordwand in Erinnerung, vor allem wegen des Quergangs, in dem eine Reihe loser Blöcke lagen, sodass man mit äußerster Vorsicht zu steigen hatte; weniger brüchig, aber genauso ernst war die Klaus-Werner-Gedächtnis-führe. Beide Touren hatten wir hin-tereinander gemacht, aber am zweiten Tag sind wir nicht mehr abgestiegen, sondern auf der Bi-wakschachtel geblieben. Andern-tags mussten wir im Eiltempo über die Spindler-Schlucht, um für einen Kletterer Hilfe zu holen, der an der Herzogkante gestürzt war und sich verletzt hatte. Wohl ge-fühlt habe ich mich im Buhl-Durchschlag oder und in der Lafat-scher-Verschneidung, die wir bis weit hinauf ohne Seil gegangen sind. Ein Erlebnis der besondere

Abb. 3   Abb. 4   Abb. 5

Abb. 6   Abb. 7

Art waren die vielen Touren im Ro-
fan, im Kaiser und Wetterstein, vor
allem im Winter. Dorthin konnte
man auch mit dem Fahrrad und
mit meiner alten Puch DS 50 gelangen, wobei Ankunft und Rück-
fahrt mit diesem alten Gefährt nie
ganz sicher schienen. Gern denke
ich an die Klettertouren bei den internationalen Bergsteigerinnen-
Treffen, z. B. in Alleghe, in Gösche-
nen oder in Chamonix 1986. Auch
vom Sportklettern in Arco, Finale
oder Lugmignano ließen sich Szenen schildern. Die Begegnung mit

der Marmolada werden. Während meiner ersten Kletterei am
Sellaturm konnte mein Blick auf der gegenüberliegenden Seite,
auf den weiß verschneiten Flächen der Marmolada zur Ruhe
kommen. Aber diese Nordseite der Marmolada hatte auch etwas Beunruhigendes, da sie meine Vorstellung in Gang setzte.
Vom ersten Sellaturm aus konnte man nämlich nur diese eine
Seite einsehen. Aus Erzählungen aber wußte ich, daß es da noch
eine ganz andere Seite gab und diese andere Seite ist die Mar-
molada-Südwand. Sie begann mich mehr und mehr zu zu interessieren. Als die Schwierigkeiten des Absteigens hinter mir
lagen, habe ich mich gefragt, wie wohl die Kehrseite der Nordwand aussah und beschaffen ist und wie lange es dauern wird,
bis ich dort klettern konnte.

– *Marmolada*

Den Namen dieser Gebirgsgruppe hörte ich zum ersten Mal als Kind und er klang in meinen Ohren so, als ob Feen und andere Fabelwesen über einen riesengroßen Teppich von Blumen aus Eis und Schnee tanzten. Als ich den Berg dann real zu Gesicht bekam, war ich fünfzehn, und genau noch einmal fünfzehn Jahre später kam ich hierher zum Klettern. Dazwischen bin ich mit meinem Sohn Mathias am Fuße der Marmolada gewandert. Er richtete seine Aufmerksamkeit nicht auf die Wände, sondern auf die Kleintiere am Boden. Außerdem hatte er seinen Fuhrpark mitgebracht, einen grünen Traktor, eine gelbe Schubraupe und einen Rettungsbus mit Blaulicht. Im Rifugio Contrin und oben auf dem Ombrettopass hat er die Fahrzeuge aus dem Plastiksack gezogen und gespielt.

Die Südseite der Marmolada besteht aus einer bis zu 900 Meter hohen Wandflucht, die sich mehrere Kilometer in die Länge zieht. 1901 hat man die Südwand zum ersten Mal durchstiegen,[3] mittlerweile gibt es hier eine große Anzahl von Routen. Eine, die lange Zeit als die schwierigste in den Dolomiten galt, greife ich heraus. Sie endet auf der Punta di Rocca, das ist eine der Spitzen des Marmolada-Hauptkamms, auf 3309 Meter Höhe, und wurde vom 2. auf den 3. September 1934 von G. B. Vinatzer und E. Castiglioni in 27 Stunden Kletterzeit erstbegangen.

Es war der 17. Oktober 1986, ein Freitag. Nach der Arbeit setzten wir uns ins Auto und fuhren Richtung Dolomiten. Mit dieser Tour, das wusste ich, wird dieser Klettersommer zu Ende gehen und mit dem Herbst rasch der Winter kommen.[4] Endlich erreichen wir Canazei, fahren hinüber zum Fedaiapass, hinunter zur Malga Ciapela, von hier aus noch ein Stück auf einer schmalen Schotterstraße, bis es nicht mehr weitergeht. Wir packen die Schlafsäcke aus und legen uns neben das Auto. Es ist still, aber einschlafen kann ich nicht. Eine merkwürdige Spannung liegt in der Luft, mir kommt es für die Jahreszeit zu warm vor, und es ist Vollmond. Auch wenn ich nicht wirklich schlafe, erholen kann ich mich im Freien trotzdem. Noch bevor es richtig Morgen wird, stehen wir auf, rollen wortlos die Schlafsäcke zusammen und packen die Rucksäcke. Helmut Neswadba nimmt die Schlosserei, die Karabiner mit den Bandschlingen, die Klemmkeile, Friends, Helm und Klettergurt; ich trage das Doppelseil, die Kletterpatschen, den Biwaksack, das Verbandszeug, die Wasserflasche und 2 Äpfel. Dann gehen wir los, die Serpentinen hinauf, an der Malga Ombretta vorbei, lassen den Wald

einer Eidechse in der Martinswand, die zu meinem ersten Sturz führte, wäre einer längeren Ausführung wert, aber auch die winzige Klettermaus, die unbekümmert aus einem Felsspalt hervorkroch, kurz unter dem Ausstieg von der Schubert im oberen Wandteil des Piz Ciavazzes. Verblüfft haben mich immer wieder jene genügsamen Pflanzen, die in exponiertesten Lagen überdauern und plötzlich neben einem Griff zu sehen waren, z. B. oberhalb des Kaminüberhangs im Tofanapfeiler, in den Plattenzonen der Eisenstecken an der Rotwand oder inmitten einer Querung an der Via Fakhiri in der Fanis. Das sind wenige Bruchstücke aus meinem Bergsteigerinnenleben. Dahinter stehen Ereignisse und Erlebnisse, die mich gefordert und geformt haben und aus meinem Denken niemals zu löschen sind – und das ist gut so.

3 Es war der 1. Juli 1901, an dem die Bergführer M. Bettega und B. Zagonel mit der Engländerin Beatrice Tomasson auf die Punta Penia geklettert sind, eine Route im Schwierigkeitsgrad IV, die man heute als „alte Südwand" oder auch als „Via classica" bezeichnet.

4 Vgl. dazu die Beschreibung in Peskoller, Vom Klettern, 1988, Materialband 2, 218 f.

hinter uns und queren hinüber zur Rifugio Falier, sie ist bereits geschlossen. Dann folgen wir dem markierten Weg, der zuletzt über ein Schotterfeld zum Wandfuß leitet, wobei nicht so ganz klar ist, wo sich der Einstieg tatsächlich befindet. Während des Anstiegs hat das Mondlicht Figuren an die Wände gezeichnet, das Licht ist dann aber bald schwächer geworden, und den Übergang vom Grau ins Blau des Tages habe ich nicht bemerkt. Wir beschließen, in die Tour nur einen Rucksack mitzunehmen, und suchen nach einer Stelle, die man sich gut merken konnte, um den zweiten Rucksack zu hinterlegen. Die Stelle ist markant genug, sie befindet sich zwei Schritte rechts von der letzten Kehre, bevor die Latschen ganz aufhören. Einer von uns muss nach der Tour noch einmal aufsteigen, um den Rucksack zu holen.

Mittlerweile ist es taghell geworden. Wir seilen uns an dem Plätzchen an, wo uns scheint, dass es eine Übereinstimmung gibt zwischen der Beschreibung im Alpenvereinsführer und unserer Wahrnehmung. Der Kamin über uns ist tatsächlich rot, wir müssen also richtig sein. Die erste Seillänge ist wider Erwarten derart steil, dass keine Zeit bleibt, sich einzuklettern und an den Fels zu gewöhnen. Die Steilheit sollte so bleiben, und was die Schwierigkeit angeht, wird sie kaum irgendwo leichter als V und VI. Wir waren beide gut in Form, nur etwas klettermüde vom langen Sommer, aber der feste Fels, an dem alles zu halten schien, was man anlangte, ließ die alte Begeisterung aufkommen. Etwas Kopfzerbrechen allerdings machte uns die Wettervorhersage. Am nächsten oder übernächsten Tag sollte das Wetter umschlagen und Schnee kommen. Wir durften also keine Zeit vertun, in der Wand biwakieren will keiner von uns. So fest der Fels war, so heiß war die Sonne. Erbarmungslos brannte sie auf uns herunter, als wäre heute ihr letzter Tag. Das hatte zur Folge, dass wir ab Wandmitte ausgetrocknet waren. Die Wasserflasche war nicht groß, ¾ Liter, das musste für beide und bis oben reichen. Wir taten nichts anderes als klettern, über Verschneidungen und Überhänge, in Rissen, manchmal auch durch einen Kamin und dann wieder über Wasserrillen, Absätze und Platten. Es gab kleine und große Fingerlöcher, hin und wieder, und das freut jeden Kletterer, eine Sanduhr. Sanduhren sind nicht nur ausgezeichnete Griffe und Sicherungsmöglichkeiten, sie sind auch schön und erzählen von der Erosionskraft des Wassers. Weit unten war der Einstieg zu sehen, der gewundene Weg zur Hütte, die Lärchen und Buchen, gelb, braun, ein wenig grün bis wassertürkis und dazwischen ein tiefes Rot.[5] Heroben war

5 Vgl. Peskoller, Zwischen Sternen, 1987

alles grau, ein helles bis mittleres Grau und manches Mal wurde es auch gelb bis rötlich braun. Man fand sich vor inmitten eines ungeahnten Reichtums an Ritzen und kleinen Rissen, Falten und Dellen, die das Wasser ausgespült hatte. Es ist früher Nachmittag geworden, die genaue Zeit wissen wir nicht, keiner von uns hat eine Uhr dabei, aber das große Band liegt schon eine gute Weile hinter uns. Auf dem Band, das den Plattenschuss in zwei, beinahe gleich große Hälften teilt, haben wir kurz Rast gemacht, den Apfel gegessen und die Schuhbänder gelöst, da die Kletterpatschen sehr eng sind, um den Fels gut zu spüren.

Noch bevor wir von zu Hause losgefahren sind, haben wir entschieden, dass wir im unteren Wandteil die „Vinatzer" klettern werden und dann, im oberen Wandteil, diese Führe verlassen wollen und die „Messner" gehen. Reinhold Messner hat am 16. und 17. August 1969 diese Route erstbegangen, und zwar allein. Die beiden Erstbesteiger von 1934 haben sich in der zweiten Wandhälfte etwas zu weit rechts gehalten, sodass man ganz oben über einer meist vereisten und steinschlaggefährdeten Rinne aussteigen muss. Messner hat dieses Ausweichen als einen „Schönheitsfehler" bezeichnet und ist vom Band aus in der Wandmitte direkt zum Gipfel aufgestiegen.[6] Dasselbe taten auch wir, aber die Hitze setzt uns zu, es macht Mühe zu schlucken, geschweige denn ein Wort zu sprechen. Der Hals ist inwendig wie verklebt, die Lippen brennen. Außerdem ist nicht immer klar, wo es weitergeht. Text und Foto helfen nicht nur weiter, sie verwirren auch. Bleibt, jenseits von Schrift und Bild, der Orientierungssinn, und so kamen wir trotz allem zügig voran. Es war ein Klettern durch zwei Kapitel der Alpingeschichte. Die Klassik unten und oben die Moderne. An einer Stelle ist es etwas heikel geworden. Im oberen Wandteil musste man mehrmals queren. Einmal war, nach links ansteigend, eine ziemlich lange Querung zu machen, als ob man über versteinerte Orgelpfeifen ginge. Nur Sicherung war keine anzubringen und der Standplatz hätte auch besser sein können. Das zehrt etwas an den Nerven, auch deswegen, weil wir nicht sicher waren, ob wir uns noch in der richtigen Tour befanden. Dann folgte ein ungegliederter, senkrechter Fels, an dem man mehr als gewohnt Kraft verbrauchte, bevor erneut eine Platte zu überklettern war. Der Standplatz nach Querung und Aufschwung war passabel, ausserdem fanden wir einen zuverlässigen Haken vor, und irgendjemand hat einmal seinen Zigarettenstummel hier zurückgelassen. Lauter Zeichen, die uns sagten, wir haben keinen Verhau gebaut. Nach etwa 9 Stunden Kletterei näherten

6 Vgl. Messner, 7. Grad 1973, 109–117

wir uns der letzten Seillänge. Die Sonne hat den Standplatz angewärmt, ich kauere im Verschneidungsgrund und gebe das Seil nach. Am unregelmäßigen Rhythmus, mit dem ich das Seil auszugeben habe, erkenne ich, dass es noch einmal schwierig wird. Ich kann nicht viel sehen, über mir eine kompakte Wand mit wenig Struktur, der man am besten nach rechts folgt bis zur Kante. Ich höre Karabiner einschnappen, dann muss Helmut einen Zug mit dem rechten Arm gemacht haben, der linke Fuß in Hüfthöhe auf Gegendruck. Stand! Er ist oben, ich kann nachkommen. Ich mach rasch, steige nach und wenig später sind wir beide draußen, es ist windig. Wir freuen uns und schauen kurz die Runde und die Wand hinunter, und während wir damit beschäftigt sind, uns aus dem Seil zu binden, sinkt die Sonne hinter der Kante hinunter, sofort wird es kalt. Wir beeilen uns. Die Dämmerung wird schnell zur Nacht, und bevor das geschieht, wollen wir mit dem Abstieg beginnen. Wir ziehen die Kletterpatschen aus und die Turnpatschen an. Zwar sind die Sohlen der Turnpatschen auch nicht rutschfest, aber etwas mehr Halt als die der glatten Kletterpatschen geben sie. Dann holen wir den Anorak aus dem Rucksack und stopfen Kletterpatschen samt Hüftgurte und Magnesiumbeutel hinein. Einen Moment passe ich nicht auf und vergesse, das Schnürchen am Magnesiumbeutel zuzuziehen, und schon ist alles eingestaubt. Wir schmunzeln. Die Hände sind kalt, die Finger ungeschickt und ich suche umständlich nach einer Mütze in der Deckeltasche des Rucksacks. Mütze finde ich keine, aber ein Stück Schokolade von der letzten Klettertour. Gipfelglück. Nun machen wir uns auf den Weg, queren den Eisgrat hinüber, mit den Turnpatschen und im Eindunkeln ein Balanceakt. Unter den Füßen kracht das Büßereis und irgendwo, in der Ferne weit unten, haben Menschen in ihren Häusern die Lichter angemacht. Wir stapfen zur Station der Seilbahn hinauf und wissen, dass diese zwar geschlossen ist, hoffen aber, dass man den Noteingang offen gehalten hat, was auch der Fall ist. Wir sind geschützt. Einen ganzen Tag lang haben wir einen einzigen Wunsch übersetzt in unzählige Bewegungen. Es war ein ständiges Handeln, nicht immer entschieden, manchmal unsicher und suchend, selten kam Angst auf, öfters Verwunderung, auch Gleichmut, Freude und vor allem Konzentration. Auf den Standplätzen tauchten Erinnerungen auf an andere Wände, aber auch an Kletterei in der Nachbarschaft. Vor 1 ½ Monaten bin ich die „Don Quixote" und den „Schwalbenschwanz" geklettert, zwei Touren, die man postmodern bezeichnen kann. Ich habe mich über die Leichtigkeit gefreut, mit der man höher kam; bis zum Band sind wir seilfrei gegangen. Damals war es nicht so heiß und in den Kaminen des „Schwalbenschwanzes" haben wir sogar gefroren. Diese beiden Routen enden nicht, wo die Vinatzer-Messner aufhört, sondern an der Marmolada d'Ombretta. Man hatte sie 1978 bzw. 1979 erstbegangen.

Die Nacht in der Station war eine Qual. Es gab keinen Tropfen Wasser und draußen zogen immer mehr Wolken auf, den Mond konnte man nur hin und wieder sehen. Wir machten uns Sorgen, weniger wegen des Abstiegs, als vielmehr über den Verbleib unserer drei Freunde. Auch sie waren heute früh eingestiegen, sie wollten die „Modernen Zeiten" machen. Dass die „Modernen Zeiten" keine Kleinigkeit sind, wussten wir, uns war auch klar, dass man zu dritt langsamer vorankommt als in einer Zweierseilschaft. Aber dass sie nicht und nicht kamen, das beunruhigte uns zunehmend. Vielleicht sind sie umgekehrt. Wahrscheinlicher schien uns ein Biwak, und wenn sie biwakieren mussten, dann, so hofften wir, am Band und nicht irgendwo in der Wand. Am Band ist es halbwegs komfortabel. Als es anfing, Tag zu werden, brachen wir auf. Vorher durchstöberten wir die Werkzeugkammer nach einem Gerät, das uns beim Abstieg über den Gletscher behilflich ist. Wir fanden einen alten Pickel aus Holz, es war einer dieser schweren Dinger, die man beim Straßenbau verwendet, aber er leistete gute Dienste. Mehr als einmal mussten wir länger suchen, wo es weiterging. Wir querten im Nebel etliche Male hin und her, stapften einige Meter hinauf, rutschten dann wieder ein gutes Stück und so kontrolliert als möglich abwärts. Nach ungefähr zwei Stunden begann sich der Nebel etwas aufzulösen. Man konnte abschätzen, wo man sich befand. Und es dauerte nicht lange, dann hatten wir nicht mehr Schnee unter den Füßen, sondern Steine, Gräser und schließlich Asphalt. Als wir hinübergingen zum Fedaiapass und einkehrten ins Wirtshaus, um ein Glas Tee zu trinken, war plötzlich wieder alles ganz normal, so, als läge das soeben Erlebte bereits weit zurück. Die Arbeiter an der Bar rauchten, sie tranken ihren Espresso und unterhielten sich. Einige Touristen waren auch da, sie waren nass geworden, schauten etwas verfroren aus, tranken Tee wie wir und nagten am Weißbrot, das auf den Tischen stand.

Bald machten wir uns wieder auf den Weg. Nach einer Straßenkehre nahm uns ein Einheimischer in seinem Auto mit. Ins Tal zurück, wo unser Auto stand, mussten wir zu Fuß gehen. Am Parkplatz angekommen, sahen wir, dass das Auto unserer

Freunde immer noch da stand. Ich ziehe mich rasch um und steige auf in Richtung Einstieg. Dort liegt der Rucksack, und ich will wissen, was mit den drei Kletterern los ist. Inzwischen hat es leicht zu schneien begonnen und man sieht so viel wie nichts. Es ist unheimlich still. Als ich der Wand immer näher komme, höre ich Wasser, ab und zu Steine, und mir scheint, dass da auch Stimmen zu hören sind. Und plötzlich, wie aus dem Nichts, steht einer der drei vor mir. Einen Moment lang blieb mir das Herz stehen, dann lachten wir. Er war etwas blau im Gesicht vor Kälte, aber sonst schien alles in Ordnung zu sein. Die anderen zwei kamen hinzu, sie schlotterten und man sah ihnen an, dass sie einiges hinter sich hatten. Ich musste noch nach dem Rucksack suchen, sie gingen voraus, und als ich sie eingeholt hatte, erzählten sie, was geschehen war. Nachdem sie nicht so zügig wie geplant vorankamen, haben sie entschieden, die Nacht auf dem großen Band zu verbringen und am nächsten Tag weiterzumachen. Doch dann kam alles anders. Die Nacht war sehr kalt, nass und neblig. Am Morgen haben sie dann den Rückzug angetreten. Beim Abseilen hat sich ein Seil verhängt, sie konnten ziehen und zerren, so viel sie wollten, es ließ sich nicht mehr abziehen. So kam es zu einigen kniffligen Aktionen, um das Seil und mit dem Seil letztlich auch sich selbst zu retten. Während dieser Aktionen befanden sie sich ungeschützt an einer Stelle, die wenig Halt bot und obendrein von eisigem Wasser, je länger, desto mehr, überspült wurde. Jetzt war jeder froh, dass es einen ganz normalen Wanderweg gab, auf dem man das Tal erreichen konnte. Unten im Auto lagen trockene Kleider und später gab es Spaghetti und Wein.

KINDHEIT AUF DER BETTELWURFHÜTTE*

Karwendel

Wir bewirtschafteten eine Schutzhütte des Österreichischen Alpenvereins im südlichen Karwendel, über zwanzig Sommer lang. Wir sage ich deshalb, weil mir als Erstes die harte Arbeit einfällt, die wir gemeinsam zu verrichten hatten. Unter der Woche waren wir drei Mädchen mit der Mutter allein oben, am Freitag kam der Vater vom Tal herauf, nachdem er die Arbeit fertig hatte. Anfangs musste er alles hinauftragen, eine Wegstrecke dauerte mindestens zwei Stunden. Irgendwie fühlte ich mich von klein auf erwachsen, denn mit jedem Jahr des Älterwerdens wuchs zugleich die Verantwortung für die Hütte mit. Es gab auch Dinge, die großen Spaß machten und die man nur hier tun konnte. Einen Schneemann bauen im August, zum Beispiel, oder mit hoher Geschwindigkeit über die steilen Blechdächer rutschen, vorausgesetzt man hatte eine Lederhose an. Es gibt eine Reihe von Geschichten, die sich um diesen besonderen Ort legen, in der Mitte zwischen Tal und Bergende. Fünf dieser Geschichten werde ich erzählen und das ihnen Gemeinsame voranschicken.

Im alten Alpenvereinsführer über das Karwendelgebirge ist unter der Nummer 214 zu lesen:

> Bettelwurfhütte, 2077 m. In freier Lage auf einem vom Kleinen Bettelwurf herabziehenden Felsgrat, mit Tiefblick ins Halltal und weitem Fernblick auf die Berge der Zentralalpen, besonders der Zillertaler. Idealer, hochgelegener Tourenstützpunkt für alle Fahrten auf der Südseite des Bettelwurf-Kammes, besonders der Speckkar-Spitze und der Fallbach-Umrahmung.
>
> Übergänge: Stempeljoch, Lafatscher Joch [...]. Die Zugänge sind im Winter lawinengefährdet. Außerhalb der Bewirtschaftungszeit aus Jagdgründen vollständig geschlossen.

Mit Ausnahme des letzten Satzes findet sich derselbe Text in der Ausgabe aus dem Jahr 1978 wieder. An diesen Text kann ich mich nicht halten, wenn ich mit den Augen eines Kindes versuche zu beschreiben, was sich oben ereignet hat. Es wird eine Skizze abgegeben, die sich hin und her bewegt zwischen persönlichem Engagement und Distanzierung. Sehnsüchte und Wünsche tragen mich hinweg, die Klarheit der Vernunft holt mich

Abb. 8

* Dieser Text ist dem 1. Kapitel meiner Dissertation entnommen; vgl. Peskoller, Vom Klettern, 1988, Hauptband 21–28

wieder zurück und beides stellt einen Kontext mit einer eigentümlichen Ordnung her. Die Struktur dieser Ordnung wird sich in meinem späteren Leben – beim Klettern, in der Wissenschaft und in der Kunst – wiederholen und eine wichtige Rolle spielen. Das ist auch der Grund, warum ich hier Einblick gebe in meine Kindheit. Die Auswahl der Szenen schreibt der Raum vor. Im Geschichtenerzählen berücksichtige ich die vier Himmelsrichtungen, sie strukturieren den Rundgang um die Hütte und zurück in die Vergangenheit. Zur Sprache kommen Erlebnisse, die mit dem Gegenstand Berg verbunden sind, oder welche Verrichtungen und Tätigkeiten beschreiben, die später beim Klettern von Nutzen waren. Beim Klettern beispielsweise ist es von Vorteil, ein gutes Gleichgewichtsgefühl zu haben und über Geschicklichkeit zu verfügen; außerdem ist es nötig, durchzuhalten und Schwierigkeiten nicht zu meiden, sondern aktiv zu suchen. Sicherheit gewinnt man am Berg, indem man genau beobachtet, in der Wand hilft ein ausgeprägtes Tastvermögen und der souveräne Umgang mit Unerwartetem weiter.

Wenn ich mich also nun an die frühe Hüttenzeit erinnere, dann fällt mir als Erstes der Berggarten ein, er war mein liebstes Spiel.

Hinter der Hütte

in einem kleinen, aufgelassenen Geißstall, wo nur mehr ungleich hohe Mäuerchen standen, setze ich einen Stein neben den andern. Nicht ohne Absicht oder Sinn. Sie sollten in einer langen, leicht gekrümmten Kette das Panorama, den „weiten Fernblick" abbilden. Und mit jedem Jahr der Übung fand ich die immer richtigeren Steine heraus. Meine Aufmerksamkeit wuchs mit dem Tun und stellte immer geschicktere Verbindungen zwischen ihnen her. Das waren die Jöcher und Sättel, die Übergänge.

Und wer diese meine Welt betrachten wollte, den führte ich hinter die Hütte und zeigte sie vor. Es war allemal erregend, wenn Bekannte oder Fremde auf Anhieb den einen oder anderen Berg erkennen konnten und ihm den rechten Namen gaben. Das war der untrügliche Beweis dafür, dass ich richtig gewählt und gestellt hatte. Ich wurde nicht müde, diesen Berggarten zu verbessern, indem ich ihn umbaute, Teile davon auswechselte und durch exakter geformte ersetzte. Fast jede freie Minute verbrachte ich dort oben und ging auf die Suche nach neuen Steinen und Steinchen. Die dunklen waren besonders schwer zu kriegen, denn das Gestein bei uns ist insgesamt sehr hellgrau.

Abb. 9

Auch für den Notfall habe ich vorgesorgt. Wenn es regnete oder schneite, was mit Regelmäßigkeit ein- bis zweimal pro Sommer passierte, spannte ich eine alte Plane über meinen Berggarten. Diese band ich mit Spagat an drei krummen Holzpfählen fest, die mein Vater in das halb abgetragene Gemäuer eingeschlagen hatte. Und wenn es besonders kalt war, kluppte ich eine dunkle Wolldecke mit vielen Holzklammern an die Plane fest. So war ich geschützt. Und gegen die Dunkelheit besaß ich eine Taschenlampe, die ich auch als Sonne benutzen konnte, um meine vielen Berge zu beschcinen.

Vor der Hütte

war wenig Platz, drei oder vier Meter vielleicht. Dann drängte ein steiler Wiesenhang in gefährliches Gelände über. Die Grenze zog ein rostiges Drahtseil, das an niedrigen Eisenlatten befestigt und nur leicht angespannt war. Das benutzte ich mit Leidenschaft als Schaukel. Es war aufregend, das Gleichgewicht in dieser kleinen Pendelbewegung zu halten. Und es nahm mir immer den Atem und fuhr wie ein scharfer Stich in den Magen, wenn sich der Oberkörper etwas zu langsam der Vorbewegung einpasste. Dieses Spiel war zwar mit dem elterlichen Verbot behaftet, es entging mir aber auch nicht Vaters Stolz, wenn ich mit der Selbstverständlichkeit der Routine am Seil saß. Nur zweimal konnte ich das Gleichgewicht nicht halten und stürzte rücklings etwa zweieinhalb Meter in einen dichten Brennnesselbusch, mit dem Hinterkopf auf einen kleinen Stein. Ein Loch blieb zurück, das ich

Abb. 10

zunächst verstecken wollte. Doch Fremde hatten dieses Missgeschick beobachtet und es mit viel Getue den Eltern gemeldet. Mein Vater hat den Stein entfernt. Vorher scherte er die Haare rundum kurz. Eine lange weiße Fatsche und ein mit Arnika getränktes Pölsterchen gaben den Infektionsschutz.

Vor dem Stubenfenster

Ein zweites gefährliches Terrain war das Wasserschaff vor dem westlichen Stubenfenster. Dieses große Blechschaff hatte vielerlei Funktionen. Es wurde zum Wäschewaschen der nur leicht schmutzigen Wäsche verwendet, zum Schwemmen der Wollwäsche, von den Gästen zum Füßewaschen, wobei sich die eine oder der andere mitunter auch mehr wusch. Dabei hatten wir selten Zusicht. Außerdem war das Schaffl, wie wir es nannten, die Tränke von Bubi, unserem Saumpferd. Manchmal trieben unsere kleinen Papierschiffchen drin oder, an den ganz seltenen Tagen, wo es heiß genug war, wir selbst.

Jetzt darf man aber nicht meinen, dass diese Sache etwa unhygienisch war. Beinahe jede Stunde hatte sich dieses Riesenschaff mit Wasser voll gelaufen und dann kippten wir es gemeinsam um, meine Schwestern und ich, damit frisches Wasser einfließen konnte.

Dieses Schaff war sehr attraktiv für mich. Ich entwickelte besondere Herangehensweisen. Von oben schlich ich mich an den

Abb. 11

kleinen Wasserhahn und beugte den Kopf so lange vornüber, bis mir das eiskalte Wasser heftig genug in den Mund spülte. Diesen Vorgang wiederholte ich etliche Male. Manchmal baute ich ein zusätzliches Hindernis ein, indem ich mir nicht erlaubte, meine Hände zum Abstützen zu benutzen. Oder ich stand die ganze Prozedur einbeinig an. Bei einem dieser schwierigen Versuche verlor ich einmal das Gleichgewicht und stürzte kopfüber ins Wasserschaff. Eine Touristin, die nebenan auf der Hüttenbank saß, zog mich heraus und mein Vater stülpte mich so lange um, bis alles Wasser draußen war. Dann soll ich, sagen meine Eltern, einen ganzen Tag und eine Nacht durchgeschlafen haben.

In der Hütte

hielt ich mich ungern auf. Es gab zwar auch hier interessante Plätze, zum Beispiel das Matratzenlager oder das Notkammerl, aber draußen war ich lieber. Außer, wenn ein Gewitter im Anzug war. Davor hatte ich, seit ich denken kann, große Angst. Immer wenn es draußen krachte, weil sich wieder einmal, wie die Mutter erklärte, drei Gewitter über dem Bettelwurf kreuzten, drängten wir uns eng an sie heran. Die Mutter aber war selbst nicht ohne Furcht, sie holte regelmäßig zwei oder drei geweihte Palmzweige vom Herrgottswinkel herunter und steckte sie in den Herd. Damit der Blitz nicht einschlägt, meinte sie. Und sie nahm ein paar dicke Wolldecken und die grüne Hüttenkasse mit und für jede von uns ein Janggerle. Zur Not, sagte sie, damit wir nicht kalt haben oben im Geißstall und sicher sind.

Und so zitterten wir uns durch diese schrecklichen Gewitter, und ich weinte oft im Stillen vor mich hin. Als ich etwas größer war, lief ich schon beim ersten Donnerrollen um die Palmzweige und schürte sie rasch ins Feuer. Und betete. Als viele Jahre später endlich ein Blitzableiter installiert wurde, der funktionierte, konnte mir dieser Blitzableiter die tief eingegrabene Furcht vor den Unwettern auch nicht mehr nehmen.

Gegen Osten hin

leitet der Weg hinunter nach Hall und einer hinauf zum Gipfel des Großen Bettelwurf. Als ich nicht ganz neun war, war es endlich so weit. Werner, den wir Buhl nannten, weil er ein guter Bergsteiger war, kam auf die Hütte und nahm uns mit auf den Bettelwurf. Er ist 2725 Meter hoch.

In meine Erinnerung haben sich zwei Dinge eingetragen. Meine schreckliche Furcht vor der Tiefe. Ich getraute mich nicht hinunter zu schauen. Und die große Scheu vor dem, was sich oben zeigt. Ganz oben am Grat. Am Gipfel. Diese beklemmende Sorge habe ich immer wieder gespürt, später, wenn ich kurz unter einem Joch oder knapp unter einem Gipfel stand. Was wird sich oben plötzlich eröffnen? Das beschäftigte mich mehr als das, was unter mir lag. Und so kam es, dass ich wenige Meter unter dem Grat aufgeben wollte. Schließlich kreiste auch noch ein Hubschrauber über uns, der furchtbare Lärm schraubte sich durch mich hindurch. Doch Werner gab nicht auf und plagte mich, festgeklammert am ausgefransten Drahtseil, Schritt für Schritt höher. Plötzlich standen wir oben. Es hob mir die Luft weg. Eine große Weite ringsum. Nur Berge und Berge. Nichts als Berge. Nirgends war ein Halt zu finden. Die Augen verloren sich in den endlosen Bergketten. Und ganz, ganz vorsichtig schaute ich die Nordwand hinunter. Mit der rechten Hand krallte ich mich am Gipfelkreuz fest. Doch da war kein Eskimo! Nicht einen einzigen konnte ich sehen. Auch keine Eisberge. Nur ganz gewöhnliche Bäume, einen langen schmalen Pfad. „Da geht's durchs Vumperloch aussi", sagte Werner und nahm einen lauten Schluck Bier aus der Dose. Ich starrte ins Tal hinunter und konnte nicht glauben, dass das alles war. Vielleicht sind sie nur heute nicht da, sagte zu mir.[1] Meine Augen wanderten langsam

1 Touristen haben mir immer wieder erzählt, dass hoch oben im Norden die Eskimos leben. Sie haben kleine, runde Hütten aus Schnee und Eis und essen rohe Fische, sagten sie. Dass hinter der Hütte, dort also, wo der Kleine und der Große Bettelwurf standen, Norden ist, das wusste ich bereits, also lag es nahe zu glauben, dass man vom höchsten Punkt aus die Schneehütten zu sehen bekam. Deshalb konnte ich den Tag kaum erwarten, bis ich endlich auf den Bettelwurf steigen durfte. Denn ich habe begonnen, mir immer genauer auszumalen, wie das Leben dieser fremden Menschen ist. Die Eskimos sind zum festen Bestandteil meines ersten Weltbildes geworden und dieses Weltbild ist dann auf dem Gipfel zerbrochen.

Abb. 12

wieder hinauf zu den vielen grauen Berggipfeln, von einem zum anderen. Und irgendwann einmal sind wir dann miteinander abgestiegen, hinunter zur Hütte. Meine Mutter notierte einige Tage später in mein Tourenbuch:

> „Am 14. August 1964 stiegen meine Schwester Draudi und ich von der Bettelwurfhütte aus auf den Bettelwurfgipfel. Seelos Werner, vulgo Buhl, ging mit uns. Es war ein schönes Wetter."

„... MIT DI LEIT' REDN"
GESPRÄCH MIT EINER EHEMALIGEN HÜTTENWIRTIN[*]

Von 1958 bis 1982 hast du die Bettelwurfhütte bewirtschaftet. Wenn du zurückdenkst an die Hüttenzeit, was fällt dir zuallererst ein?

Die netten Gäste, die Arbeit und hier vor allem das Waschen. Das war die härteste Arbeit. Wir haben ja keine Waschmaschine gehabt und auch kein warmes Wasser. Das bissl Wasser aus dem Grantl[1] hat nicht ausgereicht. Da sind dann die schweren Kessel auf dem Herd herumgestanden mit den großen Leintüchern drinnen zum Auskochen. Mit einem langen Kochlöffel mussten wir immer wieder umrühren und dann die Kessel hinaustragen vor die Tür zum großen Wasserschaffl, um die Wäsche zu schwemmen. Das Wasser war eiskalt. Die Leintücher mussten in das eiskalte Wasser gelegt, hin und her bewegt, herausgezogen und ausgewrungen werden, um sie dann in einem Plastikkübel hinter die Hütte hinaufzutragen zum Aufhängen. Wenn das Wetter schlecht war, dann hat es ewig gedauert, bis sie trocken waren.

Was hast du am liebsten getan?
Kochen. Gekocht habe ich immer gern, auch heute noch.

Was hat es denn auf der Hütte gegeben?
Suppen, 6, 7 Sorten: Nudelsuppe, Erbswurstsuppe, Backerbsensuppe mit oder ohne Würstel, Gulaschsuppe, Gemüsesuppe, Speckknödel und hie und da auch Leberknödel. Ein Bergsteigeressen[2] hatten wir natürlich auch immer und Fleisch: Rostbraten, Schweinsbraten, im Herbst auch einmal einen Gamsbraten, Leberkäs natürlich, mit und ohne Ei, Schnitzel – Natur oder Wiener – und Mehlspeisen. Wenn Leute tagelang in den Bergen sind, dann sieht sie auch etwas Süßes an, ein Kaiserschmarren zum Beispiel oder Omeletten mit Kompott dazu, Buchteln und Vanillesoße oder Kiachl mit Sauerkraut oder Preiselbeeren.

Hast du auch Kuchen gemacht?
Ja freilich! Apfelstrudel, Mohnstrudel, Nussstrudel, Topfenstrudel, Marmorkuchen, Sachertorte und wenn der Peskoller-Opa vom Tal Marillen, Zwetschken oder Kirschen heraufgeschickt hat,

---

[*] Das ½-stündige Gespräch wurde am 23. 11. 1998 in Absam aufgezeichnet, wo die ehemaligen Wirtsleute Gerda und Sepp Peskoller heute zuhause sind. Um gut verständlich zu sein, wurde es vom Tiroler Dialekt in die Umgangssprache übersetzt und ich hoffe, dass dadurch das Atmosphärische erhalten blieb. Das Interview hat die Autorin mit ihrer Mutter Gerda geführt, sie ist Jahrgang 1930. Aus der Fülle von Themen sind einige herausgegriffen worden, die einen Eindruck vermitteln von einem Leben, das nicht ganz alltäglich war. Das Gespräch ist mit wenigen Abänderungen in den Mitteilungen des Oesterreichischen Alpenvereins Jg. 54 (1999), 18–21 erschienen.

[1] Ein Grantl ist ein kleiner Wasserbehälter, der in den Herd eingebaut ist und mit diesem aufgeheizt wird.

[2] Das ist ein vergünstigtes Essen für Alpenvereinsmitglieder. Die Mutter hat dabei auf Abwechslung geachtet. Sie hat Wurstnudeln oder ein Tiroler Gröstl, manchmal auch ein Blutwurstgröstl gemacht mit Salat, oder auch Spinat mit Kartoffeln und Spiegelei oder zwei Knödel mit Sauerkraut u. a. m.

dann habe ich einen Obstkuchen gemacht mit Rührteig oder mit einer Sandmasse. Ja und Linzer Torte, die haben die Gäste auch gern gehabt. Und das Brot, das ich selber gebacken hab, das war noch gar nicht richtig ausgekühlt und schon fertiggewesen.

Du hast das alles ja Gott sei Dank nicht ganz allein machen müssen.
Ja, am Wochenende war der Papa heroben, zeitweise die Schwiegermutter und meine Mutter, der Engl[3] hat sich viel mit euch Kinder abgegeben und ist mit euch immer wieder aufs Gambödele hinübergegangen, wie ihr noch klein ward. Das war schon schwierig, drei kleine Kinder. Später habt ihr alle fest geholfen, das war eine große Erleichterung. Manchmal haben auch Gäste ausgeholfen oder die Brüder von meinem Mann: der Hans, der Franz, der Ernst und der Hermann. Die haben auch, wenn Not am Mann war, dem Papa beim Tragen geholfen. Die Bier- und Weinkisten herübergetragen vom Lafatscher Joch. Vor allem bevor wir den Bubi, unser Saumpferd, bekommen haben. Es war ein ausgedienter Gaul vom Zirkus Krone. Der Bubi war eine große Hilfe, solange kein Schnee gelegen ist, denn bei Schnee hat er gestreikt.

3 Engl war die Abkürzung für Engelbert Danzi.

Es gab keinen Strom, also weder Licht noch einen Kühlschrank, wo wurde das Essen aufbewahrt?

In der Küche haben wir einen kleinen Keller gehabt und drüben im Hausgang, bevor man in das Lager hinaufging, war ein großer Keller. Für das Fleisch aber war es im Haus zu wenig kalt. Da mussten wir das Fleisch und die Würstel aus der Hütte tragen, hinüber Richtung Gipfel, so 200 bis 300 Meter vom Haus entfernt. Da ist eine Reissn[4] und in dieser Reissn blieb der Schnee länger liegen. In den letzten Jahren war das nicht mehr so, da ist sie ausgeapert. Das Fleisch haben wir in Blechdosen gefüllt, und wenn jemand ein Schnitzel oder einen Rostbraten angeschafft hat, dann ist eine von euch schnell zum Schnee gelaufen und hat die Büchse ausgegraben und herübergebracht. Deshalb ist uns selten etwas verdorben.

Was war deine größte Sorge?

Dass euch etwas passieren würde. Wir haben ja kein Telefon gehabt. Am Anfang auch keinen Hubschrauberlandeplatz, und das Funkgerät ist immer wieder ausgefallen. Wenn eine von euch zum Beispiel eine Blinddarmentzündung gehabt hätte oder gar einen Blinddarmdurchbruch, das hätte schlimm ausgehen können. Ich darf gar nicht daran denken. Wir hätten uns ewig Vorwürfe gemacht. Es hat schon gereicht, wenn du irgendwo hinuntergefallen bist, vom Drahtseil vor der Hütte zum Beispiel, ein Loch im Kopf, aus dem das Blut nur so herausgespritzt ist. Gott sei Dank war der Papa da, der hat dich versorgt. Eine Blutvergiftung oder so etwas hätte halt nicht entstehen dürfen. Aber wir haben immer Glück gehabt. Es ist nie wirklich etwas Schlimmes passiert.

Wirklich nicht?

Ja schon. Es hat auch Abgängige gegeben, Leute, die auf dem Weg gestolpert und ein paar Meter hinuntergefallen sind. Und eine junge Studentin, das war 1964, die ist auf dem Weg zum Gipfel abgestürzt. Das war eine Gruppe von 3 Studenten. Die sind eine Abkürzung geklettert. Und irgendwie ist da ein Stein ausgebrochen, ein ziemlich großer Brocken, und hat der Frau den Oberschenkel zerquetscht. Papa ist, nachdem Touristen den Unfall gemeldet haben, sofort aufgebrochen. Er hat seinen Rucksack gepackt und ist, so schnell er konnte, da hinaufgerannt. Er hat dann die junge Frau aufs Erste versorgt und dann, die war gar nicht so leicht, bei die 70 Kilo, auf den Rücken genommen und allein heruntergetragen. Dann war er ziemlich

4 Eine Reissn ist eine Geröllhalde oder auch Kar genannt.

fertig. Zum Glück hatten wir kurz vorher einen Landeplatz für den Hubschrauber hergerichtet und der war dann gerade groß genug, um landen zu können. Die Frau ist gut davongekommen. Sie hat sich ein paar Jahre lang zu Weihnachten bei uns noch gemeldet und dem Papa eine Bonbonniere geschenkt.

Abb. 14

Welche Verbindung gab es zum Tal?
Wir haben ein kleines Funkgerät gehabt. Meistens war der Empfang ganz gut und ohne Störung. Mit dem Gerät haben wir ins Tal gefunkt, normalerweise dreimal am Tag, um 7 Uhr in der Früh, um 1 Uhr zu Mittag und dann noch einmal um 7 Uhr am Abend. Unten hat entweder der Papa mit uns Kontakt aufgenommen oder die Peskoller-Oma. Wenn zwischen diesen fixen Zeiten etwas passiert ist, dann mussten wir etwas anders tun. Einmal zum Beispiel haben wir in regelmäßigen Abständen einen Spiegel gegen die Sonne gehalten, damit es unten geblendet hat. Oder in der Nacht haben wir Leuchtraketen abgeschossen und gehofft, dass sie jemand sieht und der Gendarmerie meldet.

Ich nehme an, auf der Hütte gab es Orte, die du besonders gern gehabt hast. Welche waren das?
In der Hütte war es auf jeden Fall die Küche, der Herd. Die Küche war mir das Liebste. Und außen bin ich am liebsten bei der Fahnenstange gestanden und habe hinuntergeschaut nach Hall. Dieser Blick, der hat mir wohl getan. Da habe ich dann nachdenken können, was wohl die Oma und der Opa, der Mann und halt die Bekannten tun. Ich hätte mit keiner anderen Hütte tauschen mögen, die keine gute Aussicht hat. Die eingeschlossen wäre in einen Kessel oder so.

Hättest du wirklich keine andere Hütte bewirtschaften wollen?
Eigentlich nicht. Einmal habe ich mir gedacht, dass St. Magdalena, am Fuße des Bettelwurf, gut wäre. Aber da hat der Sepp nicht gezogen. Da wären wir dann das ganze Jahr nicht zur Ruhe gekommen. Und im Winter, das Problem mit der Straße. Ihr habt ja auch alle zur Schule müssen. Und oben, auf dem Bettelwurf, da ist Mitte Oktober Schluss. Außerdem hat St. Magdalena keine Fernsicht, aber den Bettelwurf vor der Nase. Dann hätte ich halt jeden Tag hinaufschauen können.

Wovor hast du dich gefürchtet?
Vor dem Blitz. Der Blitzableiter auf der Hütte war ja eine Zeit

lang kaputt. Und da hat es schiache[5] Wetter gegeben. Übern Bettwurf kommen ja mehrere zusammen. Das war dann schon unheimlich. Eingeschlagen hat es ein paar Mal. Passiert ist nichts, das kann ich bis heute noch kaum glauben.

Wie war das mit den Gästen?
Die wollten es sich manchmal nicht nehmen lassen und unbedingt auf den Gipfel hinauf. Auch bei Gewitter im Anzug. Da haben einige mehr Glück als Verstand gehabt. Sie wollten unbedingt hinauf, obwohl ich sie immer gewarnt habe. Aber so Hirndamische gibt es immer. Dann hast herunten für die oben gezittert. Und wenn sie dann waschelnass und kleinderfroren bei der Tür hereingekommen sind, dann habe ich aufgeschnauft.

Wohin wärst du denn gegangen, wenn es eingeschlagen hätte?
Nur in den Geißstall hinter die Hütte. Da wären wir sicher gewesen, der war aus Stein. Ich habe euch Kinder immer die Tuxer Janggerlen[6] hergerichtet und zwei, drei Decken, falls es so weit kommt.

Was hast du durch dieses Hüttenleben gelernt?
Zufriedenheit. Da wird man zufrieden. Oben ist alles einfach, für das Wichtigste ist gesorgt, der Rest ist nicht wichtig.

Wolltest du nie auf Urlaub fahren oder selbst bergsteigen?
Ja schon, aber man kann ja nicht alles haben. Ich war froh, dass ich die Kinder bei mir gehabt habe, dass wir alle gesund waren und dass wir uns ein bissl dazuverdienen konnten. Nur von der Hütte, die drei Monate, hätten wir nicht wirklich leben können. Der Papa hat unten in der Molkerei gearbeitet während der Woche.

Welche Gäste waren dir die liebsten?
Die echten Bergsteiger. Die sind zufrieden und ruhig. Aber dann, Ende der 70er Jahre, sind immer mehr andere gekommen, die eigentlich gar nicht so recht wissen, was Berge sind, die Massentouristen. Dann hat es mich nicht mehr so recht gefreut.

Tut es dir Leid, dass du im Frühsommer nicht mehr Richtung Hütte gehst?
Eigentlich nicht. Es war eine schöne Zeit, aber alles hat seine Zeit. Es ist einfach zu viel geworden, wir haben es nicht mehr so

5 „Schiach" meint normalerweise hässlich, in diesem Fall heftig, unheimlich, stark, wild.

6 Das waren selbst gestrickte Jacken aus heller Schafwolle.

recht derpackt. Aber ich wohne jetzt direkt unterm Bettelwurf
und kann jeden Tag hinaufschauen.

*Ist da Wehmut oder vielleicht auch noch Groll, weil die Arbeit so
schwer war?*
(Gemeinsames Lachen.) Du hast dir immer zu helfen wissen
müssen, Berufe hast du fast alle gehabt, es war eine nette Zeit,
gesund für euch Kinder, oben in der Natur. Menschenkenntnis
hast auch haben müssen und was ich ganz gern getan habe ist
– mit di Leit' redn.

Danke.

Götterberge – Berggötter

Wahnsinnsunternehmen Tiamat bis Güllich – eine feministische Denkskizze*

„Als sie sich einander annäherten, Tiamat und Marduk, der weiseste der Götter, stürzten sie aufeinander los, begannen den Kampf. Der Herr entfaltete sein Netz, band sie. Er schleuderte ihr den Bösen Wind ins Gesicht. Tiamat öffnete den Mund, ihn zu verschlingen. In diesen schleuderte er den ‚Bösen Wind‘, sie daran zu hindern, diesen wieder zu schließen. Die wütenden Winde erweiterten ihren Leib. Ihr Bauch schwoll an, ihr Mund blieb offen. Er schoss einen Pfeil ab, der ihr den Bauch durchbohrte. Er überwand sie, nahm ihr das Leben, warf ihren Leichnam zu Boden, erhob sich über ihm ... Mit seiner unerbittlichen Waffe spaltete er ihr den Schädel, schnitt ihr die Adern durch. Der Nordwind trug (ihr Blut) weit fort. Als seine Väter (dies) sahen, waren sie glücklich und frohlockten ... Der Herr, nunmehr befriedigt, untersuchte den Leichnam"[1]

Einer von vielen Ursprungsmythen: Der Gott, hier der weiseste, bemächtigt sich kurzerhand der Göttin, schändet und tötet sie, um mehr zu sein als sie, und wird zum Helden. Ein Negativheld, wie er heute überall auftaucht, in den Medien und anderswo. Nicht genug, er profitiert auch noch vom Leichnam, usurpiert ihn. Die Fortsetzung bei den Griechen kennen wir. Die Götter machen sich zu Kunstmüttern, gebären ihre Kinder selbst. Im Kopf natürlich, wie Zeus Pallas Athene, wo sonst. Vorher nahmen sie sich mit List und Lüge, durch Täuschungsmanöver, Gewalt- und Vergewaltigungsakte irgendeinen Göttinnen- oder Frauenschoß, um Ruhmsucht und Allmacht zu befriedigen. Dabei schreckten sie vor nichts zurück, verschlangen, wenn es sein musste, auch wieder das, was sie „geboren" hatten, um nicht entmannt zu werden oder um ja nicht die mühsam zugelegte Schöpferkraft zu verlieren.

Was aber haben diese höchst unsympathischen Götter mit den heiligen Götterbergen zu tun oder gar mit den Prachtkerlen, die der Alpinismus hervorgebracht hat? Wenig auf den ersten, viel auf den zweiten Blick. Denn die Neuerrichtung der Welt als zweite, männliche Schöpfung hatte, so die These, zweierlei zur Voraussetzung: 1. Die Zurichtung, Polarisierung, Zerstörung und Aneignung der Göttinnen/Frauen. Das bedeutete gleichzeitig Muttermord, Spaltung des Ganzen, Vertreibung des

* Dieser Artikel ist, ohne M. Dislers Bild, erstmals erschienen im Lesezirkel der Wiener Zeitung, Nr. 42 (1989), 6. Jg., 3–5
1 Aus Enuma elish (Babylonisches Schöpfungsgedicht) in Daly 1986, 129

Natürlichen, Ursprünglichen, Erotischen, dem man(n) jetzt ständig hinterdreinläuft bzw. das er sich selbst fabriziert. 2. Die Leugnung bzw. die Verkehrung dieses Tatbestandes in sein Gegenteil und dessen positive Bewertung: Der Antiheld wird zum Ideal, das unserem Denken und Handeln untergelegt ist.

Dieser „Held" befindet sich immer in Gefahr (die er selbst heraufbeschwört), muss sich dafür ständig wehren, verteidigen und das beschützen, was er selbst gefährdet. Er muss also permanent kämpfen. Aggressiv, blitzschnell zustoßen, zu- und einschlagen, eingreifen, eindringen, sich erschöpfen. Wieder bei Sinnen, cool, entschlossen, Kalkül und Kontrolle. Bisweilen kommt es vor, dass man(n) darniederliegt, verausgabt, gekränkt, besiegt und geschlagen (natürlich ungerechterweise und nie für lange Zeit), verzweifelt, todunglücklich, gepeinigt vom Schmerz. Sehnsucht nach einer, die pflegt, tröstet, heilt und ermutigt. Jetzt bereit, für sie alles zu tun, Versprechen, Bewunderung, Verehrung, Anbetung und Kniefall. Auch Begehren, wenn halbwegs genesen. Dann, wie neu geboren hinaus, hinüber, hinauf, besser, schneller, weiter, höher. Zielsicher erobern, rauben, machen, überlisten, bezwingen, besiegen und siegen mit ungebrochener Potenz, die bei genauem Hinsehen Illusion ist, ständig bedroht, in Impotenz umzuschlagen. Nur das nicht, Panik und Angst, verdecken, vertuschen, verhindern, hinausschieben, hinauszögern, so-tun-als-ob und weiterkämpfen, bekämpfen wie Rocky I–IV, Rambo I–III und die Feldherren, Politiker, Leistungssportler, Zuhäller, Boxer, Wissenschaftler, Kirchenväter, Tarzan, Künstler, Gewerkschafter, Manager, Extrembergsteiger, Sportkletterer … Mich hier nur auf Letztere beschränken; einige selbst zu Wort kommen lassen bzw. zum Kampf, zur Tat und in die Qual:

„Ich habe die Betätigung des Bergsteigens, soweit größere Ziele vor mir lagen, immer als einen Kampf aufgefaßt."[2]

„Wir bereiteten uns innerlich auf einen erbitterten Kampf im Fels vor, und wir taten gut daran."[3]

Konkreter:

„Immer wieder muß ich ein gefährliches Spiel mit dem Gleichgewicht wagen. Diese Kletterei ist ein wahres Martyrium: Ich habe derart kalte Hände, daß ich sie ständig bis aufs Blut schlagen muß, um sie etwas warm zu bekommen. Um meine Füsse kümmere ich mich schon lange nicht mehr – sie sind empfindungslos. Schreckliche

2 Hübel 1949, 340
3 Buhl, Bergfahrten 1974, 147

Krämpfe in den Waden, in den Schenkeln, im Genick und im linken Arm machen mein Fortkommen noch gefährlicher. Und über allem liegt eine beängstigende Ungewißheit."[4]

Ein Letzter:

„Ich kämpfe mich mit letzter Energie weiter. Eine zweite Nacht im Freien überstehe ich nicht! Vom eigenen Schatten gezerrt, getrieben, genarrt, taumle ich dahin. Ich bin nicht mehr ich, nur mehr ein Schatten, taumle wie ein Betrunkener, stürze, krieche, gehe, taumle ..."[5]

Nüchtern bleiben und den zahllos ähnlichen Zitaten eine Ordnung durch Fragen geben, die weiterführen. Warum kommt es zu diesem Kampfzwang, und zwar quer durch die Alpingeschichte, über Räume, Nationen, Schichten, Geschlechter und Ideologien hinweg? Gegen wen und wozu wird eigentlich angekämpft und gerungen? In erster Linie gegen den Berg, gegen die Wand, den Fels, das Eis, den Sturm, die Kälte, kurzum gegen die Natur und dann gegen sich selbst. Es ist immer dieselbe Natur, die zerstört *und* verherrlicht, ersehnt *und* erniedrigt wird und ident gesetzt mit „Frau".[6]

„Der erste Berg, den ich sah, ebenso wie die erste bewußt gesehene nackte Frau, waren auf einem Foto."[7]

„Seitdem trugen wir das Foto der Wand ständig bei uns und vertieften uns darin, wie in das Bild einer Geliebten, bis wir jede Einzelheit auswendig wußten."[8]

Aus einer realen Frau wird eine Frau aus Zelluloid. Eine doppelte Abstraktion, sprachlich gefasst in Metaphern und Vergleichen. So durchziehen beispielsweise Reinhold Messners Körper Schauer, als er vor dem Berg steht, wenngleich er keinen Schrecken empfindet, sondern sich vielmehr darüber wundert, dass dieser Berg – ähnlich wie seine ehemalige Geliebte – eine ungebrochen starke Anziehungskraft auf ihn ausübt.[9]

„Das bedeutet für mich die Erfüllung meiner kühnsten Wünsche! Der Himalaya war stets unerreichbar geblieben, wie eine Prinzessin aus dem Morgenland, und ich hatte nie daran gedacht, ihn auf einem anderen Wege zu ersteigen als in meinen Träumen."[10]

„Noch einmal wenden wir den Blick zu unserem Berg, dessen unvergleichlich kühne Silhouette sich scharf gegen den nächtlichen Himmel abhebt: Freue dich nicht zu früh unserer Niederlage, schöne

4 Terray 1975, 73
5 Buhl, Alleingang, 1984, 161
6 Vgl. den Naturbegriff bei Heraklit, Demokrit, Anaximander, Sokrates, Plato und Aristoteles in Gebser 1986
7 Karl, Erlebnis, o. J., 64
8 Ertl 1952, 238
9 Vgl. Messner, Gläserner Horizont, 1982, 183
10 Terray a. a. O., 139

Freundin! Wir kommen wieder, um dir das Kränzlein von der stolzen Stirn zu reißen." Und sieben Seiten vorher: „Aber licht und verheißungsvoll glühte die Zuversicht in unseren Herzen und einte sich mit der Freude, endlich der Feindin Aug in Aug gegenüber zu treten."[11]

„Ja, es war eine langweilige Zeit. Unser Berg entschleierte sich zuweilen für einen Augenblick, als ob er eine gefallsüchtige Schöne wäre, und sah oben reizend, unten aber sehr geheimnisvoll aus."[12]

„Und wie wohl uns wird, wenn wir den nackten Fels mit der nackten Faust packen."[13]

Von der ersten Nackten über die Geliebte am Bild zur ehemaligen Geliebten, Prinzessin, Freundin, Feindin, gefallsüchtigen Schönen, bis man bei der nackten Faust landet, die den nackten Fels packt. Der Fels wird zum Körper, zu einem Frauenkörper, und die Natur wird sexualisiert:

„Auch unser Ziel, die Guglia, hat sich in spröder Abwehr mit Schleiern behängt und geizt mit ihrem Anblick, als wolle sie uns durch allerhand Geheimnisse schrecken. Doch nicht lange währt dieses Gaukelspiel. Bald zerreißen die Sonnenpfeile das trügerische Gespinst, und in glühend roter Nacktheit reckt sie den wundervollen schlanken Leib gen Himmel."[14]

Oder: „Neuschnee bepudert den ganzen Grat und weht im Winde seine Schleier über die Schneide. Oder die Sonne hat spiegelndes Eis aus dem Firn geleckt. Der Berg empfängt dich, wie er will. Er öffnet sein Tor."[15]

Inmitten eines Geschlechtsakts:

„Als der Weg steiler anstieg, wurde seine Erschöpfung immer bemerkbarer und äußerte sich zuletzt in Stöhnen. Zuerst war es ein leiser und sanfter Ton, allein wie wir selbst, so stiegen auch seine Klagelaute bis endlich die Klippen im Echo mit ihm stöhnten."[16]

Bis alles restlos gestöhnt hat; aber was zuerst größte Freude, ja ekstatisches Glück war, endet nun in einer Leere.

„Etwas, das mich ausgefüllt hatte, war ausgeronnen und ich war erschöpft und hohl."[17]

Alpinliteratur als Pornographie.[18] Der Natur wird die Kraft entzogen und mit erotisierten Phantasien aufgefüllt, die sich materialisieren. Schritt für Schritt werden Leiber zu Kunstkörpern,

11 Hübel a. a. O., 203, 210
12 Whymper 1909, 292
13 Lammer 1923, 188 f.
14 Hübel a. a. O., 203
15 Meyer 1932, 25
16 Whymper a. a. O., 275
17 Habeler 1979, 185
18 Vgl. dazu die Bezugnahmen auf diesen Artikel „Im Gespräch" mit Peter Huemer, Kapitel 3 in diesem Buch.

zu Maschinen. Das Unmenschliche hat sich durchgesetzt, die Frau scheint endgültig ersetzt, und das liest sich so:

> „Wir beginnen unser Gewissen zu erforschen, wir wägen ab – lebendige Mädeln gegen totes Eis, Tanz gegen Kampf ... Die Zugkraft des Berges ist stärker. Es ist ja auch eine ‚sie‘ – die Königsspitze."[19]

Wer auf sie und ihr steht, wird selbst ein König und Herrscher:

> „Überall da, wo das Gebirge seine Macht am deutlichsten offenbart, da, wo diese sich kundtut in unbeschränkter Steilheit und Größe, erhaben über die Bedingtheit der einfachen Höhen (...) da, wo der Aufbau der Berge sozusagen unmittelbarere, gewaltigere, gebieterischere Eroberung der freien Höhen darstellt, tritt man in den Herrschaftsbereich des Sechsten Grades."[20]

Der Kreis schließt sich. Die Natur oder genauer das, was für Natur gehalten wird, gilt jetzt selbst als gewalttätig, nicht derjenige, der sie dazu gemacht hat. Zugleich ist sie erhaben. Eine Mischung aus Gewalt und Ästhetik, geeignet zur Identifikation und zur Vernichtung. Beides garantiert Macht. Außen ist innen und innen ist außen. Die Projektion ist perfekt, weil symmetrisch. Überall Gewalt, überall Angst. Diese wird an Feindbildern festgemacht, das entlastet und rechtfertigt die eigene Aggressivität. Der Berg wird zum rachsüchtigen Gegner:

> „Das Matterhorn war ein hartnäckiger Feind, wehrte sich lange, teilte manchen Schlag aus, und als es endlich [...] besiegt wurde, da nahm es als heimtückischer Gegner, der überwunden aber nicht zermalmt ist, fürchterlich Rache."[21]

Gegengewalt folgt, das kriegerische Auge sucht alles auf Schwachstellen ab, um im rechten Moment voll zu attackieren. Hier die fürchterlichen Wettstreite zwischen Bergsteiger und Tod aussparen und resümieren in der Feststellung: Männer scheinen lieber die Ersten im Tod als die Zweiten im Leben zu sein, zumindest drängeln sie sich permanent im Grenzbereich und kokettieren mit dem Tod.

Wir sind vom Frauenbild über Männersex und Herrschaft beim Tod gelandet. Theoretisch gefasst greifen hier zwei Grundmechanismen ineinander, überlagern und verstärken sich, was zu einem komplizierten Ablauf führt. Zum einen handelt es sich um eine lange Geschichte des Zerstörens und Domestizierens

19 Ertl a. a. O., 175
20 Rudatis 1936, 123
21 Whymper a. a. O., 495

Ausgänge

von Natur/Frau, bis kaum mehr etwas von ihrer Kraft und Ur-
sprünglichkeit übrig bleibt. Das vollzieht sich geistig, emotional,
psychisch-moralisch und körperlich, d. h., die Natur wird zum Begriff, zum Sprachbild, das nach Belieben positiv und/oder negativ
bewertet wird, bis jene Absurdität eintritt, dass die Imagination,
das Abbild, die Kopie selbst für das Original, für die Wirklichkeit
genommen wird. Natur als toter Stoff, neu zu schöpfen in der Re-
torte. Das Leben ist zum Kunstleben geworden.

Zum anderen wird genau diese Tatsache ständig geleugnet,
vertuscht und ideologisch bis zur Unkenntlichkeit entstellt, sodass ein Wiedererkennen erschwert ist. Dazu existieren noch
eine Reihe von Mischformen, Zwischenstadien und Übergangs-
erscheinungen.

Zurück zum Kunstleben, kurz das Sportklettern und Bouldern
einblenden, die Avantgarde des Alpinismus, die ihr Tun u. a. als
mystische Kunstform bezeichnet.[22] Kunst verschmilzt mit
Künstlichkeit, wie der Bohrhaken im Gemäuer und die Finger
mit dem Griff aus Polyester. Endlich ist es so weit, man(n) produziert die Wände selbst, tausendfach, besonders für die großen
Städte. Kunstwände auch für den Wettkampf, eine Kunstspra-
che für den Kletteralltag:

„Deshalb reißt man am schlauesten gleich die tyrannische ‚Dreck-
sau' an und imitiert ohne Zögern die Doppeldreierkombination vom
Trainingsbrett. Nur die drei Zwischenleisten als Orientierungshilfe
fehlen natürlich. Der ‚Scheue' ist zwar immer in Sicht, aber selten an
den Fingerspitzen. Konzentration, bitte!"[23]

Es geht auch cooler:

„85 PRINT #5, ‚RECHTER FUSS UEBERKREUZ MIT AUSSENRIST AUF
TRITTLEISTE' 86 PRINT #5, ‚FOOTHOOK LINKS': GOSUB 1000: GOSUB
2000: GOSUB 2000 87 PRINT #5, ‚RECHTSOBEN LEISTE FUER ERSTES
FINGERGLIED RECHTS' 88 PRINT #5, ‚TRITTWECHSEL': GOSUB 2000
89 PRINT #5, ‚LINKS GRIFFLEISTE ERSTES FINGERGLIED', ‚RECHTER
FUSS IN LOCH' 90 GOSUB 2000: GOSUB 2000"[24]

Bei der ersten Tour klettert Wolfgang Güllich durch die Wallstreet, bei der zweiten hängt Kurt Albert in der Fight Gravity. Der
Kampf bleibt wie ehedem, die Berichterstattung ändert sich
und die Namen auch. Statt Nordwestverschneidung, Philipp-
Flamm oder Schwalbenschwanz kommt es zum Sündigen Eil-
tripp, Entsafter, Venushügel, zu Masos Geliebten, tittes and

22 Vgl. in Zak/Güllich, high life 1987,
110
23 Güllich, Marksteine, 1989, 53
24 Albert in Zak/Güllich a. a. O., 131

peers, oben ohne, Weg durch das Puff, smooth deflorator, Deep Throat, sexmachine …[25]

Und auch das bleibt, nur etwas verändert, verdichtet zu „Poesie", als müsste man(n) mit aller Kraft das bisschen Sexus erretten, das noch existiert. Was ebenso bleibt, ist die Lust am Aneignen und Inbesitznehmen durch Benennen. Unzählige Routen, unzählige Routennamen. Im Verzeichnen und Vertexten der Wände scheint Identität zu stecken; der Kletterer wird zum Produzenten, Eigentümer, Wortschöpfer und Performer. Zigmal ist er in Zeitschriften abgebildet, als wäre er in Gefahr, ein für alle Mal zu verschwinden, oder, als müsste er sich ständig vergewissern, dass es ihn gibt. Das gilt für Männer, nicht hingegen für Frauen, im Gegenteil, hier besteht sogar eine merkwürdige Lücke:

> „Von den über 420 Bildern, die ich in zwei Bildbänden und drei Ausgaben des ‚rotpunkt' gefunden habe, sind 24 Bilder Darstellungen von Kletterinnen, das sind 5–6%. Von den 24 Bildern sind 41,6% OHNE NAMENSNENNUNG."[26]

Anonym und unsichtbar, obwohl es sie gibt und sie immer mehr werden, anders aber ähnlich gut klettern wie Männer. Manchmal frage ich mich doch, woran das liegt, dass sich so viel weniger Frauen zu Wort melden und ins Bild rücken. Dann aber breitet sich vor mir die ganze (Alpin-)Geschichte als Herrschaftsgeschichte aus und ich kapier es.

Warum ich schreibe und klettere? Weshalb ich mich mit diesem Wahnsinn auseinander setze? Vor allem deshalb, weil abstraktes Denken eine Überlebensstrategie ist und weil mich das Klettern fasziniert – trotz allem. Verkürzt könnte ich sagen, die Herausforderung liegt in der Ambivalenz, am Doppelten: Einerseits ist das Klettern, insbesondere das Sportklettern, der bis zum Exzess getriebene Höhepunkt gesellschaftlicher Nichtentwicklung durch Totalleistung. Sie wird erbracht mittels absoluter Disziplinierung des Körpers und kostet eingerissene Fingergelenkkapseln, deformierte Rückgrate wie auch Zehen und desolate Beziehungen. Andererseits ist Klettern aber auch ein Beispiel für das beharrliche Bemühen, uralte Spaltungen – am Mythenhimmel bereits vollzogen und dann schrittweise zur Normalität geworden – aufzuheben.[27] Sich der Atomisierung von Kopf und Körper, von Denken und Fühlen, Geist und Materie, unten und oben aktiv zu widersetzen, um (sich) trotz allem noch ganz zu erleben.

25 Sämtliche Namen wurden aus diversen Nummern alpiner Fachzeitschriften wie „rotpunkt" und „Bergsteiger" der vergangenen 5 Jahre entnommen.

26 Posch 1988, 57

27 Mehr als 10 Jahre später denke ich darüber etwas anders. Die Spaltung kann nicht aufgehoben werden, aber der Umgang mit ihr wird immer souveräner. Aus dem Wissen um die eigene Gespaltenheit entsteht eine spezifische Form von Lebenskunst, die sich bei genauem Hinsehen als eine Kunst des Scheiterns erweist. Vgl. dazu insbes. den Beitrag „Bergeinsamkeit", Kapitel 4 in diesem Buch.

Abb. 15

Dazu kommt die Erfahrung, dass Klettern das Denken verändert, es an Verrenkungen, unmögliche Kombinationen, Widerstände und an Ausgesetztheit gewöhnt. Das ist vonnöten,
wenn man versucht, die Unlogik des alpinen Tuns, eingemeißelt
ins Patriarchat, punktweise zu enträtseln. Wobei das methodi-
sche Vorgehen selbst zum Gegenstand werden muss und hier
eine Mischung aus Zufall, System, Lücke und Gewissheit war,
ähnlich die Auswahl der Zitate. Die Quellen sind so verlässlich
wie ihre Überlieferung, das Nachforschen labyrinthisch und
Wühlarbeit. Schreiben, um Dualismen zu überwinden und um
die extreme Spannung auszuhalten, zwar nur Fragmente zu finden, aber ein Ganzes zu ahnen. Mich im zyklischen Denken
üben, an große Bögen, vielleicht schafft das ein neues Verhältnis zu Zeit und Geschichtlichkeit. Das alles mittels der Sprache,
selbst voller Gewalt. Und dennoch haben sich ein paar alte Knoten gelöst; im Schreiben klettern, auch um jene abgestandene
Luft aus dem Nabel strömen zu lassen, die in ihrer „Fülle" einem
das Leben und die Leidenschaft kostet, wie einst Tiamat.

„Die Rolle der Frau im Alpinismus"
Anlass zu einer Dekonstruktion*

1.

Man hat mir die Aufgabe gestellt, über die „Rolle der Frau im Alpinismus" zu schreiben. Der Titel gibt Anlass zu einer Dekonstruktion. Er beinhaltet Gewissheiten, die keine sind. Was hier der bestimmte Artikel an Ganzheit vorgibt, ist nicht zu bestimmen. Denn es gibt weder „die" Frau, noch gibt es „den" Alpinismus. Geht man dennoch von Bestimmungen und Bestimmtheiten aus, unterwirft man Wirkliches ungebührlicher Verkürzung und Entstellung. Im Folgenden wird ein Gegenversuch unternommen.

2.

Das Wort „Rolle" kommt erstmals im 15. Jahrhundert als ,Walze' oder ,kleines Rad' vor und verweist auf eine technische Verwendung. Im 18. Jahrhundert versteht man unter „Rolle" eine ,Position', ,Funktion', ,Aufgabe'. Heute ist eine Rollenübernahme geglückt, wenn Individuen in gesellschaftlichen Institutionen reibungslos funktionieren, d. h., wenn sie dazugehören, tüchtig und mächtig sind. Der Preis, den insbesondere Frauen für diese Akzeptanz zu zahlen haben, ist hoch: Verleugnung der Geschlechtlichkeit, Verlust an Lebensfreude und Eigensinn, ganz abgesehen vom Kräfteverschleiß, den der permanente Kampf zur Anpassung erfordert.

Tüchtig bis übertüchtig waren Frauen immer schon und auch am Berg. Erinnert sei an Willa von Ivrea, die im Winter des Jahres 951 den Bernhardinpass überschreitet; 1077 steigt die Kaiserin samt Sohn mit Gatten Heinrich IV. über den verschneiten Mont Cenis, die Rückkehr erfolgt über die Kärntner Alpenpässe; im Oktober 1310 zieht Heinrich VII. mit Gemahlin über den Mont Cenis, um in Rom zum Kaiser gekrönt zu werden; Herzogin Jolanthe von Savoyen überschreitet den Mont Cenis 1476 zur Winterszeit;[1] 1552 erklettern Katharina Botsch und Regina von Brandis, trotz Erwartung einer harten Strafe, die 2433 m hohe Laugenspitze; und die Polin Beate Kosielecka wird etwa zur selben Zeit von ihrem aufgebrachten Ehemann ob ihrer Freude am Gebirge und an den Tatratälern wochenlang in einen Keller gesperrt.[2]

Die Liste großer Bergtaten ließe sich lange fortsetzen und bliebe dennoch lückenhaft. 1760 steht Marschallin Pfyffer von

* Dieser Artikel ist erstmals erschienen in „Sicherheit im Bergland", dem Jahrbuch des Österreichischen Kuratoriums für alpine Sicherheit, 1996, 18–24 und später in den Mitteilungen des OeAV, Jg. 54 (1999), Heft 1, 5–9

1 Vgl. Schmidkunz 1931

2 Vgl. von Reznicek 1967, 153

Wyer in Begleitung mehrerer Frauen auf dem Pilatus; 1800 besteigt Königin Luise die Schneekoppe im Riesengebirge, und 1806 scheitert ein Versuch der Gräfin Kagereck, den Großglockner zu ersteigen, am schlechten Wetter. Gelingt die Besteigung eines hohen Berges, wie bei Marie Paradies, die am 14. 7. 1808 den Montblanc betritt, kann man sich des Erfolgs auch nicht so recht freuen. Die alpine Geschichtsschreibung – eingefleischte Männersache – lässt an der einheimischen Magd kein gutes Haar. Was von ihr überliefert wird, liest sich wie eine Vergewaltigung –

> „Ich wurde gepackt, gezogen, gestoßen und endlich kamen wir oben an. Ich konnte nicht sehen, nicht atmen, nicht sprechen; sie sagten, dass es sehr hässlich gewesen sei, mich anzuschauen.“[3]

Abb. 16

– und dient dem Nachweis männlicher Überlegenheit, der die einfache Chamoyardin den Gipfel zu verdanken habe. Als 30 Jahre später die wohlhabende Henriette d'Angeville als zweite Frau den Endpunkt erreicht, bewahrt die Geschichte ihren Namen mit „Braut des Montblanc".

Neben dem Klassensieg ist hier der Berg zu einem Mann geworden, auf den sich all ihr Sehnen gerichtet hat, und dass d'Angeville auch noch über den Gipfel hinausragt, hat sie den Männern zu verdanken, auf deren Rücken und Schultern sie zur Siegerpose gelangt. Diese Verdrehungen haben eine Vorgeschichte, welche als Geburtsstunde des Alpinismus gehandelt wird. Jaques Balmat und Michel-Gabriel Paccard betreten am 8. 8. 1786 als erste das Dach Europas. Danach entbrennt ein bis heute nicht beigelegter Streit, wem dieser Erfolg zuzuschreiben sei. Der Vater als Zeuger der alpinen Idee muss festgestellt sein, damit das Hervorgebrachte, der Alpinismus, zu bezeugen ist. Die Entbindung findet abgeschieden statt, und zwar an einem lebensfeindlichen Ort. Auf dem Gipfel ist der Neubeginn. Nach dieser Geistgeburt ist der Berg Frau gewesen. Die Frau-Natur wird am Vorabend der Französischen Revolution endgültig durch den Mann-Geist ersetzt. Es gehört bis heute zum „aufgeklärten" Menschen, dass er sich selbst zu bestimmen und zu behaupten weiß bis hin zur Selbst(er)schöpfung, der er sich rasant nähert.

Der Berg dient dem Menschen als Mittel und Experimentierfeld, Natur in Kultur umzuwandeln. Technik und Techniken funktionieren den Berg um, er wird eine Sache des Menschen, d. h.

---

3 Paradies, zit. in Egger 1943, 56

ein Artefakt, Anlass für und Resultat von alpiner Geschichtsschreibung. Auf sie unbedacht zurückzugreifen ist verwirrend, man denke nur an die zahlreichen widersprüchlichen Darstellungen oder fehlenden Quellenangaben, und es ist auch gefährlich aufgrund der Reproduktion von Gewaltakten. Denn der Wiederholung ist die Aufgabe zugedacht, unter dem Vorzeichen der Leistung Verdrehtes und Grundverkehrtes glaubhaft zu machen. Diesem Trick fallen bisweilen jene Frauen anheim, die alles daransetzen, es den Männern gleichzutun, worum es in der Tat nicht gehen kann.

3.

Buchstabieren wir Alpines weiter unter der Frage: Wo wird dieser Artikel veröffentlicht? Es geht um alpine Sicherheit, wofür ein Kuratorium eingerichtet wurde. LeserInnen wollen vermutlich hören, wie man sich vor den Gefahren am Berg effektiver schützen kann. Hinter dem Wie verbirgt sich die Erwartung erhöhter Funktionstüchtigkeit bei gesenktem Risiko. Das Modell der Maschine fällt einem ein. Ab wann wurde diese Art des Denkens öffentlich anerkannt und diskutiert? Um 1880 erscheinen in alpinen Fachzeitschriften gehäuft Aufsätze, die sich den Motiven des (extremen) Bergsteigens widmen.[4] Über die Begründung dieses Tuns wird ein anderes Ziel verfolgt: Das Bergsteigen soll verwissenschaftlicht werden. Mit dem Definieren dieses vielseitig mehrdeutigen Tuns kommt eine pädagogische Absicht ins Spiel, Ausrüstungsfragen und menschliches Verhalten sollen eng zusammengedacht werden. Unfallmeldungen ordnen sich zu Statistiken, alpine Lehrwerke entstehen, Ausrüstungsgegenstände avancieren zu Symbolträgern einer neuen Gattung, und diese neue Gattung ist „der Bergsteiger". Damit ist der Bergsteiger als etwas Besonderes herausgehoben und über das Herausheben bestimmt worden, gleichzeitig verliert er an kulturgeschichtlichen Bezügen. Um den abstrakt Herausgehobenen bemühen sich ab 1865 die alpinen Vereine. Sie haben es sich u. a. zur Aufgabe gestellt, Bergsteigern Sicherheit in der Natur zu garantieren, man errichtet Schutzhütten, markiert Wege, setzt auf Ausbildung, stellt Karten her usw. Die Natur wird institutionalisiert, d. h. auf eine bestimmte Weise verwaltet und bewirtschaftet. Das hat seine Vorgeschichte. Ab dem 17. Jahrhundert gehört die Sicherung des Lebens zur ersten gesellschaftlichen Verpflichtung jedes einzelnen Menschen. Das allgemeine Interesse verschiebt sich dadurch vom Tod auf das Leben, wodurch dieses gesteigert werden soll. Machtprozedu-

4 Vgl. u. a. Böhm 1880, L. G. (anonym) 1881, Hofmann 1887. Diese Autoren kommen ausführlich in Peskoller, Kulturschichten, 1996 und Berg-Denken, 1998², insbes. Studie 1 zu Wort.

ren richten sich ab nun auf den lebendigen Leib, damit sich die Kräfte mehren, das Leben verlängert und die Bevölkerung zu regulieren ist. Der Mensch hat sich diesem Programm der produktiven Disziplinierung künftig zu unterwerfen und sein Leben selbstregelnd in die Hand zu nehmen. Die Selbstdisziplinierung schreitet voran und führt zu ungeahnter Leistungsbereitschaft des Einzelnen. Der Preis, der dafür bezahlt wird, ist die Abtrennung einer Hälfte des Lebens, das ist das Unvernünftige, und mit ihm schreitet die Verdrängung des Todes voran, in dessen Schatten sich die Norm Leben etabliert. Wer sich freiwillig lebensgefährlichen Situationen aussetzt, muss ein Geständnis ablegen und riskiert seinen Platz innerhalb der normalen Gesellschaft. Bergsteiger setzen sich, gewollt oder nicht, Gefahren aus. Sie leben die Grenze und sind trotz ungeheurer Tüchtigkeit nicht mächtig, innerhalb der Normalität über Dazugehörigkeiten zu entscheiden. Man entscheidet über sie. Dem physischen Risiko gesellt sich ein psychosoziales bei. Das erhöht sich bei Frauen, denen gesellschaftlich in doppelter Weise die Rolle der Lebenserhaltung zugedacht wird. Aber welche Art von Leben soll sie erhalten? Frauen, die zu leben wagen, unterliegen verstärkt dem Druck nach Rechtfertigung, ein Beispiel ist das Extrembergsteigen. Die Rechtfertigung kann aber nicht wirklich gelingen, und zwar bei Frauen in zweifacher Weise nicht. Das Recht auf den Tod ist seit Jahrhunderten verspielt, die Vorbegründetheit des Normalen ist somit etabliert, und die Frauen haben übervorsichtig zu sein, sich zurückzuhalten und ständig aufzupassen, damit die Reproduktion gesichert bleibt. Das kann für manche Frauen lustig sein, was aber nicht für alle gilt und schon gar nicht auf Dauer. Über die Aussonderung des Todes besondert sich das Normale und wird zur Plage der besonderen Art. Pädagogen, das ist bekannt, betreiben das Geschäft mit der Normalität, aber Extremes weicht ab, es wird daher geahndet und soll befriedet werden mit dem Ergebnis, dass es sich als etwas begründet, was es so nicht ist, ein Unternehmen, das zu integrieren sei, da immer perfekter abzusichern, was aber nicht gelingt. Das sagen uns die Unfallstatistiken, es ist sogar so, dass die Umkehrung der Logik bereits eintritt. Immer besser ausgerüstete, routinierte und bestens ausgebildete Bergsteiger und Bergführer verursachen Bergunfälle mit fatalen Folgen. Das Denktabu Tod rächt sich an der Logik Leben. Das Zuviel an Wissen schlägt um in ein Zuwenig- oder in ein Falsch-Entscheiden. Die Trennung zwischen Denken und Tun schreitet fort und mit ihr die Schwierigkeit, Zusammenhänge zu begreifen. Das Unvernünftige, das man aus- und weggesperrt hat, kehrt umso heftiger zurück und macht jene, die nur auf Vernunft setzten, ratlos.

4.

Ausgang und Ende bleibt der Berg als Teilnatur. Natur ist und bleibt insbesondere für Menschen, die sich weit von ihr entfernt haben, eine Gefahr. Mittels technischer Aufrüstung des Körpers mag die Leistung steigen, das Risiko für das Leben sinkt aber nur kurzfristig und an der Oberfläche. Dahinter öffnet sich weiter die Kluft in Form einer tiefen Ambivalenz zwischen Berg und Mensch. Beide sind, nach den gewaltförmigen Vorgängen der Zivilisierung hin zum Abstrakten, nicht nur unbestimmbar, sondern – und das ist entscheidend – in ihrem Verhältnis zueinander nahezu undenkbar geworden. Das Denken selbst beruht auf einer Methode des Trennens und geht auf die anatomische Zergliederung des Menschen zurück. Mit der Zergliederung, sprich Analyse, ist ein Faden gerissen, werden Zusammenhänge vergessen. Mit dem Vergessen gefährdet sich ihrerseits die Vernunft, mit der von Anfang an pädagogische Absichten verbunden waren. Diese Absichten zeigen sich heute in der Entwicklung von ausgetüftelten Trainingsprogrammen, in denen virtuell der Körper in seine Einzelteile zerlegt, isoliert und nach Vermehrung der Kräfte wieder neu zusammengesetzt wird. Sie reichen über strenge Ernährungsvorschriften bis hin zur Herstellung künstlicher Kletterwände und zur Verschulung des Bergsteigens selbst. Aufgerüstet wird mit Hightechprodukten, Bergsteiger lancieren zu Ausrüstungsfetischisten und zu Spezialisten für komplizierte Bedienungsanleitungen. Schließlich mündet das Bergerleben in einen Prozess der Verrechtlichung,[5] der ein lebendiges Tun an toten Gesetzen misst. Das Unlebendige wird in der Rekonstruktion eines Unfalls beispielsweise zum Kriterium und Maßstab für das Vergehen am Lebendigen. Die Umkehrung ist perfekt, die Angleichung des Wissens an das Tote spitzt sich zu und mit ihm die Normierung eines Tuns, das im Jahre 1541 Conrad Gesner noch zur „Ergötzung der Sinne" betrieben hat, wie er an seinen Freund Vogel schreibt.[6]

Aus den Sinnen ist ein Sinn geworden und verdichtet sich zum Unsinn, der heißt: Technik sichert Leben. Wie unsicher Technik ist, weiß man nicht erst seit Tschernobyl. Bereits Josias Simler, der erste alpine Theoretiker, hat sich verbissen mit Gebrauchsanleitungen befasst und beschrieben, wie man mit Steigeisen und Seil umzugehen hat. In seinem 1574 erschiene-

5 Vgl. Nef 1987
6 Zit. in „Frühe Zeugnisse", 1986, 136 als Übersetzung aus „Die Entdeckung der Alpen", 1934; vgl. auch Peskoller, Kulturschichten, 1996

Ausgänge

nen Werk legt er die erste alpine Enzyklopädie vor und hat selbst, kränklich, kaum einen Fuß vor die Tür gesetzt. Bei ihm hatte die Trennung von Wissen und Handeln über Gebühr gut geklappt, vermutlich liegen gerade im Gelingen der Logik des Trennens Ratschläge begründet. Ein Lernen von Praxis zu Praxis scheint nach dem Stand der Dinge ein Ausweg. Es ist anspruchsvoll, effektiver und dem Gegenstand angemessen. Denn der Berg lehrt den Menschen mehr, als sich der Mensch über den Berg auszudenken imstande ist. Er lehrt vor allem, hört man hin, Menschliches: Grenzen als Selbstbegrenzungen anzuerkennen. Danach zu handeln erhöht die Intensität zu leben, da Getrenntes zusammenrückt und Erleben verstärkt.

5.

Von der Rolle der Frau im Alpinismus sind wir über den Weg der Dekonstruktion dort gelandet, wonach sich Extreme, Frauen wie Männer, sehnen: nach Intensität. Sie scheint Antrieb, Folge und Schluss zu sein. Nähern sich Leben und Tod, intensiviert sich das Empfinden. In der Liebe, wie man weiß, verhält es sich ähnlich. Der Grund ist, das habe ich aufzuzeigen versucht, nicht die Abspaltung von Dingen, die zusammengehören, sondern im Gegenteil, das Zulassen dessen, was zueinander drängt. Jede Trennung ist ein Akt der Gewalt. Mit Gewalt aber hat ein Leben, das lebendig sein will, kaum etwas gemein. Den Tod wieder zum Leben zu entlassen, gibt diesem nicht nur Sinn zurück, es sichert die Lebensfähigkeit selbst.

Die Quelle der Lebenskraft ist der Eros. Er ist, wie der Tod und das Leben, nicht zu definieren, nicht wirklich berechenbar und damit statistischer Erhebung abhold. Die Erkenntnis liegt in der Leidenschaft, jenseits der rationalen Vernunft. Berge befördern die Leidenschaft, an ihr teilzuhaben ist eine Form des Glücks, das mehr ist als eine Flucht vor Schmerz und Leid. Leidvermeidung verhindert vom Leben berührt zu werden. Im Bergsteigen, insbesondere in extremer Ausprägung, entgeht man der Berührung nicht. Erst im Angreifen und Berühren kommt man weiter. Das Taktile ist der Grund der Fortbewegung und der Erkenntnis, wodurch man sich wieder Gewissheiten nähert.[7] Durch die Nähe zur Materie beim Klettern spüren Menschen sich ausgesetzt, und in der Ausgesetztheit ist Menschliches wieder zu erkennen. Das Geheimnis liegt im Menschenfernsten, es fördert zutage, was mitunter zutiefst verborgen liegt: die Lebendigkeit als Werden und Vergehen.

7 Vgl. Gebauer, Hand, 1984

6.

Um das Verborgene geht es. Wie bei einer Geburt ist es vorsichtig und immer wieder aufs Neue zur Welt zu bringen. Geburt hängt etymologisch mit dem Berg zusammen und leitet sich von „bher(a)" ab, was bringen, tragen, aushalten, sich regen, bewegen und erheben bedeutet. Darin, das ist zu hoffen, mögen Frauen an ein unbeirrbares Wissen anschließen, über das Männer dann erfahren werden. Jede Verdrehung vertreibt dieses Wissen und macht beide unerfahren und orientierungslos. An der Umkehrung ist zu arbeiten. Frauen, das haben meine Motiverhebungen gezeigt, suchen beim (extremen) Bergsteigen in erster Linie das Naturerleben, Männer geben primär Risiko und Leistung an.[8] Dass das Natur-Motiv die Leistung nicht herabsetzt, hat man u. a. an Wanda Rutkiewicz gesehen. Es geht um die Frage der Haltung und damit des Halts in dem, woraus man selbst hervorgeht und hervorgebracht wurde. Männer wie Frauen arbeiten heutzutage geflissentlich an der Auslöschung der Grenze zwischen natürlich und künstlich, Leben und Tod. Aber auch in der Klärung des Geschlechterverhältnisses allein liegt die Wahrheit noch nicht. Sie liegt unter ihm und verlangt hinter der Dichotomie Frau-Mann, Natur-Geist, den Lebensgrund mitzudenken. Er entzieht sich jeder Dualität und vermittelt sich nur über ein Drittes, das unser Denken geübt ist auszuschließen. Extreme Erlebnisse am Berg haben mich anders zu denken gezwungen, und dieses Denken bleibt eng an die Erfahrungen gebunden, aus denen das Sprechen selbst hervorgeht. Denn zwischen den Worten, so Michel Foucault, steigt eine andere Wahrheit auf. Sie hat sich der Dinge und des Körpers entledigt. Es ginge darum zu erinnern, dass vor, zwischen und nach den Worten der Körper und das Materiale steht. Somit stellt sich die Frage, was sonst noch, d. h. jenseits des Körpers und der Materie, gewiss und tragfähig sei? Diese Frage, denke ich, ist, um als Frau zu überleben, leitend. So entzieht z. B. die Reproduktionstechnologie den Frauen jede Art von Gewissheiten und nimmt deren Tragfähigkeit.

Berge sind das Stofflichste, das unsere Erde hat, und wie man im alten Orient wusste, erhalten Berge das Gleichgewicht auf Erden. An der Materie Berg scheiden sich die Geister, das erzählt die Alpingeschichte. Den körperlosen Geistern können Frauen mit dem Wissen entgegentreten, dass die Materie nie geistlos ist, immerhin kommt die Materie etymologisch von der Mutter. Jede Trennung in Geist und Materie widerspricht dem Vorfindbaren in der Natur, der sich anzuvertrauen und hinzugeben mir

8 Vgl. Peskoller, Vom Klettern, 1988, insbes. Materialband 2, 90–135 und 190–202

heute als das Schwierigste erscheint. Bergsteiger und Bergsteigerinnen suchen bekanntlich die Schwierigkeiten, und diese liegen vor allem außerhalb dessen, was man Alpinismus nennt. Er hat sich, wie alle -ismen, über den Ausschluss des Andersartigen errichtet. Es ist an der Zeit, den Alpinismus einer Ideologiekritik zu unterziehen, um genauer zu sehen, was ihn bewirkt und was er erwirkt hat. Dieser Beitrag ist ein Schritt in diese Richtung und begreift sich als BergDenken, das angefangen hat, sich zu bewegen.

Gegenstand*

Der Vortrag stellt Grundentscheidungen dar, welche den Forschungsverlauf bestimmen. Leider war es nicht möglich, einen Berg vorzutragen. Der Berg stellt uns vor Entscheidungen. Er ist Gegenstand folgender Überlegungen. Zum Gegenstand kam ich, indem ich Schwierigkeiten entdeckte, zum Gegenstand zu kommen.

„Nichts ist so allgemein und verallgemeinerbar wie Schwierigkeiten", meint Pierre Bourdieu in der soeben neu aufgelegten „Reflexiven Anthropologie".[1]

Folgendes umfasst 3 Teile:
1. Die *Tektonik* der Schrift bis zur Freilegung der Ausgangsthese. Sie transportiert ein anderes Medium: „stay hungry", ein 8-Minuten-Video.
2. Die Darstellung der *wissenschaftlichen Praxis*. Es geht um die Frage, wie sich der Gegenstand konstituiert, und zugleich bestimmt der Gegenstand die Frage. Dieses Doppelverhältnis von empirischer Gegenstandskonstitution und Reflexion über dieselbe nenne ich BergDenken.
3. Die Öffnung auf weitere *Dialoge* hin. Methodenfühligkeit ist das mir zunächst erfahrbare Ergebnis. Aus der Methode der Arbeit ergibt sich kein geschlossenes System, sondern vielmehr ein gangbarer Weg zu einer Vielfalt von Gegenständen. Sie lösen den Prozess der Wissenschaft auf, indem sie ihn herausfordern.

1. Die *Tektonik* des Vortrags legt sich der Tektonik der Habilitationsschrift an. Ziel ist dabei nicht eine verkleinerte Darstellung, sondern eine Diskussionsgrundlage zu bieten. Die Schrift besteht aus 2 Studien. In doppelter Bewegung – Aufbau/Abtragung – sind sie aufeinander bezogen und bleiben materialgebunden.

Studie 1 nähert sich strukturell der Frage nach dem Gegenstand als Frage nach Rechtfertigungen des extremen Bergsteigens.

Studie 2 kommt zum BergDenken. Der Begründungsdiskurs zersetzt sich, während sich das Sprechen zum und vom Berg historisch und systematisch zu erheben beginnt. Die Auffaltung wird steigend zur Kenntnis genommen. Zwischen

* Dieser Vortrag wurde anlässlich meines Habilitationskolloquiums am 23. 6. 1996 an der Universität Innsbruck gehalten.
1 Bourdieu/Wacquant 1996, 252

Ausgänge

Berg und Denken ergeben sich Vermittlungen, eine davon ist das Bild.

1991 entstand ein Video. Schauplatz ist das „Dschungel-buch", ein Klettergarten in Zirl bei Innsbruck. Zugeschaut wird dem Tun der Sportkletterer, zurückgebunden an das Denken dieser extremen Praxis. Dabei fasst sich eine These, welche sich durch die gesamte Arbeit zieht: das mächtige Leichtwerden des Menschen.

– Videoeinspielung –

Was will der Kletterer? Darauf gibt er selbst Antwort: Kör-pergewicht = 0, Kraft = 100. Im Verlust des Körpergewichts soll er alles vermögen. Dabei klammert er sich, wie kaum je-mand sonst, bis zum Äußersten an die Materie. Die Span-nung zwischen konkret-dichter Materie und abstrakt-suk-zessiver Entmaterialisierung bestimmt das Denken und hält es zusammen.

2. *Wissenschaftliche Praxis*
Die Schwierigkeit bestand darin, die Spannung zwischen Materie/Entmaterialisierung ins Verhältnis zu etwas zu set-zen, das ebenso Spannungen hervorruft: die Frage nach der Rechtfertigung. Als ungelöstes Problem hat sie sich aus der Dissertation in die Habilitation mitgetragen.

An dieser Stelle ist etwas auszuholen: In die Dissertation war ich mit der Frage „Warum Extrembergsteigen?" ein- und mit einer klaren Antwort auf die Frage: „Was lieben die Ex-tremen an ihrem Tun?" / „Was fasziniert sie so daran?" aus-gestiegen. Sie wollen sich zur Gänze verwenden.

Unter der pädagogischen Zielsetzung, inhaltliches Wissen herzustellen, musste die Verschiebung vom Warum auf das Was erfolgen mit dem Ergebnis, dass eine Schlüsselstelle um-gangen wurde: Die Extremen hatten Probleme, öffentlich zu ihrem Titel zu stehen. Sie betonten immer wieder, normal zu sein. Außerdem hoben sie die Freiwilligkeit ihres Tuns hervor, was angesichts der körperlichen Qualen am Berg und im Trai-ning unglaubwürdig erschien. Reinhold Messner musste in ei-nem „Club 2" sein Tun begründen: „Aber warum begeben Sie sich eigentlich immer freiwillig in Situationen, wo Sie ganz be-wusst den Tod in Kauf nehmen?", fragte Frau Kölbel, Fotogra-fin, vorwurfsvoll. Messner versichert, dass er nicht sterben wolle. Er geht sogar noch einen Schritt weiter, denn er glaube daran, sagt er, dass die meisten Alpinisten mehr oder gleich viel am Leben hängen wie alle anderen Leute auch.[2]

Kölbels Frage insistiert auf die Freiwilligkeit und Messners Antwort schürt den alten Zweifel, mit dem ich bereits den Extremen begegnet war, die sich selbst für normal hielten.

Hier hatte ich mich dem Zweifel zu stellen. Das Zwiefache führte mich an eine Gabelung, die als Doppelweg zu beschreiten war. Eingehandelt habe ich mir Schwierigkeiten der Wissenschaft: Von Anfang an ergaben sich Mehrdeutigkeiten, die gegen das Gebot wissenschaftlicher Eindeutigkeit zu verstoßen schienen. Der Doppelweg verzweigte sich nochmals. Inhaltlich hatte ich Paradoxes vor mir: Der Extreme will nicht sterben und riskiert das Leben. Methodologisch war bereits die Frage eine doppelte: Sie wollte ein und kein anderes Wissen.

– *Verortung:* Zuerst ordnete ich diese Differenzen als Punkte auf einer Fläche an. Das ergab ein Gefüge von Relationen, die eine Form umschrieben. Die Form, Folge des Verortens, ist eine Frage der Grenze. Ist etwas geformt, hat es Ränder: links, rechts; oben, unten; außen, innen; herrscht hier die Ordnung der Punkte, findet sie dort keine Fortsetzung. Jede Ordnung ist eine Brechung, vorausgesetzt, die Ränder schwanken nicht.

– *Vergegenständlichung:* Der Berg hat klare Ränder, ist fest gefasst. Seine Brechung ist exakt. An seinen Rändern begannen sich seit dem 14. Jahrhundert freiwillig immer mehr Menschen zu bewegen. Heute hängt der Extreme förmlich an der Brechung des Berges. Durch exakte Bewegungen verflüssigt sich der Rand, die Trennung zwischen Berg und Mensch wird aufgeweicht. Im Nachdenken des Extremen richtet sich Geist, Sinne und Einbildungskraft auf diese Fusion. Das Denken der Ränder vergegenwärtigt Denkgrenzen im Körperlichen. Es entsteht ein Gemisch aus Konfusion, Klarheit und Diffusion. Das Feste nimmt, nicht ohne Turbulenz, zugunsten des Flüssigen und Gasförmigen ab. Unter den Füßen der Extremen wächst das Nichts.

– *Form-Begreifen:* In der Figur des Topographischen konturieren sich Figuren menschlichen Daseins und umgekehrt. Unsere Begriffe sind nach dem Bild fester Körper geformt: stabil, konstant, konsistent, mit klaren, harten Rändern. „Der epistemologischen Grundlage des Lebendigen" jedoch, sagt Michel Serres, „entspricht eine Theorie der verzweigten Ränder".[3]

2 Vgl. Messner, zit. in Peskoller, Kulturschichten, 1996, 31
3 Serres, NW-Passage, 1994, 58

– *Verleiblichung:* Ich habe den Berg nicht von Begriffen, Methoden und Kategorien, sondern von der Leiberfahrung her gedacht. Sie lässt die Grenze zwischen den Körpern vibrieren und bringt gerade am Kleinsten und Lokalsten die Einsicht, dass selbst Festkörper fließende Ränder haben. Das Lebendige zeigt sich im Unscharfwerden der Grenze. Wo sich die Ränder verzweigen, lässt sich die Spur des Menschlichen am exaktesten zeichnen. Tritt der Mensch zu deutlich hervor, verschwindet der Gegenstand und taucht dort wieder auf, wo der Mensch zurücktritt. Es handelt sich um ein labiles Gleichgewicht, Subjekt und Objekt sind nur nahe aneinander gebunden und mit großer Vorsicht zu halten. Die Erkenntnis findet in den Schwankungen statt.

– *Gegenstand des Allgemeinen:* Zurück zum Ausgang. Die qualitative Motiverhebung zum Extrembergsteigen ergab Paradoxes: Der Extreme will nicht sterben und gleichzeitig sich zur Gänze verwenden. Das Ende einer Folge zeichnet sich ab. Die erste Forschungsfrage war somit: Ab wann wurde die Sicherung des Lebens unter Ausschluss des Todes zur gesellschaftlich ersten Verpflichtung des Menschen? Im 17. Jahrhundert verlagert sich, sehr verkürzt gesagt, das allgemeine Interesse vom Tod auf das Leben. Heute kehrt es sich um. Damals war es weniger die Angst vor dem Sterben als vielmehr die Hoffnung, durch die Verschiebung der Machtprozeduren, den Ertrag zu steigern. Der Augenblick des Todes war die Grenze für den Zugriff auf das Leben und entzieht sich ihm. Durch den Ausschluss des Todes ist ein Leben, das gewagt wird, suspekt. Wer sein Leben aus freien Stücken gefährdet, muss Rede und Antwort stehen. Denn für eine Gesellschaft, die sich in ihrer politischen Macht der Verwaltung und Bewirtschaftung des Lebens verschrieben hat, wird jede Gefahr für das Leben zum Problem. Extremes Bergsteigen gründet in diesem Problem und wird zum Prüfstein für die Norm Leben. Die Vorbegründetheit der Normalen hält den Begründungsanstrengungen der Extremen stand. Auch Messner beteuert, mehr oder gleich viel am Leben zu hängen wie andere Leute auch. Diese Aussage ist wahr und zugleich nicht wahr. Wenden wir uns hier dem Wahren zu: Die ausgeklügelten Trainingsmethoden der Extremen beweisen, der Extreme unterlässt nichts, um das Leben zu sichern. Dennoch, die Zurichtung des eigenen Körpers gleicht einer Folterung zur Wahrheit. Sie löst das Problem der Extremen nicht, sondern verzweigt es nur.

Betrachten wir eine Verzweigung genauer: In den letzten 25 Jahren kam eine neue Bewegung auf – das Sportklettern. Sportkletterer zählen zur Avantgarde produktiver Selbstdisziplinierung. In den Klettergärten und an Wänden aus Polyester ist die Gefahr abzustürzen gering. Die Routen sind abgesichert, das Verhalten des Kletterers unterliegt einem strengen Regelsystem. Es konzentriert sich auf die restlose Ausschöpfung des Körpers, zerlegt, isoliert ihn und setzt ihn zur Vermehrung der Kräfte neu zusammen.

Vor dem Erreichen und Anwenden der Maximalkraft schreckt der Sportkletterer jedoch zurück. Das verrät der freudsche Versprecher gegen Videoende: Essen statt Klettern. Der Extreme hat sich die Überwindung der Schwerkraft zum Ziel gesetzt, in der Tat widersteht er kaum der Anziehungskraft von Nahrungsmitteln. Das Scheitern ist als Erfolg zu werten. Am Rande der Magersucht kämpft der Sportkletterer in Krise mit Perioden und hegt insgeheim einen Wunsch: nur noch essen. Dick, schwer, unbeweglich werden, damit Ruhe einkehrt.

„Stay hungry" – das Unverbesserliche treibt die Vervollkommnung an, und mit ihr wächst das Unverbesserliche. Zur menschlichen Selbsterrettung, wie man sieht, denn was bliebe von jemandem übrig, der sich tatsächlich zur Gänze verwendet?

Je reibungsloser der Einsatz, desto sicherer die Selbstauflösung: Der am besten Trainierte rückt dem Verfall vor Ablaufdatum am nächsten. So betrachtet ist das Steigern der Schwierigkeiten – heute ist man bei Grad XI angelangt und befährt den Mount Everest mit Schiern – auch eine Lebensstrategie. Sie ist bei gesteigertem Training mit Technikverzicht und an die Leistung, Wünsche zu verdrängen, gebunden. Der Extreme entzieht sich, zumindest halbseitig und mit Leidenschaft, dem Fortschreiten der Entmaterialisierung. Aber nicht, indem er das Globale zu verhindern sucht, geklettert wird auf absonderlichste Art rund um den Erdball, sondern gerade deshalb, weil er das Entkörpern beabsichtigt. Die Absicht, das ist ihr eigen, will zum Ziel und verfehlt das Reale. Absicht ist ein anderes Wort für Abstraktion. Sie sieht vom Besonderen ab und wird zur Verfehlung der besonderen Art.

Die Abstraktion gibt vor zu objektivieren, lässt aber das Objekt im Stich. Ihr Interesse am Gegenstand reicht so weit, bis es gelingt, unter dem Vorwand der Verallgemeinerung die Kräfte des Gegenstandes ab- und dann von dannen zu ziehen. Diese Verallgemeinerung, der eine Auszehrung und Deportation vorangeht, ist ein Akt der Gewalt.

Am Berg zehrt sich der Mensch aus. Der Berg ist extrem stofflich, besonders gestaltet und Verallgemeinerungen gegenüber widerständig. Man kommt nicht umhin, selbst zum Gegenstand zu gehen. Vorausgesetzt, man will zu und von ihm sprechen und nicht nur Gesagtes über ihn kommentieren, erklären oder kritisieren. In der Bewegung des Gehens, Steigens und Kletterns bildet sich die Methode und mit ihr der Gegenstand heraus. Das Herausbilden ist eine handelnde Denkform; sie ist an die Schwere und Gestalt des Gegenstandes gebunden, bricht an seiner Mächtigkeit und fügt sich in die Differenzen. Die Ikone Berg wird begehbar und riskiert in der Schräglage das Denken selbst. Mit dem Risiko erhöht sich die Nähe zum Gegenstand, d. h., die Signifikanz des Denkens steigt. BergDenken kristallisiert an den Extremerfahrungen und übt eine Sprache, die Gegenstandsnähe ausdrückt: konkret im Komplexen.

– *Radikaler Zweifel/Rückbezug:* Führen wir eine letzte Denkbewegung aus zur Frage: Was liegt den Entscheidungen des Dargestellten zugrunde? Warum denke ich so, wie ich denke? Diese Frage ist eine der Positionalität und zielt in letzter Instanz auf die Wissenschaft. Vom Gegenstand Berg aus steht die Wissenschaft zur Objektivierung an. Sie kann sich selbst aus den Regeln, die sie aufstellt, nicht ausnehmen. Wenn es gelänge, über die Reflexion der wissenschaftlichen Praxis die Wissenschaft selbst zu objektivieren, wird der Berg endlich zu dem, was er ist: eine Subjekt-Natur.

Darin liegt die Sprengkraft des BergDenkens. Es bricht an der Fusion Berg/Mensch und beugt sich zum Grund zurück, d. h. bis zu dem Ort, woher es gekommen ist. Ließe man das eigene Denken ungedacht, hieße das, nur Werkzeug dessen zu sein, was man zu denken meint. „Das gilt", so Bourdieu, „nirgends so sehr wie für die Konstruktion des Objekts, diesem wohl wichtigsten und dennoch, vor allem in der herrschenden Tradition, vollkommen ausgeblendeten Vorgang."[4]

Diese letzte Zurückbeugung vollziehe ich hier nicht, gebe aber auch nicht vorgefühlter Erwartung nach, das Denken zu skelettieren. In fortschrittlicher Weise Forderungen an das Subjekt und Objekt zu stellen, noch bevor sie das sind, wofür man sie hält, bleiben aus. Die Schließung zum Konzept findet nicht statt; die Forderungen werden als Herausforderung in eine offene Struktur des Denkens entlassen.

4 Bourdieu/Wacquant 1996, 258

Mit der Frage „Warum?" hat alles angefangen. Hinter dem Zwang zur Rechtfertigung steht, so das Ende von Studie 1, die Angst, Theorie als Moral zu erkennen. Epistemologische Brüche sind immer auch Brüche im Sozialen.

3 Öffnung auf weitere *Dialoge* hin

BergDenken liegt an der Schnittstelle von Erkenntnis- und Bildungsmetapher. Es eröffnet einen Raum der Grenze. Dieser Raum von Theorie ist durch Wege strukturiert, welche von den Geistes- und Sozialwissenschaften zu den exakten Wissenschaften führen und umgekehrt. Für die klassische Klassifikation der Wissenschaft stellt dieser Raum kein Problem dar und wird nicht beschrieben. Für mich wurde er deshalb zum Problem. Der Raum ist weder leer noch homogen, weist einen Mangel an Verbindungen auf, und der Ausgang ist nicht vorhersehbar.[5]

Die Durchquerung des Raums, Michel Serres greift zum Bild der Nordwest-Passage – inmitten der Alpen liegt ein Durchstieg der Civetta-Nordwestwand näher – ist meist versperrt: Eis, Angst oder weil man sich verirrt hat. Gelingt es doch, dann nur auf einem Weg, der einzigartig und so nicht wiederholbar ist; woraus sich keine allgemeinen Gesetze ableiten lassen.

Für das Lehren einer Profession bedeutet das u. a., Vermittlungsweisen von Praxis zu Praxis wahrzunehmen, wodurch Kunst in die Nähe des Pädagogischen rückt. Ohne hier den Zusammenhang, der historisch auf eine wechselnde Wertschätzung von Wissenschaft und Kunst hinausläuft, auszufalten, bleibt eines unbestritten: Erziehung war immer auch Kunst und Kunst Bildung. Von der Schöpferkraft des Menschen bis hin zur Selbst(er)schöpfung ist es qualitativ ein kleiner Schritt.

Natur- und Erziehungswissenschaft, darin überzeugt Dieter Lenzen,[6] sind einander näher als angenommen: Um Welt und Mensch zu verändern, wird auf Technik und Techniken gesetzt. Invers angewandt war im Video Gebildetes an die Erkenntnis zurückzuführen. In der Zerlegung und Neuzusammensetzung von Wirklichkeit äußert sich nicht nur ein kreativer, sondern auch ein gewaltförmiger Akt. Je mehr Wirklichkeit aufzuspalten ist, desto stärker die Erkenntnis. Unter den genormten Bedingungen des Technischen ist Reales beliebig und in der Reproduktion unendlich variierbar. Verhältnis und Strukturparallele von Thema und Produktionsbedingungen verweisen auf

5 Serres a. a. O., 19
6 Vgl. Lenzen, Kunst und Pädagogik, 1990, im Vorwort S. VII

ein Drittes: Grenzauflösungen mittels immaterieller Technisierung.

Extreme leben die Grenze; Naturästhetik legt einen Abstand zum Gegenstand nahe. Sportkletterer begreifen ihr Tun als Kunst und sind weitgehend immun gegenüber pädagogischen Eingriffen von außen. Extreme führen, das hat der Beitrag offen gelegt und daran ist weiterzuarbeiten, pädagogisches Denken und Handeln selbst ins Extrem. An Gewissheitserlebnissen objektiviert sich die pädagogische Vernunft.

Mein Ansatz erschöpft sich nicht in Technik/Kunst, sondern arbeitet mit beidem an einer Reflexivität, die den schwierigen Vorgang der Objektkonstitution sichtbar macht. Dadurch erhöht sich Reichweite und Zuverlässigkeit sozial- und kulturwissenschaftlichen Wissens.

Die Schrift endet am Gipfel, dem sprachlos-ambivalenten Ort der Grenze zwischen Materie/Immaterialität; der Vortrag endet, nach fortwährender Rückbindung an diese Grenze, sich selbst brechend.

KAPITEL 2: DENKKUNST

Raumverdichtung
durch Vertikalität*

a) Folgendes ist erfahren

Praktiken sind der Ausgang, sie legen einen Primärtext nahe, der Anschlüsse erschwert. Die Vertikale setzt Menschen über dem Grund einer Leere aus, und so stellt sich als erstes Problem die Frage, wie zu Grundverlust, Ausgesetztheit und Leere gesprochen werden kann.

1. Mit der Höhe wächst die Tiefe

Diese Einsicht, allein Ergebnis des Physischen, enthält anthropologische Grundfragen wie die nach dem Verhältnis von Identität und Differenz. Die Höhe, verstanden auch als Abstraktion, hängt ab von der Tiefe und teilt mit ihr den Abgrund. Höhe und Tiefe sind zwar unterschieden, gehören aber dennoch untrennbar zusammen.

Als Goethe im Winter 1777 auf den Brocken steigt, sucht er die Tiefe. Anders Francesco Petrarca. Er will die Höhe des Ortes kennen lernen und besteigt den Mont Ventoux. Zwischen Goethe und Petrarca liegen knapp 450 Jahre, eine Zeit, in der der Mensch seinen Kampf gegen das, was nicht er ist, für sich entschied. Ein Zweiter wurde Erster. Mit Horace-Bénédict de Saussure feiert das Subjekt dann einen seiner Höhepunkte: Am Vorabend der Französischen Revolution, im August 1787, steht der Naturforscher auf dem Gipfel des Montblanc, war nicht der Erste, aber sein Sprechen über den Berg hat diesen verändert.

Zwei Stimmen im Ausgang des 20. Jahrhunderts:

Die erste ist die von Reinhold Messner. Er sagt, dass er keinen Kampf gegen die Schwerkraft mehr führe, dass er sich in eine Müdigkeit geschleppt habe, die ihn zur Gänze ausfüllt. Und er beschreibt, wie das geht, wie es ist, wenn man völlig erschöpft ist. Er atmet nicht, er hechelt wie ein Hund und der Speichel, der ihm dabei aus den Mundwinkeln rinnt, gefriert am Bart. Die Stirn hat er auf den Pickel gestützt, sie ist heiß und sein Gesicht verzerrt vom Schmerz. In völliger Selbstvergessenheit hört er nur noch zu, was sein Körper tut. Die Lungen röcheln in seinen Ohren, das Herz hämmert und es ist schmerzhaft, sagt er, wenn sich die beiden Geräusche in seinem Kopf überlagern.[1]

Abb. 17

* Dieser Vortrag wurde im Oktober 1997 in Magdeburg gehalten (Tagung der Kommission „Pädagogische Anthropologie"/Sektion allgemeine Erziehungswissenschaften der DGfE) und ist im Tagungsband „Metamorphosen des Raums", 1999, 275–280 veröffentlicht worden. Anlässlich der Buchpräsentation von „BergDenken – eine Kulturgeschichte der Höhe" wurde am 21. November 1997 „Raumverdichtung duch Vertikalität" im Alpenvereinsmuseum/Innsbruck vorgetragen.

1 Vgl. Messner, Alleingang, o. J., 129

Ganz anders hingegen Stimme 2:

Fight gravity solo. Alle In-/Outputs aktivieren. Tastsinn, Geruchssinn, Gehör, Geschmack, Bewegungsapparat, Atmung, Augen. Zum Einstieg gehen, Schuhe putzen, quietschendes Geräusch. Unterprogramm nachchalken, Unterprogramm tief durchatmen, Konzentration – Geschmack/Geruch/Gehör abschalten. Close. Zone 1: Beginn der Kletterei, die ersten 5 Meter. Gefahrenzone, schwere Verletzungen bei Absturz. Links Seitgriff, Handklemmer rechts. Ausspreizen. Links Zwischengriff, links waagrechter Handklemmer, rechts höhertreten, rechts Horn am Dachende – guter Griff. Beine hängen frei. Überflüssiges Posing. Links Tritt, links Knie verklemmen. Nohandrest. Riss aussteigen. links über Kreuz – guter Griff, rechts Griff daneben, Knieklemmer aufgeben. Unterm Dach antreten, links Griff verbessern. Beide Füße hoch auf Reibung antreten. Rechts oben Griffleiste – erstes Fingerglied – positiv – gut einpassen. Kleiner Finger greift, links Fuß kleiner Tritt, rechts kleiner Tritt. Links Griff, rechts Pendelbein.[2]

1978 steigt Reinhold Messner allein Richtung Nanga Parbat. Kurt Albert klettert 1986 im Frankenjura. Messner befindet sich über 8000 Meter, Albert im VIII. Schwierigkeitsgrad. Der eine in Schnee und Eis, der andere im Fels. Albert hält sich an ein Computerprogramm, kurz und klar. Bei Messner gerät alles durcheinander, die Geräusche überlagern sich im Kopf. Albert schaltet einfach ab: Geschmack, Geruch, Gehör. Dann vollzieht sein Körper die richtige Bewegung; Messner nahe am Bewegungsverlust. Er kann nicht mehr. Nach jedem Schritt muss er stehen bleiben, atmen, rasten. Er macht weiter und überlebt. Albert auch, aber anders. Messner buchstabiert qualvoll mit dem Leib die Höhe, die ihn beinahe um den Verstand bringt. Albert setzt Schriftzeichen in den Fels um, sie bringen ihn ums Erleben. Ungeklärt bei beiden das Verhältnis zur Realität. Messner wie Albert befinden sich in einem Flechtwerk der Leere. Nicht nur, dass sich unter ihnen das Nichts auftut, es scheint auch ringsum nichts mehr als sie selbst zu sein. Bei Messner ist das Außen nach innen und gegen die Sinne gestürzt, so, dass die Ordnung des Denkens bricht. Keine Sozialwissenschaft kommt ernstlich mit einem derartigen Einbruch zurecht. Diese Intensität liegt jenseits des Arguments, ist aber Basis für alles, was sagbar wird. Albert schreibt, bevor er klettert. Der Logos eilt dem Körper voran, dennoch, und das ist entscheidend, im Steigen und Klettern muss die Schrift vergessen sein.

2 Vgl. Albert in Zak/Güllich, high life, 1987, 30 f. Alberts Text ist im Original mit einer Reihe von Computerbefehlen, Zahlen und Sternchen versehen. Aus Gründen der Lesbarkeit habe ich all das hier weggelassen.

2. Ausdruck ist Hingabe an den Widerstand

Zur Einstimmung Momente eines Lebenslaufs am Abgrund. Damit spiele ich auf Dietmar Kampers „Lebenslauf in den Abgrund" an, die Unmöglichkeit, in einer Zeit grundstürzender Erfahrungen einen festen Grund zu finden.[3]

Beat Kammerlander klettert im Sommer 1994 den „Silbergeier" an der 4. Kirchlispitze-Südwand im Rätikon, eine der schwierigsten Sportkletterrouten der Welt; Gerhard König filmt unter dem Titel: „Dokumentation einer Unzweckmäßigkeit". Eingespielt wird die erste Seillänge.

Über die Begehung äußert sich der Hauptdarsteller:

Abb. 18

> „Die Hemmschwelle ist am Beginn der Route noch recht hoch, die Risikobereitschaft steigt mit dem Höherkommen in der Route. Wenn sich dann Seillänge um Seillänge enträtseln läßt, ist das ein supergutes Gefühl. [...] Wenn ich schon Bohrhaken zur Sicherung verwenden darf, dann sollte der Faktor ‚Unmöglich' dennoch bestehen bleiben. Ich will keine Fünf-Meter-Bohrhakenleiter bohren, um darüber weiterzumachen. So kann jemand in einigen Jahren eine neue Tour in einem neuen Stil eröffnen."[4]

Kletterer bestehen auf das Unmögliche und steigen in ein Rätsel ein, nur selbstvergessen zu lösen. Was wir *hier* tun können, ist, Umstände des Selbstvergessens zu beschreiben.

Greifen wir aus diesem Grund noch einmal auf das Bild von Kammerlander zurück und entnehmen ihm einen mehrfach verzweigten Aspekt.

Die Raumachse, in der sich der Kletterer bewegt, ist die Senkrechte. Der Mensch wird zum Schnittpunkt zwischen Höhe und Tiefe. Er, bis aufs Äußerste an die Materie geklammert, greift nach einem Körper, der nicht Mensch ist. In der Bewegung findet eine Berührung zwischen zwei Häuten statt. Finger und Zehenspitzen treffen kurz, zart und auch heftig auf Unterschiedenheiten im Fels. Je präziser das Tasten, desto sicherer das Weiterkommen. Berührung weicht die Grenze zwischen Stein und Mensch auf, Bewegung verflüssigt sie.

Die Verflüssigung setzt vieles voraus: zunächst das Bild. Man macht sich eine Vorstellung über die Route, durchklettert sie mehr als einmal im Kopf. Jede Stelle prägt sich ein, erhält Namen und Zahlen. Auch der Stil wird festgelegt, in diesem Fall „frei". Das bedeutet nicht klettern ohne Seil, sondern sturzfreie Begehung einer bekannten Route, wobei alle Sicherungen aus

3 Vgl. Kamper, Unmögliche, 1995, 169–178
4 Kammerlander in Zak, Rock, 1995, 165

der Kletterstellung zu platzieren sind. Kammerlander hat den „Silbergeier" ein Jahr vorher erstbegangen. Er weiß, was ihn erwartet. Planung, unzählige Trainingseinheiten, im Detail Kenntnis über den idealen Bewegungsablauf.

Nun ist es so weit, der Kletterer geht zum Einstieg, zieht Kletterpatschen und -gurt an, Karabiner, Klemmkeile, Friends, Nuts, bindet sich in das Seil. Dann das Entscheidende: Gelingt es, alles, was man über sich und die Wand weiß, so zu vergessen, dass das Wissen in den Körper respektive in Hände und Füße übergeht? Erst im Übergang gelingt der Ausdruck. Schwierige Wände bieten großen Widerstand, umso enger der Kontakt zur Wirklichkeit. Der Körper muss sich an den Fels schmiegen. Die Hingabe erfolgt über die Nahsinne. Sie ermöglichen, im Gewahrwerden der Schwerkraft, eine zuverlässige Beurteilung der Situation. Der Tastsinn ist aber auch langsam. Über senkrecht bis überhängende Wände bewegt man sich sehr viel weniger rasch als in der Horizontalen. Jede Vorwärtsbewegung bedeutet Unsicherheit. Wird es wenige Zentimeter oberhalb, rechts oder links wieder Griffe und Tritte geben? Ein Zurück ist mitunter ausgeschlossen. Verharrt man zu lange an derselben Stelle, verlässt einen die Kraft. Man muss handeln, und während der alte Stand verlassen wird, gibt es keinen Halt. Nur der Körper, ins Lot gebracht, gleicht für Augenblicke den Schwebezustand aus. Aber die Kraft der Schwere wirkt, und ein Fall ist wieder nur durch Berührung zu vermeiden. Je feiner sie ausfällt, desto leichter mutet das an, was so schwierig ist: Reibung. Sie entscheidet über Selbstbehauptung oder -vernichtung kletternder Menschen.

3. Das Unmögliche als Grenze der Beweglichkeit
Laien halten ein Fortkommen in diesen glatten Wänden für unmöglich. Einer strengen Disziplinierung unterworfen und in der Lage zu vergessen, was dem freien Auge unbewältigbar scheint, schiebt sich der Körper höher. Dort, wo der Fels Kerben, Risse und Sprünge aufweist, an der Grenze des Gleichförmigen, glückt der Durchstieg. Kleinste Abweichungen macht die Haut aus, Differenz ermöglicht Bewegung. Im Gegenzug veranlassen extreme Bewegungen ein Umdenken. Wenn der Fuß über einem zu liegen kommt, unter den Beinen die Bäume schrumpfen und der Abstand zum letzten Sicherungshaken immer größer wird, dann verschieben sich auch gewohnte Wahrnehmungsweisen. Mit dem Verstehen ist man bald am Ende, der Zwischenraum informiert. Die Haut, der gemeine Sinn, unter-

wandert das Suchen nach Sinn. Im Ereignis des Kletterns, zeit-
und räumlich gebunden, bettet sich der Extreme in eine physische Welt ein, die sich weitgehend zurückgezogen hat. Die
Grenze liegt dort, wohin Füße und Hände nicht mehr reichen.
Wo die Berührung missglückt, befindet sich das Unmögliche.
Hautnah am Unmöglichen ereignet sich höchstwahrscheinlich
der Sturz. Im Gewahrwerden dieses Schreckens wird man sich
schlagartig fremd. In der Fremdheit zeigt sich der Mensch nur
mehr als Möglichkeit.

4. Das Subjekt ist abgründig unbestimmbar
Zu entgehen wäre dem Sturz in der Präsenz, d. h. je körperlicher,
desto geistiger. Geistesgegenwärtig birgt der Fels doch noch
eine Unebenheit, an die man sich hält. Nicht Panik, sondern in
Achtung vor der Gefahr spürt man auf undeutliche Weise eine
körperliche Lebensspur. Sie will keine Rückkehr, ist ein Gemisch
aus Ambivalenzen und bleibt unbestimmbar. Der Lebensspur
gewahr wurde man durch einen möglichen Sturz. Nicht Defini-
tionen und Setzung, sondern die Ausgesetztheit gibt Einsicht in
die ge- und zerbrechliche Struktur des Subjekts. Hundert und
mehr Meter über dem Talgrund verdichtet sich in einer Art Indifferenz das Erleben, ein Trennen in Subjekt und Objekt hieße
Fallen.

b) Konsequenzen für einen Zugang aus dem Menschen

Die vertikale Raumachse bricht den Menschen an dem, was
nicht er ist und macht im rechten Winkel. Sie verlangsamt, setzt
aus und bindet, mittels der Sinne, existentiell an die Materie.
Bergsteigen und Klettern ist eine Methode, ein Weg zum Grund
zurückzukehren. Die Bewegung, zwischen Ernst und Spiel, bleibt
reflexiv, die Frage nach dem Grund nicht Metaphysik, sondern
ein konsequentes Nachfolgen dem Physischen. Dabei richtet
der Körper mehr als die Vorstellung aus. In der Leere entsteht
Reibung gegen die Schwerkraft. Sie vergeudet sich an den
Schwierigkeiten, intensiviert durch den Kontakt mit der Wirklichkeit das Erleben. Aber, und darauf kommt es mir an, alles Erleben steht und fällt mit dem, was den Menschen am weitesten
entfernt: das Steinerne. Indem es hervortritt, zeigen sich Aus-
lässe aus dem Menschen. Die Bemühung einer „gegenstands-
nahen Reflexivität" – wider die Anthropozentrik – nenne ich
BergDenken.[5]

5   Vgl. Peskoller, BergDenken, 1997

EXTREM[*]

1 ERFAHRUNG

Die Rede extrem[1] hebe ich mit Hängen an und lese, um Enden abzustecken, Jerzy Kukuczka, einer der Extremsten knapp unter dem Gipfel des K2:[2]

> „Während ich das letzte Stück des Felsriegels überwand, war ich nicht ganz bei Bewußtsein. Die Mauer, die fast durchgehend senkrecht war, hing genau am Ende über. Die letzten Meter mußte ich an den Armen hängend hinter mich bringen. Daran kann ich mich absolut nicht mehr erinnern. Wegen des Keuchens, das meinen ganzen Körper durchschüttelte, hörte ich nichts. Doch schlimmer wurde es, als ich ganz außer Atem kam. Schwarze Flecken tanzten vor den Augen; ich konnte nichts erkennen. Ich weiß nicht, wie lange dies dauerte. Die letzten Bewegungen fielen mir so schwer, daß ich die Kontrolle über meine Körperfunktionen verlor. Und daß meine Hose von Urin durchnäßt war, merkte ich erst über dem Felsriegel, als ich irgendwie wieder zu mir kam."[3]

Sehr viel länger, keine Sorge, geht das nicht weiter. Kukuczka überlebt,[4] aber nicht das eine Denken.[5] Denn was der polnische Höhenbergsteiger zuerst verliert, ist die Einbildungskraft. Dass die fast durchgehend senkrechte Mauer am Ende auch noch überhängt, das übersteigt seine Vorstellung. Die letzten Meter mussten hängend bewältigt werden, ein Entsetzen für Körper und Verstand. Und so schreitet im Scheitern die Reduktion voran: das Erinnern hört auf, mit dem Hören klappt es nicht mehr, denn das Keuchen der Lunge verschluckt jedes Geräusch der Welt draußen; schließlich versagt, mit der Atemlosigkeit, auch noch das Sehen und mit dem Sehen die Erkenntnis und jeder Bezug. Kukuczka weiß nicht, wie lange der Entfall gedauert hat. Mit den Sinnen schwindet die Zeit, mit der Zeit der Standort und jene Kontrolle über den Körper, die normalerweise erst kurz vor dem Hinüberscheiden abhanden kommt.[6] Die letzten Bewegungen fielen ihm, sagt er, so schwer. Aber, und das tönt schrill für aufgeklärte Ohren, genau diese Bewegungen erretteten ihn.[7] Während alledem war er nicht ganz bei Bewusstsein.[8]

* Der performative Vortrag wurde am 7. Mai 1998 im Kunstraum Innsbruck gehalten. Ich hatte mir zum Ziel gesetzt, durch Bezugnehmen auf das Klettern und Höhenbergsteigen zwischen zwei sehr unterschiedlichen Ausstellungen zu vermitteln. Die eine, „Landschaft. Die Spur des Sublimen", war im Kunstraum Innsbruck zu sehen und „Verlorene Welten – Ernst Brunner Photographien 1937–1962" im Alpenvereins-Museum Innsbruck. Dieser Vortrag wurde bislang nicht publiziert. Zwar hat auch er eine Reihe von Fußnoten in Ergänzung zum Fließtext, sie aber wurden ausnahmsweise durch Endnoten um vieles erweitert. Die Erweiterung lag nahe, da dieser Vortrag für die nachfolgenden Vorträge und Artikel leitend ist. Die Endnoten geben Einblick in Hintergründe und Zusammenhänge meines Denkens. Aus der Verdoppelung der Abweichung – inhaltlich durch den Titel angezeigt, formal durch die Endnoten – entsteht ein Mehr an Wissen, und mit ihm nehmen die Möglichkeiten zu, bislang Unverstandenes zu- und einzuordnen. Wider meine bisherigen Erfahrungen setze ich noch einmal auf die Hoffnung, dass ein Wissenszuwachs zur Akzeptanz des Extremen beiträgt.

1 Etymologisch heißt „extrem" ,äußerst', ,maßlos' und ,radikal'. Das Wort wurde im 17. Jh. aus dem lateinischen extremus entlehnt, womit ,der äußerste' gemeint ist, ein Superlativ zu exter, exterus: ,außerhalb befindlich', ,auswärtig' und ,fremd'.

2 Das war im Juli 1986 an der „Magic Line", einer Route an der Südwand des K2, Schwierigkeitsgrad V/VI. Die Grenzerfahrung, von der das folgende Zitat handelt, hat sich auf ca. 8300 Meter Höhe zugetragen.

3 Kukuczka 1990, 185

4 Jerzy Kukuczka kommt im Herbst

Das reicht, weil schwierig genug, möglicherweise zu schwierig, um Kategorien für ein Sprechen an der Grenze auszubilden. Zuerst die einfachste aller Ordnungen, die *Quantität*.[9] Mit Kukuczka befinden wir uns auf dem zweithöchsten, vermutlich schwierigsten und der Form nach auf einem der schönsten Berge der Erde, in etwa 8300 Meter, dort, wo die Erde aufzuhören beginnt. Um wirklich an diese ausgesetzte Stelle zu gelangen, musste man weit gehen. Die Strecke ließe sich in Meter und Höhenmeter, in Stunden und Tage, in mitgeschlepptem Gewicht und verlorenen Kilos oder auch in Schwankungen der Herzfrequenz und des Hämoglobins angeben.[10] Messen und vermessen lässt sich beinahe alles, und wer in Massen zu lesen weiß, wäre im Bilde.[11] Im Bilde zu sein hieße, auch anders anfangen zu können, wodurch die erste eine zweite Ordnung berührt: *Qualitäten*.[12] Sie entfalten sich langsam und nur unter Einsatz dessen, was soeben verloren ging: Imagination, Erinnerung, die Sinne, Atem, Körperkontrolle und das Bewusstsein. Somit geht es um 6 Kategorien,[13] welche, bei Tageslicht betrachtet, ähnlich Schwindel erregen, wie es Kukuczka geschah, weil sie von dem abweichen, was rational und sinnlich zu fassen ist. Wie können Sinne oder Atem verstanden oder gar ausgedacht werden?[14] Bleibt die Bewegung, welche einzig nicht verloren ging. Lassen sich Bewegungen ordnen? Und wenn es gelänge, diese Ordnung hätte keinen Bestand, bliebe unruhig, wäre vorläufig und immer nur für den Augenblick. Alles, was von der Bewegung abweicht, drängt in sein Gegenteil, dorthin, wo nicht das Lebendige Grundlage des Erkennens ist.[15] Womit umrissen wäre, worum es mir geht. Extrem ist weniger Inhalt als vielmehr Methode, ein Weg, sich denkend dort fortzubewegen, wo es dicht wird, weil die Grenze naht. Eine Grenze, die immer zwei Regionen verbindet wie auch voneinander trennt: links, rechts; stabil, labil; fest, flüssig, Sinne und Verstand. An der Grenze berührt sich beides, im Ernstfall Leben und Tod, wobei über den Ausgang nicht die Regel, sondern die Umstände entscheiden.[16] Sie sind wie das Meer, in dem ab und zu eine kleine Insel auftaucht. Die Insel ist die Ausnahme und diese Ausnahme die Vernunft. Nichts anderes erzählt Kukuczka. Nach und nach schwindet, was im Normalfall hält. Aber, und darauf kommt es an, der Normalfall ist die Ausnahme und nicht die Regel. Das Gleichmäßige ist das Besondere vor dem Hintergrund der Stockungen, wie der Ton die Ausnahme des Rauschens und das rhythmische

1989 an der Lhotse-Südwand ums Leben.

5 Das ahd. ‚thenken' taucht bereits im 8. Jh. auf und meint ‚wahrnehmen' und ‚erkennen'. Es findet eine sichere außergermanische Entsprechung im lat. ‚tongere', was ‚kennen' und ‚wissen' bedeutet, und kann mit diesem auf die Wurzelform ‚tong-' zurückgeführt werden, was ‚denken' und ‚fühlen' meint; denken hängt überdies mit danken, (ab)wiegen, sehen und erfahren zusammen.

6 Vgl. dazu die Unterscheidung in willkürliche und in unwillkürliche Tätigkeit von verschiedenen Muskeln und Organen.

7 Vgl. von Wezsäcker 1956, insbes. 35 ff.;

8 Vgl. von Braun 1988, insbes. 300 ff.

9 Zu „Quantität" vgl. u. a. Nigsch 1998; Castoriadis 1983; Minois 1996, insbes. 229 ff.

10 Zum Stichwort Höhenkrankheit vgl. die Ausführungen des polnischen Expeditionsarztes Jan Serafin. In Kukuczka 1990, 43 f., 75, 129 f., 136, 145, 148, 168.

11 Vgl. Kamper, Unmögliche, 1995, insbes. 97 f.

12 Vgl. Nigsch a. a. O., insbes. 20 ff.

13 Kategorien sind Elementar- und Gundbegriffe des Denkens. In der Philosophie ist es üblich, die Bezeichnung Kategorie dann zu verwenden, wenn es um den allgemeinsten Begriff für das endliche Sein geht.

14 Vgl. u. a. Rittelmeyer 1996; Novalis' Geistliche Lieder (Wer kann sagen, dass er das Blut versteht?)

15 Vgl. Serres, NW-Passage, 1994, insbes. 58 ff.

16 Vgl. Serres, Sinne, 1993, 380 ff. (‚circumstance'); vgl. auch Trabant 1993, 69

Pulsieren selten bleibt vor dem Hintergrund der Regellosigkeit.[17] Stellt sich die Grenze als Rätsel, an der sich beides – Besonderes und Allgemeines / Regel und Ausnahme – ineinander verwandelt. Die Frage lautet: Wie können wir die Grenze zwischen Ordnung und Unordnung erkennen? Mit dieser Frage verschiebt sich ein drittes Mal die Ordnung. Jetzt befinden wir uns ganz nahe am Leben, dessen *Komplexität* unüberbietbar ist. Komplexität kennzeichnet „einen Zustand, ein System, bei dem die Zahl der Elemente oder Wechselwirkungen unermeßlich groß oder unzugänglich ist".[18]

3 LEBEN

Nichts ist so unzugänglich, da immer schon gegeben, wie Konkretes. Niemand der Anwesenden könnte sich z. B. aufhalten, wo Kukuczka war, und auch er hatte, wie man weiß, mehr Glück als Verstand. Das Unmögliche wird durch die Einbildungskraft ersetzt. Sie geht voran und ist Teil dessen, was soeben der Textstelle entnommen wurde: Quantität, Qualität und Komplexität, man könnte auch sagen: Zahl, Wort/Bild und Leben. Sie strukturieren im Wechsel ein Sprechen, das, je weiter gegen das Extrem, desto unzugänglicher wird. Extremes Sprechen stößt an die Grenzen des diskursiv Ansprechbaren, und zwar deshalb, weil es selbst zu einem Erlebens- und Handlungsprozess wird. Als solcher ist er leidenschaftlich und eignet sich, wie alle leidenschaftlichen Prozesse, nicht nur für ein Medium[19]. Das Denken des Extrems öffnet den Weg vom rationalen Denken zur ästhetischen Wahrnehmung; oder andersherum: Extremes erzwingt ein Denken, das in ästhetischer Wahrnehmung gründet und sich auf alle Sinne in ihrem leiblichen Zusammenhang erstreckt. Dadurch entsteht, parallel zum Gegenstand, annähernd jene Intensität, die durch Vielschichtigkeit, Offen- und Gebrochenheit über das „Normale" hinausreicht.[20] Genau an dieser Stelle kreuzt sich, was sonst weit auseinander zu liegen scheint – extremes Bergsteigen, Kunst und Wissenschaft, sowohl die exakte als auch die von den Menschen. Ich versuche heute, gerade über die Differenz, alle drei zusammenzuhören.[21] Nun wird es angewandt wie kompliziert und verlangt einen Wechsel in der Darstellungsart und im Medium.[22]

17 Vgl. Serres. NW-Passage, 1994, 67 ff. und Serres, Verteilung, 1993, 271 ff.; vgl., was die methodischen Fragen angeht, auch Bourdieu/ Wacquant 1996, 40 ff., 251 ff.

18 Vgl. Serres, NW-Passage, 1994, 78 ff.

19 Vgl. Schuhmacher-Chilla 1993, 48 f.

20 „Normal" heißt nichts anderes als ‚der Norm entsprechend', ‚vorschriftsmäßig', ‚gewöhnlich', ‚allgemein üblich', ‚durchschnittlich' und ‚geistig gesund'.

21 Vgl. Kamper, Schweigen/Hören, 1993, 117; Serres, Sinne, 1993, 139 ff.

22 Vgl. u. a. Dickel 1996 und Heiz 1998

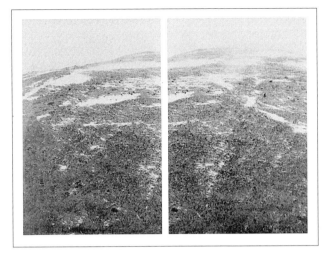

Abb.19   Abb.20

4 ZUR SACHE

In der Regel gehe ich vom Gegebenen aus. Während ich diesen
Vortrag ersann, gab es in Innsbruck zwei schöne Ausstellungen,
und so entschied ich, diese mit einem Kletterfilm zu kontrastie-
ren. Von den Exponaten beider Ausstellungen – die eine im
Kunstraum, die andere im Alpenvereins-Museum – habe ich je
eines ausgewählt. Es handelt sich um Bilder von Ernst Brunner[23],
einem verstorbenen Schweizer, und von Axel Hütte[24], einem
noch lebenden deutschen Fotografen. Auf den ersten Blick
scheint ihnen nur das Medium, die Fotografie, gemein.[25]

Dem zweiten Blick drängen sich weitere Gemeinsamkeiten auf:
Gegenstand, Horizont und Stimmung. Es handelt sich um einen
Berg, der, teilweise bedeckt mit Schnee, im Nebel endet und,
trotz genauer Ortsangabe, eine Stimmung des Unbestimmten
hervorruft.[26]

– *Bezüge*
   Was beide Bilder unterscheidet, ist u. a. Zeit, Ort, Format und
Absicht. Konzentrieren wir uns aber jetzt auf etwas anderes:
Brunners Foto bleibt nicht, wie das von Axel Hütte, menschen-
los. Aus dem unteren Bildsaum steigt eine kleine Figur nach
oben, sie stapft ins Bild hinein und begeht, doppelt, jene Achse,
die sowohl für den Menschen als auch für das Bild maßgeblich

23 Vgl. „Ernst Brunner", 1998[4], insbes.
    188 ff.
24 Vgl. Hütte in „Alpenblick", 1997, 122
25 Vgl. u. a. Barthes 1985, 21 ff.; Sonn-
    tag 1988; von Braun 1989, 118 ff.;
    Kamper, Bild/Tod, 1996, 2; Böhme
    1996
26 Vgl. Serres, Sinne, 1993, insbes.
    84 ff.

Abb. 21   Abb. 22   Abb. 23

ist: die Vertikale. Sie richtet Mensch wie Bild auf, wodurch der Ort des Bildes zu einem Ort des Lebens wird.[27] Um welches Leben handelt es sich? Diese harmlose Frage trifft ein Dilemma: Ist Leben universell oder kulturell zu denken? Das Kulturelle neigt zum Relativen, Zeitgebundenen, Singulären und Phantastischen, wohingegen das Strenge zum Globalen tendiert. Folglich läge die größte Schwierigkeit darin, das Strenge in der Kategorie des Kulturellen zu denken.[28] Brunners kleine Figur, die das Bild betritt, steht für ein strenges Leben und heißt Albert Allenbach, ein Landbriefträger, dessen Aufgabe darin besteht, in den rund 100 Haushaltungen der weit verstreuten, zwischen 900 und 1500 Meter über dem Meer gelegenen Siedlungen, in einer mitunter gefährlichen und einsamen 8–10-Stunden-Tour, beladen mit über 30 Kilogramm Gepäck, die zeitweise einzige Verbindung zur Welt herzustellen. Unbestimmt, wie er unter widrigen Umständen, zuweilen auf schmalen Felsbändern, die tiefen Runsen überqueren kann. Aber oben auf den Höfen erwartet man sein Erscheinen und nutzt die Gelegenheit, Berg- und Talzeit aufeinander abzustimmen, bevor der Landbriefträger, nach dem Mittagessen, heimzu geht.

Allenbach wurde 1945 von Brunner auf einer seiner längsten Touren ins Engstligental begleitet und dieser hielt nüchtern fest, was vor sich ging. Im exakten Zusammenspiel zweier Blicke, dem des Volkskundlers und dem durch das Bauhaus geprägten Blick des Fotografen, entstanden sorgfältige Dokumente von einer sich rasch verändernden Welt. Und 1994 macht Allenbachs Sohn praktisch noch immer dieselbe Tour, dank neuer Zufahrtsstraßen allerdings leichter zu bewältigen.[29]

27 Vgl. Schuhmacher-Chilla 1997; vgl. R. Long, A. Goldsworthy, H. Fulton
28 Vgl. Serres, NW-Passage, 1994, 92; vgl. zur Methode auch Geertz 1994, insbes. 7 ff.
29 Vgl. „Ernst Brunner", 1998[4], 188

Abb. 24

Nun gibt es aber auch die Gegenbewegung. Menschen, die sich freiwillig erschweren, was um vieles leichter ginge. Unwegsam, steil bis überhängend das Gelände, streng im Stil der Bewegung, die, um fortzukommen, auf zusätzliche Technik verzichtet. Dokumentiert Ernst Brunner das Zweckmäßige, so Gerhard König das Unzweckmäßige.

Aber beide wollen letztlich dasselbe: die exakte Darstellung konkreter menschlicher Praktiken.

Folgende 3 Minuten zeige ich Beat Kammerlander 1994 im X. Schwierigkeitsgrad, Seillänge 5 des „Silbergeiers" an der 4. Kirchlispitze-Südwand im Rätikon/Vorarlberg, und zwar nicht aus Sensationslust und um ihren Hormonhaushalt durcheinander zu bringen,[30] sondern aus einem anderen Grund. Zu Beginn hörten wir den Text von Kukuczka, ihn erretteten Bewegungen, die er nicht mehr weiß. Dann die Fotografie, sie friert die Bewegung ein. Extreme aber bewegen sich auch dort, wo andere längst aufhören, und sie tun es, sagten wir, an einer Grenze zwischen Ordnung und Unordnung. Diese Grenze ist jedoch kaum zu erkennen. Ordnung und Unordnung stehen in einem bewegten Verhältnis zueinander. Komplexität regelt dieses Verhältnis. Je komplexer, desto mehr muss geordnet werden, aber je weiter die Ordnung fortschreitet, desto schneller nähert sie sich jener Stelle, wo Unordnung ein- und alle bisherige Ordnung zusammenbricht. Ordnen ist nicht nur das Geschäft der Wissenschaften, sondern auch das der Kunst, mag sein, auf eine je andere Weise, aber darum geht es jetzt nicht. Es geht um diesen imaginären Punkt, wo sich beide – Ordnung und Unordnung – ineinander verwandeln. Genau dort blitzt, streng genommen unbegriffen, aber umso deutlicher, für die Wahrnehmung das auf, was Thema des Vortrags ist: extrem.

– *Leere*

Kammerlander zieht das Seil ab und klettert diese Stelle im zweiten Anlauf sturzfrei. Der Sturz war Ergebnis einer winzigen Unachtsamkeit bei höchster Komplexität. Worin besteht diese Komplexität? Was uns im „Silbergeier" vorliegt, ist ein mehrfaches Kunstwerk[32] und Folge vieler Ausschnitte. Da ist zuerst der Berg, die 4. der Kirchlispitzen. Der Berg – warum nicht – als Skulptur. In ihr die Wand, hier die Südwand, wie ein Bild. Es durchzieht, imaginär, eine Linie, benannt „Silbergeier". Diesen drei Medien – Skulptur, Bild und Text – folgt eine vierte, die Be-

30 Vgl. Ölz 1998; Kukuczka 1990, 96 ff.; vgl. auch Csikszentmihalyi 1993, insbes. 181 ff.

31 Vgl. Kammerlander in Zak, Rock, 1995, 164 f.

32 Vgl. u. a. Eco 1977, insbes. 7 ff. und 237 ff., vgl. auch Klarer 1990, 94 und Böhme 1988, 14 ff.

wegung. Ein Mensch steigt, nur mit Hilfe seiner Hände und Füße, also selbsttragend, real an dieser Linie durch das Bild aus Stein. Dieses Steigen, eine Performance im Raum, lässt keine scharfe Trennung zu. Mensch zu Fels bleibt ein offenes Verhältnis, und so verschieden beide auch sind, in der Berührung vibrieren die Grenzen, verflüssigt sich das Feste beider Körper. Die Bewegung besteht aus einer unablässigen Verteilung des Gewichts,[33] das seinerseits gegen jene Kraft spielt, die beständig nach unten zieht: die Schwerkraft. Jede Abweichung vom Gleichgewicht reduziert die Sicherheit, ist aber zugleich Bedingung für die Bewegung. Die Berührung findet an den Umkehrungen, exakt also dort statt, wo die Unordnung, sprich die Verrenkung des Körpers, so enorm wird, dass dieser aus der Wand zu kippen droht. Die Berührung von Fels und Hand oder Fuß vergewissert Ordnung und muss, bevor diese umschlägt in ihr Gegenteil, weil einen die Kräfte verlassen, wieder und wieder aufgegeben werden. So sammeln sich die vielen Bewegungen aus der Berührung zu einer feinen unterbrochenen Grenze. Die Grenze gibt Halt, wie sie ihn wieder nimmt. Das gilt für den, der klettert, ebenso wie für den, der dabei zusieht. Beide sind einer schlagartigen Wirkung ausgesetzt. Wobei das Zusehen in der Regel, insbesondere Laien, fassungslos macht. Wie macht das der Körper? – fragen sie. Wie kann sich jemand dort noch bewegen, wo eigentlich nichts mehr als Leere ist?

– *Buchstabieren*

Diese Fragen führen geradewegs zu Bild 19 zurück. „Die Alpen lassen sich in ihrer Dimension nicht abbilden", sagt Axel Hütte, und das führe zu zwei Strategien: die Auflösung und die Verschleierung des Raumes.[34] Hütte verbleibt damit *diesseits* des Erhabenen,[35] wie Brunner, König/Kammerlander und Kukuczka auch. Alle fünf sind, jeder auf eigene Weise, sparsam im technischen Einsatz der Mittel, knapp in der Bezeichnung, präzise, sachlich und dokumentarisch. Durch die Konzentration auf die Praktiken verliert das Metaphysische die ersten vier Buchstaben, wodurch der Rest, und das ist nicht einfacher, zu buchstabieren wäre. Das Physische, der Leib als das Wunderwerk schlechthin,[36] ist der Horizont, denn menschliches Denken jenseits desselben gibt es nicht. Unmissverständlich ernst mit dieser Einsicht macht Beat Kammerlander, und was daraus entsteht, ist Sport wie auch Kunst. Bei Jerzy Kukuczka gibt es eine Verschiebung. Nicht sein Ich oder Bewusstsein hält ihn am Leben, sondern das Gedächtnis des Körpers als rätselhaftes Zu-

33 Serres, Verteilung, 1993, insbes. 206 ff.
34 Vgl. Hütte in „Alpenblick", 1997, 122
35 Vgl. u. a. Böhme 1989; „Landschaft", 1998, 9–13 und Lyotard 1986
36 Vgl. Willmanns Quantifizierungsspiel, 1998, 70

sammenspiel. In existentiellen Situationen entscheidet, das kränkt den Geist, der Instinkt, als Wille zum Leben.[37] Die Geschichte der Zivilisation ist eine gegen den Instinkt, und so nimmt es kaum wunder, dass dieser heute nur um den Preis erhöhter Selbstgefährdung zutage tritt. Das ist eine Nachdunklung, unter der ich Berichte aus der Senkrechten und aus großer Höhe lese.[38] Vieles bleibt, wie bei Hütte, unbestimmt. Gerade aber das Fehlen von eindeutig sinnstiftenden Momenten macht den Reiz hier wie dort aus. Dadurch gerät weniger der Gegenstand als die Tätigkeit selbst ins Zentrum. Bei Hütte wird der Blick durch die Kamera Gegenstand der Kunst; auf den nackten, zeichenentleerten Halden des Parnassos[39] findet das Auge keinen Halt, er muss imaginär betreten werden. Nichts anderes tat Kammerlander, mit dem Unterschied, dass sein Einlass in den Bildraum leibhaftig war. Bleibt in Folge denen, die betrachten, eine andere Variante als bei Hütte, um selbstfremd haltlos noch Homo ludens zu sein.[40] Aber vielleicht beginnt heute, wer weiß, das Schöpferische dort, wo es vormals zu Ende ging: an der Einbildungskraft. Eine Einbildungskraft, die sich und mit ihr das, wodurch erkannt wird – vor allem die Sinne –, mehrfach an dem bricht, was sie selbst hervorgebracht hat.[41]

37 Vgl. Nietzsche, Götzen-Dämmerung, 1988, 85

38 Vgl. Peskoller, „8000", 1998, unfassbar, 1998; beide Kapitel 4 in diesem Buch; Böhme 1996, insbes. 113 ff.

39 Vgl. Peskoller, BergDenken, 1997, 118

40 Vgl. Seitz, Räume, 1996; Sprung/ Leere 1997

41 Vgl. u. a. Kamper/Wulf, Schwinden der Sinne 1984; Böhme 1988, insbes. 14 ff.; Hoppe-Sailer 1996, insbes. 172 f.; Kamper, Geschichte/Einbildungskraft. 1981, Soziologie/Imagination, 1986, Der eingebildete Mensch, 1994, Unmögliche, 1995, Abgang, 1996, Souterrain, 1997, insbes. 70–78; Serres, Sinne, 1993, insbes. 88 ff.; vgl. auch die Darstellung der einzelnen Sinne in der Schriftenreihe Forum der Kunst- und Ausstellungshalle Bonn.

Anmerkungen

* Durch den Rahmen und die Art der Vermittlung sollte das Klettern als eigenständige Kunstform begriffen werden. Darüber hinaus habe ich den Versuch gewagt, über die Kunst, einschließlich der Kunst des Kletterns und Steigens, zu einer Auffassung von Erfahrung zu gelangen, die sich nicht über das Zählen und Messen dem Leben nähert, sondern über Qualitäten, die sich der Analyse weitgehend entziehen. Dieses wissenschaftliche Ziel war mit einem Richtungswechsel verbunden. Ich wollte mich von jener empirischen Forschung absetzen, die seit Jahrzehnten eine Reihe von wissenschaftlichen Disziplinen beherrscht und an ihrer statt hinführen zu einer Erfahrungswissenschaft, die u. a. das Unscharfe und Unbestimmbare als eine Präzisierung des Gegenstandes anerkennt und dieses nicht als einen Mangel betrachtet. Der Gegenstand einer Erfahrungswissenschaft sind und bleiben Erfahrungen, die lebendige Menschen mit dem Leben machen. Ihr Gegenstand sind somit all die Widrigkeiten und Umstände, Bedingungen, Wünsche, Ängste, Handlungen und Turbulenzen, die Menschen erfahren machen. Beim Klettern und Höhenbergsteigen macht man normalerweise besonders starke Erfahrungen, die Fortbewegung in der Höhe aus eigener Kraft hat immer auch eine existentielle Dimension. Wenn man daher vom Klettern und Höhenbergsteigen spricht, gibt man immer auch Auskunft über das Leben. Wenn es nun gelänge, so meine Überlegung, diese besonderen Betätigungen und Ausdrucksformen menschlichen Daseins selbst zum Sprechen und in die Darstellung zu bringen, dann könnte man ein Wissen über das Leben und vom Willen zum Leben erhalten, das sehr genau ist, auch deshalb, weil es sich jenseits jeder Quantifizierung befindet und daher auch jenseits dessen, worauf Quantifizierungen hinauslaufen. Im Letzten laufen sie auf eine Bestimmung von Mittelwerten hinaus, von denen aus dann all das, was abweicht, zu identifizieren ist. Ist die Abweichung einmal genau festgestellt, dann könnte sie auch bekämpft werden, denn der Schritt von der Homogenisierung zur Diskriminierung war nie ein großer. Extrem ist aber immer schon, wer abweicht. Wer abweicht von Konventionen, die sich zur Norm und dann zum Gesetz schließen, ist derjenige, der den Mittelwerten/dem Durchschnitt nicht entspricht. Wobei es zunächst keine Rolle spielt, ob man zu weit unter- oder zu sehr oberhalb zu liegen kommt. Jedes Außerhalb gefährdet. Beim extremen Klettern und Höhenbergsteigen ist man mehrfach außerhalb. Meist bewegt man sich dort, wo es wenig bis keine Menschen mehr gibt, oder Menschen, die vom vielen Draußensein anders geworden, so anders, dass sie in der Normalverteilung keinen Platz finden. Weshalb sie aber, darauf kommt es mir an und das möchte ich zeigen, nicht schon verrückt sind, sondern auf etwas verweisen, das in der Norm Verrücktheit erst produziert. Über diese mehrfach verzweigte Spur soll ein anderer Zugang geübt werden zum „extrem", der dieses ernst nimmt, achtet und zum Ausgangspunkt für ein Denken nimmt, das nicht abwehrt, sondern genau dort weiter- und tiefer geht, wo sich das Regelsystem und die Motivstruktur des Denkens selbst riskiert, d. h. wo Verstehen- und Nachvollziehenkönnen aufhört und mithin die Logik der Vernunft an das stößt, woraus sie besteht. Ich vermute, dass hinter dieser Logik eine Reihe von Tabus stehen, die ich hier übersetze mit einem Unbenanntlassen von Voraussetzungen, einem Unbedachtlassen von Zusammenhängen und einer Verharmlosung der Auswirkung von beidem.

2 Kukuczka ist mit Tadeusz Pietrowski geklettert, der beim Abstieg tödlich verunglücken wird, er schreibt: „Unter dem K2 erlebte ich zwangsläufig eine ungeheure Angst, die ich jedoch in gewisser Weise erwartet hatte" (Kukuczka 1990, 96). Der K2 ist 8611 m hoch, liegt im Karakorum und heißt in der Sprache der Balti Chogori. Der deutsche Naturforscher Adolf Schlagintweit hat 1856 den östlichen Mustagh Pass erstiegen; im gleichen Jahr sichtet der britische Verbindungsoffizier Capt. T. G. Montgomerie aus 200 km Entfernung eine „Zusammenballung hoher Gipfel". Er nummeriert die erkennbar höchsten mit K1, K2 usw., wobei „K" für Karakorum steht. Der im Westen viel später bekannt gewordene einheimische Name Chogori aber setzt sich im internationalen Gebrauch gegen K2 nicht mehr durch. Nach einigen Besteigungsversuchen, die 1902 mit O. Eckstein begannen, gelang 1954 die Erstbesteigung. Eine italienische Großexpedition unter A. Desio belagerte lange den Berg, Lino Lacedelli und Achille Compagnoni erreichten dann am 31. Juli den Gipfel über den Abruzzi-Grat. Diese Bezeichnung wiederum geht auf Herzog L. Amedeo von Savoyen zurück, der 1909 eine italienische Expedition zum K2 geleitet und den Südsporn als die günstigste Anstiegsroute erkannt hatte. Die Bergsteiger sind damals auf eine Höhe von 6000 m gelangt. Die Bezeichnung „Magic Line" hingegen stammt von Reinhold Messner, der diese Route 1979 erstbesteigen wollte, aber gescheitert ist. Für ihn ist eine Erstbegehung an einem großen Berg, die Möglichkeit, dort eine Linie zu ziehen, die vorher niemand anderer gedacht hat, nie eine rein bergsteigerisch-technische Frage, sondern vor allem ein schöpferischer Akt. Obwohl

man diese Linie nicht sehen kann, ist sie aber dennoch vorhanden. Diese Linie wurde gelebt, und als gelebte Linie bleibt sie bestehen, und zwar für alle Zeiten, meint er. Es handelt sich um ein Nichts, das doch da ist, weil es gedacht worden ist, mehr noch, auf ihm wurde aufgestiegen, der Aufstieg als ein Weg, um sich selbst auszudrücken (vgl. Messner, Überlebt, 1991, 89). Wanda Rutkiewicz, die 1986 als erste Frau den Gipfel des K2 über den Abruzzisporn erreicht hat, fasst zusammen, woraus für sie das Bergsteigen bestehe; sie nannte 5 Aspekte: Der erste sei das Klettern, der zweite sei das Gebirge, die Natur und der Kontakt zu ihrer Schönheit; den dritten stelle die Teilnahme an faszinierenden zwischenmenschlichen Beziehungen dar, das Zusammensein mit Leuten, die den Alpinismus praktizieren. Denn Persönlichkeiten von großem Format zu begegnen und Umgang mit ihnen zu pflegen, erweise sich manchmal als eine Quelle der Inspiration und als unwiderstehlicher Impuls zum Handeln. Der vierte Aspekt war ihr erst nach einigen Jahren des Bergsteigens bewusst geworden, es sei das Bedürfnis nach dem Risiko, die Notwendigkeit, Angst zu empfinden. Mit dem Wort ‚Kreativität' kann dann der fünfte Aspekt benannt werden. Vor Jahren war für die polnische Extrembergsteigerin das Klettern selbst eine Ausdrucksweise der „Kreativität". Dann sind es die Bücher und Filme geworden. Die Aktion im Gebirge hat sich in Bilder und Worte verwandelt (vgl. in Kukuczka 1990, 90)

7 Pathosophie kann als die Belehrung des Menschen durch Widrigkeiten, die ihm der Körper bereitet, verstanden werden: die Weisheit der leidenden Körper.

8 Die Kulturwissenschaftlerin Christina von Braun unterstellt den extremen Bergsteigern und zeigt dies am Beispiel von Reinhold Messner, dass ihre Anstrengungen nur eine Flucht in die Bewusstlosigkeit bleiben: „Aber in Wirklichkeit gelingt es ihm nie, dieses Reich zu verlassen. Wohin er auch flieht – zur ‚Mutter', zur Frau, zur Mutter Natur oder zur Mutter Zivilisation –, immer führen ihn seine (nicht geringen) Anstrengungen in die Bewußtlosigkeit zurück, weil es auch eine Flucht vor der Existenz der Frau ist" (von Braun 1988, 300). In 2 Thesen fasst die Autorin zusammen, was sie unter „Bewusstseinsauslöschung durch das Patriarchat" versteht: 1. Die große Kulturleistung des Patriarchats besteht nicht in der Befreiung aus dem Reich der Mutter, sondern in der Fixierung des Sexualinteresses auf die Mutter. 2. Der Prozess der Desexualisierung des Subjekts, als welcher sich die Geschichte des Abendlandes umschreiben lässt, führte dazu, dass die Energien des Ichs in das große Schöpfungswerk des Logos einflossen.

10 Hier ist u. a. nachzulesen, dass im Allgemeinen ein längerer Aufenthalt auf über 5000 Meter bei jedem Menschen zu Störungen der Vitalfunktionen und des Organismus führt; das einzig wirksame Mittel dagegen sei,

möglichst rasch niedere Höhen aufzusuchen. Serafin weist auf die Ergebnisse hin, zu denen man in einem Laboratorium kam, das am Hang eines kanadischen Berges auf ca. 5200 Meter errichtet wurde. Viele, so schreibt er, haben hier Wochen und Monate verbracht, schliefen, aßen und arbeiteten bei guter körperlicher Verfassung, aber in allen Fällen kam der Moment des Zusammenbruchs. Der Körper verlangte heftig nach der Rückkehr in die Ebene, und dieses Bedürfnis zu ignorieren, hätte unvermeidlich den Tod bedeutet. Laut Statistik sollen, so Serafin, ca. 10% der Bergsteiger an der Höhenkrankheit leiden, weitere 10% haben andere Beschwerden und 20% und mehr werden Opfer von Unfällen, wovon ca. 15% der Kranken bzw. Unfallopfer sterben. Um in großer Höhe überleben zu können, wird die Atemfrequenz erhöht und dadurch der Pulsschlag beschleunigt, Reaktionen, die man in der Medizin eine unvollkommene Anpassung nennt. Aus diesem Grund ist eine langsame Akklimatisierung notwendig, denn würde man einen gesunden und gut trainierten Menschen auf 7500 m Höhe bringen, verlöre er nach 10 Minuten das Bewusstsein und wäre wenig später tot. Auf dem Mount Everest betrüge die Agonie zwischen 3 und 5 Minuten. Der Akklimatisierung sind allerdings auch Grenzen gesetzt, so verfügen Menschen auf dem Gipfel des Montblanc im Schnitt über 70% und am Mount Everest über nur mehr 20% ihrer Leistungsfähigkeit. Das nächste Problem ist der Mangel an Feuchtigkeit, er und die niedrige Lufttemperatur trocknen rasch die Schleimhäute der oberen Atemwege aus. Das verursacht häufig einen starken, lästigen Husten, der sich durch den geringen Sauerstoffgehalt der Luft verstärkt, was seinerseits bei Anstrengung zu einem schweren Atem führt. Eine weitere Erschwernis ist der Wärmeverlust, der zu Erfrierungen führt, wobei zuerst die Extremitäten betroffen sind, da sich der Körper darauf konzentriert, die Temperaturabnahme in seinem Inneren und in den lebenswichtigen Organen wie Hirn, Herz, Lunge und Darm aufrechtzuerhalten. Unabhängig vom Willen beginnen die Muskeln mehr zu arbeiten, das äußert sich durch heftiges, unkontrolliertes Zittern. Dadurch atmet man häufiger und tiefer. Wenn aber die Temperatur der inneren Organe unter 30 Grad absinkt, verliert der Mensch das Bewusstsein, das Phänomen des Herzkammer-Flimmerns tritt auf, d. h., die Kontraktion des Herzmuskels wird allmählich schwächer, bis der Tod eintritt. Serafin unterscheidet 3 Erfrierungsgrade und macht einen Vergleich: Im Himalaya erfrieren bei 71% der Fälle die Füße, in Europa dagegen bei über 50% die Hände; in den außereuropäischen Gebirgen beobachtet man kaum Erfrierungen des 1., aber 78% des 2. und 21% des 3. und schwersten Grades. Eine weitere natürliche Reaktion des Körpers in großer Höhe ist die verstärkte Aktivität des Knochenmarks. Um den Mangel an Sauer-

stoffschuld auszugleichen, stimuliert der Organismus das Knochenmark, das seinerseits beginnt, größere Mengen roter Blutkörperchen zu bilden. Das bewirkt innert kurzer Zeit eine Verdoppelung derselben im Blut, auch um den Sauerstofftransport im Blut zu erleichtern. Die Kehrseite allerdings ist, dass die Dichte des Blutes beträchtlich zunimmt, was dazu führt, dass der Blutkreislauf erschwert wird, wodurch es immer weniger gelingt, auch die Kapillaren der Finger- und Zehenspitzen zu erreichen. Zusätzlich steigt das Risiko zur Blutgerinnung, was u. a. zu irreversiblen Schäden am Sehnerv führen kann. Nicht zu unterschätzen sei auch der bedeutende Verlust an Mineralstoffen, wodurch es zu Störungen des elektrolytischen Gleichgewichts und in weiterer Folge zur Bildung von Ödemen kommt. Paradoxerweise sind gerade die am besten trainierten Bergsteiger, die also am schnellsten an Höhe zu gewinnen vermögen, am stärksten der Gefahr eines Lungenödems ausgesetzt, da sie sich übereilt in Bedingungen geringer Sauerstoffzufuhr begeben, wobei die Krankheit bereits ab 4000 Meter auftreten kann.

11 Der Berliner Soziologie und Philosoph gab diese Antwort nicht, indem er sich auf Achttausender bezog, im Gegenteil, er hatte Hieronymus Boschs „Garten der Lüste" vor Augen. In diesem Bild, genauer im Mittelteil des Triptychons, sieht er nicht, wie es viele andere tun, einen Ort des Schreckens, sondern einen der Zuversicht. Es stelle eine „Propheterie dar, die, ohne naiv zu sein und ohne die begleitenden Gefahren zu unterschätzen, die gegenwärtigen Umstände der Menschheit nicht als Todesschmerzen, sondern als Geburtswehen zu deuten erlaubt. Das Bild beschreibt in Szenen, Situationen und Sequenzen eine Geschichte der Bilder, die gut ausgeht. Es steht etwas bevor, nicht das Ende der Zeiten, sondern eine Transformation, in der es gelingen mag, endlich anzufangen." Ähnliches würde ich für das beanspruchen, was Menschen in großen Höhen und Wänden erleben. Selbst wenn sie, was häufig unterstellt wird, von einer Todessehnsucht angetrieben würden, könnte sich unter den äußerst schwierigen Umständen diese Haltung plötzlich kehren und umschlagen in das Gegenteil. Die Todessehnsucht wird zu einem Geburtserlebnis, das den Blick nicht zurück, sondern endgültig nach vorne, zum Leben hin ausrichtet, und zwar nicht deshalb, weil es den Tod flieht, sondern deshalb, weil es dem Tod bereits sehr nahe war und ihn deshalb nicht mehr fürchtet oder vergisst. Denn eine Menschheit, schreibt Kamper weiter, „die derart im Bilde ist, hat niemand mehr außer sich. Sie ist selbst ihr ‚ein und alles', sie ist all-ein, sie ist allein. Damit ist gewissermaßen die Vorgeschichte zu Ende. Es ist und war nicht die Vernunft, in der sich das neue Zeitalter konstituierte, sondern eine bestimmte Form tätiger Einbildungskraft. Aber das kommt erst jetzt ans Licht. Indem

die Menschheit sich ins Bild setzt, löscht sie die Hypothese Gott, schließt sie das Kapitel der Religionen und gründet sie sich auf ihre eigenste Produktivkraft, die Imagination. Das bleibt nicht ohne Nebenwirkungen und Spätfolgen. Das bringt ganz unerwartete Gefahren mit sich. Das führt zur Immanenz des Imaginären. Aber das hat Bosch gewußt, was nun – in reflexiver Imagination – zu zeigen wäre." (Kamper, Unmögliche, 1995, 96 f.) Um noch einmal zu den ExtrembergsteigerInnen zurückzugehen: Im Imaginären gibt es den anderen nicht, alles ist nur mehr man selbst, umso wichtiger die Erfahrungen des Gestörtwerdens. Dort, wo nichts mehr vorzustellen ist, weil man nur mehr handeln muss, obwohl man kaum oder gar nicht mehr denken kann, dort, das wage ich zu behaupten, ist man gestört, gestört worden, und zwar von etwas, das weder Mensch noch ein von ihm erzeugtes Bild wäre, sondern Dinge, die unabhängig von Menschen und Bildern existieren, z. B. Felsen, Berge, Schnee und Nebel. Die Störung ist eine Chance, um herausgerissen zu werden aus der Vorgeschichte, von der oben die Rede war. Und weil ich an Anfängen, an Neuanfängen, die im Erleben von Enden gründen, interessiert bin, forsche ich den Extremen nach; bei ihnen ahne ich das zu sehen, was Kamper im „Garten der Lüste" zu erkennen meinte.

12 Nigschs Text hat für mich einiges geklärt. Ich erlaube mir nun etwas ausgreifender auf diesen Text, ohne Nigsch ständig zu zitieren, zurückzugreifen. Quantität und Qualität sind nähere Bestimmungen von Dingen. Qualifizierendes bezieht sich meist beurteilend auf das, wie Dinge beschaffen sind; Quantifizierendes bezieht sich auf das wieviel von etwas. Umgangssprachlich wie lebenspraktisch gehört Quantität und Qualität zu den tradierten Grundbeständen des kulturellen Wissens. Sie sind mit der Einsicht verbunden, dass man in der Mitte am sichersten gehe, ein Abgleiten vom rechten Weg oder Maß führe ins Verderben. An dieser Stelle möchte ich 2 Inkurse einfügen. Der erste bezieht sich auf die Kulturgeschichte des Abweichens, der zweite auf die Konsequenzen der Abweichung für/in der Forschung.

Inkurs 1: Besieht man sich die „Sünden, die zur Hölle führen" etwas genauer, dann kommt hervor, was man die Konstruktion eines Ideals nennt. Denn Sünde ist, was vom Ideal abweicht. Was Sünde und damit ein Ideal ist, ändert sich im Laufe der Zeit. So gab es beispielsweise im 2. Jh. drei schwere Vergehen: die Abtrünnigkeit, den Ehebruch und den Mord. Tertullian fügte denen, die einer öffentlichen Bestrafung bedurften, noch vier weitere Vergehen hinzu: Gotteslästerung, Lüge, Betrug, Hurerei. Im 6. Jh. zählte Caesarius von Arles zu den schweren Sünden schon einiges mehr: Sakrileg, Mord, Ehebruch, falsches Zeugnis, Diebstahl, Hochmut, Neid, Geiz, anhaltender Zorn und die Trunksucht. Das sind Vergehen, welche die

soziale Ordnung beeinträchtigen. Bald aber gab es Umschichtungen. Hochmut und Habgier oder Geiz nahmen bald den 1. Rang ein. Sie sind typisch für eine Gesellschaft, in der Militär und Mangel herrschen. Hochmut als Sünde des Soldaten und Ritters, Habgier als die Sünde des Handwerkers und Kaufmanns und aller in Lohn Stehenden. Die Umordnung bewirkt, dass die Konzentration der Güter in den Händen weniger bleibt, wodurch das Elend der anderen fortbesteht. In den Klöstern bleibt die Hauptsünde die Unkeuschheit. Die Sündenliste, welche im Hochmittelalter besonders lang war, macht auch verständlich, warum es eine Anzahl von Berufen gab, die als verdammenswert galten. Zu diesen Berufen gehörten alle Tätigkeiten, die mit einem Tabu behaftet waren, d. h. mit Blut (Metzger, Barbier, Wundarzt, Henker), mit dem Schmutz (Färber, Gärber, Koch) oder mit Obszönität (Prostitution, Gaukler, Schankwirte) in Verbindung standen. Die Trilogie – Hochmut, Habgier, Unkeuschheit – lieferte das größte Kontingent an Verdammten, was normal ist für eine Gesellschaft, deren Wertvorstellungen von der Geistlichkeit bestimmt waren. Das Verderben wurde als Hölle ausgewiesen, die aber nicht immer und überall gleich war. Den Abstufungen der Sünde entsprechend, gab es auch Abstufungen in den Strafen. Das Purgatorium wird erfunden und gilt als die große Errungenschaft des Mittelalters. Das Fegefeuer ist eine Art Filiale der Hölle, die Qualen sind gleicher Art, aber eben nicht von Ewigkeit. Das 12. Jh. bringt dann Ordnung in die bereits viel früher existierenden Vorstellungen über die läuternde Kraft des Feuers für die große Masse. War die Ordnung zuvor etwas vage, wird sie jetzt exakt. Mit dem Fortschreiten der mathematischen Methoden werden – im 14. Jh. – auch moralische wie geistige Probleme in Gleichungen gefasst. Im 13. Jh. bestätigt Innozenz III. das Purgatorium. Er unterteilt in 5 Wohnstätten der Seele. Zunächst ist da der Himmel, er ist der höchste Ort für die Guten. Im Unterschied zu diesem Ort gibt es die Hölle, sie ist der schmählichste Ort für die Bösen und dazwischen findet sich alles andere. Aber auch dort herrscht Ordnung, man unterscheidet drei Orte: für die mittelmäßig Guten, die Halbguten und die mittelmäßig Schlechten (vgl. Minois 1996, insbes. 229 ff.). Mit diesem Modell schreibt die Kulturgeschichte voraus, was später die Statistik mit Akribie weiterbetreibt. Die Extreme sind jeweils außen, dort, wo früher einmal Himmel und Hölle war, und innen findet sich der Durchschnitt, das Mittelmaß, der Mittelwert. Ich behaupte nun, dass zwar so getan wird, als wären Zahlen neutral, meist sagt man dazu „objektiv", d. h., man habe aus ihnen Himmel und Hölle längst vertrieben, aber das stimmt nicht wirklich. Stillschweigend wird im Rechnen ab-, weg- und hinzugerechnet, was nichts anderes ist als ge-, be- und verurteilt; mit anderen Worten, in jeder Zahl pocht die Moral, auch, oder dann besonders, wenn sie auf „Wertfreiheit" insistiert.

Inkurs 2: Seit geraumer Zeit gibt es in der Forschung den Streit zwischen Quantität und Qualität. Schaut man sich in der Begriffsgeschichte etwas um, stößt man rasch auf Aristoteles. Er verwendet das Wort Qualität in seiner Kategorienlehre als Terminus technicus. Aristoteles kannte 10 Kategorien: Substanz, Qualität, Quantität, Beziehung, Tun, Erleiden, Wo, Wann, Lage und Haben (Habitus). Umgangssprachlich sind zwei Verwendungsweisen von Qualität zu unterscheiden: zum einen die im Sinne von Eigenheit (z. B. Farbe, Gestalt, Ehrenhaftigkeit, Weisheit, Eigensinnigkeit) und zum anderen in Zusammenhängen, in denen Vorzüge und Werte zur Diskussion stehen, z. B. bei Qualitätsweinen – welcher ist besser? In der scholastischen Tradition des Mittelalters wurde die Qualität unterteilt in 4 Typen: Eigenheit (habitus, dispositio), Möglichkeit (naturalis potentia et impotentia), Passionen (passio et passiva qualitas) und die geometrischen Konfigurationen (figura et forma). „Dieser Einteilung", schreibt Nigsch, „wurde dann noch das Begriffspaar von manifesten/sinnlichen und verborgenen Qualitäten hinzugefügt, eine wichtige Unterscheidung insofern, weil sie die Idee einer zum Teil unbekannten Natur zur Voraussetzung hat, die sich hinter den sinnhaften Erscheinungen verbirgt und somit den Boden bereitet sowohl für Okkultismus, Alchemie und Magie wie auch den Naturalismus der Renaissance. Thomas von Aquin gab dem Ausdruck ‚qualitas' über sein Konzept des ‚habitus infusus' einen ethischen Akzent" (Nigsch 1998, 21).

Unter dem Einfluss des neuzeitlichen Empirismus wurde der Begriff der Qualität weitgehend verändert. Nach John Locke ist die Qualität die Fähigkeit (capacity) eines Dinges, im menschlichen Bewusstsein eine Vorstellung hervorzurufen. Hier kommt die Funktion der Wahrnehmung herein, denn Locke geht von der subjektiven Analyse aller Empfindungen aus, die dann zu objektiven Qualitäten werden sollen. Seine Unterscheidung in primäre, objektive und sekundäre, subjektive Qualitäten kennen wir schon aus dem vorsokratischen Denken, insbesondere bei Demokrit. Zu den primären Qualitäten zählen mathematisch-räumliche Bestimmungen der objektiven Realität: Ausdehnung, Dichte, Bewegung/Ruhe und ihre numerischen Werte; zu den sekundären hingegen Farben, Töne, Gerüche, also einfach Phänomene, welche die Sinnesorgane zu affizieren vermögen. In der Verwendung dieser Unterscheidungen war Locke selbst unklar.

Die Frage nach dem Verhältnis von Qualität und Quantität wäre demnach im neuzeitlichen Denken so zu beantworten, dass tendenziell alle Qualitäten der Dinge auf rein messbare Größenverhältnisse zurückgeführt wurden. Die Grundlagen für die Umorientierung des Denkens über das, was als richtig und wissenschaftlich abgesichert zu gelten hat, wurden u. a. von Francis Bacon, Galileo Galilei, René Descartes, Isaak Newton, John Locke bereitgestellt. Die Geschichte hin zur Vorrangstellung quantitativen Denkens führt in die Grundlagen des mechanistischen Weltbildes. Es besteht, man denke an Timothy Leary, zu Recht eine Skepsis gegenüber der Veränderbarkeit des Denkens. Dennoch ist eine Wiederkehr des verdrängten Qualitativen nicht zu übersehen. Nigsch bringt diese Wiederkehr (in Goethes Kritik an Newton vorformuliert) mit den Problemen einer Identitätslogik in Verbindung. Die Sprache der Mathematik ist nicht angemessen für eine Sprache der Realität des Lebens. Dennoch kann daraus nicht schon gefolgert werden, mathematische Verfahren seien ad acta zu legen. So gibt Castoriadis zu bedenken, dass die Faszination, die von der Mathematik ausgeht, „trotz ihrer scheinbaren Unwirklichkeit, trotz ihrer Distanz zur Sphäre der natürlichen Wahrnehmung und des alltäglichen Lebens, trotz der erheblichen Fremdartigkeit ihrer babylonischen Konstruktionen ziemlich umfassend und ungetrübt die Vollendung eines wesentlichen Logik-Typs repräsentiert" (Castoriadis 1983, 179). Diese Logik wird heute allerdings als Logik schlechthin dargestellt, und das ist falsch. Es handelt sich um eine Identitäts- und Mengenlogik, die auch eine Dimension der Sprache und des Handelns begründet. Dieser Logik entspricht, so Nigsch, „eine Ontologie, deren zentrale These darin besteht, dass Sein mit Bestimmtsein und Seiend mit Bestimmtheit gleichzusetzen ist, und selbst die Beschreibung ihrer Unzulänglichkeit muss sich noch einmal jener Mittel bedienen, die sie selbst zur Verfügung stellt. Auch Gesellschaft als gemeinschaftlich-anonymes Tun ist ohne Anwendung der Mengenlogik, das heißt, des Unterscheidens, Auswählens, Zusammenstellens, Zählens nicht vorstellbar. Sowohl Sprache wie Praxis setzen das Bestimmtsein von Objekten voraus, die sich zu Gesamtheiten, also zu neuen Objekten eines höheren Typs zusammenfassen lassen. Ebenso, zumindest im Diskurs, ist die Umkehroperation vorausgesetzt, die ein Ganzes in Teile oder ein höheres Ganzes in Ganze eines niederen Typs zerlegt. Jedenfalls ist es notwendig, so zu tun, als ob man unterscheiden und definieren könnte, damit sich das Definierte auch aus der Sicht der anderen als hinreichend bestimmt rezipieren lässt. Mit dieser Logik ist bereits eine ontologische Vorentscheidung geschaffen über das, was ist, und dass es sich zusammenfügen und zerlegen lassen muss" (Nigsch 1998, 28). Es gibt also „eine unzerstörbare Dimension imaginär-logischer Grundfesten, die mit der Mengen- und Identitätslogik unmittelbar übereinstimmt und übereinstimmen muss" (Castoriadis zit. in Nigsch 1998, 28). Die Konsequenz, die sich aus diesen Überlegungen ergibt, ist, dass sich die Identitätslogik weiterhin und innerhalb bestimmter Grenzen als unabdingbare Voraussetzung für Sprache und Gesellschaft hält. Castoriadis versucht zu zeigen, dass auch jenseits der Identitätslogik noch vieles liegt, z. B. die Existenzweisen des Physikalischen mit N. Bohrs kühnen Gedanken der Komplementarität, was sich der mengenlogischen Termini grundsätzlich entzieht, als auch der Entdeckung des Unbewussten bei S. Freud. Das Unbewusste kenne den Widerspruch nicht und „vom wesentlichen Element des Unbewussten, der *Vorstellung*, wüssten wir im Rahmen gewöhnlicher Logik nichts zu sagen" (Castoriadis a. a. O., 185). Es geht um die Grenzen der Identitäts- und Mengenlogik, an ihr erscheint die Struktur des Ineinandergreifens von Imagination und Logik, vermutlich entpuppt sich die Logik als Vorstellung und die Imagination als Logik. Heißt das, dass wir uns inmitten der Immanenz des Imaginären befinden, wenn wir vorgeben, streng logisch zu sein? Wenn das stimmt, und dafür spricht einiges, dann hieße das in weiterer Folge, dass es den Bruch mit der Logik braucht, um mit dem, was man nicht nur und immer wieder man selbst ist, um also mit dem, was anders und ein anderer ist, in Berührung zu kommen. Der Bruch befände sich u. a. dort, wo man mit dem Vorwand der Unlogik, des Widerspruchs, der Unvernunft und des Wahnsinns konfrontiert wird, was, wenn man etwas tut, das andere nicht mehr verstehen – beispielsweise X oder mehr zu klettern –, schnell passiert.

13 Wie steht es mit diesen Begriffen, beziehen sie sich auf Elementares? Geht es noch um Elemente, oder was ist damit gemeint? Sind, mit Kant, diese Begriffe leer? Kukuczkas Textpassage waren 6 „Kategorien" zu entnehmen und seine existentielle Erfahrung bestand darin, dass genau diese Kategorien verlustig gingen. Die Rede ist von der Imagination, der Erinnerung, den Sinnen, dem Atem, der Körperkontrolle und dem Bewusstsein. Das schaut nach einem Durcheinander aus und ist es in der Tat gewesen, ein Chaos, in dem alles eingestürzt war, worauf man baut. Der Einsturz drängt zu einer Reihe von Fragen: Wie verhält sich die Imagination zum Bewusstsein? Wie die Erinnerung zur Körperkontrolle? Wie die Sinne zum Atem? Aber auch: Wie verhält sich das Bewusstsein zu den Sinnen? Wie die Imagination zur Körperkontrolle? Wie die Erinnerung zum Atem? Wobei auch hier nicht alles gefragt wurde, was zu erfragen wäre. Der Grund dieses Fragens ist der Versuch, diese 6 Kategorien so zu ordnen, dass sie ein komplexes Bezugssystem abgeben. Was ist wem über-, neben- oder untergeordnet? Wie stehen Kukuczkas Kategorien, die er herangezogen hat, um Einblick zu geben in ein Geschehen, aus dem man gerade noch lebend hervorging, wie also stehen diese Kategorien zu denen, die in der Philosophie gebräuchlich sind, um Leben zu beschreiben? Wo kommt hier z. B. das Atmen vor und wie das Spüren? Führen die

philosophischen Kategorien in eine Kultur- oder in eine Ideen- als Geist(es)geschichte? Welche Geschichte hat der Geist und welche Geister? Zeichnet beides nicht aus, dass sie überall sein können, d. h. ein von Zeit und Raum unabhängiges Dasein führen? Kulturelles ist vom Gegenteiligen gezeichnet. Es ist lokal, immer zeit- und raumgebunden, singulär und es tendiert zum Relativen sowie Phantastischen. Der französische Mathematiker und Philosoph Michel Serres hat diese Unterschiedenheit mehr als einmal herausgearbeitet, er spricht davon, dass wir all das, was wir über Räume wissen, wir von den reinen Wissenschaften haben. Wir haben es aber auch aus den Mythen, vielleicht auch „aus der Sprache, von der reinsten und raffiniertesten bis hin zur dichtesten und kompaktesten. Was wir über die Zeit wissen, haben wir vom Körper und den Dingen; von der Geburt und Tod, Aussaat und Ernte, Arbeit, Altern, Ermüdung und Abnutzung, Konsum und Abfall, von den Gestirnen über uns. Was wir von der Zeit wissen, haben wir von unseren Praktiken und unseren angewandten Wissenschaften" (Serres, NW-Passage, 1994, 85). Das apriorische Wissen sagt nichts über die Zeit, schreibt Serres, die Mathematik ist von der Zeit unabhängig, alles übrige Wissen ist Funktion der Zeit. Damit taucht ein unüberwindliches Problem auf: Wir wissen so viel wie nichts über den Raum, denn dieser eine und globale Raum ist vermutlich nichts weiter als ein philosophisches Artefakt. Mit der Zeit ist es nicht anders. Aus den reinen Wissenschaften kennen wir eine Vielzahl von Räumen, mit Sicherheit hat es vor der Einsetzung des euklidischen Raums noch andere gegeben, von denen in den Mythen erzählt wird. Aber mit der griechischen Revolution der Geometrie sind die Unterschiede verschwunden. Die Gewissheit, wir befänden uns gleichsam natürlich in einem euklidischen Raum, erweist sich als Kulturprodukt, es ist nur ein Produkt der Geschichte, d. h., in erster Linie eines der Theologie und Politik. Dennoch, die gewaltige Vermehrung der Räume, der nichteuklidischen, ist gewiss. Denn der euklidische Raum ist der Raum der Feldmesser, Architekten und Bauleute, die Geometrie ist die Beherrschung von Stadt und Land durch Metrik. Aus diesem empirischen Strang lösten sich später dann Räume, die man seit Leibniz *qualitativ* nennen konnte, das heißt, sie waren frei von Größen, wie sie Masse, Verhältnisse, Proportionen, Aufteilungen und Verschiebungen induzierten. „Damit war der Anfang gesetzt für die Topologie und ihre reiche Entfaltung chaotischer, dichter kompakter, konnexer Räume wie auch für ihre Feinanalysen des Kontinuums, der Umgebungen, der Intervalle, der Grenzen, des Offenen und des Geschlossenen, der Orientierung und der bruchlosen Transformationen (Serres, NW-Passage, 1994, 88). Was aber heißt das für den Raum, in dem wir leben? Was, ließe sich weiter fragen, hieße das für die unwirtlichen

Räume, in denen sich die Extremen aufhalten? Auf diese Frage hat Serres keine Antwort, aber er macht auf eine Reihe von Problemen aufmerksam, die es mit dem Raum gibt: Dieser alte Raum, d. h. der euklidische Raum war nicht mehr ganz der Raum unseres Sehens und Darstellens. Der perspektivische Raum löste sich als projektiver Raum von der Metrik, was zur Folge hatte, dass man außerhalb des historisch abgesegneten Raums zu sehen anfing. Ein anschauliches Beispiel sind die frühen Bergbesteigungen und -darstellungen" (vgl. Peskoller, Berg-Denken, 1997, insbes. 53 ff.). Serres meint, dass wir uns nahezu selbstverständlich in Räumen bewegen, die beides – a priori und sensorisch – sind, und er verweist auf eine Lücke, denn diese Ästhetik, sagt er, sei noch nicht beschrieben.

Ein weiteres Problem mit dem Raum ergibt sich aus dem Verhältnis von global und lokal. Der Versuch, Teile zu beliebigen Objekten zusammenzusetzen, endet in einer Paradoxie. Die Kugelfläche beispielsweise lässt sich lokal aus ebenen Flächen zusammensetzen, dagegen ist es unmöglich, sie auf einer Ebene abzuwickeln. Globale und lokale Strukturen, stellt Serres fest, stehen im Widerspruch zueinander. Somit geht es um die Suche nach neuen Raumvorstellungen, denn wenn man die Dinge einmal aus ihrer alten Fassung herausnimmt, von der sie gehalten wurden, die aber immer nur konstruiert war, dann passiert Revolutionäres: Manche Dinge können nicht mehr dorthin zurück, sie sind auch nicht mehr dieselben. Die Welt wird zu Gärten ohne Säulenhallen. Der alte Raum war nur aufgeblasen, ein Frosch, der nun platzt. Jetzt gibt es Mannigfaltigkeiten im strengen Sinne des Wortes. Diese Befreiung ist schwierig, da zweifellos nichts schwieriger ist, als das Strenge in der Kategorie des Kulturellen zu denken. Wie sollte das möglich sein? Das bedarf zunächst einiger Zwischenschritte. Es geht um Übergänge und daher um die Frage nach den Verknüpfungen. Der direkte Weg vom Globalen zum Lokalen und umgekehrt geht nicht. Damit er trotzdem möglich ist, wird Gewalt angewendet. „Noch nie hat jemand das Lokale ins Globale zu integrieren vermocht; überall im menschlichen Handeln, dem individuellen wie dem kollektiven, gibt es nicht weiter rückführbare Phänomene, die sich der Einbettung in ein rationales Universales widersetzen. Diese Einbettung ist stets nur illusorisch, und weil sie ein schlichter, reiner Irrtum ist, haben jene, die auf den Brettern dieses Theaters spielen, die Gewalt für sich monopolisiert. Die Gewalt ist eines oder zwei oder drei Instrumente, die es gestatten, das Lokale ins Globale einzubringen, die es zwingen können, das universelle Gesetz zum Ausdruck zu bringen und dafür zu sorgen, daß das Reale rational ist. In der Wirklichkeit wie in der Geometrie ist das, was sich als Global-Universelles gibt, lediglich eine über alle Maßen

aufgeblähte Mannigfaltigkeit. Repräsentation oder Darstellbarkeit ist nichts anderes als dieses Aufblasen. Aufblasen oder Inflation" (Serres, NW-Passage, 1994, 96). Wenden wir uns nun noch einer Schwierigkeit zu, die unlösbar mit dem Raum verbunden ist, das Sehen. Vergegenwärtigen wir uns hierzu eine Fotografie von Axel Hütte. Er verzichtet darauf, einen Beobachterstandpunkt einzuräumen, der perspektivisches Sehen erlaubt. Das Sehen verliert sich bei Hütte vielmehr in einem haltlosen Abtasten des Blicks im Bild. Der Blick scheitert an sich selbst, d. h. an dem, was ihn historisch kennzeichnet, nämlich einen Kontakt auf Distanz herzustellen. Der Kontakt auf Distanz blickt unweigerlich zurück und in diesem Zurückblicken verrätselt sich erneut das Sehen. Seit den Griechen galt das Sehen als d e r Sinn des Erkennens und es gibt viele Metaphern, die optische Sachverhalte aufnehmen, wie es im Sehen Verschränkungen gibt, über die uns Merleau-Ponty unterrichtet hat: „Das Rätsel liegt darin, daß mein Körper zugleich sehend und sichtbar ist. Er, der alle Dinge betrachtet, kann zugleich auch sich selber betrachten und in dem, was er gerade sieht, ‚die andere Seite' seines Sehvermögens erkennen." Diese rätselhafte Verschränkung besteht darin, zugleich Gegenstände, ein solcher kann auch der eigene Körper sein, und die eigene Subjektivität wahrzunehmen. Diese Eigenart des Sehens strukturiert das Verhältnis des Menschen zu sich und zur Welt. Mit diesem Doppelverhältnis scheint Axel Hütte zu spielen. In seinen Bildern bekommt man etwas zu sehen, dessen Nähe oder Ferne nicht eindeutig zu bestimmen ist. Etwas, das sich als Gegenstand erweist, der ein Subjekt ist. Ein Bild, das zurückblickt, indem es sich von dem, der betrachtet, abwendet. Ein Bild, welches das Sehvermögen als Enttäuschung thematisiert. Nicht nur wegen des Nebels, der in seinen Fotografien immer wieder auftaucht, sondern umgekehrt, wegen der Schärfe und Präzision. Der Gegenstand, z. B. die Felswand oder der Berghang, verschließt sich gerade in seiner Öffnung. Das Auge kann ungehindert eintreten, aber es zögert. Warum? Das Auge weicht vor sich selbst zurück, es weist sich ab, weil es nach Sinn sucht, nach Repräsentationen, die nicht (mehr) vorhanden sind. Der Sehsinn findet sich sinnentleert vor und damit hat er nicht gerechnet. Er blickt von nun an sich selbst an und hält nicht mehr Ausschau nach dem Sinn, der ihm verweigert ist. Der hypotrophe Sinn der Neuzeit, der Sehsinn, scheint im Ausgang der Moderne mehr als verstört zu sein und sich irgendwie zu erretten, suchte er nach all den Sinnen, die er übermannt hat. Und so wandelt sich das Sehen, verbindet sich mit dem Tasten und gleitet vorsichtig dem Bild entlang, berührt es, ohne sich festzuhalten, fängt an zu hören, wo es nichts zu sehen gibt, z. B. im Nebel oder an Flächen als Ödland mit nur winzigen Differenzierungen. Jetzt, da das Sehen im Verbund mit den anderen Sinnen seine Dienste tun kann, tritt es zurück und herrscht nicht mehr vor. Im Zurücktreten des Auges beginnt auf andere Weise Erkenntnis, so, als ob die Ansicht selbst zur maßgeblichen Praktik wird und diese Praktik zum Testfall dessen, wie beweglich und gleichwertig jeder der Sinne ist. Der Körper als Ganzes tritt ein in den Bildraum und beginnt sich zu bewegen, seine Bewegungen sind ungelenk und das Gelände abweisend. Inhalt und Struktur des Bildes machen es dem Körper schwer, in ihm fortzukommen. „Das Gesehene als den blinden Fleck? Lässt sich etwas lernen aus der Ent-täuschung? Lassen sich Täuschungen vermeiden? – Der Weg zu den Antworten führt ins Souterrain der Bilder, an die schmerzende Schnittstelle des Sichtbaren und Unsichtbaren heran, zum Aufhören der transzendentalen Anschauung in den Akten des Sehens" (Kamper, Souterrain, 1997, 71).

15 Hier hieß es, bezogen auf Henri Bergson, „daß jenseits der vollkommenen Festkörper, die in der Tat nur allzu selten sind, die Dinge fließende Ränder haben. Die Theorie der diffusen Erkenntnis sieht unscharfe Grenzen. Hier haben wir wieder das Verwackelte oder die übereinander photographierten Bilder nach Art Robert Musils oder der Impressionisten. Die Seerosen spiegeln sich im Wasser. Das Feste ist im Flüssigen verschwunden, das Licht in den Farben. Der epistemologischen Grundlage des Lebendigen entspricht eine Theorie der verzweigten Ränder. Ein Grenzweg mündet in den anderen, ohne daß er deshalb aufhörte zu existieren, sie oszillieren und schwingen umeinander, und bald schon treibt der Baum weitere Gabelungen hervor. Das elementare Glied des Netzes ist hier das due-habere, das Zwiespältige, aber es wächst rasch genug, daß der Rand verfließt. Das Zeitalter der Flüssigkeiten und Gase beginnt. Die ganze Bergson'sche Logik oder Methode basiert auf Chiasmen, und ihr Objekt, die Garbe, der Wasserstrahl, der Fluß, der stream of consciousness, ist aquatischer Natur." (Serres, NW-Passage, 1994, 58 f.)

16 Trabant bezieht sich auf den akroamatischen Leibniz und schreibt: „Die petites perceptions bilden einen Raum, eine Sphäre, die uns umgibt. Gegenüber dieser akustischen Grunderfahrung des Globalen favorisiert die visuelle Erfahrung, das Gerichtet-Sein des Auges nach vorne, eindeutig die Vorstellung des Gegenüber-Liegenden, des Ob-jectum. Die Welt, die akustisch wahrgenommen wird, ist kein Gegenüber, sondern ein Um-Liegendes, ein Circum-jekt. Schlüsselwörter der Passage sind daher auch environnant, ,umgebend' und envelopper, ,in sich einschließen, umfassen: Die petites perceptiones sind Eindrücke von Körpern, Eindrücke, die das Unendliche umfassen: Sphärisches. Die Vorstellung des Circum, des Um, des Peri stammt aus dem akustischen Raum" (Trabant 1993, 69; kursive Hervorhebung durch den Autor).

17 Bourdieu spricht, sich auf Wittgenstein beziehend, nicht nur davon, dass die Schwierigkeit tief zu fassen, das Schwere sei, oder dass sich die Wissenschaft auf sich selbst rückzubeziehen habe, um die Reichweite und Zuverlässigkeit des sozialwissenschaftlichen Wissens zu erhöhen, oder davon, dass die Konstituierung des Gegenstandes ein vollkommen ausgeblendeter Vorgang sei, Bourdieu weiß auch, dass man „das Konkrete nicht dadurch findet, daß man zwei Abstraktionen miteinander kombiniert [...] man muß relational denken, um nicht [...] auf das präkonstruierte Objekt hereinzufallen" (Bourdieu 1996, 259 ff.). Denn „Das eigene Denken im Ungedachten zu belassen, heißt sich dazu zu verurteilen, nur das Werkzeug dessen zu sein, was man zu denken meint" (ebd., 271). „Eine wissenschaftliche Praxis", sagt Bourdieu, „die es unterläßt, sich selbst in Frage zu stellen, weiß im eigentlichen Sinne nicht, was sie tut" (ebd., 270).

Um sich der Ordnung des Lebendigen anzunähern, verwendet Michel Serres verschiedene Bilder: die Flamme, die kochende Blase und die Wolke. Sie verändern sich rasch und ständig, produzieren Turbulenzen, haben vibrierende, pulsierende Ränder, was den Schluss nahe legt, dass der Mangel an Unterscheidung gleichermaßen im Subjekt und im Objekt liege. Das Zufallsgemisch aus Ordnung und Unordnung, aus Information und fehlender Information, geht über die alte Trennung zwischen Erkennendem und Erkanntem hinaus; sie findet sich in beiden Bereichen wieder, sodass es sich nicht lohnt, sie weiterhin zu unterscheiden. „Das alte Problem der Bedingungen und Grenzen der Erkenntnis ist nicht länger im Rahmen des reinen, einfachen und naiven Objekts oder des transzendentalen Subjekts zu behandeln, sondern an den verfließenden Rändern der Ordnung und Unordnung, wo die Grenze zwischen Subjekt und Objekt an Bedeutung verliert" (Serres, NW-Passage, 1994, 71). An der Stelle, wo sich der Zufall ereignet, entsteht die Abweichung vom Gleichgewicht. „Die Neigung, den Blitz, der aus der Wolke fährt, oder das Signal, das sich deutlich vor dem drahtigen Geräusch abhebt. Im Nu bildet sich eine kleine Runde, ein kleines Loch, um das die Menschen sich sammeln wie Bienen um das Flugloch. Eine lokale Turbulenz innerhalb des Dampfkessels, hervorgerufen durch den Zusammenstoß von Elementen, durch die Neigung aus der Richtung gebracht [...] Und in der Mitte ist der Tod. Ordnung innerhalb der Unordnung oder Unordnung innerhalb der Ordnung, und mitten zwischen den Menschen der Tod, wie das Auge des Zyklons [...] Der Text sagt etwas ganz anderes. Er präsentiert unablässig Wolkiges, Unbestimmtes, Zusammenstöße; er endet mit einer Serie von Ordnungsworten. Und mitten darin der Tod. Dieser Tod ist der Punkt, an dem aus der Unordnung Ordnung wird, jene Grenze, an der beide sich ineinander verwandeln. Damit hatte sich das Gesetz gezeigt, in dem der Zufall die Herrschaft besaß. Das Signal im Rauschen, die Turbulenz im Strom, das clinamen im Chaos, der Blitz in der Wolke, Verzweigung und Katastrophe. Man könnte auch sagen, das *fiat* inmitten des Nichts" (Serres ebd., 72 und 74, Hervorhebung durch den Autor).

18 Serres' Inkurs über Leibniz gebe ich wieder: „Schon zu einer Zeit, als das Wissen noch recht einfach war und sich vor allem um Vereinfachung bemühte, stieß Leibniz auf das Problem der Komplexität. Mitten im klassischen Zeitalter ist er der erste Philosoph der Komplexität und der erste Linguist. Sein System ist aus Monaden und Mannigfaltigkeiten aufgebaut, aus Implikationen und Explikationen, mit Hilfe einer Kombinatorik, die er die Kunst der Komplexionen nennt, und mittels einer Vielzahl von Einheiten ohne Türen und Fenster, die ihrerseits komplex sind. So vollzieht er die größtmögliche und vollständige geregelte Variation von Einem zum Vielen, vom Identitätsprinzip zu dem der Indiscernibilien. Eine Philosophie des Mannigfachen zeichnet die Szenographien und projiziert die unerreichbare Ichnographie der gangbaren Wege zwischen dem unnachahmlichen Einen und der unendlichen Vielfalt der Differenz." (Serres, NW-Passage, 1994, 78 f.)

Auf diese Weise, meint Serres, „lernt man bei Leibniz – indem man über seine Erfindungen ebenso und mehr noch nachdenkt als über seine Metasprache –, das Modell als Netz zu konstruieren. Das Netz ist der Graph eines komplexen Systems. Es zeichnet die Gesamtheit der Verbindungen oder Wechselwirkungen zwischen den Elementen eines Systems auf, es ist deren Simplex. [...] bleibt, daß das klassische Wissen niemals aufhören wird, die ausgezeichnete Konformität des Netzmodells zu bestätigen. Vom n-Körper-Problem im Gefolge Newtons bis hin zum chemischen Aufbau der einfachen Elemente und der Verbindungen, geht es ständig um Elemente und Verknüpfungen, ob es sich nun um große oder um kleine Systeme handelt. Die Fragen kreisen nun stets um Analyse und Bestimmung des lokalen Mittelpunkts des Sterns und um die Existenz sowie die Ausmessung der Wege, die diese Orte verbinden. Sie kreisen global um das Gleichgewicht, das sich aus dem solcherart gebildeten System ergibt. Das Modell ist formal, das heißt, die Punkte darin sind beliebige Objekte, Götterstandbild, Tisch oder Waschschüssel, damit meine ich, ob Zahl, Buchstabe, Atom oder Planet, Zelle, Funktion oder Subjekt, auch die Verknüpfungen sind beliebig, von der Bewegung bis zum Ziehen einer Linie, von der Wechselwirkungskraft bis hin zu dem Kanal, über den die Pole in Verbindung stehen. Die klassische Ordnung baut auf diesem zugleich einfachen und komplexen Graphen auf, der über das neunzehnte Jahrhundert bis auf uns gekommen ist. Erst kürzlich hat er sich zumindest zweimal in der Moderne reproduziert: in der Kommunikationstheo-

rie und in der allgemeinen Systemtheorie; vor allem aber im Strukturalismus. [...] Aber die bereits weit fortgeschrittene Arbeit einer Analyse der Elemente und einer Bestimmung der Verknüpfungen brachte zumindest seit Ende des neunzehnten Jahrhunderts unabweislich die Idee einer in Unordnung befindlichen Mannigfaltigkeit ins Spiel. [...] Systemobjekt und Modellnetz schmelzen buchstäblich in der Energie der industriellen Revolution, in der Hitze und dem Wissen, die sie bearbeiten und denken; sie versinken in der Flut der großen Zahl. Paradoxerweise ist die Technologie, die uns eine neue und totale Beherrschung der Welt verspricht, die Zeitgenossin eines Wissens, das wir kaum beherrschen und nur zur Hälfte kontrollieren. Die Komplexität, die unser Objekt war, wird zu unserem Problem. Angesichts der klassischen Ordnung, die bis auf uns gekommen ist und eine niemals gekannte Macht im Bereich der Methoden erlangt hat, kommen wir nicht umhin, die Realität der Unordnung anzuerkennen. Das Modell, das wir nun bräuchten, müßte die Zahl der Elemente in einer Weise erhöhen, die jede Berechnung unmöglich und nutzlos machen würde und sogar Existenz und Charakter der zugehörigen Verknüpfungen in Frage stellte. In einem Kurzschluß verflüssigte sich das geschmolzene Netz. An Boltzmann vorbei übernimmt Bergson wieder den Platz, den er als Epistemologe, in der Zeit und seiner Zeit voraus, verloren hatte. Das Flüssige habe ich manchmal Wolke genannt und meinte damit Chaos, Unordnung und Hintergrundrauschen, deren Komplexität die Möglichkeit des installierten Netzes bei weitem überschreiten. Diese Wolke hat andere Ränder als die klar umrissenen, glatten des klassischen Systems. Sie fluktuieren mit der Zeit wie die Umrisse eines fliegenden Bienenschwarms oder generell einer großen Population in der Geschichte bzw. ihrer eigenen Geschichte. Die Unordnung überschwemmt die Welt und die Sicht darauf; als Beobachter wie als Arbeiter sind wir von ihr umgeben. [...] Wir müssen für unsere neuen Probleme ein neues Modell vorschlagen. Es gibt Ordnung in der Unordnung, es gibt Unordnung in der Ordnung. [...] Wir müssen wieder einmal über die Zeit nachdenken. An den gemeinsamen Grenzen des geordneten, nahezu stabilen Systems und der Unordnung, die es umgibt und durchdringt und von der wir möglicherweise niemals erfahren werden, ob sie den Dingen oder unserer eigenen Unwissenheit geschuldet ist, an den gemeinsamen Grenzen des Hintergrundrauschens und des Signals, des konfus Sinnlosen und der Sprache, an den gemeinsamen Grenzen des Undifferenzierbaren und des Differenzierten, der Zerstreuung und der Einsaat, an der Küstenlinie zwischen Land und Meer vollziehen sich in der Tat anabolische oder katabolische oder metabolische Prozesse, die unsere primären Probleme darstellen. Die Ordnung verfällt in Unordnung, und gelegentlich geht sie daraus hervor. [...] Bis auf die Zeit, bis auf eine Geschichte sind Gleichgewicht, Abschließung, Physik oder Metaphysik stets gegenwärtig. Gefangen in einer Zeit, die nicht wirklich in ihrer Verbindung zur Unordnung als solcher gedacht wurde, zur Unordnung, die auch als solche anerkannt worden wäre. Gesetze und Funktionsweisen kennen wir jedoch nur durch und für die lokale Ordnung, und es hätte gar keinen Sinn, sie unverändert auf die gemeinsame Grenze zwischen Ordnung und Unordnung anzuwenden. Abschließung und ewige Wiederkehr sind lediglich philosophische Artefakte. Wir sind zu einer neuen theoretischen Anstrengung aufgerufen. Die Theorien, die wir heute besitzen, sind sämtlich veraltet; das neunzehnte Jahrhundert ist noch immer nicht tot. [...] Oft wird gesagt, unter gleichen Umständen erzeugen gleiche Ursachen die gleichen Wirkungen. Aber was sind denn das für Umstände, in denen diese alten Ordnungsketten sich befinden? Sie haben zunächst einmal mit Raum und Zeit zu tun" (Serres, NW-Passage, 1994, 78 ff.),

19 Doris Schuhmacher-Chilla befasst sich in diesem Artikel mit dem Zusammenhang von Ästhetik, Psyche und Selbstreflexion, sie schreibt: „Im Ästhetischen zeigt sich neben der Ausleuchtung des Bekannten auch der Funke des Unbekannten, das Darüberhinaus auf die anderen, die unbekannte Seiten der Wirklichkeit. Der Augenblick der Zeit, die nicht zu fassen ist, erlaubt im Ästhetischen einen Funken von Dauerhaftigkeit. Das ist der lebenswichtige Schein, der vor dem Sein steht. Hier sind Ästhetisches und Psychisches eins" (Zitat aus Schuhmacher 1988, 337). Will man nun Kunst beschreiben, und zwar, so die Autorin weiter, „in ihren wesentlichen Merkmalen als Form einerseits und als Zweifel und Skepsis andererseits, bleibt das Empfinden des Ungenügens – die Unendlichkeit der Form im Verlangen – als rückbezügliche Frage an das Selbst erhalten" (Schuhmacher-Chilla 1993, 49), und bezogen auf die Wahrnehmung führt sie aus: „Das sichtbare ‚Werk' zeugt vom beschriebenen Prozeß. Er zeigt die einzelnen Entstehungsschritte im fertigen Bild; ihre Sichtbarkeit ist das Ziel. Mit Blick auf die behauptete Übermacht des Auges fragt sich: bedeutet das Erweiterung der Ich-Vollmacht? Wenn ja, in welche Richtung? Bedeutet es, phänomenologisch betrachtet, eine Reduktion auf einen Ich-Pol oder setzt es das Ich als Handlungszentrum? Wie ist diese Handlung zu bewerten? [...] Bezogen auf Cézannes totales Sehen besteht ein Risiko: Da nur ein System (das koloristische) herrscht und im Prozeß des Vordringens in dieses System existent wird, ist keine Analogie zu einem anderen, schon vor ihm existierenden möglich; es gibt keine Transformation. Gelingt dieser Prozeß nicht, herrscht Chaos, d. h. ein Scheitern dieser Intention." Die Autorin führt die Unterscheidung zwischen visueller und ästhetischer Wahrnehmung ein, sie schreibt: „Wahrnehmen im Bereich der Bild-Kunst be-

zieht sich in der Moderne zuallererst auf visuelle Wahrnehmung. Ästhetische Wahrnehmung dagegen meint etwas anderes. Sie ist nicht nur an das Sehen gebunden, sondern betrifft ein subjektives Erleben, das anders und stärker ist als das Denken. [...] Es ist dann geprägt durch Vielschichtigkeit, Offenheit und nicht-lineare Funktionalität. [...] Im Hinblick auf Intensitäten, die zudem auf verschiedenen Informationsebenen ablaufen und unterschiedlich stark sind in ihrer jeweiligen Differenzierung, entstehen Vermittlungsprozesse an die höheren Bewußtseinsschichten. Nicht nur durch äußere Reize werden ästhetische Wahrnehmungen hervorgerufen, sondern auch durch innere Vorstellungen. Auch sie sind nicht auf Bilder zu begrenzen, sondern ihrerseits im Rahmen eines Netzwerkes zu beschreiben, in dem auf unterschiedlichen Ebenen eine enge Interaktion zwischen verschiedenen Darstellungssystemen und Aktivationen besteht. Ästhetisches Erleben entsteht darüberhinaus durch Überlagerungen von Reaktionen, Handlungen, Bewußtsein und Überbewußtsein. [...] Die Zustände, die damit angesprochen werden, sind fern von Gleichgewicht und offen" (Schuhmacher-Chilla 1993, 48 f.).

20 Das Adjektiv „normal" taucht erst im 18. Jahrhundert auf und geht auf das lat. ‚normalis' zurück. Es weist auf die Verbindung zur Geometrie hin, da „normalis" heißt, ‚nach dem Winkelmaß gemacht'. Die „Norm" wäre dann ‚Regel', ‚Richtschnur', ‚Maßstab', ‚Größenvorschrift' (in der Technik), ein Richtwert (für den Arbeitsaufwand und Materialeinsatz), festgelegte Arbeitsleistung, Rechtsvorschrift. Das Verb „normen" bedeutet ‚nach einem Vorbild gestalten', ‚ein Muster einheitlich festsetzen' und taucht im 20. Jh. auf.

21 Kamper erinnert, dass Hören mit Horizont zusammenhängt. Der Horizont ist die Wohnung des Horus. „Der Horusfalke fliegt mit der Flut. Er heilt eine Zerstückelung, ohne Vollkommenheit zu erreichen. Er bestimmt den erwählten, aber sterblichen König vom Rücken her. Er gibt dem Hörer-Sprecher die Chance des Namens. Wer beim Namen gerufen wird, hat immer noch Grund, sich umzudrehen, weil die Stimme prinzipiell nicht ins Blickfeld geraten kann. Was die Menschen bestimmt, wirkt von hinten und durch sie hindurch. Gegenwart ist nicht für das Auge. Zu behaupten, es gäbe sie deshalb nicht, grenzt an Lächerlichkeit und an die gängige Abwehrpraxis, etwas wider besseres Wissen zu leugnen. Allerdings fordert das Hören in der Gegenwart der Stimme, die beim Namen ruft, eine Aufrichtigkeit besonderer Art. Es ist ein sechster Sinn vonnöten, der des Gleichgewichts im freien Stand. Wer sich – ohne Ambition und Selbsternennung – dahingestellt läßt, muß aufhören mit der Theorie und anfangen mit dem Hören" (Kamper, Schweigen/Hören 1993, 117).

22 Zum Stichwort Wechsel der Medien: Bei Dickel, der sich auf Bill Violas „Vom Bild zum Raum der Erinnerung" be-

zieht, ist nachzulesen, was die Psyche braucht, um Mengen von Bildern zu verkraften und um vom Sehen zu einem kreativen Akt des Sehens zu gelangen: „Während die Standbilder dem Betrachter eine distanzierte Ansicht der Motive bieten, wird bei den slow-motion-Projektionen ein mögliches Eindringen in den Bildraum suggeriert: der Blick folgt der Bewegung des Kameraträgers und die begleitenden Geräusche geben den langsam laufenden Bildern einen so hohen Realitätsgrad, daß diese von allen Seiten auf den Betrachter einzudringen scheinen. Doch plötzlich reißt auch diese Erfahrung wieder ab, dann nämlich, wenn die Bilder im Schnelldurchlauf des Films verschwinden. Wie die Wirklichkeit überraschen Violas Videoprojektionen durch die unvorhersehbaren Zufälle und das ständig wechselnde Zeitmaß. Dem Ansturm der Wirklichkeit ist die Psyche nur gewachsen, wenn sie ein eigenes Maß ausgebildet hat, um alle Eindrücke zu verarbeiten, nur dann kann das Sehen zum Denken führen" (Dickel 1996, 166). Was man braucht, ist Zeit, Zeit, um unsere Vorstellungen, unser bildhaftes Denken auf den Strom der Ereignisse projizieren zu können. Nur so, meint Dickel im Hinweis auf G. Youngblood, können Erfahrungen zu Gedanken führen, kann Wahrnehmung in Sensibilität und Intelligenz übergehen und nur so kann Sehen zu einem kreativen Akt werden.

Anders bei André Vladimir Heiz, für den Medien die empirische Grundlage für erkenntnistheoretische Forschungen sind. Ihn interessiert, was sich zwischen den Medien abspielt. Er konzentriert sich auf kleine und kleinste Differenzen zwischen Ein- und Ausdruck. Auch er greift auf die Wahrnehmung zurück und achtet auf den gestalterischen Akt des Hervorbringens. Die Beobachtung richtet sich auf den Übergang zwischen beidem: „Durch den Beistand der Wahrnehmung wird der Übergang von einer diffusen Kontinuität zur Konsistenz, was der Ahnung einer Idee entgegenkommt, bestätigt – und begünstigt nun im folgenden deren Artikulation in der erprobenden Veräußerung ihrer Tauglichkeit oder Machbarkeit. Im Hinblick auf eine Realisierung als vollendetes Artefactum [...] Wir nehmen die Empirie der gestalterischen Praxis zum willkommenen Anlass einer einfachen Schilderung, die das Merkmal des Unterbruchs, der Lücke, des blinden Flecks, des Übergangs absichtlich dramatisiert. Indem wir den Unterschied zwischen ‚etwas‘, das wir dem Kompetenzbereich der Poiesis zuschreiben und ‚etwas‘, das wir dem Weichbild der Aisthesis anberaumen, in keinem Augenblick überspielen oder durch die Wesensbehauptung einer ontologischen Einheit tilgen, eröffnet sich uns durch die vorsätzliche Darstellung unbedingt ein Zwischenraum" (Heiz 1998, 9ff).

23 Erst Brunner ist Schweizer und Grenzgänger zwischen Fotografie und Volkskunde. Seine Arbeiten ließen sich mit einem Zitat von Teilhard de Chardin charakterisieren: „Das Studium der Vergangenheit verweist auf die Zukunft." Was die Biografie betrifft, so liegt wenig vor, aus dem man Brunners Lebenslauf erschließen könnte. Es existieren Notizen auf kleinen Zetteln und es gibt wenig Zeitzeugen, die sich an den Einzelgänger erinnern können. Man hat ihn soviel wie nicht gekannt, aber er hat an die 40.000 Bilder hinterlassen, die sorgfältig geordnet und mit Akribie beschrieben sind.

Am 5. 12. 1901 wurde Ernst Brunner in Mettmenstetten im Kanton Aargau geboren und am 1. 7. 1959 ist er in Luzern gestorben. Er war Fotograf, Volkskundler und gelernter Bauschreiner. Seine Lehr- und Wanderjahre haben ihn bis nach Nürnberg geführt, wo er mit der Bauhausbewegung in Kontakt gekommen ist. Nach seiner Rückkehr im Jahre 1929 ist er nach Luzern gezogen und hat, autodidaktisch, seine fotografischen Kenntnisse perfektioniert. Er hat die Bauschreinerei und seine Tätigkeit als Zeichner für Innenarchitektur an den Nagel gehängt, nachdem er sah, dass sein konsequenter Stil der Möbelherstellung wenig Absatz fand. Mehr schlecht als recht hat er dann von der Fotografie gelebt, vorwiegend als journalistischer Reportagefotograf, zuerst für Zeitschriften und Illustrierte („Schweizer Heim", „Schweizer Familie", Zürcher Illustrierte, du usw.) und später in Form von volkskundlichen Bestandsaufnahmen, insbesondere in der Bauernhausforschung. Brunner hielt nüchtern fest, was er sah, und was sich ihm zeigte, war eine sich rasant wandelnde ländliche Struktur der Schweiz.

Fragt man nach dem Stil und nach den Themen, dann müsste man sagen, es war der Alltag der ländlichen Bevölkerung, der auch er zugehört hat. Ihn interessierten die traditionellen Wirtschaftsformen, die Arbeitsmethoden, Feste, Bräuche, die Lebensbedingungen abgelegener Gebiete. Seine Arbeiten zeichnen sich durch einen kompromisslosen Perfektionismus aus, der zum einen in großer handwerklicher Sachkenntnis gründet, zum anderen in dem Stil überzeugt, den er sich selbst angeeignet hat; er ist ein Fotograf der Longue Durée (vgl. parallel dazu die Schule der Annales). Er hielt mit bestechender Klarheit den Lebensraum einfacher Menschen in ihrem Um- und Aufbruch fest. Gegen Ende einer Beschreibung zur „Köhlerei" gibt Brunner sein Motiv preis: „Möge das vorliegende Bilderwerk dazu beitragen, dass ein aussterbendes Gewerbe nicht ganz der Vergessenheit anheimfalle." Brunner ist kein rasender Reporter, sondern er nimmt sich viel Zeit, um genau zu beobachten und der Sache auf den Grund zu gehen. Er ist passionierter Fußgänger, Feldforscher, geduldig, außergewöhnlich streng, sparsam und geradlinig in der Darstellung. Später wird ihn der amerikanische Starfotograf Edward Streichen bestätigen. Brunner richtet sein Augenmerk auf das Lokale, was er vorlegt, ist eine sachlich kleine Enzyklopädie des ländlichen Alltags, wobei dem Autodidakten die volle Anerkennung seitens der Wissenschaft (Volkskunde) nie zuteil wurde, und darunter schien er ziemlich gelitten zu haben. Seine Bilder tragen einfache Titel: Waschtag Eggiwil, 1944; Bauarbeiten Sustenstrasse, 1945; Kohlenmeiler von Peter Duss im Fontannental, 1940; Vogelscheuche, unbekannter Ort, 1941; Betteltag, Turtmanntal, 1939; Beerdigung, Kippel, 1937; Leitermacher, Soppensee, 1945; Beckihefter, Diemtigtal, 1945; Dachdecker, Ebersecken, 1958; Backtag, Panix, 1949; Brunner erkannte, dass im Alpinen vor allem der Transport ein Problem war. Viele Bilder nehmen auf dieses Problem Bezug, vgl. das Kapitel „Tragen, ziehen, stossen – Transport im Alpenraum" (ebd., 126–137).

Was das Verhältnis von Fotografie und Ethnografie angeht, so ist zu bedenken, dass für lange Zeit das Bild und das Foto vergleichsweise zum Text ein Schattendasein führten. Man verwendete Bilder und Fotos zur Illustration bereits gewonnener Erkenntnisse. Dabei gibt es zwischen der Fotografie und der Ethnografie mehr als nur eine Verwandtschaft. Beide sind um präzise Beobachtung und um eine dichte Beschreibung bemüht; beiden liegt das Narrative, das Bewahren und Dokumentieren von etwas am Herzen, das verloren geht. Bis heute scheint eine zureichende Methode, um Bilder und Fotos wissenschaftlich auszuwerten und zu analysieren, immer noch zu fehlen.

Wenn von der Fotografie die Rede ist, dann spricht man immer auch über die Zeit. Hier sei noch einmal auf Dietmar Kampers Kommentar zu Roland Barthes verwiesen. Kamper setzt, wie wir oben hörten, auf die Zeit, um sich der Macht des Imaginären zu entziehen. Man müsste, meint er, die Zeitstruktur des Bildes/Fotos erfassen und das, was in ihm gegenständlich Zeit wurde. Susan Sonntag: „Jede Fotografie ist eine Art memento mori. [...] Fotografieren bedeutet teilnehmen an der Sterblichkeit, Verletzlichkeit und Wandelbarkeit anderer Menschen (oder Dinge). Eben dadurch, dass sie diesen einen Moment herausgreifen und erstarren lassen, bezeugen alle Fotografien das unerbittliche Verfliessen der Zeit" (zit. in „Ernst Brunner", 1998, 109). Das Foto erhält die funktionalen Zusammenhänge eines Arbeitsvorgangs, durch sie lässt sich die Praktik in Form einer Verzeitlichung des Raumes wiedererkennen. Brunner gestaltet fotohistorische Landschaften, wenn man so will.

Einer der wichtigsten Theoretiker der „Neuen Sachlichkeit", Laszlo Moholy-Nagy, verkündet 1929 in der Zeitschrift „Das Werk" (sie erschien in Zürich): „Es kommt nicht darauf an, aus der Fotografie wie im alten Sinne eine Kunst zu machen, sondern auf die tiefe soziale Verantwortung des Fotografen, der mit den gegebenen elementaren fotografischen Mitteln eine Arbeit leistete, die mit anderen Mitteln nicht zu leisten wäre. Diese Arbeit

muss das unverfälschte Dokument der zeitlichen Realität sein" (zit. in „Ernst Brunner", 1998, 40).

Brunner notiert, was seiner Museumskonzeption zugrunde liegt: „Wir sammeln nicht nach kunsthistorischen, sondern nach kulturhistorischen Gesichtspunkten, nach funktionalistischen Gesichtspunkten. [...] Es wäre müßig, diese Dinge lediglich als interessante Objekte zu behalten, losgelöst von ihrem sozialen, geschichtlichen, wirtschaftlichen, geographischen Standort ..., im Gegenteil: wir haben auch ihren menschlichen Bezug und ihre Funktion zu betrachten" (Brunner, zit. in ebd., 115). Bei Brunner spielt das filmisch Erzählerische eine Rolle, da er die entscheidenden Stadien einer Handlung bzw. des Ablaufs einer Handlung darstellt. Die einzelnen Aufnahmen mussten sich aufeinander beziehen, wie es die verschiedenen Schritte in einer Gebrauchsanweisung tun. Der Vorgang, der dargestellt wurde, das war ein wichtiges Kriterium, sollte möglichst direkt, d. h. ohne verbale Hilfe lesbar und verständlich sein. Damit ähnelt Brunners Haltung der von Theo Frey, nur dass Brunner seine Bildfolgen zu Themen zusammenzubinden versuchte. Die Bildfolgen waren meist chronologisch aufgebaut, ohne große Abschweifungen. Bevor Brunner seine Kamera zur Hand nahm, hatte er genaue Vorstellungen darüber, wie er eine Geschichte erzählen will. Verspieltheit, Spontaneität oder das Zufällige waren nicht seine Stärken. Brunners Werke sind dokumentarisch mit bewusster Gestaltung, nicht um sozialkritische Botschaften zu vermitteln, sondern in Anlehnung an das „Bauhaus". Zu sehen sind kühne Blickwinkel, Schrägsichten, harte Schatten, strenge grafische Kompositionen; eine klare nüchteren Sprache, die auf der Betonung zentraler inhaltlicher Elemente durch kräftige Kontraste beruht; eine geschickte Standortwahl und die Berücksichtigung des Lichteinfalls, um nicht von unwichtigen Details abgelenkt zu werden. Seine Arbeitsweise wird wie folgt beschrieben: „Bei der Rollei-Kamera erblickte der Photograph sein Bild zunächst spiegelverkehrt auf einer Mattscheibe im Schachtsucher; er stand seinem Gegenstand also nicht frontal gegenüber, sondern erfasste ihn indirekt, indem er von oben in den Apparat hineinschaute. Die erste Mittelformatkamera hatte überdies einen kleineren Schärfebereich als die Kleinbildkamera, lieferte aber gerade aus diesem Grund eine wesentlich höhere Negativqualität – sofern der Photograph mit ihr umgehen konnte. Insgesamt verlangten diese technischen Voraussetzungen ein langsames, sorgfältiges Photographieren, und sie begünstigten eine bewusste Organisation des Bildausschnitts. [...] Sie eignete sich denn auch für Brunners eher bedächtige Arbeitsweise und sein Bedürfnis, in der Unordnung alltäglicher Erscheinungen einfache Strukturen auszumachen. Indem er auf die Formen und Rhythmen eines Bildausschnitts achtete, schuf er immer wieder Klarheit und Übersicht. [...] Wie absichtsvoll er Licht und Schatten einsetzte, um die verborgenen Strukturen hervortreten zu lassen, zeigen jene vereinzelten Bilder, die nur noch mit formalen Effekten experimentierten. Wer einmal von den konkreten Inhalten absieht und Brunners Aufnahmen auf Flächen und Linien reduziert, entdeckt freilich in seinem ganzen Werk immer wieder spannungsreiche Kompositionen auf diagonalen, vertikalen und horizontalen Achsen; Form und Inhalt stehen dabei nicht selten in enger Beziehung zueinander" (ebd., 116).

24 Bevor ich zu Axel Hütte informiere, stelle ich die Frage nach der Fotografie bzw. eine noch allgemeinere, nämlich die Frage danach, was ein Bild sei. Diese Frage führt in eine Unübersehbarkeit an Reflexionen. Gottfried Boehm versucht daher, Denkhilfen zu geben, und er fragt, was geschieht, wenn, blickt man z. B. in Duchamps Fenster, man den geregelten Durchblick verliert. Den Durchblick zu verlieren heißt, ein elementares Bewusstseinsmodell aufzugeben. Boehm zeigt einleitend, indem er Merleau-Ponty zitiert, wie das Sehen wieder in den Körper zurückkommt: „Die Aktivität des Sehens modelliert sich nach einem Tasten, das sich eines virtuellen Stockes bedient. Seit der Perspektivkonstruktion spricht man von einer Rationalisierung des Sehens, die in der Geometrisierung des Wahrnehmungsprozesses unverhüllt zutage trat. (...) Merleau-Ponty mußte mithin auch die phänomenologischen Grundlagen seines Denkens revidieren, die Wahrnehmungsachse der Intentionalität mit ihrer zweipoligen Akzentuierung abbauen, wenn er ein angemessenes Verständnis von Auge und Bild gewinnen wollte. Vor allem versuchte er zu denken, was dem naiven Bewußtsein auf unumstößliche Weise festzustehen scheint: daß der Sehende sich nicht gegenüber der Realität aufbaut, sondern sein Tun in ihr vollzieht, das Auge gleichsam deren Spielräume durchquert, von ihnen umfaßt wird. Das Sehen verliert seine konstruktive Statik und technische Abstraktheit, – gewinnt die ihm eigentümliche Prozessualität zurück, seine Einbindung in den Körper, dessen Augen sehen" (Boehm 1994, 19).

Der Fotograf Axel Hütte wurde 1951 in Essen geboren, lebt und arbeitet in Düsseldorf und sagt über seine Arbeiten: „Bei den Aufnahmen der Bergwände, die den Aufnahmestandpunkt nicht erkennen lassen, da kein Vordergrund zu sehen ist, wird ein Raum gezeigt, der von der Größe nicht zu bestimmen ist, denn ein direktes Bezugssystem für die Größe fehlt (Gondeln, Berghütten, Kühe etc.). Inwiefern Bezüge zur chinesischen Landschaftsmalerei herzustellen sind, kann ich nicht beurteilen. Von Wu Tao-tse, dem größten Maler der Tang Dynastie, gibt es folgende Legende: Auf eine Wand des Kaiserpalastes malte er eine wunderbare Landschaft. Im Beisein des Herrschers ging er in dieselbe hinein, verschwand und

wurde nicht mehr gesehen. Und vor den Augen des erstaunten Kaisers stand die Leere, das Nichts – mein Ideal" (Hütte in „Alpenblick", 1997, 122).

Wenn Hütte über seine Bildräume spricht, dann spricht er von einer „leeren Landschaft". Er greift Motive aus dem 18. Jh. auf, die der Kategorie des Erhabenen zuzuordnen sind, wie z. B. unermessliche Landschaftsräume, schroffe Felswände oder durch Nebel verhüllte Ansichten entlegener Bergwelten. Hütte setzt sich in seiner Fotografie auch mit Architektur auseinander. Bevorzugt sucht er die Schweiz und den Mittelmeerraum auf. „Dabei arbeitet er bewußt vor der Folie der gesamten Tradition metaphysischer Landschaftsmalerei. Eine Werkgruppe zeigt Bergwelten, in denen der Blick über Abhänge hinweg in unermessliche Räume fällt oder von undurchdringlichen Wolkenbänken völlig verstellt wird. (...) der Betrachter erhält in diesen Arbeiten das Gefühl, direkt an einen im Vordergrund des Bildes liegenden Abgrund herangeführt worden zu sein und das Großformat der Bilder ermöglicht ihm das Erlebnis eines nahezu physischen Eintauchens in den Bildraum" (Hütte zit. in „Landschaft", 1998, 15).

Was bei alledem konsequent fehlt, sind Figuren oder andere symbolische Gegenstände. Der Fokus richtet sich ausschließlich auf Motive und Ausschnitte, die die Muster eines „idealen" Blicks durchbrechen. Das Sehen wird zwar geleitet durch die Öffnung bzw. Versperrung des Durchblicks in die Bildtiefe, aber keinem eigentlichen Ziel zugeführt. Das bewirkt eine Verunsicherung, sie ist wesentlicher Teil des Bildkonzepts. „In Bildern wie dem Diptychon PARNASSOS 1996 ist die Irritation über den Ausgangspunkt des Betrachters noch mehr gesteigert. Steinwände mit etwas Restschnee scheinen sich direkt vor ihm aufzutürmen, die faszinierende Detailschärfe der Steinstruktur suggeriert starke Nähe. Diese steht jedoch im Widerspruch zur gleichzeitigen Übersicht über die weitausgedehnte Bergfläche, die eine nicht abzuschätzende Entfernung bedeutet. Zu den oberen Bildgrenzen ziehen sich die senkrechten Wände gleich einer Sogwirkung zurück. Der über die Bildflächen gleitende Blick sucht Haltepunkte, scheitert aber im fortwährenden Bemühen, seinen Standpunkt zu bestimmen" (zit. in „Landschaft", 1998, 18).

25 Im den folgenden Ausführungen über Fotografie beschränke ich mich auf Roland Barthes. Die Fotografie sei eigentlich eine kulturelle Störung, meint er, denn die „Photographie ist das Auftreten meiner selbst als eines anderen; eine durchtriebene Dissoziation des Bewußtseins von Identität. [...] Die Photographie hat das Subjekt zum Objekt gemacht und sogar, wenn man so sagen kann, zum Museumsobjekt: für die ersten Porträtaufnahmen (um 1840) war es erforderlich, daß der Abzubildende in langen Sitzungen unter einem Glasdach in

vollem Sonnenlicht ausharrte; Objekt werden hieß wie unter einem chiurgischen Eingriff leiden; man erfand daher einen Apparat, Kopfhalter genannt, eine Art Prothese, die für das Objektiv unsichtbar war; sie gab dem Körper bei seinem Übergang in die Unbeweglichkeit Halt und hielt ihn fest: dieser Kopfhalter war der Sockel der Statue, die ich werden sollte, das Korsett meines imaginären Wesens" (Barthes 1985, 21 f.). Barthes beschreibt die Prozedur des Abbildens und was ihr vorangeht. Gleich wird deutlich, dass die artifizielle Kunst der Fotografie auf eine Kultur der Absenz setzt, es handelt sich um eine differenzlose Art der Identität, in der sich die Instrumente selbst zur Meisterschaft aufschwingen. So kommt es, sagt Dietmar Kamper, zu einer schleichenden Herrschaft des Monströsen, Ungeheuerlichen, des Gespenstischen in der spät- und postmodernen Welt, die an den Bildern hängt und mittels der Bilder transportiert wird, neue Formen von Besessenheit verbreitend (vgl. dazu Kamper, Bild/Tod, 1996, Manuskript S. 2). Zurück zu Barthes' Text, in dem es um das Bemerken des Abwesenden geht: „Das Photographische Porträt ist ein geschlossenes Kräftefeld. Vier imaginäre Größen überschneiden sich hier, stoßen aufeinander, verformen sich. Vor dem Objektiv bin ich zugleich der, für den ich mich halte, der, für den ich gehalten werden möchte, der, für den der Photograph mich hält, und der, dessen er sich bedient, um sein Können vorzuzeigen. In anderen Worten, ein bizarrer Vorgang; ich ahme mich unablässig nach, und aus diesem Grund streift mich jedesmal, wenn ich photographiert werde (mich photographieren lasse), unfehlbar ein Gefühl des Unechten, bisweilen von Hochstapelei (wie es manche Alpträume vermitteln können). In der Phantasie stellt die Photographie (die, welche ich im Sinn habe) jenen äußerst subtilen Moment dar, in dem ich eigentlich weder Subjekt noch Objekt, sondern vielmehr ein Subjekt bin, das sich Objekt werden fühlt: ich erfahre dabei im kleinen das Ereignis des Todes (der Ausklammerung): ich werde wirklich zum Gespenst. Der Photograph weiß dies sehr gut, und er hat selbst Angst (und sei es aus kommerziellen Gründen) vor diesem Tod, der Einbalsamierung, die er mit seiner Geste an mir vollzieht. Nichts könnte närrischer sein [wäre man nicht das passive Opfer, der ,palstron', wie Sade es genannt hat, Feind-Darsteller im Manöver, HP] als die Verrenkungen, die Photographen anstellen, um in ihre Bilder ,Leben zu bringen': armselige Einfälle: man plaziert mich vor meine Pinsel, man holt mich ins Freie (,draußen' wirkt lebendiger als ,drinnen'), man stellt mich vor eine Treppe, weil eine Gruppe von Kindern hinter mir spielt, man entdeckt eine Bank (welch günstiger Zufall) und läßt mich auch gleich darauf Platz nehmen. Man könnte meinen, der vom Schrecken gebannte Photograph müsse gewaltig kämpfen, damit die Photographie nicht der Tod sei. Ich aber,

Objekt schon, kämpfe nicht. Ich ahne, daß es noch weit unsanfterer Mittel bedarf, mich aus diesem schlimmen Traum zu wecken; denn was die Gesellschaft mit meinem Bild anstellt, was sie darin liest, weiß ich nicht (schließlich läßt sich so vieles in ein und demselben Gesicht lesen); doch wenn ich mich auf dem aus dieser Operation hervorgegangenen Gebilde erblicke, so sehe ich, daß ich GANZ UND GAR BILD geworden bin, das heißt der Tod in Person; die anderen – der ANDERE – entäußern mich meines Selbst, machen mich blindwütig zum Objekt, halten mich in ihrer Gewalt, verfügbar, eingereiht in eine Kartei, präpariert für jegliche Form von subtilem Schwindel: eine ausgezeichnete Photographin machte einmal von mir ein Bild, auf dem ich die Trauer über einen Todesfall abzulesen glaubte, der sich kurz zuvor ereignet hatte: dieses eine Mal gab mich die Photographie mir selbst zurück; wenig später fand ich jedoch das gleiche Photo auf dem Umschlag einer Schmähschrift wieder; durch die Arglist des Drucks war mir nichts als ein schreckliches veräußerlichtes Gesicht geblieben, finster und schroff wie das Bild, das die Autoren des Buchs von meiner Sprache vorzeigen wollten. (,Privatleben ist nichts anderes als jene Sphäre von Raum und Zeit, wo ich kein Bild, kein Objekt bin. Verteidigen muß ich mein politisches Recht, Subjekt zu sein.') Was ich letztlich auf der Photographie suche, die man von mir macht (die ,Intention', mit der ich sie betrachte), ist der TOD: der Tod ist das eidos dieser Photographie vor meinen Augen. So ist auch das einzige, was ich ertragen kann, was ich liebe, was mir vertraut ist, wenn ich photographiert werde, seltsamerweise das Geräusch des Apparats. Für mich ist das eigentliche Organ des Photographen nicht das Auge (es erschreckt mich), sondern der Finger: das, was unmittelbar mit dem Klicken des Auslösers zu tun hat, mit dem metallischen Gleiten der Platten (wenn der Apparat noch damit ausgestattet ist). Diese mechanischen Geräusche liebe ich auf eine fast wollüstige Art, als wären sie an der Photographie genau das eine – und nur dies eine –, was meine Sehnsucht zu wecken vermag: dieses kurze Klicken, welches das Leichentuch der Pose zerreißt. Für mich hat der Klang der Zeit nichts Trauriges: ich liebe die Glocken, die großen wie die kleinen Uhren – und mir fällt ein, daß ursprünglich das photographische Material den Technikern der Kunstschreinerei und der Feinmechanik zugehörig war: die Apparate waren im Grunde Uhren zum Ansehen, und vielleicht vernimmt etwas in mir, das sehr alt ist, im photographischen Apparat noch immer den lebendigen Klang des Holzes" (Barthes 1989, 22 ff., Hervorhebung durch den Autor).

Was Dietmar Kamper aus diesem Zitat folgert, ist einiges. Ich konzentriere mich auf nur eine seiner Fragen. Kamper fragt, wie es möglich sei, der Gewalt der Bilderambivalenz zu entgehen. Er sieht einen Ausweg in der ZEIT. Man müsste die zeitliche Struktur eines Bildes herausarbeiten, diese als eine Brücke zum Anderen benützen und nicht als das andere Selbst. An dieser Stelle wäre Lacan bzw. Melanie Klein zu nennen. Es geht um die Macht des Imaginären. Diese Macht hat mit einer frühen, fundamentalen Todesangst zu tun, aus der das Menschenkind nur den Ausweg in die Phantasie findet. Ein Trauma, das nicht bearbeitet werden kann, wird mit einem Phantasma beantwortet und fest gebunden, mit der Reaktion, dass immer dann, wenn die Bedingungen der Bilder zur Debatte stehen, die alten Verletzungen im Spiel sind und auch die Angst, die daran hindert weiterzukommen. Das koste, so zumindest der frühe Lacan, den unbeschwerten Zugang zum Anderen. Das Bild, sagt Kamper, ist gewissermaßen eine Deckadresse für eine tödliche Begegnung und zugleich mit der Hoffnung verbunden, dass diese Begegnung nicht wiederkehrt, dass sie bestanden sei und dass sie den Menschen einen freien Austausch ermöglicht. Doch dieses Versprechen trügt. Denn in der Trauma-Phantasma-Konstruktion besteht die Gefahr einer Selbstverschließung in den Bildern von der Welt, gegen die die Welt keine Chance hat. Somit wäre letztlich das Bild als Tod in Person ein Durchgang. Die Einsicht in die Struktur der Erfahrungen, die Roland Barthes beschrieben hat, ist eine Befreiung von dieser Macht des Imaginären. Doch wahrscheinlicher ist, dass es weitergeht mit der Phantasmabildung und dass der verdrängte Tod in den Bildern nicht zur Erscheinung kommt. Beides, die genannte Kultur der Absenz und die Entfernung der sterblichen Körper aus dem Bewusstsein, gehen auf eine alte Bestimmung der Phantasie zurück, sich etwas oder jemanden auch vorstellen zu können, wenn er/sie/es nicht anwesend ist, nicht anwesend im Raum, nicht anwesend in der Zeit. Diese Kraft scheint ein spezifisches Vermögen und zugleich eine besondere Schwäche des Menschen zu sein (vgl. Kamper, Bild/Tod 1996).

26 Serres vergleicht die Nacht mit dem Nebel: „Die Nacht ist leer und hohl, der Nebel dagegen voll; die Dunkelheit ist luftig, der Nebel ist gasig, zäh, klebrig, beinahe fest. [...] Die Dunkelheit läßt alles unverändert, der Nebel macht alles veränderlich – auf kontinuierliche Weise und mit Rissen oder auch ohne Risse. Das trockene Griechenland bleibt das Reich der Geometer, dort, unter einer gleißenden Sonne, hatten sie ihren Ursprung; dort geht die Nacht schnell genug vorüber, so daß man glauben könnte, es genüge, einen Schleier zu heben, damit die Wahrheit erscheine und hell erstrahle. Auch die Optik nahm dort ihren Ausgang [...] Man muß schon die Säulen, die das Mittelmeer abschließen, hinter sich lassen, um eine Vorstellung von Topologie zu entwickeln, dort auf den Meeren, auf denen die in unbestimmten Nebel getauchten Fernen niemals die Sicherheit bieten, sie müßten denselben Gesetzen unterworfen sein wie die ihrerseits veränderliche nächste Umgebung. Die Schleier sind dort ohne Zahl. [...] Die Nacht beunruhigt die Phänomenologie, der Nebel verwirrt die Ontologie. Die Dunkelheit bestätigt die Unterscheidung von Sein und Schein, die Nebel bringt sie durcheinander. Ding oder Hölle, Sein oder Nichtsein, das ist hier die Frage" (Serres, „Sinne", 1993, 86 f.).

27 Schuhmacher-Chillas Vortrag hebt mit einem Zitat von Christa Wolf an: „Unlebbares Leben. Kein Ort, nirgends". Etymologisch kommt das Wort Ort aus dem Mittelhochdeutschen/Althochdeutschen und bezeichnet die Spitze bei Waffen und Werkzeugen. Spitze als das äußerste Ende, als die Ecke. In der Bergmannssprache ist der Ort das Ende einer Strecke, die Abbaustelle. Im digitalen Zeitalter gibt es keinen solchen Ort mehr, da man weder Zentrum noch Peripherie kennt. Jeder Ort ist erreichbar, zumindest virtuell. Der Raum ist auf einen Punkt zusammengeschrumpft und dieser Punkt geht über in einen imaginären Raum.

Neben der rasenden Geschwindigkeit werden in der Kunst fallweise die alten und langsamen Kulturtechniken wie Reisen und Gehen bevorzugt. Die Referentin hat gefragt, wie ein Ort zum Bild wird, wie der Umschlag geschieht von einer subjektiven Erfahrung in die Zeichenform? In den 70er Jahren wurde, nachdem man die Situation, den Körper und das Happening entdeckt hatte, auch das Gehen aufgewertet. Das Gehen bedarf eines Körpers, der sich bewegt. Schließlich wird der Körper selbst zu einer Reise, eine räumliche Reise, bevor nur noch die gerechnete Zeit existiert. Dann nämlich wird es möglich sein, ohne Raum und ohne Bewusstsein auszukommen. „Kunstgänge" in der jüngeren Vergangenheit und in der Gegenwart reduzieren Bewegung auf einfache und ganz primäre Bewegungen. Ihre phänomenologische Basis lässt sich beschreiben als Gewissheit, dass die eigene körperliche Präsenz schon ihren Sinn und die Erfahrung mit sich trage. In diesem Terrain wird die Entdeckung der Natur eine Selbstentdeckung. Als Breton Alberto Giacometti seinerzeit gefragt hat, was ein Atelier sei, antwortete er, „zwei gehende Füße".

Einer der ersten Künstler im Gehen war *Richard Long*. Er versteht sich als Realist und durchstreift spezifische Orte für eine begrenzte, selbst gesetzte Zeit. Den Orten, die er begeht, ist gemein, dass sie fast immer Wüstencharakter haben: die Sahara, Steinwüsten im Himalaja, in Bolivien, in Schottland. Im Rhythmus des Gehens, nach eigener Aussage vorwiegend mit sich selbst beschäftigt, formiert er zumeist mit den Füßen Steine, schiebt sie beiseite und trägt mit den Händen Material zusammen. Ohne Werkzeuge ordnet er das, was da ist. Die flüchtig gestalteten Formationen werden dann der Natur überlassen, sie alle vergehen irgendwann wieder, Long selber: „Ich begegne jedem Ort mit Respekt."

Der Ort des Lebens, der auf Zeit gesucht wird, wird zum Ort des Bildes bzw. zum Ort einer ästhetischen Handlung, die eigentlich eine Geschichte über Materie, Zeit und Raum ist. Die Arbeit mit totem Naturmaterial wie Steine oder Holz verweist in ihrer Anordnung auf die Menschen, die sie aufgeschichtet oder aneinander gefügt haben. Als Spuren menschlichen Handelns werden diese im Foto zentriert und transformiert. Etwas anders als Long geht *Andy Goldsworthy* ans Werk. In seinem Buch „Stein" ist zu lesen, dass es ihm um die Wahrnehmung von Zeit geht, um Stabilität, Veränderung und Endlichkeit. Sein Verhältnis zur Natur ist geprägt vom Erhalt des Wechselspiels von vitalen Kräften und der Vergänglichkeit. Immer wieder einmal stürzt das Resultat seiner Arbeit vorzeitig ein oder es wird fortgespült; häufig benutzt er dieselben Materialien mehrmals hintereinander. Aus ihnen gestaltet er dann verblüffend unterschiedliche Objekte. Titel seiner Arbeiten: Steinversammlung, Northumberland Frühjahr 1993; Über die Mauer – fünf Versuche an drei Tagen, Svaur Glen, Dumfriesshire, Schottland, 1. Februar 1993; Steinhimmel, Schieferplatte auf Schieferplatte gekratzt, Zeichnung in weiß. Atelier St. Anne, Brüssel, Belgien, Frühjahr 1992; Binsenzeichnung mit Dornen festgesteckt, Aline Vidal Gallery, Paris, November 1990; mit Mashiko-Ton ummantelte Flusssteine, Kunstmuseum Tochigi, Japan, Oktober 1993. In seinem Buch, das keinen Titel trägt, findet man folgende Bezeichnungen: Löwenzahnblüten mit Dornen in einem Ring auf windgebogene Weidenruten gesteckt, von gegabelten Stöckchen über blaue Glockenblumen gehalten, Yorkshire Sculpture Park, England, 1.Mai 1987; Ebereschenlaub um ein Loch geordnet, beim Sammeln der letzten Blätter von einem Hund zerstört, noch einmal von vorn angefangen an einem windigen, sonnigen Tag, Yorkshire Sculpture Park, England, 25. Oktober 1987; Geschichtetes Eis, knackende Geräusche, Hampstead Heath, England, 28. Dezember 1985; Früh in der Kälte des Morgens gearbeitet, eine Mauer aus gefrorenen Schneeblöcken mit einem Stock bis auf eine hauchdünne Schicht ausgehöhlt, in der Sonne eingestürzt, Izumi-Mura, Japan, 25. Dezember 1987; Nordberührung, Nordpol, 24. April 1989; Eiszapfen, dicke Enden erst in Wasser und Schnee getaucht, dann bis zum Festfrieren zusammengehalten, teilweise mit Astgabeln gestützt, große Spannung beim Loslassen, Scaur Water, Schottland, 12. Januar 1987; Zerbrochener Eiszapfen mit Spucke wieder zusammengefügt, Arbeit nur morgens bei Frost möglich, über Nacht in einem Unterstand für Schafe aufbewahrt, Langholm, Schottland, 22.–23. Februar 1986.

Goldsworthy liebt insbesondere die Steine und denkt über sie nach, er schreibt: „Am Ende fließen die Farben und verschweißen die Steine miteinander. Dasselbe trifft auch auf Gedanken und Ideen zu. Ziel ist es, das Wesen der Natur zu verstehen – nicht die voneinander isolierten Materialien" (Goldsworthy, Stein 1994, 64); er weiß aber auch den Wert der Landschaft, einschließlich der extremen Landschaft zu schätzen: „Und ein Tagebucheintrag während einer Arktis Reise im selben Jahr: ‚Ich bezeichne diese Gegend immer wieder als Landschaft – die Landschaft, in der ich arbeite. Und in gewissem Sinn gibt es hier auch Hügel, obwohl in Wahrheit von Wasser die Rede ist. Während ich über das Eis fuhr, dachte ich, dies ist kein Land, dies ist Wasser – handelt es sich hier also um eine Wasserschaft? Aber es ist so fest wie das Land – im Moment jedenfalls. Je mehr ich mit Schnee und Eis arbeite, umso klarer wird mir, daß ich noch eine Menge zu lernen habe über das Land und die Prozesse und Kräfte, die Land und Leben entstehen lassen. Nämlich, daß alles flüssig ist, auch das Land, es fließt nur eben sehr langsam" (Goldsworthy ebd., 64 f.).

Nennt man Long und Goldsworthy, muss auch *Hamish Fulton* angeführt werden. Fulton wurde 1946 in London geboren und lebt in Canterbury. Er sagt von sich, dass er die Bergsteiger zeitlebens bewundert habe, selbst aber ein Wanderer sei. „In London", sagt er, „gehe es heute, was die populäre Kunst betrifft, nur mehr um das Leben in der Stadt. Außerhalb der zeitgenössischen Kunst gibt es eine große Begeisterung für Wandern und Bergsteigen. Mein Interesse gilt der sogenannten reinen Natur. Wenn ich auch oft landwirtschaftliche Gebiete durchwandert habe, bin ich überzeugt, dass alle Straßen letztlich in die ‚Wildnis' führen, wie wir sie nennen. In einer Wildnis sollte es keine menschlichen Eingriffe geben. Meine Philosophie und Praxis beruht auf dem Grundsatz, keine Spuren zu hinterlassen. Das ist genau das Gegenteil von Skulpturen im Freien" (Fulton in „Alpenblick", 1998, 102). Fultons Haltung zur Natur ist radikal: „Die Natur sollte mich beeinflussen, nicht ich die Natur. Ich greife nicht direkt in die natürliche Umwelt ein, ich arrangiere keine Elemente neu, ich entferne nichts, verkaufe nichts, lege nichts zurück, grabe nicht, wickle nichts ein und zerschneide nichts mit lauten Maschinen. All meine Kunstwerke entstehen aus im Handel erhältlichen Materialien" (Fulton in „Landschaft", 1998, 21). Überall auf der Welt unternimmt Fulton Wanderungen: in Japan, in den Great Plains im Südwesten der USA, in Nepal und in den Alpen. Im Herbst 1994 ist er z. B. von Valence im Rhone-Tal nach Osten zur Donau nach Wien gewandert. Aufgebrochen war er in einer Vollmondnacht an einem Septembertag, zu Vollmond in einer Oktobernacht kam er zurück. Nach der Rückkehr entstand die Wandmalerei „13 Horizons", Alps 1994, 23,5 x 278,3 cm; vgl. „BergDenken", Kapitel 3 in diesem Buch.

Die lapidare Schlichtheit seiner Wandmalerei und die

poetische Reduziertheit seiner Texte bzw. seiner Erläuterungen korrespondieren mit der existentiellen Erlebnisform des Gehens, Gehen als eine Quelle der Inspiration (vgl. „Landschaft", 1998, 26). Fultons Haltung spiegelt ein Autonomiekonzept, seine hermetischen Wandmalereien bilden eigenständige Systeme. „1973 verpflichtete ich mich", sagt der Künstler, „nur noch Kunstwerke zu machen, die das Ergebnis der Erfahrung allein unternommener Wanderungen waren" (Fulton in ebd., 21). Seit Beginn der neunziger Jahre überwiegen die Wandmalereien aus Schrift und Farbflächen. Sie sind geometrisch exakt, klar und einfach konstruiert, haben elementare Umrisslinien und tagebuchähnliche Angaben. Man wird knapp informiert über Ort und Zeit der Wanderung. Es gibt keinen Hinweis auf einen individuellen malerischen Gestus, die Sätze bleiben sprachlich neutral und Verben fehlen ebenso wie das Ich, d. h., die Person tritt hinter die Begriffe und Sätze zurück. Die Sätze fungieren wie die Schritte. Manchmal werden die Buchstaben riesengroß, monumental. „Die Überschreitung des Individuellen hin zum Allgemeinen besteht darin, auf die Totalität der optischen Erfahrung abzuzielen, die – obgleich stark abstrahierend – der umfassenden Naturerfahrung während der ‚walks' an sinnlicher Intensität äquivalent sein kann" (vgl. „Landschaft", 1998, 24).

Was die RezipientInnen angeht, so erfordert die Konfrontation mit dem verbalen und zeichenhaften Material immer auch eine Aktivierung der eigenen analytisch-reflektierenden Tätigkeit. Die Worte funktionieren wie „Assoziationsbojen", der Abstraktionsprozess des Künstlers bezieht eine Vielfalt atmosphärischer und optischer Eindrücke auf elementare Begriffe, welche dann Imaginationsfelder für den Betrachter öffnen, ohne dass die Eindrücke Fultons und die Vorstellung des Betrachters zur Deckung kommen müssen (vgl. ebd., 24).

„Meine Intention ist, daß die Betrachter ihre eigene Vorstellung benutzen, um den Rest der Geschichte auszufüllen" (Fulton, zit. in ebd., 26). Nun ließe sich fragen, um welche Vorstellung es sich dreht, die über die Reduktion evoziert werden soll. Verkürzt könnte man sagen, dass es um ein „Vakuum" geht und nicht um ein Bildersehen oder um eine literarisch-beschreibende Vergegenwärtigung von Landschaft. Gerade dadurch aber werden Fultons Werke zu einem überwältigenden, unausweichlichen Erlebnis. „Der Künstler bietet der Einbildungskraft einzig die minimalistischen Zeichen in ihrer Dimension und ihrer Anordnung. Aus der Abwesenheit vom Naturabbild wird eine Präsenz" (ebd.).

30 Oswald Ölz ist Extrembergsteiger, Höhenbergsteiger und Arzt in Zürich, er schreibt zum Stichwort Biochemische Glücksbringer: „Die Glückserlebnisse und die Entspannung nach Extrembelastungen basieren auf soliden biochemischen Prozessen im Rahmen der Stressreaktion.

Das endogene Opioidsystem wird aktiviert, und es werden körpereigene, im Gehirn lokalisierte Substanzen mit morphiumähnlicher Aktivität wie Enkephalin, die Endorphine des Rückenmarks sowie die Dynorphine zusammen mit dem die Nebennieren stimulierenden Hypophysenhormon ACTH sowie die Katecholamine Adrenalin, Noradrenalin und Dopamin als biochemische Stressmediatoren ausgeschüttet. Diese Substanzen ermöglichen dem nackten Affen die Flucht vor dem Büffel und Hans Kammerlander die erste Skiabfahrt über die Nordflanke des Mount Everest. Sie vermitteln aber auch ‚natural high', das während oder nach solchem Tun dem Spieler trägt. Bei Marathon- und 100-Meter-Läufern wurden stark erhöhte Werte dieses endogenen Glücksbringers im Blut gefunden. Einige Zeit nach deren Abbau erwacht dann das Verlangen nach dem nächsten Schub, obwohl man weiß, wieviel Qualen und Gefahren damit verbunden sind. Der ‚Endorphist' ist geboren. Oder wie Nietzsche es formuliert: ‚Und von Begierde taumle ich zu Genuss und im Genuss verschmacht ich nach Begierde'" (Ölz 1998, 58). Aus der alpinen Literatur ist bekannt, dass immer wieder Anregungsmittel verwendet wurden, man denke an die ersten 8000er Bergsteiger, an Hermann Buhl und andere. Bei Kukuczka wird Ähnliches über die Zufuhr von Hormonen berichtet, aber zugleich wird festgehalten, daß heutige Alpinisten besser trainiert seien und solche Aufputschmittel kaum mehr Verwendung finden. Die Wirkung der „Endorphine" gleicht der des Morphiums und man hat festgestellt, daß die Produktion von Endorphinen zunimmt, wenn Menschen einer großen körperlichen Anstrengung oder einem extremen Streß ausgesetzt sind. Wenn Menschen keinen Ausweg mehr sehen oder haben, dann wirken die Endorphine wie ein Betäubungsmittel. Mediziner versuchen, diese „Stoffe" mit der „zweiten Kraft" des Athleten zu erklären. Das funktioniert so: Genau in dem Moment, wenn die Muskeln und die Lunge anfangen, so fest wehzutun, dass ein Fortkommen aussichtslos erscheint, beginnen die Endorphine zu wirken. Sie lindern den Schmerz und ermöglichen, weiterzumachen. Die Endorphine bringen die Ruhe wieder, dämpfen die Impulse, die von außen kommen, und verwandeln Angst in Euphorie. Dabei entsteht durchaus eine Abhängigkeit des Organismus von Endorphinen, ein Hunger nach der Droge. Kukuczka folgert: „Eine Gruppe von Marathonläufern wurde einem Experiment unterzogen, in dessen Verlauf man die Verteilung der zerebrospinalen Flüssigkeit untersuchte. Die Ergebnisse bestätigten die Vermutung. Bis jetzt untersucht niemand die Bergsteiger, aber wer sich auskennt, betrachtet sie als klinischen Fall. Wer ist so oft wie sie dem Streß ausgesetzt, wer bringt so oft wie sie sein Leben in Gefahr? Oder seinen Körper in extreme Situationen?" (Kukuczka 1990, 96 und 105)

31 Beat Kammerlander ist Jahrgang 1959; 1977 beschließt er, nicht mehr zu klettern, fängt aber dann, durch eine Reihe von Zufällen, wieder damit an und klettert 1981 als Erster solo den Mittelpfeiler des Heiligkreuzkofels. Ein Jahr vorher zieht er sich in der winterlichen Eiger-Nordwand Erfrierungen zu. Kammerlander über sich: „Das Sportklettern in den Klettergärten wurde mir zu langweilig, es wäre immer nur eine körperliche Herausforderung gewesen. Aber Klettern ist für mich immer mehr gewesen, der Nervenkitzel und die Auseinandersetzung mit der Angst reizen mich. Wenn du mit einem Kribbeln im Hinterkopf in eine glatte Platte einsteigst, ohne zu wissen, ob sie kletterbar ist und wo du deine nächste Sicherung anbringen kannst, ist das eine harte Belastungsprobe für die Nerven. Im Lauf der Zeit habe ich zumindest gelernt, komplizierte Bewegungen vorzuplanen. [...] Die Hemmschwelle ist am Beginn der Route noch recht hoch, die Risikobereitschaft steigt mit dem Höherkommen in der Route. Wenn sich dann Seillänge um Seillänge enträtseln läßt, ist das ein supergutes Gefühl" (Kammerlander in Zak, Rock, 1995, 164 f.). Sowohl der „Silbergeier" als auch „Die unendliche Geschichte" gelten als Meilensteine in der alpinen Sportkletterkunst. Sie sind, schreibt Heinz Zak, „Manifestationen des freien Geistes Beat Kammerlanders, der den ursprünglichen Gedanken des Freikletterns mit dem Fels als Spielplatz für die Auseinandersetzung mit sich selbst in ehrlicher, fairer Weise umgesetzt hat" (Zak ebd., 165).

32 Dass es sich bei Sportkletterrouten ganz allgemein auch um Kunstwerke handelt, hat Mario Klarer Anfang der neunziger Jahre nachgewiesen. Auch wenn da noch ein Problem bleibt: „Die neuen Sportkletterrouten besitzen die wichtigsten Merkmale eines Kunstwerkes: einen Erstbegeher (Autor oder Urheber), Wiederholungen (ähnlich den Aufführungen eines musikalischen Werkes oder dem Lesen eines Textes), Bewertungen (Kritik des Kunstwerks in der Fachliteratur), ästhetische Forderungen (Linienführung, freie, technische, dynamische, statische Fortbewegung) und schließlich einen Titel oder Namen. Trotz all dieser Kennzeichen eines Kunstwerkes stellt sich doch das Problem der Dinghaftigkeit, da eine Kletterroute materiell nicht geschaffen wird, sondern schon vor der Erstbegehung besteht" (Klarer 1990, 94).

Ich erlaube mir hier mit Hartmut Böhme einen kleinen Exkurs zu Albrecht Dürer. Er hat die „Lernung der Vernunft" eingefordert:

„Dürer gestaltet die christlich-neuplatonische Deutung der Schöpfung als geometrische und mathematische Ordnung hier derart [Böhme bezieht sich auf Dürers Selbstbildnis von 1500, HP], daß das zur höchstmöglichen Auszeichnung des Menschen stilisierte Porträt zugleich Schönheit u n d Geometrie verwirklicht: genau dies ist Kunst als zweite Schöpfung" (Böhme 1988, 14).

Zur Selbstvervollkommnung des Menschen ist dreierlei nötig: Zahl, Proportion, Geometrie – sie bilden auch die Grundlagen göttlicher Weltkonstruktion. Kunst gründet fortan in der Wissenschaft, die das Können an die Hand gibt, diese zweite Schöpfung hervorzubringen. Geometrie ist der Königsweg der ästhetischen Erkenntnis, weil sie „die Kunst in der Natur" offenbart und damit die Grundlage der ästhetischen Verfahren darstellt (vgl. ebd. 17).

Kehren wir zum Sportklettern zurück und fragen, ob es zulässig ist, den „Silbergeier" und das Klettern in ihm als „offenes Kunstwerk" zu bezeichnen. Nimmt man bei Umberto Eco Anleihe, findet man etliche Anhaltspunkte, die dies bestätigen würden. Da ist die Rede von einem „Kunstwollen" und, in Bezugnahme auf Panofski, „ein letzter, endgültiger Sinn". Das offene Kunstwerk bei Eco ist eine Art von Unbestimmtheitsrelationen, in denen die Herausforderung des Zufalls, des Wahrscheinlichen und Mehrwertigen entscheidet. Es ist etwas Informelles, das die zweiwertige Logik und die Eindeutigkeitsbeziehungen sowie das Prinzip des ausgeschlossenen Dritten erschüttert. Es geht um Form und Offenheit und darum, beides als Grenze dessen zu bestimmen, innerhalb derer ein Kunstwerk die größte Mehrdeutigkeit erreicht und vom aktiven Eingriff des Konsumenten abhängen kann, ohne damit aufzuhören, ein Kunstwerk zu sein (vgl. Eco 1977, 8). Die Frage, die zu stellen ist, wäre nicht, was, sondern wie ein künstlerisches Problem gestellt wird. „Der eigentliche Inhalt des Kunstwerks wird somit seine Art, die Welt zu sehen und zu beurteilen, ausgedrückt in einem Gestaltungsmodus, und auf dieser Ebene muß dann die Untersuchung der Beziehungen zwischen Kunst und Welt geführt werden. Die Kunst erkennt die Welt durch die Strukturen ihres Gestaltens (die darum nicht formal, sondern ihr eigentlicher Inhalt sind)" (Eco ebd., 271).

35 Das Erhabene ist mit der Idee des Undarstellbaren verbunden und es hat mit der Erfahrung des Überwältigtseins zu tun. In seiner „Kritik der Urteilskraft" versucht Immanuel Kant Merkmale des Erhabenen festzulegen: „Kühne überhangende, gleichsam drohende Felsen, am Himmel sich auftürmende Donnerwolken, mit Blitzen und Krachen einherziehend, Vulkane in ihrer ganzen zerstörenden Gewalt, Orkane mit ihrer zurückgelassenen Verwüstung, der grenzenlose Ozean ..." (Kant, Kritik der Urteilskraft, 1974, 185). Bei Kant verhält sich die Kategorie des Erhabenen gegenüber der Einbildungskraft gleichsam „gewalttätig". Oder anders gesagt, die Naturkräfte setzten die Einbildungskraft des Menschen außer Kraft. Ist die Einbildungskraft nicht mehr zu gebrauchen, dann hat die Vernunft einzusetzen, denn mit Hilfe dieses „unendlichen Ideenvermögens" kann sich der Mensch in der Begegnung mit einer großen und übermächtigen Natur als überlegen erfahren (vgl. ebd., 183). Kant nennt die Form des erhabenen Gegenstandes eine „Unform", da

sie eine Schranke für die synthetisierende Einbildungskraft darstellt. Hartmut Böhme formuliert dazu eine interessante These, er behauptet, „daß im 18. Jahrhundert das Erhabene darum ins Zentrum des ästhetischen Diskurses rückt und neben dem Schönen die ‚andere' Seite der Natur thematisiert, weil im Erhabenen die im Projekt der bürgerlichen Naturbeherrschung noch umkämpften Zonen des Naturreichs abgehandelt werden. Was oben noch die Empfindlichkeitszone des 18. Jahrhunderts genannt wurde, heißt jetzt genauer: das bürgerliche Selbstbewußtsein arbeitet sich an der Front dessen ab, was sich dem prätendierten Verfügungstitel ‚Herr und Meister der Natur' (Descartes) als noch unbeherrscht scheinende Natur bisher entzieht. Solche Natur löst Angst aus, weil ihr gegenüber die humane Souveränität zu erliegen droht. Die Ästhetik des Erhabenen ist eine Konzeption, um sich in einer vor- und außertechnischen Dimension – nämlich dem Imaginären – mit dieser Angst auseinanderzusetzen und sie beherrschen zu lernen. Die Angst beherrschen: das eben meint das Kant'sche Programm. Das Furchterregende und Ängstigende soll zu einem Purgatorium des Imaginären verwandelt werden: die vorgestellte erhabene Natur, vor der man als physisches Subjekt klein und schutzlos ist, weckt ‚eine Selbsterhaltung der ganz anderen Art', nämlich die Selbstbefestigung zu einem wahrhaft erhabenen Subjekt, das ‚eine Überlegenheit über die Natur selbst in ihrer Unermeßlichkeit hat" (Böhme 1989, 123).

Die Natur ist nicht erhaben, sie wird zu einem Erhabenen gemacht, um dann, das ist entscheidend, im Gewahrwerden der Angst vor den Naturgewalten und die Einführung der Vernunft als Reaktion auf diese Angst, eine Verkehrung stattfinden zu lassen. Wer sich so sehr ängstigt, muss geschützt werden. Der Schutz des Menschen gelingt dadurch, dass neben dem ersten, ein zweites Erhabenes bestimmt werden muss, welches das erste übertrifft. Der große Gegenspieler zur erhabenen Natur ist von nun an das vernünftige Subjekt und jeder Sieg über die Natur rechnet sich als Gewinn für das Subjekt. Barnett Newman ist es, der in der Kunst die Diskussion um das Sublime im 20. Jahrhundert erneut aufnimmt und anfacht. Durch die Lektüre Kants, Hegels und Burkes angeregt, aktualisiert Newman die Auseinandersetzung mit dem Erhabenen und wertet sie um. Für die Malerei fasst er das Sublime als etwas mit einer „unmittelbaren, totalen … und schlagartigen Wirkung". In seinen Bildern begegnet Newman der die Menschen immer schon übersteigenden Erfahrung mittels radikaler Reduktion. Das Ergebnis sind großformatige, monochrome Flächen. Sie zielen beim Betrachter auf ein schlagartiges Bewusstwerden und auf die Erhöhung (Exaltation) des eigenen Selbst. In dieser Wirkung ist der Sehende dem Bild unausweichlich ausgeliefert. Dieser Neubezug auf das Sub-

lime ergab Anfang der 60er Jahre die Hinwendung zu konzeptionellen Verfahrensweisen. Sie ermöglichten jenseits der Malerei andere Zugänge zum Unsagbaren und auch zum Thema Landschaft. Hinzuweisen ist in diesem Zusammenhang auf die Kunstform der „Land Art". Sie knüpft u. a. an Newmans und Lyotards Fassung des Sublimen an. „Der eigentlich transzendentale oder kritische Inhalt dessen, was Kant das Erhabene nennt, ist viel eher das Unvermögen zur Synthese, und man kann sich sehr wohl vorstellen, daß Künstler durch Abstraktion oder Minimal Art versuchen, etwas hervorzubringen, was diese Formsynthesen zum Scheitern bringt" (Lyotard 1989, zit. in „Landschaft", 1998, 13). Lyotard hat den Schwerpunkt auf das Unkonsumierbare, auf das Inkommensurable gelegt. Das Inkommensurable bezieht sich auf das unmittelbare Erlebnis eines Bruchs mit der Wahrnehmung. Es ist ein „Nicht-zur-Deckung-Kommen" zwischen dem, was im Werk dargestellt ist, und dem, was durch die Idee vorgestellt wurde. Für Lyotard wird das Sublime zum Erlebnis des Undarstellbaren, oder, genauer, es ist der Versuch des Künstlers, Zeugnis abzulegen darüber, dass es Undarstellbares gibt (vgl. ebd.).

Wenn wir nun versuchen, beides – das Erhabene und die Landschaft – zusammenzudenken, dann kommt man an Edmund Burke nicht vorbei. Er hat bereits um 1757 auf die „erhabene Landschaft" aufmerksam gemacht, indem er das Augenmerk auf die Macht der Ideen richtete, die in der Lage sind, das Gemüt durch Schrecken und Schmerzverheißung in stärkste Bewegungen zu versetzen. Der Macht dieser Ideen hat er Merkmale zugeschrieben. Zu diesen Merkmalen zählen die Riesigkeit, Unendlichkeit, Plötzlichkeit, das Licht, bestimmte Farben, wie Schwarz u. a. m. Bei Burke ist das Erhabene etwas, das Schrecken erregt, aber der Schrecken kommt selten ohne die Lust, daher spricht er auch vom gemäßigten oder frohen Schrecken.

Abschließend könnte man allgemein fragen, was eine Landschaft denn sei. Eine Antwort lautet: „Das Land ist die Erdoberfläche oder ein Teil der Erdoberfläche, Landschaft dagegen ist das Gesicht des Landes, das Land in seiner Wirkung auf uns …" (Max Friedländer 1963, zit. in „Landschaft", 1998, 9). Nicht immer schon konnte die Erdoberfläche als Landschaft wahrgenommen werden. Über das Heraufdämmern und langsame Gewöhnen an die Darstellung einer Gebirgslandschaft habe ich kurz in „BergDenken", Kapitel 3 in diesem Buch, hingewiesen. Das Sehen von Landschaften wird erst in der Neuzeit zu einem bewussten Vorgang, wodurch Landschaft zu einem kulturell geformten Konstrukt wird, in das Auffassungen und Werte des Betrachters eingehen. Historisch wird das bewusste Sehen von Landschaft kausal mit der Entfremdung von der Natur in Verbindung gebracht. Landschaft ist eine der Konsequenzen eines gerissenen

Bandes zwischen Natur und Mensch, wobei dieser Riss zur Ästhetik erhoben wird. „Was in den vernünftigen Begriff logischer Wahrheit nicht eingeht, wird daher von den schönen Künsten empfindend erkannt, und zu ästhetischer Wahrheit erhoben. Ästhetische Kunst und logische Wissenschaft stehen so […] im Verhältnis der Ergänzung zueinander" (Ritter 1974, zit. in „Landschaft", 1998, 9). Landschaft, so scheint es, ist nur für den Menschen erfahrbar, der der Natur entfremdet ist. Die Landschaft als Sinnbild für Natur kann die mythische Anschauungsform für die transzendenten Bedürfnisse des Menschen erhalten (vgl. Hofmann 1974, in „Landschaft" 1998, 10).

36 Willmanns unternimmt ein amüsantes Zahlenspiel mit Qualitäten im menschlichen Körper. So bestehe der Mensch, sagt er, aus achtzig Billionen Zellen. Die Blutgefäße haben eine Gesamtlänge von 400.000 Kilometern, was dem Zehnfachen des Erdumfangs entspricht. Das Herz schlägt 75-mal pro Minute, das sind nicht weniger als rund 100.000 Schläge am Tag, wobei in jeder Minute 5 Liter, in einer Stunde 300 Liter und an einem Tag 7500 Liter Blut befördert werden müssen. Bildlich gesprochen ergäbe das folgende Leistung: In 24 Stunden würde das menschliche Herz 15 Badewannen mit Flüssigkeit voll pumpen und dabei einen Höhenunterschied von 2 Metern überwinden. Das Großhirn enthält mehr als vierzig Milliarden Nervenzellen, die aneinander gereiht eine Länge von 500.000 Kilometern ergeben; diese Strecke ist länger als die mittlere Entfernung von der Erde zum Mond, diese misst 384.000 Kilometer.

37 Friedrich Nietzsche schreibt: „Die widernatürliche Moral, das heißt fast jede Moral, die bisher gelehrt, verehrt und gepredigt worden ist, wendet sich umgekehrt gerade gegen die Instinkte des Lebens, – sie ist eine bald heimliche, bald laute und freche Verurteilung dieser Instinkte" (Nietzsche 1988², 85).

39 Bevor Berge zu Stätten der heiligen Männer, sprich der Pilger des 14. und 15. Jahrhunderts wurden, waren sie heilige Orte der Götter. Das gilt für eine Reihe unterschiedlicher Kulturen und Räume auf dieser Erde. Exemplarisch sei hier der Kailash, der Sinai, Ararat, Machhapuchhare („Fischschwanz" in Nepal), der K'un-Lun (China), Fudschisan, Nevado Alpamayo in der Cordillera Blanca oder eben auch der Parnassos genannt. An der Zweigipfligkeit des Berges war seine Heiligkeit abzulesen; für die Griechen der Antike war er Sitz der neuen Musen, ein besonderer Ort der Inspiration. Oben nahm der Dichter den Gesang der Musen auf und unten wiederholte er diesen Gesang aus der Erinnerung. Dasselbe gilt für den Helikon, von dem Hesiod berichtet, oder auch für den Olymp, dem Hauptwohnsitz der Götter, den man sich als Wunschort, als eine Art Paradies vorzustellen hat. „Weder von Winden wird er erschüttert noch von Regen je benetzt, noch auch naht Schnee ihm, sondern Himmelsheiteres ist durchaus ausgebreitet, wolkenlos, und ein weißer Glanz läuft darüber hin. Auf ihm erfreuen sich die seligen Götter aller Tage" (Odyssee 6).

40 Die Vorherrschaft der Vernunft hat die Relevanz von Gefühlen, Affekten und die Schönheit nicht nur infrage gestellt, die Vernunft ist, wie in der Diskussion um das Erhabene gezeigt wurde, historisch selbst ein Produkt der Gefühle, Affekte und der Schönheit, die den Menschen übersteigt. Die Vernunft wurde gegen all das gesetzt, was die Menschen übersteigt. Aus diesem Grund erscheint es schwierig bis unmöglich, jenseits der Vernunft zu gelangen, um nicht umso vehementer von ihr eingeholt und erfasst zu werden. Auf der Suche nach einem Ausweg kommt mir der Homo aestheticus in den Sinn oder, bei Hanne Seitz: der kunstschaffende Mensch. Seitz sieht nach dem Priester und Wissenschaftler nun den Spieler als die paradigmatische Figur im Ausgang der Moderne. Der Spieler konstruiert und dekonstruiert, er weiß um den Grund und um seine Grundlosigkeit, er kennt genau das Reglement und mithin die Abweichung. Der Spieler ist geübt im Übergang zwischen den Wirklichkeiten und den Medien; er ist zu Hause an der Grenze und bleibt souverän in einer Kunst des Scheiterns.

41 Das Ende des Vortrags öffnet die Diskussion mit einer Frage danach, wie eine reflexive Einbildungskraft konkret arbeite und welche Rolle dabei der Rückgriff auf die Sinne spiele, eingedenk ihrer Vermitteltheit und Veränderung durch die (neuen) Medien. Hier spielt ein von Dietmar Kamper umgedrehter Satz Jacques Lacans eine bedeutsame Rolle: „Je tiefer im Imaginären, desto näher am Realen", heißt es da und weiter, „Über Kunst als Erkenntnis" (Kamper, Soziologie/Imagination, 1986, 71 ff.). Mit der Einspielung der Kunst in die Wissenschaft müsste auch die Frage nach dem Realen gestellt werden (Lacan), aber auch die Frage nach dem Ereignis und der Gabe (Heidegger/Derrida). Die reale Diskussion im Kunstraum Innsbruck hat sich um diese Fragen gedreht, um die Differenz zwischen „extrem" und „normal" noch einmal zu bestimmen und um eine Meinung dazu zu bilden, ob und weshalb Klettern tatsächlich eine Kunstform ist.

Zwischen hoch und tief[*]

Bewegung

Das Wichtigste beim Klettern, wovon nun die Rede geht, ist der
Halt, den man in der Bewegung immer auch aufgibt. Was hält,
stellt sich durch Reibung her. Reibung entsteht am Widerstand.
Der Fels, ist er fest, bietet großen Widerstand. An ihn schmiegt
man und klammert sich. Solange die Kräfte reichen. Der richtige
Moment entscheidet, Griff und Tritt muss verlassen werden.
Nicht zugleich, dann fiele man. Es geht um die Abfolge, und sie
beschreibt den Zwischenraum. Zwischen Festhalten und Halt-
loswerden vollzieht sich die Bewegung, die, wäre sie in ihrem Inneren nicht äußerst beweglich, nicht gelänge. Dort, wo man
stürzt, ist die Bewegung missglückt. Das Unmögliche befindet
sich an der Grenze der Beweglichkeit, und das Unmögliche zieht
an. Bevor man es erreicht, oder besser: bevor es einen erfasst,
unternimmt man, was einmal möglich ist. Alle Sinne spielen ineinander, bewegen heißt tasten. Der Tastsinn ist kein gesonder-
ter Sinn, im Gegenteil, er zeichnet sich aus durch das Ineinan-
dergreifen aller Sinne. Er arbeitet synchron und ist fundamental.
Der Zwischenraum wird selten kalkuliert, er findet statt. Was
sich zwischen Griff und neuem Griff ereignet, muss seine Sprache erst finden. Was spricht, ist die Haut. Sie nimmt den Druck
gegen den Fels in sich auf, während ein Denken einsetzt, das
wahrnimmt, was gerade noch gegeben. Die kleinste Kerbe, ein
winziger Riss, eine Schuppe für zwei Finger. Blitzschnell erinnert
der Körper. Die Vorstellung simuliert einige mögliche Bewegungen an Kerbe, Riss und Schuppe. Bilder werden berührt, die auf
Erlebtes verweisen: der Quergang in der Auckenthaler, das
Schuppendach in der Philipp-Flamm oder der Riss an der Lafat-
scher-Verschneidung. Es wird warm. Es ist, als setze das Wiedererkennen jene Wärme frei, die durch Bewegung entsteht. Und
plötzlich wird man dessen gewahr, was unter einem liegt. Hundert und mehr Meter über dem Grund, ebenso viel trennt einen
vom Gipfel. Inmitten einer Wand wie ein Bild, fixiert bestenfalls
an drei winzigen Haltepunkten, mit einer Hand den vierten er-
tastend. Und alles geschieht sehr schnell. Ansonsten man aus
dem Stand kippt. Auch das muss gelernt sein. Stürzen, ohne sich
zu verletzen, ist eine Kunst. Man stößt sich im letzten Moment
leicht vom Fels ab, hält sich, so weit es geht, mit dem Oberkörper im Lot und bringt sich in einen Zustand zwischen

[*] Dieser Beitrag ist 1998 in einem
Buch erschienen, das Bestandteil
einer Ausstellung in Zürich mit
demselben Titel war: „Medium –
eine Welt dazwischen".

Anspannung und Lockersein. Dann der Fall. Er kann unterschiedlich hoch und damit lang sein. Wenn der Kopf oben bleibt, dann ist es gut. Die Wand rast an einem vorbei, der Grund schießt auf einen zu, der Atem setzt aus, nichts als Luft. Man hofft, dass der Haken hält. Nicht beim Sportklettern, da weiß man es, aber beim alpinen. Manches Mal durchfahren einen noch ganz andere, seltsame Gedanken. Zwischen zwei Ruhepunkten liegt eine einzige Bewegung. Sie ist unteilbar. Eine Dauer, die aus Augenblicken besteht. Intensität, die, im Normalfall erst hinterher erlebt, nacherlebt werden kann. Ansonsten kapselt sie sich, wie jedes Trauma, irgendwo im Körper ein. Um sie legt sich eine stumme Angst. Beim nächsten Mal, wenn man wieder beinahe stürzt, taucht diese Angst auf und wird, das ist eine Variante, zur Panik. Aber auch das Gegenteil ist denkbar: der klare Verstand. Im Handumdrehen wird alles präzise eingeschätzt und dann gehandelt. Aber was gibt es zu handeln, wenn das Gegenüber nichts mehr bereithält?

Selbstgewinn und -verlust
Ein Sprung: Als Goethe im Winter 1777 auf den Brocken steigt, sucht er die Tiefe. Anders mehr als 400 Jahre zuvor Francesco Petrarca. Er will die Höhe des Ortes kennen lernen und ersteigt im April 1336 den Mont Ventoux. Beide geraten nicht in gefährliche Situationen, wohl aber erscheint der Weg beschwerlich. Petrarca macht alle Fehler eines Anfängers, verzögert den Anstieg, da er die Anstrengung vermeiden will. Schließlich erreicht auch er den höchsten Punkt, und was dort oben geschah, wurde mehr als einmal festgehalten. Mit Petrarca nehmen die Bergbesteigungen zu. Immer mehr Menschen steigen nun freiwillig, in kleinen Gruppen oder auch allein in die Höhe. Der Blick von oben wird normal. Bis man das Gegenteil sucht: den Abgrund. Zehn Jahre nach Goethe steigt Horace-Bénédict de Saussure mit 18 Führern und seinen Bediensteten schwer beladen Richtung Montblanc. Er ist, wie man weiß, nicht der Erste, Paccard und Balmat waren ein Jahr vor ihm dort, aber ihm gelingen weit mehr, jedoch nicht alle geplanten Experimente. Endlich auf der Spitze, die eine Kuppe aus Schnee ist, angelangt, packt er seine Instrumente aus und misst unter anderem das Blau des Himmels. Es ist kalt, windig, man ist müde, die Zeit drängt. Aber Saussure bleibt unbeirrbar. Er nützt den Saum zwischen Himmel und Erde, um Naturwissen zu produzieren. Oben, wo die Erde aufhört, platziert er einen Tisch, hantiert mit allerlei Gerätschaft, misst Höhe, Temperatur und Pulsschlag, notiert die Er-

gebnisse und ist enttäuscht, dass, aufgrund von Zeitnot und Erschöpfung, nicht noch mehr zu bestimmen war. Der Blick nach unten dient der Vergewisserung, dass man im Tal die Gipfelankunft registriert, und der Blick in die Weite bestätigt, was man sich im Vorhinein viele Male vorgestellt hat: die Art der Zusammensetzung der Gebirge rings um den höchsten Berg Europas. 1787 war das Sehen kein Schauen mehr, sondern Wissen, Vergewissern und Erkennen. Petrarca hat sich letztlich seiner Schaulust geschämt und den Blick schweigend auf Augustinus' „Bekenntnisse" gerichtet, worin zu lesen steht: „Da gehen die Menschen, die Höhe der Berge zu bewundern und die Fluten des Meeres, die Strömungen der Flüsse, des Ozeans Umkreis und der Gestirne Bahnen, und verlieren dabei sich selbst."

Abweichung

Zurück in die Wand bzw. an den Schreibtisch. Zwischen zwei Griffen liegt also die Welt. Aber welche? Die Vertikale, sie verlangsamt. Hundert Meter senkrecht sind sehr viel langsamer zu bewältigen als dieselbe Strecke horizontal. Die Verlangsamung erwirkt eine Präzisierung der Wahrnehmung, die ihrerseits die Aufmerksamkeit an die Grenzen des Körpers bindet. Diese Grenze ist die Haut wie die Beweglichkeit. Beides bildet die Formationen des Felses nach. Und mit der Zeit scheint dieser in den Körper gedrungen, denn Hände und Füße lösen sich, in der Haftung, von ihm in einer Selbstverständlichkeit, als näherten sie sich einem überkompletten inneren Bild, wie man es von virtuellen Bildern kennt, und damit der Denkform selbst. Die Kategorienbildung setzt ein und mit ihr die Unsicherheit und Unruhe jeder Denkbewegung. Worin liegt das Problem? Dieses richtig zu stellen ist vielleicht die größte Schwierigkeit, somit die Frage: *Wie lässt sich eine Tätigkeit/Praktik denken, in der man erfährt, dass es sie geradezu auszeichnet, nicht (mehr) zu denken?* Zweifellos geht es um zweierlei Denken. Der Abstand zwischen zwei Griffen verlangt eine Bewegung, die ihrerseits für Augenblicke jede Festigkeit verliert. Da ist nichts, woran man sich hielte, und dennoch fällt man (noch) nicht. Der Verstand rückt in der Bewegung der Einsicht nahe, begrenzt zu sein, wie der Körper umgekehrt gerade seine Entgrenzung erlebt. Der Körper reicht, und das mag erstaunen, weiter als jede Vorstellung. In der Vorstellung entsteht ein Riss, durch den sich Hand und Füße strecken, so, als stülpe sich nach und nach der Körper aus dem Geist. Hören wir zu, wie das klingt, und steigen hierfür auf den K2, in knapp 8000 Meter Höhe:

„Während ich das letzte Stück des Felsriegels überwand, war ich nicht ganz bei Bewußtsein. Die Mauer, die fast durchgehend senkrecht war, hing genau am Ende über. Die letzten Meter musste ich an den Armen hängend hinter mich bringen. Daran kann ich mich absolut nicht mehr erinnern. Wegen des Keuchens, das meinen ganzen Körper durchschüttelte, hörte ich nichts. Doch schlimmer wurde es, als ich ganz außer Atem kam. Schwarze Flecken tanzten vor den Augen; ich konnte nichts erkennen. Ich weiß nicht, wie lange das dauerte. Die letzten Bewegungen fielen mir so schwer, daß ich die Kontrolle über meine Körperfunktionen verlor. Und daß meine Hose von Urin durchnässt war, merkte ich erst über dem Felsriegel, als ich irgendwie wieder zu mir kam."[1]

Der Autor dieser Textpassage, die, zugegeben, worum es aber nicht geht, eine Sensation darstellt, hat überlebt und bleibt damit der Zweite, welcher, nach Reinhold Messner, auf allen 14 Achttausendern stand. Was der polnische Höhenbergsteiger zuerst verliert, ist die Vorstellung, denn dass die fast durchgehend senkrechte Mauer am Ende auch noch überhängt, übersteigt das Denkbare. Mit dem Scheitern schreitet die Reduktion voran: Vom Erinnern über das Hören und Sehen bis hin zu Zeit und Raum. Während alledem war er nicht ganz bei Bewusstsein, dennoch fand er sich hinterher anderswo vor. Die Bewegungen erretteten ihn. Wie also lässt sich genau dieses Faktum denken? Die Frage erregt ähnlich Schwindel, wie es Kukuczka erging, denn sie führt in den Körper und auf die Sinne zurück und schlagartig darüber hinaus, ohne allerdings dort zu landen, wo man im Normalfall die Rettung vermutet: im Bewusstsein. Zu denken ist also in einem Zwischenraum, der, in wenigen Bewegungen, das Rationale verlässt, ohne deshalb irrational zu sein. Die Bewegung des Körpers ist denkend nachzubilden, wobei das Denken selbst extrem und zur Methode wird. Ein Weg an einer porösen Grenze, die zwei Regionen verbindet wie auch trennt. An der Grenze, die nicht wirklich eine ist, berührt sich beides, im Ernstfall, wie hier, Leben und Tod, wobei über den Ausgang nicht die Regel, sondern die Umstände entscheiden. Umstände sind nicht regellos, aber sie können sich dermaßen verdichten, dass keinerlei Berechnung mehr glückt. Das mag bei Kukuczka der Fall gewesen sein. Umstände sind wie das Meer, in dem ab und zu eine Insel auftaucht. Die Insel ist die Ausnahme und diese Ausnahme heißt Vernunft. Das Gleichmäßige ist das Besondere vor dem Hintergrund der Stockungen, wie der Ton die Ausnahme des Rauschens und das rhythmische Pulsieren selten

1 Kukuczka 1990, 185

bleibt vor dem Hintergrund der Regelmäßigkeit.[2] Wie also verwandelt sich Besonderes und Allgemeines, Regel und Ausnahme ineinander? Bei Kukuczka war es eine Art Schock, der den Übergang vom einen ins andere markiert. Keine Erinnerung, aber der Körper hatte ein Gedächtnis, das ihn am Leben hielt. Dieses Gedächtnis scheint unabhängig vom Verstand und den Sinnen zu arbeiten. Vermutlich setzt es erst dann ein, wenn alles andere ausfällt. Aber an ähnliche Ausfälle muss man gewöhnt sein, Kukuczka kam nicht das erste Mal in eine Situation, die ihn, bereits völlig verausgabt, überforderte. Verausgabung und Überforderung mag, man lese sein Buch und die Berichte anderer Extrembergsteiger zu Ende, zu deren Grunderfahrungen zählen. Der Körper scheint, gewöhnt an die Ausgesetztheit, mit Leere, Ein- und Aufbrüchen vertraut, sich der Unzweckmäßigkeit seines Spiels hinzugeben. Und diese Hingabe ermöglicht jenen Ausdruck, der genau an der Stelle stattfindet, wo alles andere auszufallen droht oder ausfällt. Wie weit muss jemand gehen, damit ein so extremer Ausdruck gelingt? Kukuczka war Tage, Wochen unterwegs und auf einer Höhe angelangt, die immer noch wenige erreichen. Wobei es sich nicht um den Normalweg handelte, sondern um die „Magic Line", Insidern als äußerst schwierig und gefährlich bekannt. Diese Linie hinterlässt nicht wirklich Spuren. Sie zieht in einem eleganten Schwung Richtung Gipfel, entscheidet über Erfolg und Scheitern, bedeutet für einige Leben alles und ist doch nichts weiter als Imagination, in der das Subjekt als willkürliches Gefüge von Macht und Ohnmacht erscheint, denn Durchkommen oder nicht liegen so nahe beieinander. Je näher das eine ans andere rückt, desto mehr kommt der Zu- und mit ihm die Möglichkeit des Unfalls ins Spiel. Der Zufall ordnet das ohnehin weitgehend Unbestimmte immer wieder anders, und jede Entgleisung verändert den Ausgang und mithin das, was wir Realität nennen. Was ist bei Kukuczka real – das Steigen oder der Entfall all dessen, was für das Weitersteigen nötig wäre? Keines von beiden. Real scheint nur jene Dauer zu sein, die das eine mit dem anderen, wie auch untergründig, verbindet, so dass er überlebt. Vielleicht könnte man dazu Instinkt sagen, aber darauf kommt es nicht an. Mit Kukuczka, allerdings sitzend, haben wir uns dem, was an Komplexität unüberbietbar, angenähert: dem Leben, einem „Zustand, ein System, bei dem die Zahl der Elemente oder Wechselwirkungen unermeßlich groß oder unzugänglich ist".[3]

2 Vgl. Serres, NW-Passage, 1994, 67 ff.
3 Ebd., 78

unzugänglich

Hier endet der Exkurs in die Höhe, mit der die Tiefe zunimmt. Zwischen hoch und tief ist das dem Denken weitgehend Unzugängliche: Intensität, Umstände, Leere, Abweichung, Zufälle und Ausgesetztheit strukturieren Erfahrungen, die nur fallweise zur Sprache kommen. Es sind vielmehr Bilder, aber Bilder, deren Kodierung so dünnwandig ist, dass sie immer auch bricht. Der Zwischenraum, nach dem ich gesucht habe, ist vielmehr eine Zwischenzeit ohne Gegenwart. Denn in ihr berührt sich Vergangenes mit dem, was kommt, ohne das, was gerade ist, und darin liegt seine Gabe, wirklich zu zeigen – alles wie nichts.

Virtuelle Welt und gemeiner Sinn

Spurensicherung eines Zeitphänomens*

0

Abb. 25

Abb. 26

Abb. 27

* Dieser Vortrag wurde auf der Tagung „Über die Sinne zum Sinn" am 13. November 1978 am Uetliberg bei Zürich im Rahmen der „Schweizer Waldwochen" gehalten.

1

Ich danke für die Einladung und begrüße Sie herzlich zu den folgenden 45 Minuten, die so einfach anfingen, wie sie enden werden. Vor meinem Küchenfenster steht eine Esche, der ein Blatt entnommen wurde. Um Ihnen das zeigen zu können, mussten Bilder hergestellt werden. Der Weg vom Körper zum Bild, vom Original zum Abbild ist eine von zwei Spuren, die es zu sichern gilt.[1] Dabei, so die These, ist auf eine andere Art wahrzunehmen, um kundig zu werden in einem Zwischenraum, wo sich zweierlei berührt: die Vorstellung, dass alles fließe, und das Festhalten am Festen, um weiterhin unterscheiden zu können. Durch diese Spannung leitet, als Bedingung für Erkenntnis, der gemeine Sinn: die Haut.

In aller Kürze und Dichte erarbeite ich, dem Titel entlang, einen Hintergrund, vor dem dann, in der Diskussion, Haltung und Meinung zum Thema zu bilden sein müsste.

[1] Den Begriff der „Spurensicherung" verwende ich vor allem im Sinne von Ginzburg 1995 und beziehe mit ein, was der franz. Philosoph Jacques Derrida unter dem Begriff der „Spur" versteht: Die „Spur" ist von der Bahnung und der „différance" nicht zu trennen, ohne sie gibt es keine Bahnung und ohne Spur keine Differenz. „Différance" meint Unterschiedenheit, Aufschub, Umweg, Abstand, Abweichung, sie bedeutet aber auch, dass sie kein Seiendes ist: die „différance" ist nicht, sie beherrscht nichts, waltet über nichts, übt nirgends eine Autorität aus, sie übt Subversion aus, wodurch sie bedrohlich wird. Die Spur erscheint nicht, sie erlischt, wenn sie auftritt.

2 Vgl. Stucki 1996; Professor für In-
   formatik und Leiter des MultiMe-
   dia Laboratoriums, Universität
   Zürich.

3 Etymologisch geht das Wort
   „Welt" auf das ahd. ,weralt' zurück
   (8. Jh.). Es handelt sich um eine Zusammensetzung, deren erstes
   Glied ,wer' Mann/Mensch bedeutet; das Grundwort kommt aus
   dem aengl. ,ieldo' und bedeutet
   Zeitalter, Zeitraum, Lebenszeit und
   Alter. Im Kirchenlatein wird ge-
   schieden in eine Welt als irdisches
   (sündiges) Leben und in ,mundus',
   jene Welt, die auf die Weltordnung
   bzw. auf das Weltall verweist. Seit
   dem Spätmittelalter wird das Wort
   um die naturwissenschaftliche Be-
   trachtungsweise erweitert, es gibt
   den Makrokosmos, das Universum
   und den Mikrokosmos, das ist die
   kleine Welt des Menschen. Dazu
   gesellt sich die Bezeichnung Welt
   im übertragenen Sinn, sie zielt nur
   auf den geistigen Bereich ab (seit
   dem 18. Jh. Fügungen wie eine
   Welt von Begriffen, Erinnerungen,
   Kenntnissen).

4 Vgl. beispielsweise die frühen See-
   fahrer, aber auch die Astronomen
   in Ägypten usw.

5 Vgl. zur Begriffsgeschichte von
   Wirklichkeit/Realität/Fiktion und
   deren ontologische Bedeutung
   Flusser 1993, insbes. 20 f.; vgl. aber
   auch „Realität" im Wörterbuch:
   Das Wort taucht erstmals bei
   Duns Scotus, dem „Schotten" im
   Spätmittelalter und meint die
   Dinglichkeit, Wirklichkeit, das Vor-
   handensein in der Außenwelt. Bei
   Kant ist die Realität eine der Kategorien der Qualität; Realität
   kommt sprachlich von Ding (res),
   Wirklichkeit hingegen von w i r -
   k e n. Das erhellt einen wichtigen
   Unterschied: im Lateinischen wird
   die statische, im Deutschen die dynamische Eigenart der Blick- und
   Erlebnisrichtung betont, d. h., dass
   hier die Idee bzw. der Wille wirklicher ist als das materielle Ding.

2 VIRTUELLE WELT

Eine virtuelle Welt, so Peter Stucki, ist eine Welt, die keine Ein-
schränkungen durch geographische, politische, sozioökonomi-
sche und kulturelle Grenzen erfährt.[2] Eine virtuelle Welt ist somit eine, in der *alles möglich wird*. Handelt es sich dann noch
um eine Welt?[3] Zeichnet sich Welt nicht gerade dadurch aus,
dass sie begrenzt und bereits ist, so sehr ist, dass man schon
früh danach trachtete, über sie, sprich über das Wirkliche, hinauszugelangen?[4]

– *Exkurs Weltbild*

Die einfache Zusammensetzung von Welt und Bild im „Weltbild" formt eine Fiktion. Die Fiktion lässt die Wirklichkeit, sprich
die Wirksamkeit und Tatsache Welt, selbst zur Täuschung werden. Und so erscheint real, was vorgetäuscht. Realität meint das
Sein der Sachen. Durch die Fiktion, das ist entscheidend, verschwinden aber die Sachen nicht, nur der Grund, der Boden, auf
dem die Sachen stehen, wird ein anderer und wirksam.[5] Ich
greife zwei Beispiele heraus.

a) Gott konstruiert die Welt mit dem Zirkel

Diese Miniatur aus dem 13. Jahrhundert zeigt, was im Buch der
Weisheit zu lesen steht: „Du aber hast alles nach Maß, Zahl und
Gewicht geordnet" (11, 21). Betrachten wir das Bild etwas genauer: Gott steigt mit einem Fuß aus dem Rahmen des Bildes,
mit dem zweiten steht er an der Grenze. Die linke Hand bewegt
die Welt. Die Bewegung ist nach vorwärts gerichtet, was später
zum großen Mythos der Neuzeit aufsteigt: der Fortschritt. Die
Rechte hält einen Zirkel und misst.

Über 200 Jahre später, 1504, fertigt Peter Vischer der Ältere
einen Holzschnitt an, der überdeutlich eines zeigt: den Um-
bruch im Weltverhältnis.[6]

b) Astronom

Nicht mehr Gott bewegt die Erde, sondern ein Astronom hält
sitzend den Himmel und misst.[7] Der Himmel ist, wie die Erde
damals bereits auch schon, in ein Netz gefangen. Das Netz umspannt Himmel wie Erde, es formalisiert universal. Die Grundlage der Formalisierung ist Zahl und Maß. Nur in Kenntnis derselben gelingt eine Annäherung an die göttliche Schöpfung.

Abb. 28[8]

Abb. 29[9]

Fiktion kommt vom lat. ‚fictio‘ und bedeutet Gestaltung, Erdichtung, Erfindung einer der Wirklichkeit nicht entsprechenden Annahme; in Zusammenhang damit steht die Lüge, Täuschung und das Vorspiegeln eines erfundenen Sachverhalts. In der Wissenschaft wird die Fiktion als methodisches Hilfsmittel verwendet für eine bewusst widerspruchsvolle oder falsche Annahme, die dennoch zu einem richtigen Ergebnis führt. Die *Einbildung* wurde von Paracelsus für das latein. imaginatio eingeführt. Sie meint eine lebendige Vorstellung; später auch Phantasie und Anschauung ohne die Notwendigkeil, auf einen äußeren angeschauten Gegenstand zurückgreifen zu müssen.

6 Aus dem Jahr 1502 existiert ein Holzschnitt, der dasselbe Thema anders darstellt: Ptolomäus’ großes Werk, aus dem 2. nachchristlichen Jahrhundert, wurde im 15. Jahrhundert wieder entdeckt und rasch verbreitet. Diese Abbildung zeigt die alte Zweiteilung der Welt, irdisch und himmlisch. Der mittelalterlichen Vorstellung verpflichtet, spart sie Ptolomäus’ komplizierte Epizyklenbewegung aus. Nach dem jahreszeitlichen Geschehen eingeordnet, befindet sich die menschliche Welt diesseits des Mondes, in der Erde-, Wasser-, Luft- und Feuersphäre, welche sich immer auch mischt und, im Unterschied zu den äußeren Himmelssphären, in Unordnung gerät. Stieße man weiter ins Zentrum vor, träfe man auf den „primum mobile“, den ersten, oder, wie es bei Aristoteles heißt, auf den „Unbewegten Beweger“. Gott erscheint hier nicht, wie im vorangegangenen Bild, in Person, sondern als abstrakter Fluchtpunkt eines Denkmodells (siehe die Abb. in Flusser 1993, 20).

7 Vgl. Brants Narrenschiff

8 Siehe Abb. in Böhme 1988, 19

9 Siehe Abb. in ebd., 18

Das Ergebnis wäre dann Schönheit. „Ohne Einsicht in Proportionen und Geometrie", so Hartmut Böhme bezogen auf Albrecht Dürer, gibt es „keine Einsicht in die Ordnung der Dinge, kein Vermögen zur Naturgemäßheit der Darstellung und kein Wissen der Schönheit".[10]

In dieser engen Verbindung – Suche nach Schönheit und technisches Kalkül – entwickelte Dürer seine Praxis, die sich, so meine These, gerade in den neuen Medien[11] auf das Äußerste zuspitzt.

Brechen wir den Exkurs hier ab und kehren zurück zur Eingangsfrage: Was ist eine „Virtuelle Welt"? Die Spur hat uns vom Schöpfergott als unbewegten Beweger über die Geometrie und Mathematik zu einem Menschen geführt, der sich, an der Schwelle zur Neuzeit, über den Himmel beugt. Zahl und Maß werden zur wesenhaften Form. Diese wesenhafte Form wird dem Vorgefundenen übergestülpt oder unterlegt, wodurch sich das Gegebene in einem Akt der Gestaltung dem Naturschönen anverwandeln kann. Und so bindet die Zahl nun den Menschen an das Göttliche, was zur Folge hat, dass in den Dingen selbst ein Riss entsteht. Der Riss öffnet einen Zwischenraum, in dem sich Zahl und Körper, sprich Geist und Materie, trennt. Das Zählen wird forciert und verfeinert, dehnt sich aus, während das Ausgedehnte, die Res extensa, an Raum verliert. Die Zahl, welche, wie der unbewegte Beweger, keine reale Ausdehnung hat, greift auf unsichtbare Weise um sich, während die harte, sichtbare Materie Widerstand leistet oder sich zurückzieht. Das Unsichtbare, bekannt als „reiner Geist", herrscht über das Sichtbare.

Ist das Sichtbare oder das Unsichtbare nun wirklich? Und, fragt Vilém Flusser, verschwindet die Wirklichkeit wirklich?[12] Diese Frage rafft in vier Worten die abendländische Denktradition zusammen. Um das Folgende mit einer Metapher zu umschreiben: Ich ziehe zwei Fäden aus diesem dicken Knäuel der Traditionen: einen philosophie- und einen technikgeschichtlichen und ich ziehe so lange, bis sich beide Fäden berühren.

10 Böhme a. a. O., 1988, 17
11 Unter neuen Medien (NM) verstehe ich vor allem den Computer und die Verknüpfungen, die durch ihn mit den anderen Medientechnologien (Fotografie, Film, Video, ...) möglich geworden sind.
12 Vgl. Flusser 1993, 20

2.1 Verflüssigungen
{philosophiegeschichtliche Spurensicherung}

– Das Problem mit dem Unterschied: Ur/Ab/Bild – Gegenstand
Die Frage nach der Wirklichkeit, so stellt sich im Letzten heraus, ist eine nach Verhältnissen. Seit Platon gilt primär die Idee. Dieses unsinnliche, unsterbliche Urbild ist der Anfang, wohin-

gegen die Gesamtheit der Realität zum sinnlichen Abbild der Idee niedersteigt. Dieser Entwurf birgt, das wird sofort augenfällig, ein zentrales Problem: Wie verhält sich das Bild zum Gegenstand? Die Frage beinhaltet zwei weitere: Wie steht das Urbild zum Abbild und das Original zur Reproduktion? Spiegelt sich das Bild im Gegenstand oder, und das liegt nahe, ist es komplizierter, weil womöglich noch etwas hinzukommt, dass nämlich Urbilder ihre Abbilder in einem schöpferischen Akt erzeugen könnten? Träfe Letzteres zu, dann kann man vom Abbild nicht direkt auf das Urbild schließen. Wie immer auch auf dieses Problem geantwortet wurde, in einem herrscht Einigkeit: Sobald wir wahrnehmen, erkennen, uns erinnern oder sprechen, haben wir weniger Kontakt zu den Gegenständen als vielmehr zu den Abbildern bzw. zu den Bildern über die Gegenstände. Bilder sind Stellvertreter oder Platzhalter der Gegenstände.[13] Daraus ergibt sich allerdings die nächste Schwierigkeit: Wenn wir nur vermittelt, sprich über Bilder, in Kontakt mit der Welt treten, woran lässt sich dann messen, ob der Gegenstand exakt abgebildet wurde? Bilder stehen gegen Bilder, was beinahe dazu geführt hätte, das Paradigma der Abbildung frühzeitig und erneut aufzugeben. Rettend schien u. a. jener Schritt gewesen zu sein, den Immanuel Kant unternahm, als er zwischen Bild und Gegenstand ein Drittes einführte. Was aber war dieses Dritte? Für den Aufklärer Kant steht, wie wäre es anders zu erwarten, als abbildende Instanz das menschliche Subjekt zwischen Körper und Bild. Der Griff nach dem Subjekt stellte sich aber bald nicht nur als Rettung heraus. Mit dem Subjekt hat man sich wiederum ein ganz besonderes Problem eingehandelt: die Selbsterkenntnis und Wahrnehmung. Wie Michel Foucault 200 Jahre später treffend bemerkte, bleibt der Ort, von dem aus wir wahrnehmen und erkennen, unabbildbar. Wo wir am schärfsten zu sehen vermuten, herrscht gleichzeitig größte Blindheit, „denn unser eigener Blick entzieht sich unseren Augen in dem Augenblick, in dem wir blicken".[14] Um innerhalb des Abbildungsparadigmas verbleiben zu können und zugleich diesem „existentiellen Versteck" zu entkommen, bot sich eine Lösung an: die Bilder stillzustellen, d. h. die Zeit, welche die Bilder bewegt, einzufrieren, um das fest und starr Gewordene abzubilden. Mit der „ausgesetzten Zeit" kam man über Umwegen wieder dem nahe, was den Ideen Platons innewohnt: das ewig unveränderliche Urbild. Um aber der Zeit habhaft zu werden, bedarf es, man denke z. B. an die Erfindung der Fotografie, eines erheblichen technischen Aufwands, der trotz allem kein Garant dafür ist,

13 Vgl. Meiffert 1989/90, 29 f.
14 Foucault in Meiffert 1989/90, 30

den Zufall auszuschalten, im Gegenteil. Technik, das wissen alle, die mit ihr Umgang pflegen, verhält sich, je komplexer, desto störanfälliger und Perfektionierung ist im Normalfall die Antwort.

— *Vervollkommnung des Bildes*

Mit dem Subjekt taucht also das Problem der Selbsterkenntnis und Wahrnehmung auf und mit ihm, wie wir hörten, dasjenige der Zeit. Die Zeit muss, will man ein Bild, gebannt werden. Das gilt umso mehr für die Bildbearbeitung. Denn das Bild hat Schwieriges zu leisten und zeigt dabei Mängel. Der größte Mangel besteht darin, dass Bilder zwangsläufig reduzieren. Wäre das nicht der Fall, hätten wir es mit den Gegenständen selbst zu tun. Gegenstände aber sind, man denke an Berge, unendlich schwer und nicht zu bewegen, oder aber, wie Wolken oder Wasser, flüchtig und unfassbar. Das Bild hingegen erfasst, ist leicht und beweglich. Seine Handlichkeit hat jedoch eine Kehrseite: Indem sich das Bild vom Gegenstand löst, geht die Gesamtheit der Bezüge verloren. Mit den Bezügen verliert sich aber auch die menschliche Erfahrung. Denn Bezogensein meint, mit dem eigenen Leib raum-zeitlich verstrickt zu sein. Das Bild ist flach bis hauchdünn und hat den Körper, schwer und gewichtig, und mit ihm ein Stück Zeitlichkeit ausgeschieden.

— *Universale Sprache*

1504, man kennt bereits die Perspektive, liegt der Himmel, genauer ein Abbild des geometrischen Himmels, im Schoß des Astronomen und erweckt den Anschein, Körper zu haben. Was heute selbstverständlich, nahm damals seinen Ausgang: der verzweifelte Versuch, eine Körperlichkeit der Bilder zu simulieren. Das vom Körper befreite Bild gewinnt einen Körper, der reine Imagination ist. Die Macht des Imaginären, welche so durch das Bild hindurchdringt, aktiviert die Kultseite des Bildes. Sie fasziniert, erzeugt Intensität, bleibt aber gespenstisch. Das Unheimliche liegt u. a. darin, dass man zwar weiß, hier wird ein bislang gesicherter Unterschied ausgelöscht, aber gleichzeitig reizt, was in Aussicht steht: die Ununterscheidbarkeit von Wirklichkeit und Fiktion. Sie schlägt um in die Erkenntnis, Fiktion ist Wirklichkeit und schafft dabei ungeahnte Möglichkeiten, Welt immer wieder neu und umzugestalten. Aber ist es tatsächlich die Welt, die gestaltet wird?

Zur Komplettierung der Bilder bedarf es einer universalen „Sprache". Noch ein Blick zurück in die Philosophiegeschichte. Leibniz hatte eine „lingua universalis" entwickelt. Sie gilt als der Schlüssel, um beide Welten – Ur- wie Abbild und Gegenstand – reibungslos miteinander zu verbinden. Dieser Schritt ist als die entscheidende Vorstufe für den Binärcode der Computersprache zu werten,

> „Lassen Sie uns nach der Erfindung von Organa zum Sehen, zum Hören nunmehr ein neues Fernrohr für den Geist selber konstruieren, das uns nicht nur den Sternen, sondern selbst den Intelligenzen auch näher bringt und das nicht nur die Oberflächen der Körper sichtbar machen, sondern auch die inneren Formen der Dinge entdecken wird. Ich sann über meinen alten Plan einer vernünftigen Sprache oder Schrift nach, deren geringste Wirkung ihrer Allgemeinheit und die Kommunikation zwischen unterschiedlichen Nationen wäre. [...] Danach wird es zwischen zwei Philosophen nicht größerer Disputation bedürfen als zwischen zwei Rechnern, denn es wird genügen, daß sie zu ihren Federn greifen, an ihren Rechenbrettern niedersitzen (wenn sie wollen, einen Freund hinzuziehen) und sich gegenseitig sagen: ‚Laß uns das nachrechnen'" (Leibniz 1961).

Die Formel jeder Information und Kommunikation lautet von nun an: Lasst uns alle Unterschiede durch Rechnen überwinden. Rechnen verflüssigt Festes, bis es schäumt, selbst die Untiefen des Universums lassen sich in Windeseile rechnerisch hin- und herbewegen, aber wie?

2.2 ENERGETISCHE KOPPLUNG: *Vom Bild zum Bit*[15] *{technikgeschichtliche Spur}*

Im Folgenden halte ich mich an Überlegungen von Bernhard Vief, der die Frage stellt, *wie* sich durch Technikeinsatz die Realität verändert. Aus Unterschieden werden Übergänge, gekennzeichnet durch zwei Entwicklungen: Beschleunigung und Verkleinerung.

– *Von der Beschleunigung zur Übertragung*
    Der Kontext des technischen Körpers, um den es nun geht, ist die Maschinensprache. Alles vordergründig „Technische" wird in Zeichen, in reine Information, sprich Software, überführt,

15 Bits sind die kleinsten Einheitsstifter ohne Substanz.

Abb. 30

je weniger dabei ausscheidet, desto besser, denn die Realitätsstiftung geht von den Zeichen aus. Drei von vielen Sprüngen: Als die Elektronik in die Fotografie einbrach, fiel jener die Rolle zu, das Bild bis zu einer theoretischen Grenze, der Lichtgeschwindigkeit, zu beschleunigen. Dadurch war eine annähernd simultane Bildübertragung möglich. Allerdings wurde die Elektronik zunehmend von der Lasertechnik abgelöst. Das gebündelte Licht ist ebenso schnell wie Elektrizität. Es geht also nicht um die Elektronik als technisches Medium, sondern um die von ihr realisierte Beschleunigung der Bilder. Beschleunigung ermöglicht das Zerlegen des Bildes in immer kleinere Elemente: von der Momentaufnahme über die Bildpunkte im Fernsehbild bis hin zu den Bits des Computerbildes. Aber auch in der Verkleinerung der Bildelemente traf man bald auf eine Grenze, die mit dem Übergang von der analogen zur binären Abbildung überwunden wurde. Dieser Schritt bedeutete eine Revolution. Binarisierte Bilder sind bis zum Äußersten zerlegte Bilder. Sie bestehen aus 0 und 1. Das Bild verliert bei dieser Demontage seine Substanz, bis ein Bit nichts Visuelles mehr ist. Darin unterscheidet es sich vom Fernsehpunktbild, das immer noch der Punkt eines Bildes, sprich ein Miniaturbild ist.

Hier also endet die Verkleinerung und eine andere Bewegung setzt ein: das Synthetisieren. Die Bits werden zu Zahlen, Buchstaben, logischen Operationen, Tönen, Körper und Bewegungen zusammengesetzt. Hat die Elektronik die Bilder hochgradig beschleunigt, so überträgt der Binärcode diese bis ins Letzte zerlegten „Bilder" von einem Medium in ein anderes und macht sie beliebig kombinierbar. Der Binärcode erlaubt z. B. eine Koppelung von Fernsehkamera, Rechner und Roboterarm. Die Bits sammeln die zersprengten Körperteile ein und das technische Auge erhält Gehirn wie Körper, um seinerseits „kreativ" zu werden. Ein Beispiel:

– *Reale Virtualität*

Hier schließt sich ein Kreis: Virtuelles ist real und zur Kunst geworden. Sie hält die Entstehung des Bildes transparent, wodurch es möglich wird, Einblick in die Wirkungsweise der Einbildungskraft zu erhalten. Menschen, könnte man sagen, decken sich mittels der Technik nicht nur zu, sondern auch auf. Sie legen nach und nach jene Wurzeln frei, die sie immer schon angetrieben haben: die Macht der Einbildung und der Wille, restlos informiert zu sein. Im „eingebildeten Menschen", der immer schon zwischen Vollkommenheit und Elend schwankte, liegt nun das Monströse frei. „Warum sollte er nicht doch schließlich dahin gelangen", fragt Dietmar Kamper, „am Wahn und am Willen seiner instrumentellen Vernunft sich den Kopf zu zerbrechen?"[16]

– *Zum Ende des Sehens*

Gott betrachtet die Erde, der Astronom den Himmel oder genauer, das, wofür er den Himmel hält: für ein Zeichengefüge. Das Zeichengefüge erscheint, indem es verschwindet. Der Sinn wird flüchtig, alles, was nicht abbildbar ist, wird ausgegrenzt. Zeichen und Zeichenbenutzer sind, wie man früher um den Ofen saß, jetzt um den Binärcode zentriert. Das hat, bislang zu wenig bedacht, den Augensinn entthront. Binärcode heißt, nicht schauen, sondern zählen und rechnen. Auch das hat seine längere Vorgeschichte, hier in raschen Zügen: Zuerst erobert das Bild die Schrift; dann wird der Bildschirm zum Markt; das Bild zieht – im interaktiven Bild – den Tastsinn an sich; dann wird das Bild zur Plastik und zum blinden inneren Auge, denn das virtuelle Bild des Rechners ist vollständiger als jedes Original; schließlich lernt dieses erblindete Auge auch noch sehen und sprechen und nun, wobei kein Ende abzusehen, löst sich das Alphabet vom Bildschirm, indem z. B. das Mikrophon die Tastatur ersetzt und auch andere Medien miteinander verschmelzen. Der Technikkörper ist, wie wir eingangs sagten, immateriell, aber er hat gerade dadurch eine nahezu unbegrenzte „Ausdehnungsfähigkeit". Die Grammatik des Technikkörpers gewöhnt den Benutzer stillschweigend an eine seltsame Art von Sehen: Man sieht

16 Kamper, Anthropologie nach dem Tode, 1994, 277

nur, was vorher berechnet wurde, und man sieht so, wie es die Geschwindigkeit des Rechners erlaubt, wobei man diese Seh-maschinen,[17] vom Fotoapparat bis zum PC, anfangs nicht für zivile, sondern für Kriegszwecke entwickelt hat.[18]

– *Inkurs: Vom Leib über die Körper-Maschine zur Information*

Der Technikkörper, darüber mag es keinen Zweifel geben, ist kein Leib. Aber wie verhält es sich mit dem menschlichen Körper? Wollte man diese Frage solide beantworten, müsste die Geschichte der Naturwissenschaften referiert werden. Ich beschränke mich auf wenige Stichworte.

Etymologisch geht Leib auf „lib" zurück, was Leben heißt. Körper stammt von „corpor"/„corpus" ab, der tote Leib, der Leichnam, der „Cadaver". Wenn René Descartes von den Körpern spricht, dann muss das Tote bereits mitgedacht werden. Im 16. Jahrhundert setzt, der Körper hat endgültig den Sieg gegen den Leib davongetragen, ein Bewusstsein vom Körper als tote, bewegbare Masse ein.[19] Der Schritt vom Körper zur Maschine ist klein und ähnlich motiviert, wie die Vervollkommnung des Bildes mittels Binärcode: Der Körper ist mangelhaft, sprich sterblich. Man will seine Struktur begreifen, um den Mangel zu überwinden. Die Erfindung optischer Geräte wie Teleskop und später das Mikroskop lassen die Wahrnehmung der Antike spekulativ und trügerisch erscheinen. Man traut den Sinnen nicht, schneidet in das eigene Fleisch, um den Körper zu öffnen, ihn zu zerlegen, um endgültig zu wissen, was er ist. Die Anatomie wird *die* Methode der Naturwissenschaften. Beides, die Zerlegung, sprich Analyse, und die Einsicht in die Funktionslogik der Instrumente kristallisiert sich zur Vorstellung, dass der menschliche Körper nichts anderes sei als eine Maschine.[20] Der Naturwissenschaftler und Philosoph Lamettrie kann in seinem materialistischen Begriffsmodell bereits auf einen Gott verzichten. Für ihn existiert nichts, was sich nicht mittels einer methodisch strukturierten Vernunft wahrnehmen und darstellen ließe. Mensch und Welt sind zu einer Stoffwechselmaschine zusammengeschlossen, die sich durch ständiges Auf- und Entladen selbst erschafft.[21] Damit ist die Sprache der Natur und des Leibes zum Schweigen gebracht, an ihre Stelle tritt ein Diskurs der Maschine, welcher über Zeichen geht und dieselben endlos hervorbringt, so lange, bis es gelingt, Technik und Sprache als eines zu denken. Im „kommunizierenden System" erzeugt der Mensch, bis hin zum Ursprung des Lebens, nur mehr sich selbst.[22]

17 Vgl. Virilio 1989 und 1995
18 Vgl. u. a. Pixner 1998
19 Vgl. Descartes, Meditationes, zit. nach Gebauer, Hand, 1984
20 Vgl. u. a. Berr 1994, insbes. 207
21 Vgl. ebd.
22 „Menschen können über Gegenstände sprechen, da sie die Gegenstände, über die sie sprechen, eben dadurch erzeugen, daß sie über sie sprechen", sagt Maturana 1982, 183, zit. in Berr 1994, 214; vgl. auch Rötzer 1991

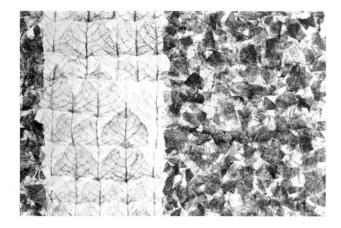

So lebe, was gesprochen wird, und das heißt im Klartext: Der Körper ist tot,[23] es lebe die reine Information.[24] Tasten wir uns vorsichtig am tödlichen Klartext vorbei. In seinem Buch „Die fünf Sinne" schreibt der französische Mathematiker und Philosoph Michel Serres: „Der reine Tastsinn öffnet den Weg zur Information, dem sanften Korrelat dessen, was man früher einmal den Verstand nannte."[25]

3 GEMEINER SINN

So bezeichnet Serres die Haut. Die Haut ist allen Sinnen gemein und stellt den Übergang zwischen ihnen her. Die einzelnen Sinne sind zwar etwas transparenter, stärker vibrierend, schärfer, höher oder leistungsstärker, aber zugleich auch gröber.[26] Keine Wahrnehmung, meint Ahmet Çakir, vermittelt mehr Informationen als das Haptische.[27] Und Diane Ackerman weist darauf hin, dass der Tastsinn der erste sei, der ausgebildet wird, und der letzte, der absterbe. So lehrt die Berührung, dass das Leben Tiefen und Konturen hat, wie es aber auch vergänglich ist.[28] Lassen sie mich Ihnen nun, in wortloser Bewegung, eine spezielle Art der Berührung 2 Minuten lang zeigen. In ihr spitzt sich nur zu, was jeder kennt. Während Beat Kammerlander den „Silbergeier" klettert, wird er von Gerhard König gefilmt.

– *Gewissheit gegen Wissen*
Diese Passage erzählt vieles, ich konzentriere mich auf eines: die Hand. Sie greift und es scheint, dass sie dabei nicht nur

23 Vgl. Kamper, Tod des Körpers, 1989
24 Vgl. insbes. Capurro 1996
25 Serres , Sinne, 1993, 108
26 Vgl. ebd., 88
27 Vgl. Çakir 1996, insbes. 262
28 Vgl. Ackerman 1991, 96 und 125

Abb. 32

wisse, sondern Gewissheit hat. Diese einfache Beobachtung lehrt, dass man auch anders denken kann. Seit Descartes daran gewöhnt, den Zweifel zum Ausgang des Denkens zu machen, zeigt uns dieser Kletterer das Gegenteil. Er bewegt sich dort noch weiter, wo die Vorstellung aufhört.[29] Elementare Körpereindrücke können nicht Gegenstand des Wissens sein und entziehen sich weitgehend der Sprache, weil sie dem Wissen wie der Sprache vorangehen. Gunter Gebauer würde, auf Ludwig Wittgenstein bezogen, an dieser Stelle behaupten, dass die ergreifende Sicherheit der Hände eine fundamentale Gewissheit des Denkens bedeute, gegründet in der materiellen Struktur des Körpers. „Die mit Hilfe des Körpers erzeugten Gewissheiten liegen *tiefer* als andere Gewissheiten unseres Weltbildes."[30] Erste und letzte Instanz ist somit das *Hand*eln, und Handeln ist immer körperlich. Folglich müsste, quer zum Gewohnten, Erkenntnistheorie von den Händen her aufgebaut werden.[31] Was hatte uns Descartes beigebracht? Jede Form von Beziehung zwischen Körper und Denken ist abzulehnen, an ihre Stelle hat eine bodenlose Skepsis gegenüber Erfahrung und Sinne zu treten, da diese nichts weiter als Täuschung sind. Erkenntnis wird allein aus dem Geist heraus erzeugt, denn der Körper könnte möglicherweise auch anders, sprich Traum oder Einbildung sein, „vielleicht sind unsere Hände, unser ganzer Körper nicht so, wie wir sie sehen […] wir erkennen sie nicht dadurch, dass wir sie sehen oder dass wir sie berühren, sondern allein dadurch, dass wir sie mit Hilfe des Denkens entwerfen".[32] Was Descartes entgangen und worauf Wittgenstein mehr als einmal hingewiesen, ist, dass Denken nicht aus dem Nichts kommt. Jede Art der Einsicht setzt

29 Vgl. Peskoller, BergDenken, 1997
30 Vgl. Wittgenstein, Über Gewissheit § 96, zit. nach Gebauer, Hand, 1984, 241 bzw. 257 f.
31 Vgl. Gebauer ebd., 256
32 Descartes, Meditationes, zit. nach Gebauer, a. a. O., 236

immer schon die Tatsache voraus, dass man einen Körper hat. Das In-Gebrauch-Nehmen desselben erzeugt, man stelle sich nur die ganz kleinen ErdenbürgerInnen vor, erste Gewissheiten, noch längst bevor das erste Wort gesprochen. „Ich weiß", sagt Merleau-Ponty, „daß die Gegenstände viele Gesichter haben, da ich um sie herumgehen könnte, und insofern bin ich der Welt bewusst durch das Mittel des Leibes".[33] Die Lösung liegt darin, sich auf diesen Leib einzulassen, was dieser Kletterer auch getan hat. Im Zu- und Ergreifen erhält er, wie wir sagten, eine Gewissheit, die über das Wissen hinausreicht bzw. diesem zu Grunde liegt. Nun hält die Hand den Griff nicht nur fest, sondern lässt ihn auch wieder los. Erst im richtigen Wechsel von Festhalten und Auslassen glückt die Fortbewegung. Der Moment, in dem man Tritt oder Griff verlässt, bedeutet Ungewissheit. Ist wenige Zentimeter weiter oben wieder einer, der hält? Und wenn nicht: Komme ich zum letzten zurück? Wie viel trennt mich von der soeben verlassenen Sicherheit? Während man so denkt, hat die Hand erneut den Halt gefunden, als gäbe es für sie nichts anderes als diese zarte Gewissheit zwischen Vernunft und Empfindung.

– *Die Haut als Medium*

Wie die Hand zupackt, spürt die Haut. Sie gehört in der naturphilosophischen Tradition zum Wasserhaften, und das ist bei Lukrez ein Bild für die Natur der Dinge, deren erotische Form die Berührung ist. Die Dinge, aus den Elementen gemischt, pulsieren und berühren sich. Dinge wie auch der Kosmos werden von zwei Grundprinzipien strukturiert: Vakuum und Atome. Der römische Dichterphilosoph Lukrez, er lebte von 98 bis 55 vor unserer Zeit, steht mit der Vorstellung, alles entstünde aus einem dynamischen Chaos, im schärfsten Gegensatz zum platonischen Demiurgen, der Elemente und Dinge nach den Gesetzen planender Vernunft und Schönheit einrichtet. Bei Lukrez ordnet sich die Welt durch hinreichend Zeit und Versuche. Der Zufall entscheidet, wodurch sich Zonen des Nichtbestimmbaren öffnen. Gott wäre bei Lukrez ein Spieler und die Natur bleibt absolut souverän. Der Mensch hat sich an ihr auszurichten und der Todesfurcht standzuhalten. Dadurch wird der Raum sinnlicher Freude, den unser Leib umschließt, lebbar. Lukrez schlägt somit eine physiozentrische Ethik vor, die den Wunsch nach Unsterblichkeit als ein Versäumnis des Möglichen ablehnt. Die Seele stirbt mit dem Leib, da sie auch mit ihm entstand. Im Gegenzug hörten wir bei Platon von der Idee als der unsterblichen Seele.

33 Merleau-Ponty 1966, 106, zit. nach Karpenstein-Essbach 1989, 231 f.

Lukrez hat sich vom Feststehenden zugunsten des Durchlässigen verabschiedet und weiß, nur bewegt zeigen sich die Dinge. Vermischung, Durchdringung, Verkopplung sind drei Dimensionen für ein Modell des Lebendigen, so bereits Empedokles, auf den sich Lukrez bezieht. Bei Empedokles' medialer Sinnesphysiologie ist die Geschwindigkeit zentral. Das Bild, als Abdruck vom Ding, strömt zum Auge und umgekehrt. Bilder wie Dinge sind im Nu gegenwärtig. Die Bilder, von einer solchen Locker- und Zartheit, sind so schnell, wie das Licht der Sonne durch den Äther stürzt, sie durcheilen die Sphäre der Dinge und werden von den Sinnen aufgenommen. „So fließt", schreibt Lukrez, „zwischen Leib und Dingen nach der Passung der Poren ein ständiger Strom des Gleichen zum Gleichen."[34]

Vom Griff des Kletterers sind wir über die Hand zur Frage nach der Erkenntnis gelangt, die Gewissheit und somit mehr ist als Wissen. Gewissheit ist in der materiellen Struktur des Körpers verankert und schafft die Bedingung für Erkenntnis. Was Hand und Körper umschließt, ist die Haut. Durchlässig und weich gibt sie ein Modell ab für das Lebendige, sprich dafür zu begreifen, wie Welt beschaffen ist, wird und vergeht. Die Empfindungen über die Haut vergehen, sagten wir eingangs, als Letztes. Die Haut hält bei Lukrez die Seele davon ab, den Körper zu verlassen. Zugleich hält sie den Kontakt nach außen und öffnet den Weg hin zur Information. Die Haut, der gemeine Sinn, ist selbst medial durch das Spiel der Berührung. Der Kletterer ist kundig in diesem Spiel der Berührung, und er sieht das Mögliche in der präzisen Wahrnehmung dessen, was sich zeigt. Das Gegebene ist eine Gabe, ein winziger Riss im Fels z. B. oder eine Schuppe weisen den Weg in der Vertikalen. Es ist die Schwierigkeit, die dieser Kletterer sucht und in großer Reduktion vorfindet. Nicht der Code, sprich die Sprache, entscheidet, sondern die Hand, sprich die Handlung. Sie gelingt, wenn man sich auf den Leib einlässt, und zwar nicht nur durch Kontrolle, was zuvorderst dem Auge zufällt, sondern durch Tasten. Das Taktile[35] versammelt die anderen Sinne, mischt und streut sie. Dieses Gemisch ist der Grund, von dem alles, jede Erfahrung ist bekanntlich auch ein solches, ausgeht. Nicht das Eindeutige, sondern die Unschärfe, wie sie im gemeinen Sinn vorliegt, gibt Gewissheit, welche das Wissen überschreitet und daher für dieses Voraussetzung ist.

34 Zit. in Böhme, Welt, 1993, 433; „Ununterbrochen fließen von den untrüglichen Dingen die Düfte ab [...] So zumal eilt von allen Dingen jedes im Flusse fort und wird überall nach allen Seiten gesendet und in all dem Fließen wird nicht Rast noch Ruhe gewährt, da wir ohne Unterlaß alles spüren und alles immer zu sehen, zu riechen und Töne zu hören uns gegeben ist" (Lukrez IV, 218–229, zit. in Böhme ebd., 435).

35 McLuhan versteht unter Tastsinn nicht so sehr einen gesonderten Sinn, sondern einen, der im Wechselspiel aller Sinne besteht. Dies sei auch der Grund, dass der Tastsinn, wenn das Auge hypotrophiert, verkümmert (vgl. in Vief 1989, 291).

Wie verhält es sich in virtuellen Welten? Auch sie – man denke an die unzähligen Oberflächen – haben Häute, durch welche zwei Augen aufeinander treffen: das innere, es ist, wie wir sagten, blind, da es nicht schaut, sondern zählt und rechnet, und das des Benutzers, welches gerade die Umkehrung übt: Je besser ein Ding nachgebildet, desto natürlicher erscheint es und umso künstlicher, sprich mehr Rechenoperationen hat es hinter sich. Zwei Häute, ganz und gar verschieden, die eine gründet in der materiellen Struktur des Leibes, die andere in der des reinen Geistes, überkreuzen sich. Was bedeutet das? Es bedeutet eine Chance. Die Chance besteht dort, wo auch die Gefahr liegt. Mit der Computertechnologie, die, wie ich zu zeigen versuchte, schon früh ihre Wurzeln schlug, wird unser Leib nicht nur zum Körper, sondern als solcher in einem bislang ungekannten Maße erweitert. Hat die Schrift eine Trennung von Denken und Handeln erwirkt, so arbeiten die neuen Medien in die andere Richtung. Die Grenze zwischen Körper und Medium bzw. Technik verschwimmt und im Verschwimmen zeichnet sich dreierlei ab:

1. Mit der Erweiterung des Körpers geht, im Flüssigwerden der Grenzen des Eigenen, das verloren, worauf wir so lange gesetzt haben: Identität.
2. Der Geist, vormals Bewusstsein, Bedeutung und Sprache, wird nun, in den neuen Medien, zur Verkörperung. Das fordert die Benutzer heraus zu fragen, welcher Art der Körper sei, in dem sie selbst stecken. Denn Grundlage eines gleichwertigen Austauschs mit den Medien ist eine feine, hochsensible Eigenkörperempfindung.[36]
3. Im tätig-handelnden Umgang mit den neuen Medien treten Menschen- und Maschinenkörper einander sehr nahe. Diese Nähe zerstört Illusionen und anstelle einer aussichtslosen Selbstvergewisserung tritt eine gewusst geübte Selbsttäuschung. Diese hat eine Erschütterung dessen zur Folge, was gemeinhin als wirklich gilt.

Diese Ent-täuschung vermag, neben Angst und Verunsicherung, die Ausbildung eines 6. Sinns zu schaffen, den ich probehalber „medialen Sinn" nenne. Ich könnte ebenso gut von einer anderen Denkform sprechen. Der mediale Sinn hat sich zuallerst kundig zu machen in der Zeit. Denn beide, menschlicher Körper wie verkörperter Geist, sind durch eine je andere Zeit bestimmt:

36 Vgl. Leeker 1995, 100

Kairos und Chronos. Der mediale Sinn soll,[37] wie sein Name, zwischen Differenzen vermitteln, ohne sie ganz zu verwischen. Das bis zum Extrem angespannte Verhältnis von Körper und Verkörperung verlangt nach Vermittlung und wird im Vermitteln zu einer Praktik des Zwischenraums. Mit Sicherheit wird sich dieser 6. Sinn reflexiv auf die anderen fünf Sinne auswirken. Über die Sinne zum Sinn, heißt das Thema. Ich habe nicht Position gegen die neuen Medien ergriffen, mich aber verstärkt um den Leib und um den Körper gekümmert, und was dabei herauskam, ist eine Bezeichnung dessen, was es in der Zeit „Über die Sinne" zu suchen galt. Zum Abschluss erneut den Anfang, aber der ist nicht mehr derselbe –

Abb. 33   Abb. 34   Abb. 35[38]

– und zwei Fragen an die ZuhörerInnen für die Diskussion: Haben Sie Erfahrung mit dem, was ich „medialen Sinn" nenne? Und wie würden Sie diese Erfahrungen beschreiben?

37 *Sinn* bedeutet etymologisch ‚Gang, Reise, Weg', leitet sich vom Verb *sinnen* ab ‚streben, begehren'; die germanische Wortgruppe beruht auf der idg. Wurzel ‚sent', was ‚gehen, reisen, fahren, eine Richtung nehmen, eine Fährte suchen' bedeutet.

38 Das Original, sprich das reale Blatt, habe ich in einem Schächtelchen verwahrt und mitgebracht, damit man es angreifen konnte; es war bereits zerfallen.

Die Kunst der Berührung*

Randnotizen zu einem Paradigma des Performativen

ANFANGEN

Gegenstand meiner Überlegungen ist die Bewegung[1], Bewegung als Bedingung für Erfahrung.[2] Im Folgenden wird also der Versuch gewagt, Performatives zur Grundlage einer qualitativen Empirieforschung zu machen. In einem ersten Schritt erfordert diese Grundlegung, Bewegungen darzustellen und nachzuschreiben.[3] Das Videomaterial, auf das ich mich dabei beziehe, kommt zum einen aus der bildenden Kunst: der Künstler Maurizio Bonato bereitet das Malen eines Bildes vor; zum anderen aus der Senkrechten: der Kletterer Beat Kammerlander befindet sich im „Silbergeier" an der 4. Kirchlispitze-Südwand im Rätikon.

In den Bewegungen des Malers wie des Kletterers drückt sich eine Verausgabung aus, wobei das eine Mal ein Bild entsteht und das andere Mal eine nahezu unsichtbare Spur zurückbleibt. Wie lässt sich die Verausgabung bis hin zur Verschwendung, wie lassen sich Bewegungen und ihre Spuren und wie Erfahrung denken? Diesen Fragen ist zweierlei zu entnehmen: Ich suche nicht nach Lösungen, sondern danach, Probleme richtig zu stellen; es geht auch nicht um Frauenforschung und Geschlechtergeschichte in einem engen Sinn, sondern um das Teilhaben an einem *Bildungsprozess*.[4]

Den Bildungsprozess strukturieren Ereignisse. Sie sind nichts Besonderes für die, die handeln, da im Extrem geübt; das gilt aber nicht für diejenigen, die dabei zusehen. Zwischen beiden tut sich, je weiter die Beschreibung fortschreitet, eine für das Verstehen immer größere Kluft auf. Anstelle des Verstehens beginnt sich etwas zu zeigen. Was sich zeigt, bleibt allerdings unscharf und von kurzer Dauer. Die Vermutung, dass in der Unschärfe

* Den Titel verdanke ich der Tiroler Künstlerin Lies Bielowski und ihren fragilen Blätterbildern, vgl. Peskoller, Berührung/Vernissage, 1998. Vorliegender Vortrag wurde im Rahmen einer interdisziplinären Ringvorlesung an der Universität Innsbruck im November 1998 gehalten. Die Ringvorlesung stand unter dem Titel „Das Geschlecht, das sich (un)eins ist? Frauenforschung und Geschlechtergeschichte in den Kultuwissenschaften". Unter demselben Titel ist 1999 ein Dokumentationsband erschienen, in dem dieser Vortrag abgedruckt wurde.

1 Geht man dem Wort *Bewegung* nach, dann macht man eine überraschende Entdeckung. *Bewegen* (*vega*) meint ‚schwingen', ‚heben', ‚wiegen' (von *Wiege*) und ‚fahren', aber auch ‚erregen', ‚ziehen', ‚veranlassen' und ‚einschätzen'. Welchen Stellenwert gibt die Philosophie der Bewegung? Bereits bei Parmenides sieht es, und das wird Tradition, nicht gut aus mit der Bewegung. Die sich in Bewegung und im Werden befindlichen Gegenstände haben einen minderen Seinsstatus. Dasselbe gilt für deren Erkenntnis. Die Formel lautet: „Was sich bewegt, ist Schein!" Anders hingegen bei Heraklit. Für ihn gilt die Bewegung, die Veränderung und das Werden als wesentliches Merkmal der gesamten Wirklichkeit. Von Platon wissen wir, dass die Bewegung ein Merkmal der Gegenstände/Erscheinungen ist. Sie stehen den unveränderlichen Ideen, den Urbildern, die den Gegenständen vorausliegen, gegenüber. Für Aristoteles ist die Bewegung eine Potenz, ein Akt, in dem sich die Aktualisierung als eine Verwirklichung von Möglichkeiten eines Seienden ausdrückt. Diese Auffassung wird bekanntlich im Mittelalter erneut aufgegriffen. Ab dem 17. Jh. unterrichten uns dann in erster Linie die Naturwissenschaften; so beschreibt z. B. die Physik Bewegung als eine in der Zeit stattfindende Ortsveränderung eines Körpers.

2 Um erfahren zu werden, muss man sich schon bewegen, zumindest galt dies für eine lange Zeit so. Das Wort *Erfahrung* wurzelt im ahd. *irfaran* (um 800, mhd. *ervarn*) und bedeutet ursprünglich (bis ins Frühnhd.) ‚reisen', ‚durchfahren', ‚-ziehen', ‚erreichen' und ‚einholen'. In spätahd. Zeit entwickelt sich daraus ein ‚kennenlernen', ‚erforschen', ‚erkunden', Bedeutungen, die darauf verweisen, dass man sich physisch nicht mehr ganz so weit (fort-)bewegen musste, um als erfahren zu gelten. Siehe hierzu auch die Begriffsgeschichte von *Erkenntnis*.

3 Der Vortrag wird im Gehen gehalten und nähert sich in der Bewegung einem rituellen Sprechen, das einem performativen Akt gleichkommt, der als Handlung den Inhalt nachbildend verkörpert.

4 Das Wort *Bildung* verweist sowohl auf ein Ergebnis als auch auf einen Prozess. Bildung kommt von *bildunga/e* (11. Jh.), was soviel wie ‚Beil‘ bedeutet. Mit einem Beil kann einem toten Material eine gewollte Gestalt gegeben werden. Man kann ohne dieses Werkzeug aber auch eine bestehende Materialform wiederholend nachbilden. Bildung meint, bevor sie mit Beginn des 18. Jh. im Zuge der Verwissenschaftlichung der Pädagogik eine Verflachung und Instrumentalisierung hinnehmen musste, zuvorderst einen schöpferischen Akt. In der Bildung steckt das Bild. Das Bild wiederum hat seinen Ursprung in einem indogermanischen Stamm. Aus dem Altsächsischen kennen wir die Bezeichnung *bilidi*, was so viel wie ‚Wunder‘, ‚Wunderzeichen‘, ‚Wunderkraft‘ heißt. Von Bildern geht eine Kraft aus, die man immer schon kannte, und im Inneren des Bildes liegt ein Rätsel, das man bis heute nicht zu lösen vermag. Bilder, sagt Dietmar Kamper, sind höchst ambivalent; sie scheinen, von Anbeginn, gezeichnet durch einen Riss. Auf Lacan bezogen meint Kamper, dass die Produktion von Bildern zur Überlebensstrategie der Menschen gehöre. Bilder beschützen das Trauma und stützen das Phantasma, sodass die ungeheure Bilderproduktion unserer Zeit weniger Leben sichert als selbst zu einer Todesfalle, zumindest aber zu einem Selbstgefängnis wird (vgl. Kamper: Das Bild als Tod in Person, 1996). Mit diesem schwierigen Tatbestand hat sich Bildung zu befassen, indem sie zu beschreiben versucht, was ein Bild ist, wie Bilder (auch digitale) strukturiert sind und wie sie wirken. Das Verb *bilden* meint ‚formen‘, ‚hervorbringen‘, ‚darstellen‘, ‚sein‘, ‚sich seelisch-geistig entwickeln‘, ‚sich Wissen aneignen‘, ‚sich zusammensetzen‘, ‚erziehen‘ und ‚bedeuten‘. Aus dem Hebräischen wissen wir, dass bilden in *jeser* die materiale Seite betont (Töpfertätigkeit), ähnlich in Ägypten, wo sich in der Schöpfung zuallererst ein handwerkliches Schaffen zum Ausdruck bringt. In Griechenland unterrichtet das Wort *plattein* noch vom Bilden als eine Plastik. Weniges noch zum Wortfeld: *bildsam*, *einbilden*, was so viel wie ‚in die Seele hineinprägen‘ heißt, *vorstellen*; *ausbilden*, d. h. zu ‚einem Bild ausprägen‘; *entbilden* wiederum bedeutet, ‚einem Bild auf den Grund zu gehen‘.

Was ich mit diesem Inkurs bezwecken möchte, ist, den Bildungsbegriff durch Anschlüsse an vormalige Bedeutungen zu erweitern. Neben der sozialen, sachlichen, biographischen, politischen, ikonographischen und temporären Dimension sei hier mit Nachdruck auf die aisthetische/ästhetische, mediale und materiale Seite von Bildung hingewiesen.

das Unmögliche für Momente aufblitzt, liegt nahe. Das Unmögliche steht für das, was Menschen bei ihrer Subjektwerdung verwerfen und verwerfen müssen.[5]

Das Unmögliche als das Verworfene ist auch das, was sich der Darstellung entzieht. Wie aber kann es dennoch gelingen, Spuren des Nichtdarstellbaren wahrzunehmen?[6] Diese Frage richtet sich weniger auf einen Gegenstand als vielmehr auf das Verfahren.[7] Womit ich verfahre sind Grenzen, Grenzen nicht als Ränder, sondern Mitten, wo sich zwei Enden berühren. Die Berührung markiert einen Übergang vom Gleichförmigen ins Heterologe.[8] Eine Art, Grenzen sinnlich erfahrbar zu halten, ist die Erzählung. Sie verteilt das diskursive Universum nicht nur um, sondern verschiebt auch die Form wie die Beziehung zu anderen Texten und berührt letztlich die Sprache und das Sprechen selbst.[9] Radikaler als die Erzählung ist das Nachschreiben. Es folgt in einer doppelten Bewegung – Denken und Schreiben – den realen Bewegungen des Körpers so lange als möglich. Beobachten von außen, Erinnern und Empfinden von innen und der Ausdruck spielen dabei eine entscheidende Rolle. Dort, wo alle vier aufeinandertreffen, entfaltet sich eine merkwürdige Topographie. Sie ordnet den Raum zwischen Bewusstsein und Instinkt.[10] Körper, Sprache und Bild (ver)suchen einander und achten darauf, sich selbst und auch das jeweils andere nicht zu opfern. Dadurch kommt ein Drittes ins Spiel und dieses Dritte wäre weder Frau noch Mann, sondern Ausgänge aus beiden. Mit dieser Wendung ins Offene fällt den Dingen eine besondere Bedeutung zu. Konkret heißt das, dass die Aufmerksamkeit auch den Wirkungen dessen gilt, womit und wodurch gehandelt wird: das ist zuallererst der Körper selbst, aber auch das Papier beispielsweise, auf dem ein Bild entsteht, oder die Felswand, welche die Bewegungen aufnimmt. Ich behaupte nämlich, dass Denken nur jenseits der Anthropozentrik ernstlich zu gelingen vermag, wobei es aber dieses Jenseits nicht gibt, denn es stellt sich rasch als ein Diesseits heraus.[11] Diesseits zu denken meint, der Materie, den lebendigen Körpern, ihren Bewegungen und damit dem Singulären den Vorzug zu geben. Diese Entscheidung zerwirft mich nicht nur mit Kategorien traditioneller Philosophie[12], sie öffnet auch in eine andere Richtung. Nach und nach fängt das Performative an, die Dekonstruktion abzulösen und stellt dadurch einen Paradigmawechsel in Aussicht. Erika Fischer-Lichte spricht bereits von einem „performative turn" in den Kulturwissenschaften, und Sybille Krämer fasst das neue Erkenntnismodell mit „Verkörperung".[13] Genau an dieser Stelle ist mein Beitrag anzusiedeln.

Um im Ausdruck, in der Handlung und mit den Dingen zu bleiben, d. h. eben auch an dem, was nicht Mensch ist, habe ich Umrisse einer Methode entwickelt, die ich „Gegenstandsnahe Reflexivität" nenne und die noch auszuarbeiten wäre.[14] In ihr wird das Materiale als die Bewegung eines Denkens im Körper nicht aufgegeben. Dadurch kommt eine aisthetische Dimension zum Tragen, ein zartes Gefüge aus Wahrnehmung und Darstellung, das Zwischenräume ausbildet, in die das Sprechen fällt. Unter Zwischenraum verstehe ich eine qualitative Distanz zwischen Personen und Dingen. Die Abstandnahme ist weniger räumlich als vielmehr zeitlich gemeint, was hinführt zu einem Hindernis der besonderen Art. Unsere Begriffe sind, das lässt sich bereits bei Bergson nachlesen, nach dem Bild fester Körper geformt. Man stellt sich Begriffe konstant, stabil, konsistent, hart und durchsichtig vor, mit klaren, unterscheidbaren Rändern, und das hat zur Folge, dass unsere Logik vorzüglich eine der festen Körper ist, in der der Intellekt seine Triumphe vorzugsweise in der Geometrie feiert.[15] Die Geometrie arbeitet mit dem Raum und räumlich sind auch die Begriffe. Wollen wir

5 Vgl. dazu Georges Bataille in Helga Finter 1992, 7–10 und 13–31, hier 7.

6 Vgl. konkret dazu Helga Peskoller, 1 cm 2000, Kapitel 2 in diesem Buch. Hier wird der Versuch unternommen, das Unmögliche darzustellen.

7 Verfahren wird in einem ursprünglichen Sinn gedacht, als ein Vergehen und ein Zugrundegehen mittels der Nachschreibung von Bewegungen bis zu der Stelle, wo sich das Material selbst zu äußern anfängt.

8 Vgl. die Konzeption der Heterologie in Batailles „Le bleu du ciel". Hier wird die Schreibpraxis selbst zu einem Forschungsfeld des Heterogenen. Vgl. auch Kamper, Unmögliche, 1995, 113–148 sowie sein „Nachträgliches epistemologisches Minimum", Fauzan 1994.

9 Vgl. Finter (Anm. 5), 18.

10 Bewusstsein wird hier als das Wissen um die eigene Unvollständigkeit und Instinkt als der Wille zum Leben verstanden.

11 Vgl. Peskoller, „8000", 1998, Kapitel 4 in diesem Buch.

12 Vgl. Anm. 1 und 2

13 Vgl. Erika Fischer-Lichte 1998 und Krämer 1998; zur Begriffsgeschichte der Performativität vgl. insbes. König 1998

14 Die Darstellung der Grundzüge dieser Methode war Gegenstand meines Habilitationskolloquiums im Juni 1996, vgl. Peskoller, Gegenstand, 1996, Kapitel 2 in diesem Buch.

15 Vgl. Bergson 1967, insbes. 43

aber über Zeit und Qualitäten sprechen, reicht das Räumliche und mithin der Begriff nicht aus, Begriffe verhindern nahezu das Erkennen. Gehen wir aus diesem Grund bis zu dem Punkt zurück, wo etwas erst im Begriffe ist, sprachlich zu werden. Es geht also um den Akt der Wahrnehmung selbst, um das Gewahrwerden von Nuancen, das die Vorgänge im eigenen Körper nicht ausspart. Erkenntnis ist nie vom Körper zu trennen, jedes Trennen hieße streng genommen sterben. Nimmt man wahr, geht etwas vor. Was ist es, das vorgeht? Den Erfahrungen beispielsweise gehen Bewegungen voran und an sie sind Empfindungen gebunden, die ihrerseits erneut Bewegungen nach sich ziehen. Jede Bewegung nimmt ihren Ausgang im Körper und braucht zuallererst Zeit, um sich vorbereiten zu können. Diese Vorbewegung oder Regung gerät, unsichtbar und zu lange zurückgehalten, unter Druck. Der Druck löst sich schließlich im Ausdruck, und der Ausdruck führt über von der Unsichtbarkeit in die Sichtbarkeit.[16]

MALEN

Abb. 36[17]

16 Vgl. Peskoller, Anm. 6
17 Hier erhält ein Bild seinen Grund. Dieses Bild ist im Original in Farbe und wurde Maurizio Bonatos Video „denkmalen" von 1998 entnommen.
18 U. a. von Francesco da Rimini, gesendet in Ö1 am 11. 2. 1998, 10 Uhr, aus der Veranstaltungsreihe „Resonanzen", Wien 1998, gespielt vom Österreichischen Ensemble Unicorn.

Zu hören ist eine spätmittelalterliche Musik[18], was aber kann man sehen? Zunächst eine Wand mit Papier, in den Farben Grau, Grünblau bis Orange. Dann eine Hand, die einen Schwamm festhält, der das Papier durch Bewegung berührt. Die Bewegungen fallen unterschiedlich aus. Einmal wird weit ausgeholt, dann wieder an einem Fleck auf und ab, hin und hergewischt, kräftig wie auch zart. Die Bewegungen erscheinen rhythmisch, aber welcher Art der Rhythmus ist, bleibt unbestimmt. Das Papier verändert sich, nicht überall und auch nicht ständig, sondern punktuell. Wo der Schwamm die Fläche angreift, entsteht ein silbrig-feiner Glanz. Die Feuchtigkeit legt sich hauchdünn auf das Papier und zeigt, wie es beschaffen ist. Das Wasser zieht ein, trocknet nach, trägt ab. Das Papier erscheint porös. Es wölbt und biegt sich, passt sich ein und beschreibt einen komplizierten, wandlungsfähigen Weg zwischen den Dingen der Welt und dem, der sich ihnen nähert. „Wer die Dinge erkennen will", so der französische Mathematiker und Philosoph Michel Serres, „muß sich erst einmal zwischen sie stellen. Nicht nur vor sie, um sie zu sehen, sondern mitten in ihr Gemisch, auf die Wege, die sie verbinden."[19]

KLETTERN

Abb. 37[20]

Ein Raumwechsel: vom Atelier in die Natur; dann eine Verschiebung der Raumachsen: von der Horizontalen in die Vertikale. In ihr bewegt sich ein Mann[21], schwierig genug für den Körper, geschweige denn für den Kopf. Und so stellt sich das Problem Klettern letztlich als eines heraus, das sich zu Grenzen äußert. Die Forschungsfrage lautet: *Wie ist es möglich, eine (extreme) Praktik zu denken, die sich gerade dadurch auszeichnet, nicht (mehr) zu denken, sprich selbstvergessen zu handeln?*

Paradox die Frage, problematisiert wird eine Selbstverständlichkeit für jede und jeden, die und der Wissenschaft betreibt: Denken. In Aussicht stehen zwei Art und Weisen zu denken, in den Blick gerät, was so nahe wie möglich am Gegenstand zu

19 Serres, Sinne, 1993, 102.
20 Das ist ein Bild vom Verlust des Grundes. Der Vorarlberger Kletterer Beat Kammerlander befindet sich am Beginn der anspruchsvollsten Passagen des „Silbergeiers"; gefilmt hat 1994 in Farbe Gerhard König, der Titel des Films lautet „Dokumentation einer Unzweckmäßigkeit".
21 Ursprünglich war ein Ausschnitt aus dem Video von Lynn Hill „the Nose" geplant, das mir die Österreichische Post nicht mehr rechtzeitig zugestellt hatte. Es ist anzunehmen, dass sich ein Vergleich der unterschiedlichen Bewegungsart von Hill und Kammerlander gelohnt hätte.

22 Bergson, 1994, 7

23 In „Zeit und Freiheit" hat Bergson die psychologische Erfahrung der Dauer beschrieben. Sie ist ein Übergang oder Wandel, ein Werden, aber ein Werden, das dauert und ein Wandel, der Substanz hat. Dabei fällt auf, so G. Deleuze, dass Bergson kein Problem darin sieht, die beiden Grundmerkmale von Dauer – Kontinuität und Heterogenität – zusammenzubringen. Dauer ist, so verstanden, nicht nur gelebte Erfahrung, sie ist bereits erweiterte, sogar überschrittene Erfahrung, *Bedingung für die Erfahrung*. Denn was uns die Erfahrung liefert, ist immer ein raumzeitliches Konglomerat. Die reine Dauer erweist sich als ein rein innerliches Nacheinander [sucsession] ohne Äußerlichkeit; der Raum hingegen ist Äußerlichkeit ohne Nacheinander (das Gedächtnis vom Vergangenen, die Erinnerung an das, was sich im Raum ereignet hat, würde ja bereits einen Geist voraussetzen, der Dauer hat). Vgl. Deleuze, 1997, insbes. 53

24 Vgl. insbes. Peskoller, 17 Stunden 1999, Kapitel 4 in diesem Buch.

25 Vgl. Stephan Sting 1991, insbes. 17: „Jede Er-fahrung beruht auf zwei Voraussetzungen: Sie bedarf eines Fahrenden, der von seiner Einbeziehung in den zu erfahrenden Wirkungszusammenhang zumindest teilweise gelöst ist, und sie ergibt sich aus einer wirklichen Fahrt, die Wege und Fortbewegungsmittel zu Hilfe nimmt. Die Distanz, das Machtverhältnis, das der Erfahrende zum Erfahrenen unterhält, ist verkörpert in der Geschichte der Bedeutungen des Begriffs. Als Fahrt durch den Raum schleppt die Erfahrung ein ‚Ereilen'/‚Überfahren' oder gar ein ‚Zu-Tode-Fahren'/‚Zu-Schanden-Fahren' mit sich, das erst mit wachsender Abstraktion von der konkreten Fahrt die Ruhe des bloßen ‚Erkennens'/‚Erkundens'

bleiben vermag. Was ist hier der Gegenstand? Zunächst das, was geschieht – die Handlung. Kann Handeln überhaupt gedacht werden? Handeln, ein äußerst komplizierter Vorgang. Wer einmal versucht hat, Radfahren oder Zähneputzen zu beschreiben, weiß, was ich meine. Die Praktik überschreitet das Denken. Je linearer, umso früher und je unbeweglicher, desto rascher der Verlust dessen, was Sache ist. Im Scheitern decken sich Strukturen des Denkens selbst auf, indem es seine Voraussetzungen freilegt. Je extremer die Sache, desto wahrscheinlicher zerbricht daran der Kopf, und das ist Absicht.

BILDEN/DENKEN

Was liegt hier vor? Eine spezielle Art von Bewegung. Jemand, Beat Kammerlander, es könnte ebenso gut Lynn Hill sein, bewegt sich fort, wo das Auge kaum noch Halt findet. Die Fortbewegung ist ungeteilt, wäre sie das nicht, kippte der Kletterer/die Kletterin aus der Wand. Somit steht nicht das Begreifen von Quantitäten, sondern das Beschreiben von Qualitäten an und mithin die erste große Schwierigkeit. „Die Sprache zwingt uns", so Henri Bergson, „unter unsern Vorstellungen dieselben scharfen und genauen Unterscheidungen, dieselbe Diskontinuität herzustellen wie zwischen materiellen Gegenständen."[22] Die Zeit aber ist nicht diskontinuierlich, sie ist ein Kontinuum, heißt es an einer anderen Stelle. Bergson bringt die Qualität mit der Zeit und die Quantität mit dem Raum in Verbindung.[23] Welches Sprechen aber fasst die Zeitlichkeit und mit ihr die Bewegung? Zu dieser schwierigen Frage scheint nur weniges gesichert und was gesichert ist, erhöht nur noch die Unsicherheit: Der Pause ist nämlich ein winziger Vorsprung gegenüber dem Sprechen einzuräumen. In dieser Pause kommt es zu einem Schweigen und Schweigen trifft das Reale, sprich den Körper selbst.[24]

– *Intensität : Erfahrung*[25]

Jede Bewegung hat ihre Vorgeschichte. Bevor sie außen sichtbar, wird sie innen vorbereitet, und diese Vorbereitung wiederum geschieht niemals jenseits des Körpers. Ihr geht das Wahrnehmen voran, eine erste Antwort auf das unmittelbar Gegebene.

Inkurs: Die Schuppe, Kerbe oder der Riss in der Wand bildet sich ein. Das Einbilden ist weniger ein Vorstellen im Kopf, man weiß, dass Extreme zuvorderst mit den Fingern und Zehenspitzen „sehen". Sehen wird zu einem Tasten und Tasten ein Zusammenspiel mehrerer Sinne.[26] Der Gleichgewichtssinn beispielsweise verteilt während jeder Bewegung Spannung und Gewicht. Unterbliebe oder misslänge diese Verteilung, gäbe es kein Weiterkommen. Die Gewichtsverteilung hat mit dem Hören zu tun.[27] Zu hören ist nicht nur der Stein, bevor er, nehmen wir einmal an, surrend den Kopf trifft, sondern vor allem der Atem, welcher dem Druck folgt, der entsteht, wenn, wie hier beim Klettern, die Wand überhängt und man sich vorzustellen beginnt, den Überhang zu begehen. Die Anstrengung gegen die Kraft, die nach unten zieht, nimmt zu; sie wird als Spannung im Rumpf spürbar. In dieses Spiel der Kräfte interveniert, so lange als möglich, die Beweglichkeit, Beweglichkeit gefasst als Bedingung für die Bewegung, gleichsam als deren innere Natur. Langsam, vorsichtig und mit Sorgfalt schiebt sich der Körper höher. Jede Veränderung gefährdet die Stabilität. Diese Gefährdung hat zur Folge, dass sich die Aufmerksamkeit immer klarer auf das Geschehen selbst richtet. Ein fragiles Spiel mit der Präsenz und je schwieriger die Umstände, desto zwingender die Beachtung der Regeln, aber auch die Bereitschaft, dieselben zu verletzen. Hand und Fuß treffen auf den Fels. Diesem Aufeinandertreffen folgen Empfindungen, die ihrerseits im Erinnern, was bereits erfahren, die Bewegung unterbrechen. Beinahe unterbrechen, denn die Unterbrechung der Bewegung darf letztlich nicht stattfinden, ansonsten fiele man aus der Wand, da die Finger nur begrenzt Halt geben. Der Bewegungsfluss ist es, der in Grenznähe sichert, wobei die Grenze aber, sobald sie erreicht oder gar überschritten wird, nicht verschwindet:

> „Die Spielregeln der Grenze und der Überschreitung sind von einer einfachen Hartnäckigkeit: die Überschreitung durchkreuzt immer wieder eine Linie, die sich alsbald in einer gedächtnislosen Woge schließt, um von neuem an den Horizont des Unüberschreitbaren zurückzuweichen. Dieses Spiel umgibt seine Elemente jedoch auch mit einer Ungewißheit, mit Gewißheiten nämlich, die sich sofort umkehren und sich vom Denken nicht fassen lassen."[28]

Diese Beschreibung der Grenze verweist auf eine merkwürdige Struktur: Grenzen sind offen, auch weil sie geschlossen sind und umgekehrt; Grenzen zählen zur Ordnung des menschlichen Geistes. Die Beschreibung weist aber noch auf etwas anderes hin – auf den Stau, den der Bewegungsfluss im Denken bewirkt.

gewinnt. Erst mit der Durchsetzung der Schrift als vorherrschender Form der Erkenntnis- und Wahrnehmungsvermittlung im 18. Jahrhundert etabliert sich in der neuzeitlich-europäischen Geschichte das ‚Erfahren' als vorherrschende Form der Wahrnehmung." Und weiter, sich auf Adorno beziehend: „Keine Erfahrung, auch kein sogenanntes Erfahrungsmaterial [...] fällt dem Subjekt zu, das nicht vom Allgemeinen vorverdaut und geliefert ist." (In der Antike war die Erfahrung zunächst ein Bild der Irrfahrt des Odysseus.)

26 Vgl. u. a. McLuhan 1968, Çakir 1996, Ackerman 1991, Serres (Anm. 19), Gebauer, Hand, 1984
27 Vgl. Peskoller, insbes. 1998 (Anm. 11)
28 Foucault zit. in Kamper, von wegen, 1998, 18

Denn überschrittene sind nicht überwundene Grenzen, da das Überschreiten Spuren wie auch Löschungen nach sich zieht. Gedächtnislos schließt sich die alte Linie, d. h., unsere Vorstellung arbeitet dort weiter, wo der Körper bereits passiert hat. Wir bleiben, so mutet das Spiel mit der Grenze an, bei allem Fortkommen unhintergehbar an dem haften, was wir übertreten, so als erinnere sich das Vergangene beständig im Gegenwärtigen, als markiere das Gelingen der Grenzüberschreitung immer auch die Verletzung, der sie sich verdankt.

Wie auf diese Paradoxie antworten? Die Frage kündet einen Stillstand an, aber dieser tritt nicht, noch nicht ein. Blitzschnell öffnet sich ein Archiv von Erlebtem und man wird fündig. Geübt im Widerstand, gibt man sich diesem hin. Man hält sich an der Wand fest, die zu vibrieren scheint. Mensch und Stein sind auf eine Weise miteinander verbunden, die eine starre Grenzziehung zwischen beiden nicht zulässt. Im Vibrieren der Grenze durch die Berührung findet eine Vermengung statt. Die Vermengung kommt einer Verflüssigung der Grenze sehr nahe. In der Verflüssigung lassen sich gewohnte Unterscheidungen, z. B. die zwischen Subjekt und Objekt, nicht mehr treffen. Wer wen berührt, bleibt letztlich unentscheidbar.[29] Dieses Problem gilt nicht nur für das Klettern, aber bleiben wir dabei. Die Bewegung fließt nahezu und sie vergeht, indem sie immer wieder kommt. Sie vergeht sich gegenüber alten Grenzziehungen und misslingt an den neuen. Alles Verfestigende verringert, wie das Ruckartige auch, die Sicherheit. Aber wenn, und das scheint unbestritten, Sprache und Denken zusammenhängen, die Sprache aber, wie wir hörten, räumlich und damit durch Vorstellungen des Festen geordnet ist, dann liegt im Denken der Bewegung ein Hindernis vor, das, bemüht, nicht auf Physik, Geometrie oder Neurobiologie zurückzugreifen, schier unüberwindlich erscheint. Fassen wir also die Bewegung als eine Kategorie des Unmöglichen, das Unmögliche als Grenze der Beweglichkeit und die Beweglichkeit als die innere Natur von Bewegung auf, dann wird das Denken der Bewegungen für eine Wissenschaft des Geistes zum Prüfstein dessen, wie sie verfasst und wo begrenzt ist.

– *Begriffe*

Ausgegangen von der Frage, was Intensität sei, sind wir dort angekommen, wo sie entsteht. Dazu musste, bildhaft, der Kopf nach innen gesenkt werden, um die Bewegung des Denkens an die Bewegungen im/des Körper/s anzuschmiegen. Dieser mimetische Akt braucht Übung. Was wir Geist zu nennen pfle-

29 Vgl. Peskoller, 8000, 1998 (Anm. 27, 11)

Denkkunst

gen, hat sich ähnlich zu bewegen wie das, wozu wir Körper sagen, aber nicht von ihm losgesagt, das wäre nur eine Wiederholung der Norm und kein Kunststück, sondern konsequent an ihn zurückgebunden. Wie schwer das fällt, weiß, wer einmal versucht hat, so zu gehen, wie er denkt und umgekehrt. Dabei wird u. a. die Entdeckung gemacht, dass einem eine bestimmte Gangart wie Denkform und Geschwindigkeit eingearbeitet ist.

Jede Abweichung von der Grundbewegung irritiert, und Klettern heißt abzuweichen, nur ein Beispiel: Bekanntlich tummeln sich weit weniger Menschen in der Senkrechten als auf der Ebene, dort geht es sich anders und sehr viel weniger rasch als in der Waagrechten. Diese Verlangsamung nennt man „Steigen" und Steigen erwirkt eine Entschleunigung des Denkens.

Mein über 20 Jahre langes Klettern kennt man, vermute ich, den Denkbewegungen an, was auch Sinn macht: Langsamkeit zeichnet überdeutlich. In ihr sammeln sich Ausgesetztheit, Wahrnehmung, Empfindung, Erinnerung und vor allem die Umwege. Umwege als Suche nach geeigneten Verfahren, und zwar nicht, um akademisch zu bestehen, sondern um sich dort noch fortzubewegen, wo die Schwierigkeiten nicht aufhören zuzunehmen. Sie nehmen mit der Präzision der Bewegungen zu, die ihrerseits eine Unschärfe voraussetzen, die Unschärfe, die jede Zeitlichkeil kennzeichnet.

– *epistemologisches Minimum*

Definieren heißt abgrenzen. Man grenzt ab, um Schärfen, Trennschärfen herzustellen. Die Erfahrung der Bewegung hat aber zumindest ein Doppeltes: Sie entgrenzt und begrenzt und vergeht, indem sie erneut wird. Dieses Ineinanderübergehen sichert geradezu die Bewegung wie den, der sie ausführt und den sie erfasst. Die Unschärfe und nicht die Trennschärfe garantiert ein Weiterkommen. Jede Abgrenzung käme einer Schließung und Ausschließung gleich. Meine Gedankengänge verlaufen daher nach zwei Seiten zugleich: Es geht um eine Theoriebildung in Richtung kleiner fixierter Systeme, es geht aber auch um eine Reflexivität, die die Struktur des Denkens selbst zu öffnen und offen zu halten imstande ist.[30] Zu öffnen ist das Denken insbesondere für und durch Erfahrungen mit der Zeit. Steht die Bewegung und in der Folge die Handlung im Mittelpunkt, dann kommt man nicht umhin, zeitlich zu denken. Die Bewegung, als eine Voraussetzung für das Handeln, hat noch keinen Raum

30 Vgl. Kamper (Anm. 8). Hier entwirft Kamper in 7 Punkten eine nachträgliche Epistemologie, z. B.: „Historische Anthropologie ist in zwei Hinsichten geschichtlich, sowohl in der Hinsicht ihrer Gegenstände als auch in der Hinsicht ihrer Methoden. Die Figur, die sich daraus ergibt, ist die einer permanenten Unruhe des Denkens. Die Geschichtlichkeit des Denkens und die Geschichtlichkeit der Anthropologie bilden im Verein den offenen Horizont für eine offene Frage, die keine geschlossene Theorie und keinen festen Standpunkt mehr zuläßt. Konstruktion, Rekonstruktion und Dekonstruktion des historischen Wissens vom Menschen sind nur noch in Bewegung möglich [...] Die Historische Anthropologie spannt den Bogen zwischen empirischer Forschung und transzendentaler Reflexion aufs Neue. Sie arbeitet am Exempel der Konstellation eines erforschten und eines forschenden Gehirns die Struktur dieses Bogens heraus und konturiert seine Spur zwischen dem Körper des Anderen (als ‚Gegenstand' der Forschung) und dem eigenen Körper (als ‚Methodenhorizont'). Die Gedankengänge verlaufen dabei nach zwei Seiten gleichzeitig. Nur so läßt sich die maligne Rationalität kleiner exklusiver Systeme vermeiden, die – zumeist unbemerkt – Komplexitätsreduktion immer mit Theoriemüll bezahlen."

außen ergriffen, ist noch unsicht-, aber durchaus spürbar, und dieses Spüren gründet in der Materialität des Körpers. Auch wenn ich immer wieder auf Henri Bergson zurückgreife, so bleibt davon nicht das Metaphysische, sondern das Physische zurück und mit ihm jene „doppelte Historizität", welche die Historische Anthropologie auszeichnet. Es geht um eine Geschichtlichkeit im doppelten Sinn, bezogen auf den Gegenstand und bezogen auf die Methode. Die Rückgewinnung des Physischen geschieht in meinem Fall durch das Verfahren der Nachschreibung und macht den Kern jener qualitativen Empirieforschung aus, die ich als ein Nadelöhr sehe, durch das eine Erziehungswissenschaft, die sich als eine Kulturwissenschaft begreift, gehen müsste.

– *Tasten: Haut*

Im Malen wie Klettern geht es um die Haut. Was und wie begriffen, spürt die Haut, etwa den Druck gegen das Papier oder den Fels. Die Haut, durchlässig, weich und geschmeidig, entspricht in der Tradition der Naturphilosophie dem Wasserhaften. Die Dinge, aus den Elementen gemischt, pulsieren und berühren sich. Sie sind geleitet von zwei Grundprinzipien: dem Vakuum und den Atomen. Es ist, als gehe immer wieder alles aus einem bewegten Chaos hervor und darin unter. Man könnte sagen, die Bewegung entscheidet und mit ihr der Zufall, wodurch sich Zonen des Nichtbestimmbaren zeigen. Gott wäre, wenn man so will, bei Lukrez ein Spieler, und die Natur bleibt souverän.

Kammerlander bewegt sich in der Natur, Bonato im Atelier. Die Konfrontation Natur – Kultur kann wohl schärfer kaum ausgedrückt werden.[31] Hier wie dort handelt es sich um ein Spiel mit dem Material und dem Körper, das glückt, ist man nicht von Sinnen. Um die Dimension der Senkrechten geht es beide Male. Bonato wie Kammerlander stehen der Vertikalen gegenüber, jener Raumachse, die auch sie selbst als Menschen ausrichtet und in den aufrechten Stand bringt. Aber die Senkrechte wirkt sich beide Male nicht gleich aus. Bonato bedeutet sie etwas anderes als z. B. Kammerlander. Für ihn ist sie zwingend und existentiell. Er hängt förmlich mit Leib und Leben an und in ihr, unter ihm ist kein fester Boden mehr, sondern hunderte Meter Bodenlosigkeit – ein Abgrund. Sowohl das eine als auch das andere Mal ist man aber auf das Gedächtnis angewiesen. Ein Gedächtnis, das, auf Dauer gestellt, weiß, wie und was zusammengehört. Noch bevor sich die Hand ausstreckt, muss sie wissen, wie weit

31 Edgar Morin besteht auf den untrennbaren Zusammenhang von Natur und Kultur und bestimmt gerade aus dieser Untrennbarkeit heraus das Menschliche: „Die Idee einer biokulturellen Bestimmung des Menschen ist grundsätzlich und folgenreich. Der biokulturelle Prozeß ist ein ständig wiederaufgenommener Prozeß, der sich in jedem Augenblick für jedes Individuum und für die ganze Gesellschaft erneuert. Ich bezeichne also den gordischen Knoten der neuen Anthropologie folgendermaßen: Das menschliche Wesen ist vollkommen menschlich, weil es zur gleichen Zeit voll und ganz natürlich und voll und ganz kulturell ist." Morin 1994, 24

Denkkunst

sie reicht, wie beweglich das Gelenk und wie fest die Bänder, die alles zusammenhalten. Ist sie darüber in Unkenntnis, holt sie zu sehr aus oder greift zu wenig weit und kommt nicht dort an, wo sie sollte: bei Bonato an einer noch zu grundierenden Stelle oder bei Kammerlander an einem Griff, der hält. Dasselbe gilt für die Füße. Auch, ja sie besonders müssen wissen, was sie tun. Kurzum, hier wie dort entscheidet der Bewegungssinn. Das erscheint im Normalfall als eine Selbstverständlichkeit, die sich, wird der Absturz immer wahrscheinlicher, selbst zu verstehen hat.

– *Gewissheit vs. Wissen*

Kammerlander musste die fünfte Seillänge wiederholen, da er gestürzt war. Der Sturz zieht eine harte Grenze zwischen Ordnung und Unordnung. An einer Stelle, man sieht es kaum, gab es kleine Unachtsamkeiten. Kammerlander war nicht ganz in der Zeit. Die rechte Hand hat eine Spur zu langsam nachgegriffen, der linke Fuß sich zu rasch und unvermittelt abgedrückt. Im Körper bricht der Ablauf der Bewegung für einen Moment zusammen und schon hat sich schlagartig alles verändert. Wie ein Stein saust, so weit das Seil reicht, das ihn abfängt, Kammerlander auf den Grund zu. Eine Schreckenssekunde oder Bruchteile davon. Dieser winzige, aber komplizierte Akt, der jeder sichtbaren Handlung vorangeht, wurde innen gestört, denn Griff und Tritt haben gehalten. Der Sturz bildet exakt heraus, was es im Normalfall auch zu sehen gäbe. Um zu verstehen, was außen vor sich geht, bedarf es eines hochsensiblen Eigenkörperempfindens. Dieses formt sich vor allem an der Schwierigkeit, die einem entgegentritt. Diese Schwierigkeit ist ein Maß für den Widerstand, der die Bewegung abbremst. Ist die Bewegung verlangsamt, kann erst wahrgenommen werden, woraus sie besteht, was sie antreibt und worauf sie sich richtet.

Diese Vorgänge bezeichne ich als Selbstbildungsprozesse. Sie gründen nicht in einem Wissen, sondern in Gewissheiten vor der Sprache. In seinen Bemerkungen „Über Gewißheit" hat Ludwig Wittgenstein unmissverständlich dargelegt, dass das erste Regelwissen der Praxis des Körpers entspringt. Diese Praxis, so Gunter Gebauer, der sich auf Wittgenstein bezieht, ist anfangs bloß eine Tätigkeit, durch die sich dann aber die elementaren Sprachspiel-Regeln herausbilden.[32] Diese ersten Regeln sind eine Art Matrix, die hervorgeht aus einer Praktik, welche darin besteht, den Körper regelhaft in Gebrauch zu nehmen. Die Form des regelhaften Gebrauchs hängt wiederum von der Materia-

32 Vgl Gebauer (Anm. 26), 242 ff.

lität des Körpers ab. Sie steht in einem Spannungsverhältnis zu der eines anderen Körpers. Dieser andere Körper wäre für Bonato Schwamm und Papier, für Kammerlander die Wand. Bei aller Verschiedenheit verlangen beide Körper nach Bewegungen, um produktiv zu sein, Bewegungen, die bisweilen bis zum Äußersten, sprich an ihr Ende gehen.

Im Zeigen des Endes einer Eigenbewegung gebe ich dem wissenschaftlichen Denken zurück, was jedem Denken innewohnt: eine aisthetische und ästhetische Dimension.[33] Sie wird kenntlich, indem der Verstand[34], so weit wie möglich vorangetrieben, schließlich das berührt, woher er kommt und wovon er sich nährt. Und er nährt sich und zehrt vom Körper, denn „Das Spiel des Zweifels selbst setzt schon Gewißheit voraus".[35] Die Gewissheit, die daher rührt, etwas richtig angreifen zu können und mit dem Angreifen das genau zu spüren, was die Hand umspannt: die Haut. Die Haut gilt bei Michel Serres als der gemeine Sinn, weil er allen anderen unterlegt ist. Die Haut, diese zarte Grenze zwischen außen und innen, informiert und ist äußerst wirksam. Von dieser Grenze aus stellen sich erneut die alten Fragen und skizzieren, etwas verschoben, eine Topographie des Wissens, die raum-zeitlich verstrickt bleibt und genau das, wider die Unbegrenztheit, auch will. Der Verstand folgt dem Tasten, und im Tasten richtet sich der Weg für das Denken aus. Jeder Gedanke hängt somit aufs engste mit der Haut und durch sie mit dem Spüren zusammen. Ein hautnahes Denken ist eines an der Grenze. Es bleibt durchlässig, begrenzt, unscharf und beinahe zärtlich beidem – dem Innen wie dem Außen – verpflichtet. Diese empfindliche Membran informiert immer in zwei Richtungen und vermittelt, gerade durch das Zwiefache, Gewissheit.

BEWEGEN

„Lassen Sie uns nach der Erfindung von Organa zum Sehen, zum Hören nunmehr ein neues Fernrohr für den Geist selber konstruieren, das uns nicht nur den Sternen, sondern selbst den Intelligenzen auch näher bringt und das nicht nur die Oberflächen der Körper sichtbar machen, sondern auch die inneren Formen der Dinge entdecken wird. Ich sann über meinen alten Plan einer vernünftigen Sprache oder Schrift nach, deren geringste Wirkung ihre Allgemeinheit und die Kommunikation zwischen unterschiedlichen Nationen wäre. [...] Danach wird es zwischen zwei Philosophen nicht größerer

33 Vgl. u. a. Ehrenspeck 1996
34 *Verstand*, hier verwendet als die Fähigkeit zu denken und zu urteilen (ahd. *firstant* = ‚Weisheit‘, 8. Jh.)
35 Wittgenstein, Über Gewißheit § 115, zitiert nach Gebauer (Anm. 26), 238.

Denkkunst

Disputation bedürfen als zwischen zwei Rechnern, denn es wird genügen, daß sie zu ihren Federn greifen, an ihren Rechenbrettern niedersitzen (wenn sie wollen, einen Freund hinzuziehen) und sich gegenseitig sagen: ‚Laß uns das nachrechnen.'"[36]

Bonato bereitet das Entstehen eines Bildes vor, Kammerlander durchsteigt seine Vorstellung und durchbricht damit das Bild. Bei Bonato wird der Grund abgetragen und nach und nach sichtbar. Das Sichtbarwerden hängt mit der Bewegung zusammen, die auftaucht und bis an die Grenze dessen geht, was die Materialität des Papiers noch darzustellen erlaubt. Kammerlander geht bis an die Grenze seiner eigenen Materialität. Das ist nur in Konfrontation mit etwas möglich, das eine, wie der Fels, besonders hohe Festigkeit hat. Wäre der Fels brüchig, gäbe der menschliche Körper frühzeitig nach. Was aus der Konfrontation mit dem Fels zurückbleibt, ist für Kammerlander ein Erlebnis und eine imaginäre Linie, die das Vergangene verwahrt. Denen, die betrachten, verbleiben Eindrücke auf Video und Spuren, die das Sehen im eigenen Körper hinterlässt. Sie zu erinnern führt weit weg vom Rechnen und Berechnen und hin zu Qualitäten, die sich dem Denken nur zeitweise öffnen. Riskiert wird, bei offenem Ausgang, nicht anschlussfähig, mitunter unverständlich und auf jeden Fall umständlich, langsam zu sein. Aber genau darauf kommt es an. Es geht um die Umstände, und über sie wird ein Ausgang aus dem Zentrum der Humanwissenschaften erreicht, geleitet von der Frage, was diesseits des Menschen außer diesem noch ist.[37] Auf diese Frage hat ein Denken, das sich selbst als eine Bewegung begreift, versucht zu antworten und in dieser Antwort kommt die Berührung selbst zu Wort. Berührung bildet, und sie tut dies – Noli me tangere! – wider das folgenschwere christliche Verbot. Die Berührung verwahrt die Erkenntnis, dass Gewissheit mehr als Wissen ist, diesem vorangeht und damit – entgegen die Analyse – immer ein Gemisch, sprich Erfahrung ist. Die Kunst der Berührung besteht u. a. darin, in den Bedingungen und in der Struktur von Erfahrung kundig zu werden und Erfahrungen als das zu denken, was sie sind: Qualitäten. Als Qualitäten sind sie Ausgänge dafür, Theorie zu bilden, die sich selbst – in einer Art Methodologie in actu – während des Bildungsprozesses zusieht und nicht vergisst, worin sie gründet. Sie gründet im und in Körper/n und seinen/ihren Bewegungen, d. h. im Perfomativen, das es erst noch sorgfältig zu erforschen gilt. Das Performative ist kein reines Gegenüber, sondern ein Mittendrin, etwas, das immer

36 Gottfried Wilhelm Leibniz, zit. nach Capurro 1996
37 Vgl. Peskoller, unfassbar, 1998, Kapitel 4 in diesem Buch.

schon gegenwärtig, solange noch lebendig und nicht schon tot gedacht wird. Performative Akte sind daher, wie ich ansatzweise zu zeigen versuchte, d i e Grundlage einer Bildungstheorie, die mehr weiß darüber, wie sie wird, als um das, was sie ist. Sie geht vom Bild aus und über in ein schöpferisches Handeln, das seine Sprache findet als eine, die sich sehr viel mehr durch die Zeit als durch Begriffe auszeichnet – aber diese Auszeichnung dauert.

Körper bilden*

Abb. 38

Der Ausgang meiner Überlegungen war die Reproduktion dieses Bildes. Blatt V der Weltchronik von Hartmann Schedel aus dem Jahr 1493 zeigt den Holzschnitt „Vom werck des sechsten tags".[1] Der Titel lässt keinen Zweifel, worum es geht. Gottvater erschafft den Menschen, aber dieser ist nur zur Hälfte fertig. Zudem wurde, entgegen jeder bildhauerischen Erfahrung, der kleine nackte Mann Adam von oben nach unten gearbeitet. Die untere Hälfte, ein Tonklumpen, wartet auf seine Vollendung. Vom Nabel an aufwärts ist alles realistisch dargestellt, der Kopf exakt in Bildmitte positioniert. Dasselbe gilt für die Blickachse. Die Blicke Gottvaters und Adams treffen sich exakt in der Diagonale der den kreisrunden Doppelrahmen des Bildes umschließenden rechteckigen Druckbegrenzung.[2] Weitere Details spare ich hier aus.[3] Des Weiteren erlaube ich mir dieses Bild nicht kunstgeschichtlich, sondern im Sinne eines Experiments zu nehmen, das die Einbildungskraft ausdenkt.

Den Vortrag von 40 Minuten ordnet das Verlagern einer Betonung: *Körper* bilden/Körper *bilden*. Es gibt also zwei in sich gegliederte Teile. Dazwischen die Senkrechte, Achse des Menschen und des Bildes. Bild und Mensch, an der Senkrechten gebrochen, werden auf der Suche nach dem Körper und seinen Bewegungen erneut vermessen. Eine einfache These hält alles zusammen: *Erst im Umweg über das Hören und Tasten glückt „Sehen".*

1 *Körper* BILDEN

– *Körper sind nicht, sie werden*

Was ein Körper ist, kann man erfahren; was er war, ist etwas anderes. Einst war der Körper Leib. Das Wort Leib stammt ab vom althochdeutschen „Lib" und hängt mit „Leben" zusammen. Das deutsche Wort Körper hingegen kommt aus dem lateinischen „corpus" und bezieht sich auf Leiche und Leichnam. Anzunehmen, dass der Körper den Leib ab dem 13. Jahrhundert zu ersetzen beginnt[4] und die Reduktion des Leibes auf einen Körper mit dem 17. Jahrhundert zum Abschluss gelangt.[5] Das sehr viel ältere Wort Leib hat drei Bedeutungen: Zunächst gilt der Leib als Synonym für Leben, dann meint Leib soviel wie „jemand selbst",

* Der Vortrag wurde am 15. April 1998 am Institut für Kunstgeschichte der Universität Innsbruck gehalten im Rahmen eines Ausstellungsprojekts, in dem Künstlerinnen und Wissenschaftlerinnen zum Thema „Differenz" gearbeitet haben.
1 Das Auffinden und die Anregung, mich mit diesem Bild zu befassen, verdanke ich Johannes Bilstein.
2 Vgl. Bilstein, Bildungszeit, 1999, insbes. 253 ff.
3 Vgl. Bilstein, Bilder-Hygiene, 1998
4 Vgl. Kluge 1975, 432
5 Vgl. Haeffner 1982, 92

„persönlich", „leibhaftig", und schließlich stoßen wir auf die Bedeutung, die heute noch vorherrscht – das sinnenfällige, primäre Daseinsmedium eines Menschen oder auch eines Tieres.[6] Dem Verlust von Leib wie Leben antwortet ein Aufstieg des Körpers, aus dem die daseinsmächtige Befindlichkeit gewichen ist. Und so leitet René Descartes seinen Begriff von Körper vom „cadaver" her mit dem Effekt, dass dieser dinghaft einem zur Verfügung stehe. Körper meint alles,

> „... was durch irgendeine Figur begrenzt, was örtlich umschrieben werden kann und einen Raum so erfüllt, daß es aus ihm jeden anderen Körper ausschließt; was durch Gefühl, Gesicht, Gehör, Geschmack oder Geruch wahrgenommen oder auch auf mannigfache Art bewegt werden kann, zwar nicht durch sich selbst, aber von irgend etwas anderem, das es berührt".[7]

Körper verdrängen andere Körper und zeichnen sich aus durch feste, klare Ränder. Eines können sie, so der Philosoph, nicht: sich aus sich selbst heraus bewegen. Der Eigenausdruck ist ihnen verwährt, sie müssen angestoßen werden. Der Anstoß erfolgt durch andere Körper oder durch etwas, das kein Körper ist, sondern nur einen hat. Einen Körper zu haben verweist auf eine Spaltung und charakterisiert das menschliche Dasein. Die Spaltung ist zwei: Ergebnis eines fortwährenden Bestrebens, dieses Körpers habhaft zu werden, und Voraussetzung dafür, den Körper körperlos zu überwinden. Die Spaltung beschreibt somit einen irreversiblen Vorgang: vom sterblichen Leib über den toten Körper zum unsterblichen Bild.[8]

– *Hören*
   – *Verdunklung des Raums, Einspielung einer Tonaufnahme in Judith Mosers Atelier vom 9. 4. 99; 5 min, dann Entdunklung –*
Da war zunächst das Rauschen, Grundton des Organismus wie der Aufnahme- und Speichertechnik, es bleibt. Vor dem Hintergrund des Rauschens die Unterbrechung.[9] Sie ist die Ausnahme und entsteht durch die Praktik. Die Unterbrechung hebt an mit einem Knall. Ein Batzen Ton fällt auf ein Brett. Es gibt nach wie der Tisch, auf dem es liegt. Der Ton wird geschlagen, geknetet und geknetet. Dann mit einer Gabel an den Rändern geritzt. Am Boden steht bereits ein halb fertiger Körper; auch er hat Ritzen in seinen Rändern. Die Ränder des einen stoßen auf die Ränder des anderen. Doch das würde noch lange nicht hal-

6 Vgl. ebd. in: Kutschmann 1986, 34 f.
7 Descartes, Meditationes, übers. 1959, 47, zit. nach Kutschmann a. a. O., 35
8 Vgl. Kamper, von wegen, 1998, 49
9 Vgl. Serres, Sinne, 1993

ten. Beide Ränder werden vorsichtig gehalten, dann mit den Fingern aneinander gedrückt und schließlich mit einer Spachtel sorgfältig ineinander verstrichen. Im Verstreichen verbinden sich zwei Tonhöhen: die obere, helle des Außen mit der dunkleren, tiefen des Innen. In dieser hörbaren Doppelbewegung entsteht ein Körper, der angefangen hat, sich aus sich selbst heraus auszudrücken. Und damit das, woran wir uns bei „Körpern" gewöhnt haben, zu unterwandern. Der Ton gibt Form, und die Form ist eine Gabe, die zugleich ein Verfahren beschreibt. Dasselbe gilt für die Töne. Sie schenken dem Auge einen Ausgang und mithin dem Bild einen anderen Horizont. Horizont hängt mit Hören zusammen und heißt „Wohnung des Horus". Der Horusfalke fliegt mit der Flut und heilt bekanntlich die Zerstückelung, ohne Vollkommenheit zu erreichen. Er bestimmt, so wird aus dem alten Ägypten berichtet, den erwählten König vom Rücken her. Grund genug, sich umzudrehen.[10] Die Drehung kann so erfolgen, dass sie selbst nicht ins Blickfeld gerät, eine Kehrung von innen her. Beide Male ist ein besonderer Sinn vonnöten, der das Gleichgewicht hält im freien Stand, aufrecht, zugleich nach rück- und vorwärts gewandt. Diese Doppelhaltung kennzeichnet einen Durchgang. Im Hören kommt es zur Gegenwart. Die Gegenwart lässt sich nicht erzwingen, sie ist ein Geschenk und findet statt. Der Durchgang in die Gegenwart hat, wie Dietmar Kamper sagt, eine Bedingung und eine Konsequenz: „Wer sich – ohne Ambition auf Selbsternennung – dahingestellt sein läßt, muß aufhören mit der Theorie und anfangen mit dem Hören."[11]

DAZWISCHEN DIE SENKRECHTE

— Grenze als Wirkung

Seit der Mensch den Sprung von den Bäumen auf die eigenen Füße gewagt hat, sind seine Hände frei geworden zum Greifen. Mit dem aufrechten Gang hat es zwar nicht sofort geklappt, aber dieser Sprung, der Ursprung, hat den Menschen einen anderen Horizont beschert.[12] Das Aufrichten begann von unten nach oben und die Beine hatten zu tun, unter dem Schwanken von Rumpf und Kopf nicht einzuknicken. Sehr viel später, im gezielten Voranschreiten, stieß der Mensch auf jene Achse, die ihn selbst aufgerichtet hat: die Senkrechte. Sie bricht den Menschen im rechten Winkel. 1336 will Francesco Petrarca freiwillig die Höhe des Ortes, an dem er lebt, erkunden, und die-

10 Vgl. Kamper, Schweigen/Hören, 1993, 117
11 Ebd.
12 Vgl. Seitz, Sprung/Leere, 1999, insbes. 293 f.

ses Begehren hat ihm beträchtlich zugesetzt.[13] Er will der Anstrengung entgehen, die jedes Höhersteigen mit sich bringt, und kommt dadurch auch nicht so recht vom Fleck. Die Erfahrung der Höhe ist eine mit der Schwerkraft. Sie erinnert den Ausgang und zieht beständig nach unten zurück. Die Frage nach den Menschen ist nicht zu lösen von dem, wogegen sie sich zu lösen suchen. Die eigene Schwere, dieser Klumpen Körper, widersteht dem Geist, der nichts wiegt. Ich behaupte, dass menschlich wird, wer durch Bewegung widersteht, genauer: der, geübt in der Hingabe an den Widerstand, den Geist nicht und nicht aus der Schwere des Körpers entlässt. Dabei gerät Geist und Körper nicht, wie kolportiert, in eine unerträglich gegenseitige Gefangenschaft, sondern in ein wunderbares Zusammenspiel, das jede Vorstellung übersteigt.

Die Präzision dieses Zusammenwirkens steht im Mittelpunkt einer Videosequenz. Kurz beschrieben handelt es sich um eine Felswand aus Granit, Teil des El Capitan. Sie ist mehr als 1000 Meter hoch, steht im kalifornischen Yosemite Valley und zeichnet sich aus durch Risse, aalglatte Verschneidungen und ein großes Dach, „Nose" genannt.[14] Lynn Hill, damals die beste Kletterin der Welt, bewegt sich am 20. September 1994 im Vorstieg durch diese äußerst schwierige Wand und bewerkstelligt dies erstmals und als bisher Einzige innerhalb von 24 Stunden. Der französische Extrembergsteiger Jean Afanasieff hat gefilmt, gezeigt werden, in knapp 3 Minuten, die Schlüsselpassagen. Bei allem, was sichtbar, sei die Aufmerksamkeit auf das Verhältnis Mensch – Fels gelenkt. Dieses Verhältnis ordnen derart extreme Bewegungen, dass der Blick derjenigen, die zusehen, haltlos wird. Bleibt die Flucht. Vom Sinn in die Sinne zum Unsinn; labil der Übergang hin zu tierisch.[15] Grenzen aber sind kein Ende, sondern Mitten, d. h. rätselhaft rückbezüglich, wodurch sich das Arbeiten an der Grenze als vertrackt herausstellt. „Das Vertrackte liegt darin", schreibt Kamper,

„dass man die Grenze nicht mehr los wird, wenn man sie hat, selbst wenn man großzügig darauf verzichtet. Man kann Grenzen ziehen, aber nicht ohne weiteres löschen. Selbst dort, wo alle sichtbaren Zeichen weggeräumt sind, bleibt eine unsichtbare Grenze übrig, die zunächst machtvoller ist als je zuvor. Denn strenggenommen ist jede Grenze unsichtbar. [...] Sie gehört zur Ordnung des menschlichen Geistes, entspringt einem Bedürfnis nach Eingrenzung und Ausgrenzung, verschwindet aber nicht auf Befehl. Wer Grenze sagt, ist irgendwie darüberhinaus und bleibt ihr doch unterlegen."[16]

13 Vgl. Peskoller, BergDenken, 1998², insbes. 59 ff.
14 Siehe „the Nose", 1997
15 Vgl. Bahr 1998
16 Kamper, von wegen, 1998, 14 f.

– Videoeinspielung von Lynn Hills „the Nose", 3 Minuten –

– *Berührung: zum Eros des Tastens*

Wer berührt wen? Der Fels Lynn Hill oder Lynn Hill den Fels? Hier die einfachere der Varianten, Lynn Hill berührt den Fels. Der Fels ist fest, Lynn Hill beweglich. Die Berührung fällt verschieden aus. Kräftig und flüchtig. Sie erfüllt einen Zwischenraum, der immer nur für den Moment besteht. Aber der Zwischenraum entscheidet. Er markiert eine qualitative Distanz zwischen zwei unterschiedlichen Körpern. Und er öffnet gerade in der Leere der Distanz eine Möglichkeit. Die Möglichkeit besteht in der Mischung. Die Haut der Wand mischt sich mit der Haut der Kletterin. Im Akt der Mischung entfällt die Trennung und beide sind nicht zwei. Ein Drittes hat sich eingemischt. Mit dem römischen Dichterphilosophen Lukrez könnte man im Dritten das Wasserhafte erblicken.[18] Es ist im Fließen erotisch, fiele Hills Fortbewegung ruckartig aus oder hielte sie sich an einer Stelle zu lange fest, kippte sie, im Verlustiggehen von Gleichgewicht und Kraft, aus der Wand.

Kunst entsteht durch Berührung.[19] Dieser leichtfertig dahingesagte Satz hat sich gegen einen viel gewichtigeren Gegensatz abendländischer Bildabstraktion zu behaupten, „Noli me tangere".[20] Klettern gelingt nur wider dieses Verbot. Nur wer in richtiger Weise und Abfolge berührt, schiebt sicher sich höher. Die Parteinahme für die Berührung geht, elementar, dem Klettern voraus. Aber auch kein menschlicher Körper bliebe ohne sie lange am Leben. Ohne Berührung zwischen den Körpern und Dingen, hier der Granitwand, gäbe es keine Bewegung. Die Bewegung versichert sich des und der Körper. Je unnachgiebiger diese sind, desto stärker die Reibung; Reibung sichert den Kontakt zur Wirklichkeit. Nur in der Berührung schenkt sich Gewissheit, und Gewissheit ist etwas anderes als Wissen. Erhebt Wissenschaft den Anspruch auf *mehr* als Wissen, dann kommt sie nicht umhin, mit dem Körper zu denken. Gewissheiten hängen, entgegen die Erwartung, mit Selbstfremdheit zusammen. Geräusche und Gewissheiten verhalten sich ähnlich. Beide wohnen im Sinnlichen und haben jeden Sinn, der nur möglich ist. Sie brauchen im Gegensatz zur Sprache diese nicht. Gewissheiten liegen unterhalb der Sprache und dieser voran. Die Einsicht, dass Gewissheiten nicht Erkenntnisse, sondern Erkenntnis*bedingungen* sind, verdanken wir Ludwig Wittgenstein.[21] Er wusste, dass sich Gewissheiten jeder Wahrheitsprüfung entziehen. So legt z. B. die Art des Handgebrauchs die Bedingung zu erkennen fest.

Abb. 39[17]

17 Lynn Hill, Jg. 1961, hat mit 14 Jahren angefangen zu klettern und den Übergang vom traditionellen Klettern hin zum Sport- und Wettkampfklettern selbst erlebt und beobachtet; sie sagt über sich: „Deine Leistungen im Klettern sind weit weniger bedeutend als das, was du in diesem Entwicklungsprozeß lernst – nicht was, sondern wie du etwas kletterst zählt!" (Hill in Zak, Rock, 1995, 11)

18 Vgl. Böhme, Welt aus, 1993

19 Dieser Satz überschrieb eine Ausstellung von Gouachen der Charlotte Salomon im Jüdischen Museum in Amsterdam; vgl. dazu Kamper, von wegen, 1998, 46 f.

20 Vgl. Böhme, Enthüllen, 1997 und Kamper, von wegen, 1998, insbes. 48 f.

21 Vgl. Wittgenstein „Über Gewißheit", rezipiert bei Gebauer, Hand, 1984, insbes. 242 ff.

Diese einfache Greifbewegung gibt den Sprachspiel-Regeln ihre grundlegende Form. Klettern erinnert somit den Ausgang der Sprache. Die Sicherheit, sich in den Sprachspielen zu bewegen, liegt in einer Sicherheit des Wiedererkennens. In der Wand ist mit beiden Händen wieder zu erkennen, dass der Ursprung des Wissens und Sprechens ein Vorgang der Bewegung ist. Und dieser Vorgang setzt die Gewissheit, wie Hände, Füße und Kopf in Gebrauch zu nehmen sind, voraus. Wenn ein Kind z. B. mit Worten umzugehen beginnt, den Gebrauch eines Wortes erlernt, dann geschieht dies nicht, weil es schon die Regel weiß, „sondern dadurch, daß es in einem anderem Sinn schon ein Spiel beherrscht".[22]

Klettern, und darin liegt eine Faszination ihm nachzudenken, erarbeitet performativ einen Durchgang. Der Durchgang holt jene Stelle wieder, an der sich Körper und Sprache berühren. Die Berührung ist präzise und streng begrenzt. Ihr korrespondiert die Haut, die sich öffnet und schließt nach der Passung der Poren. In der Körnung des Granits wird die Haut, der allen anderen Sinnen unterlegte, verbindende Sinn zum Gedächtnis, Wegbereiter und zur Passion. Die seelische Erregung, zur der die Bewegung und mit ihr die Haut veranlasst, sammelt und streut und öffnet im Tasten den Weg zur Information, „dem", wie Michel Serres sagt, „sanften Korrelat dessen, was man früher einmal den Verstand nannte".[23]

2 KÖRPER *bilden*

– halb fertig

Adam, an die Erde gebunden, aus der er noch zur Hälfte besteht, zeigt, im Unterschied zur Gottesfigur, die Schwere an. Gottvater gehört einer anderen Welt zu, er scheint zu schweben, ein Deus absconditus. Dieser Holzschnitt, der, so Johannes Bilstein, der traditionellen, mittelalterlichen Bildwelt zuzurechnen sei, versteht sich im Zusammenhang mit dem darüber stehenden Text. „Es geht um das Werk des sechsten Tages: Einer – Gott – macht den anderen, jenes [...] ‚Tier, das wir einen Menschen nennen: vorsichtig, behend, vielfertig, mit scharfem Gedächtnis (scharpff gedechtig) voller Vernunft und Rat ...'"[24] Was Adam hier erfährt, ist Bildung in einem bild-wörtlichen, voridealistischen Sinne: er wird gemacht und unterliegt göttlicher formatio.[25] In die Ewigkeit göttlicher Formgebung eingebunden, wirkt alles eingefroren. Mit Ausnahme der Blicke vielleicht, die

22 Wittgenstein PU § 32, zit. nach Gebauer, Hand, 1984, 247
23 Serres, Sinne, 1993, 108
24 Bilstein, Bildungszeit, 1999, 254 f.
25 Vgl. Bilstein, Erinnerung, 1998

Denkkunst

sich begegnen, ansonsten herrscht Bewegungslosigkeit. Also kein fruchtbarer Moment für Bildung, zu klar, geordnet und wohlgeformt. Eine Ungereimtheit bleibt: Der handwerklich-ästhetischen Abgeschlossenheit steht ein Zwischenstadium im Bildungsprozess gegenüber. Im Bild gibt es keinen Hinweis, wie es mit Adam weitergeht. Ob er je aus seinem Rest-Tonklumpen fortkommt, ob in seiner Brust bereits ein Herz schlägt, das ihm einen Leibrhythmus und mithin die Lebenszeit vorschreibt, bleibt ebenso ungeklärt wie die Frage, was Gott wohl bewegen mag, ein Bildnis seiner selbst als halb fertig herzustellen.[26]

– „sehen"

– Dia 1, eine Tonfigur von Judith Moser –

Abb. 40

Entgegen dem Holzschnitt ist dieses Bild einem realen Körper entnommen. Aber auch in diesem Körper pocht kein Herz, er geht nicht, er kommt. Dieser Körper stammt aus der Regungslosigkeit, aus dem Hier-ruht[27] und kommt zurück. Er berichtet vom Ende her und harrt nicht der Vollendung. Was sollte dieser Gestalt noch hinzugefügt werden? In ihr hat sich die Einbildungskraft erschöpft. Merkwürdig aber, dass, im Unterschied zur halben Imaginatio Adams, das vollends Ausgeschöpfte eine starke Bewegtheit zeigt. Woher diese Bewegtheit, ein, entgegen Abb. 38, besonders fruchtbarer Bildungsmoment. Da ist zunächst die Zeit. Nichts deutet auf Ewigkeit hin, im Gegenteil. Der Bestand dieser Figur aus gebranntem Ton ist begrenzt. Erschütterung gefährdet, und bei jedem Transport kann sie reißen. Dieser tote Körper ist verletzbar. Eine Verletzung besonderer Art befindet sich am Kopf. Wenn der letzte Streifen Ton verstrichen wird, dann nur noch außen. Das Ende des Körpers erzeugt eine unheilbare Wunde am Kopf innen.

Die Figuren gruppieren sich, beziehen sich aufeinander und halten Abstand, mehr oder weniger. Im Abstand werfen sie, je nach Lichteinfall, Schatten aneinander. Schatten begrenzen das Sehen. Adam steht im hellen Licht und sein Blick im Zentrum. Die menschliche Welt wurde einem Zuviel an Dunkelheit abgerungen[28] bis hin zu einer körperlosen, flüchtigen Transparenz.[29] Diese Körper sind nicht verlichtet und stehen im Halbschatten. Sie halten hartnäckig die Stellung zwischen Schwere und Unsichtbarkeit.

Treten wir ganz nah an den Körper aus Ton heran. Können Sie ihn hören? Erkennen Sie den Horizont? Der Horizont wirft

26 Bilstein sieht im Blatt V eine naive Gebrauchsanleitung zur Menschenbildung. Präsentiert werden Glaubensgehalte in einem didaktisch-aufklärerischen Gestus, eine Art Elementar-Methode avant la lettre. Der Schedel'sche Holzschnitt bringt dadurch nichts weiter ins Bild als die Widersprüche der historischen Zeit: die Widersprüche einer popularisierten Imaginatio Dei, einer didaktisch aufbereiteten und als formatio verstandenen Erschaffung des Gott ebenbildlichen Menschen (vgl. Bilstein, Bildungszeit, 1999, insbes. 257).

27 Vgl. Serres, Hermaphrodit, 1989, 84 f., zit. in Kamper, Abgang, 1996, 117

28 Vgl. Kamper, Unmögliche, 1995, 64

29 Vgl. ebd., 96–112.

Abb. 41

zurück, auch den Blick, der sich mühsam in der Körnung und in den feinen Ritzen hält. Es gibt kein Jenseits, das nicht ein Diesseits wäre. Das ist das Ergebnis historisch praktizierter Grenzüberschreitung, die ein anderes Verhältnis zur Wirklichkeit verfolgt. Körper und Raum verbindet die Zeit. Adam wird aus der Zeitlosigkeit erschaffen, aus dem ewig, unsterblichen Jenseits. Adam ist nicht fertig gearbeitet, einer, der wird. Eine große Spannung, in der wir historisch gelernt haben, unheimlich beschleunigt zu verkehren. Im Gegenzug verweisen Lynn Hills Bewegungen und Judith Mosers Tonfiguren auf Langsamkeit. Diesseits gefertigt verkörpern die Figuren ein Diesseits, das nicht vom Leben, sondern vom Tod herkommt. Erst das Zurückkommen erinnert den Ausgang. Der Ausgang war eine Vorstellung von Bildung, die, vom Jenseits heraus, etwas erschafft, das sich dann auf den Weg macht. Die Formel dieses Programms lautete: von der Vollkommenheit zur Vervollkommnung. Dieser Verschiebung entspricht der Wandel von Bildung zur Selbstbildung, ein bekanntlich äußerst produktiver, da unabschließbarer Prozess. Niemand kann gebildet werden, sich zu bilden gelingt nur selbsttätig. Rückbezüglich tätig treffen Menschen unweigerlich auf die eigenen Körper, an denen und durch die über Jahrhunderte hindurch Bildung stattgefunden hat. Im Körper zeigt sich die Logik der Kraft, die bildet. Die Einbildungskraft stellt sich, im Körper angekommen, selbst aus. Sie beschreibt sich als Verfahren zur Menschwerdung durch Subjektbildung. Für diesen Vorgang muss die Natur im Subjekt, sprich das Physische, verworfen werden. Und so erzeugt die Selbsternennung der Menschen Risse im Realen, Verletzungen und Wunden an und in den Köpfen und Körpern, die nun zutage treten. Sie treten trotz oder gerade deshalb zutage, weil das Imaginäre und das Symbolische, sprich Bilder und Sprache alles auszufüllen beginnen. Der Riss setzt sich im Individuum fort, dividiert es.[30] Das Dividuum kann zweimal sehen. Es sieht und es sieht sich inmitten eines Kreuzungspunktes, der das Sehen erst ermöglicht. Der berühmte blinde Fleck beginnt sich zuzuschauen, während unser Sehen unscharf wird. Die Unschärfe lässt vage erkennen, wer am Kreuzungspunkt tätig. Eifrig hat die Einbildungskraft am Sichtbarwerden der Welt gearbeitet, und jetzt, wo die Sichtbarkeit durchsichtig wird, scheint sie zu stocken. Das Zögern der Einbildungskraft wird zur Methode und nimmt Form an. Das Formannehmen bewirkt, man denke an Lynn Hill, ein schockartiges Erleben für den, der zusieht, oder, wie beim Hören von Geräuschen, Irritation. Weshalb? Vom ursprünglichen Form-

30 Vgl. Morin 1994, 22 ff. Er sieht den Menschen als biokulturelles Wesen und folgert daraus, dass künftig die Wissenschaft vom Leben und die Gesellschaftswissenschaften epistemologisch zu verschweißen sind, denn die Natur erteilt der Kultur keine eindeutige, klare Lektion, sondern nur komplexe Lehren.

geben ist es zu einem Form(an)nehmen gekommen. Wer das Verhalten von Granit oder Ton kennt, weiß, was ich meine. Wird vom Material aus gedacht, und dazu gibt es jeden Grund, auch Adam verblieb im Tonrest, dann hieße das, in jedem kreativen Akt auf etwas Beängstigendes zu stoßen: das Sinnliche des Diesseits ist von keinem Jenseits der Vernunft zu bestimmen. Darüber handelten die Einspielungen Hören, Senkrechte, Ton. Aus ihnen spricht eine Freude am Unmöglichen. An das Nicht-darstellbare angenähert, drückt sich in den Körpern die Un-möglichkeit von Ewigkeit und Einheit aus. Der Riss im festen Körper hat den Untergrund aufgemacht. Differenz. In ihr arbei-tet die Einbildungskraft, auf sich selbst zurückgekommen. Eine reflexive Einbildungskraft stellt, subversiv, Beweggründe und Strukturen des Schöpferischen in Aussicht und damit sich selbst aufs Spiel. Dennoch erkennt Dietmar Kamper in der Selbstge-fährdung dieser Kraft eine Chance, Wirklichkeit, sprich reale Zeit, realen Raum und reale Körper nicht zu verspielen. Er setzt, und damit schließe ich, auf Aisthesis,

„die keinen gemeinsamen Nenner mehr finden kann und über kurz oder lang als harte Kommunikationsstörung fungiert. Dann liegt der Grund für die Konsistenz der Wirklichkeit überhaupt nicht mehr in dieser selbst, sondern einzig noch in der Darstellung, die man von ihr gibt, in der Wahrnehmung, die man von ihr hat. Darstellung gibt, Wahrnehmung nimmt, in einem schmalen Wechselspiel, das schwer durchschaubar ist. Beide miteinander ergeben wiederum eine ‚Wirk-lichkeit', die in Grenzen verläßlich scheint, in den Grenzen von kon-kretem Raum und konkreter Zeit und unter der Bedingung der eige-nen Hinfälligkeit."[31]

31 Kamper, Abgang, 1996, 111

1 CM
ZUR GRENZE DER BEWEGLICHKEIT[*]

EREIGNIS

– Videoeinspielung 1, nur Ton, 15 sec –

Der Ort, an dem wir uns befinden, ist die Senkrechte. Es luftet, Karabinergeklimper und stoßweises Atmen. Nach und nach hört die Eigenbewegung auf, der Körper nähert sich einer Grenze der Beweglichkeit. Seine Lage lässt sich nicht einen Zentimeter mehr verändern, weder höher, tiefer noch zur Seite hin. Dem Zug nach unten hält der Sog nach oben nicht stand, das Unmögliche tritt ein, wie zu hören war, als Sturz, aber nicht in alle Richtungen zugleich,[1] sondern der Schwerkraft gemäß von oben nach unten.

Beat Kammerlander klettert 1994 die 5. Seillänge im „Silbergeier", eine imaginäre Linie, die ungewollt abbricht. Es handelt sich um den Schwierigkeitsgrad X+. Hinter dieser Zahl steckt ein präzises Spiel mit der Einbildung gegen die Schwere bis zu dem Zeitpunkt, wo alles umschlägt. Die nächsten drei Minuten führen an diese kritische Stelle heran, zu sehen ist eine Performance im Fels.

– Videoeinspielung 2, Ton und Farbe, 180 sec –

Das Seil wird abgezogen, Kammerlander wiederholt die Seillänge und erreicht schließlich den Grat. Die Aufmerksamkeit aber richtet sich nicht auf das Gelingen, sie folgt dem Scheitern. Um das Scheitern zeigen zu können, bleiben die Bilder beinahe stehen, die Verlangsamung beträgt bis zu 2% der Filmechtzeit.[2] Weggelassen habe ich Farbe und Ton, beabsichtigt, mittels Medien und experimentell, eine einfache empirische Studie an lebendigen Körpern[3] zur Grenze als Wirkung im Denken.

GRENZEN IM HORIZONT DER ZEIT

– Abstand/Fläche

– Videonachspielung 1, 28 sec, ohne Ton, SW –

Kammerlander will den rechten Fuß auf eine abschüssige Platte stellen. Bis dieser haftet, bedarf es vier Versuche. Der Blick nach

[*] Folgender Vortrag wurde am 4. Juni 1999 auf einer Tagung der Gesellschaft für Historische Anthropologie in Berlin gehalten. Die Tagung stand unter dem Thema „Metaphern des Unmöglichen", und unter diesem Titel erschien der Vortrag ein Jahr später zum ersten Mal in Paragrana, der internationale Zeitschrift für Historische Anthropologie; am 3. Dezember 1999 trug ich „1 cm" an der Kunstschule Wetzikon/Zürich und am 31. März 2000 auf dem Symposium „Trend- und Natursportarten in den Wissenschaften" des Geographischen Instituts an der Universität Mainz vor.

1 Vgl. Nietzsche in „Fröhliche Wissenschaft" nach Kaempfer, Gefängnis, 1997, 95 f.
2 In der Chronologie der folgenden Videonachspielungen beträgt die Zeitverzögerung genau 29,4, 12,5, 2 und 31,6% der Filmechtzeit und wurde durch das Digitalisieren des ursprünglich analogen Videobandes möglich.
3 Vgl. Kamper, von wegen, 1998, 276

Abb. 42

oben fällt zurück, um sich des Halts zu versichern, und diese
kleine Kopfbewegung erschüttert für Momente das Gleichgewicht. Linkes Bein und rechte Hand gleichen die erhöhte Spannung aus, wobei im Gegenzug die linke Hand nur einen winzigen Griff zu fassen bekommt. Unsicherheit tritt ein. Sie öffnet
ein Feld, welches sich von dem, das hinter ihm liegt, unterscheidet. Zwar gab es auch vorher das eine oder andere Zaudern,
aber nun wird es ernst. Das wiederum kann nur von einem Ende
her behauptet werden, d. h., der Sicherheit dieser Behauptung
geht ein fortschreitendes Unsicherwerden des Körpers voran,
und in dieser Feststellung kommt bereits eine Verkehrung zum
Ausdruck. Der Blick kann den Absturz nicht vergessen und so
ordnet die Wiederholung das Sehen anders. Die innere Natur
der Bewegung, die Beweglichkeit,[4] markiert einen Abstand, in
den sich ein zweiter fügt.[5] Körper zu Wand und Bewegung zu
ihrem Ende hin umfangen eine Fläche, die in ihren Ausmaßen
ab-, während die Bedeutung der Zeit zunimmt.

Vom Festen, sprich Räumlichen, geraten wir in etwas, das
vibriert und pulsiert, ohne den Raum ganz zu verlassen. Im Abstand wandelt sich KörperRaum und ZeitDenken ineinander.
Was heißt das? Die Bewegungen verlieren an Genauigkeit, sie
werden ungewisser, wodurch Unruhe einsetzt. Unruhe vermindert die Fähigkeit wahrzunehmen und erhöht die Bereitschaft
abzugehen von dem, was vorliegt. Anstelle des Gegebenen treten Vorstellungen, das Ziel wird erinnert. Das Ziel sieht nur den
Durchstieg vor, die Vorstellung irritiert das Körpergedächtnis
und nimmt wertvolle Zeit für das Handeln. Da jede Bewegung
Zeit braucht, zu ihrer Vorbereitung ebenso wie in der Aus-

4 Vgl. Bergson, Zeit, 1994
5 Vgl. Merleau-Ponty, zit. in Wulf,
   Jenseits, 1998, 14

1 cm

6 Vgl. kritisch dazu insbes. Kaempfer, Triebwerk, 1998 und Gefängnis, 1997. Hier wird das Bewusstsein als eine *kalte Leidenschaft* beschrieben, die mit einem *Vor-Blick* ausgestattet ist, der *selektiert*, was ihn am Material *interessiert*. Der Begriff des Bewusstseins wurde erst im 17. Jh. durch Christian Wolff in die Philosophie eingeführt und nimmt seit René Descartes eine zentrale Stellung ein. Bewusstsein ist ein Medium und ein Gegenstandsbereich der Philosophie, ein von sinnlicher Materialität befreites, unzweifelhaftes Fundament der Erkenntnis und des Wissens. Bewusstsein könnte aber auch, dafür votiere ich, den Rücken dessen in seine Bestimmung aufnehmen, auf dem diese Ausräumung als eine gewaltsame Abstraktion ausgetragen wird: auf dem unhintergehbaren Wissen um die eigene Unvollständigkeit, Hinfälligkeit, Begrenztheit, Geschlechtlichkeit und Sterblichkeit. Dessen gewahr zu werden geht nicht ohne Entsetzen oder Schreck ab. Es ist gerade der Schreck, der für Momente das Kontinuum der Erfahrung unterbricht, und in der Unterbrechung werden wir uns selbst plötzlich fremd. In dieser Selbstfremdheit taucht ein Ahnen um das auf, was in uns beim Machen am Werke ist.

7 Der Mensch gilt bekanntlich als Mängelwesen in Sachen Instinkt. Unter Instinkt wird sehr Unterschiedliches gefasst: von der Anreizung der Natur über eine inflexible Handlungskette bis, wie es in Nietzsches „Götzen-Dämmerung" heißt, der Wille zum Leben. Klettern setzt diesen Willen voraus wie hintan; es ist ein Verfahren, das, rätselhaft zwiefach, sich des Lebens versichert, indem es bis an die Grenze dessen geht und darüber hinaus, was noch zu sichern ist. Dasselbe gilt für das Denken des Kletterns, wobei Denken hier in doppelter Weise verstanden wird, als Verfahren und als Gegenstand.

führung und um die ihr nachfolgende auszurichten, gerät Kammerlander in Bedrängnis. An einem derart ausgesetzten Ort erhöht jeder Zeitverlust das Risiko, selbst austrainierte Körper wie dieser haben nicht endlos Kraft. Der jahrelang gehegte Wunsch gerät ins Wanken, die Versuchung von der imaginären Linie des „Silbergeiers" abzuweichen, nimmt zu, und was im Normalfall blitzschnell abläuft, zeigt das Video um vieles verlangsamt. In den Bewegungen drückt sich eine Praktik aus, so lange souverän, als sie selbstvergessen geschieht. Diese Praktik entspringt einem schmalen Grenzsaum zwischen Bewusstsein und Instinkt und bleibt gegen jegliche Störung empfindlich. Weder Bewusstsein[6] noch Instinkt[7], sondern im Abstand und auf Rufweite zu den Rändern beider findet die Praktik statt und mit ihr das Erleben. Klettern in die Sprache zu bringen, verlangt, sich in einer Kunst der Berührung, die weder flüchtet noch zu lange festhält, zweimal über einen Rand zu beugen. Diese Kunst verdankt sich einer Art Wunde, die nicht schließt und daher Ausgang bleibt für eine doppelte Denkbewegung, die sich innen wie außen gleichermaßen absenkt und aufsteigt.

– Linie/Spur

– Videonachspielung 2, 40 sec, SW –

Abb. 43

Die linke Hand hat weit ausgeholt und dem Körper vorgegriffen. Im Vorgreifen wurde nach oben hin ein vorläufiges Ende gesetzt. Dieser mächtigen Vorbewegung ging einiges voran: Die rechte Hand musste sich leicht öffnen, sodass der gesamte

Druck, während sich der linke Fuß zu strecken hatte, auf den rechten zu liegen kam, der, davon handelte die erste Szene, ohnehin nur zögernd Sicherheit fand. Erst dadurch war die linke Hand frei geworden, um in einem kräftigen Schwung über den Rumpf hinauszugelangen und sich dort anzuhalten, wo der Fels wie ein schmales Schild von der Wand absteht. Nun gilt es Stück für Stück nachzuholen, was zurückblieb. Die linke Hand oben und der rechte Fuß unten rahmen das Feld, in dem mit dem Körper gegen sein Gewicht gearbeitet wird.

Dieses Spiel der Kräfte an der Grenze[8] ist immer auch ein Ringen um Ordnung aus Angst. Die Grenze, sagt Dietmar Kamper, gehört zur unsichtbaren Ordnung des menschlichen Geistes und ist auf verhängnisvolle Weise unüberschreitbar.[9] Die Grenze, könnte Beat Kammerlander sagen, gehört auch zur Ordnung des menschlichen Körpers, wird sichtbar und bleibt auf verhängnisvolle Weise überschreitbar. Beides vermutlich stimmt. Macht man sich aber auf den Weg, die Verwindungen und das Geflecht dieser Ordnungen auszudenken, stößt man auf beträchtliche Schwierigkeiten, denjenigen im „Silbergeier" nicht unähnlich. Je steiler und gleichförmiger der Fels, desto unmöglicher die Fortbewegung. Dennoch, mit der Schwierigkeit wächst auch die Aufmerksamkeit. Sie forciert die Bereitschaft, sich zur Gänze zu verwenden.[10] Verausgabung wird zur leidenschaftlichen Selbstverschwendung, die jede Vernunft überbordet.[11] Selbstverschwendung wiederum beschleunigt den Aufbrauch der Kräfte und jäh taucht das Wissen um den Abstand auf, der vom gesetzten Limit trennt. Dem Erschrecken antwortet ein Mehr an Ordnung. Das Bewegungsfeld verwandelt sich in ein unsichtbares Netz, in das sich der Körper horizontal und vertikal verspannt. Jeder Zentimeter nach oben schiebt den Körper über eine dieser gedachten Linien hinaus und bleibt jeder dieser Linien doch unterlegen. Sie bilden, je näher sie an der letzten liegen, Schwerezentren aus, um die sich der Körper nun zusätzlich dreht. Die Anstrengung, die ein Zentimeter Höhe hier kostet, haftet jeder Bewegung an und lässt die Angst vor dem Scheitern zurückkehren. Scheitern hieße, diese ungeheure Anstrengung wiederholen zu müssen, und Kammerlander macht weiter. Die Anspannung ist ihm aus dem Gesicht zu nehmen:[12] Das Haarbüschel über der Stirn zeigt die Zeit an, die verstreicht, bis sich der Körper in die neue Position eingefunden hat und zur Ruhe kommt, um dann, aus der Ruhe heraus, die richtige Bewegung zu finden. Das Gesicht ist nur zur Hälfte sichtbar, scharf konturiert, geradezu spitz und eine Konzentration aus lauter Li-

8 Mit Nietzsche könnte man sagen, dass es zu diesem Spiel nur komme, wo eine große Macht entstanden ist. Sie erst wendet Widerstände zu Möglichkeiten. Diese Macht heißt in der Wand etwas anderes, als sie unten im Tal bedeutet. Beim Klettern muss man sich seiner selbst mächtig sein und das gelingt am besten dann, wenn man die ohnehin begrenzten Kräfte nicht damit vergeudet, gegen den Fels anzukämpfen, sondern sich an ihn zu schmiegen, sich ihm einzupassen wie auch dem Widerstand hinzugeben; vgl. Peskoller, Zwischen, 1998 und 8000, 1999, Kapitel 2 und 4 in diesem Buch.
Zur „Grenze": Mit der Landnahme des Deutschen Ordens im Osten kam das Wort Grenze ins Westen. Luther hat die Grenze definiert als „ende, das ein land kehret". Nach Kant sind Grenzbegriffe solche, die die Anmaßung der Sinnlichkeit begrenzen, indem sie bis zur objektiven Grenze der Erfahrung führen. Grenzsituationen sind lt. Wörterbuch Lagen, in denen Menschen an die endgültigen, unausweichlichen, aber auch unüberschaubaren Grenzen des Seins stoßen (Schuld, Tod, Schicksal, Zufall, Abschied, …), was zu einem möglichen Durchbruch zur Existenz oder auch zu einem Abfall von ihr führt.
9 Vgl. Kamper, von wegen, 1998, 14f.
10 Vgl. Peskoller, Vom Klettern, 1988
11 Vgl. Bergfleth 1985, 32; zur Begriffsunterscheidung Verausgabung/Verschwendung insbes. 20 ff.: in Abgrenzung zu Marx' Geistfigur der Natur erkennt Georges Bataille, auf den sich Bergfleth bezieht, die Natur als den Grund an: „Denn – und damit kommen wir zum springenden Punkt – alle Produktion setzt selbst schon einen Energieüberschuß voraus, eine freie Kraft, die sich in ihr äußert und die in letzter Instanz aus der Natur stammt" (Bergfleth 1985, 41).
12 Vgl. Kamper, von wegen, 1998, 14.

1 cm

nien. Der Kopf zum Blick verengt und ausschließlich auf das gerichtet, was die Füße tun. Dann eine leichte Drehung zur Wand, um an ihr zu hören, was sich in einem regt.[13] In Grenznähe warnt alles einander. Der Saum zwischen Bewusstsein und Instinkt scheint durchwirkt von einer Vielzeitigkeit, die alles einnimmt. Bewegungen füllen den Körper aus und geraten, zurückgehalten, enorm unter Druck. Der Druck innen korrespondiert mit dem Verlust an Unterschiedenheit außen. Eine annähernd glatte, überhängende Wand hier – ein sich anbahnender Tumult an Bewegungen dort.

Da hilft nur noch die Haut weiter. Sie vermittelt zwischen Mensch und Wand, ist die Sprache, die über feinste Unterschiede vorsichtig an das heranführt, was man Verstand nennt,[14] ohne von seinem anderen Ende, der Passion, abzulassen. In dieser Spannung wird jede kleinste Abweichung aufgespürt: die feine Körnung im Kalk, seine Kerben, Risse, Kanten und winzigen Löcher, die Schattierung der Farbe, sie zeigt den Grad der Brüchigkeit an und mit ihm den Wandel der Temperatur auf engstem Raum. All das nimmt die Haut auf, sie sammelt und streut die Daten in die Kuppen der mittleren drei Finger, die fühlen, wie das Gewicht des Körpers näher rückt. Der Druck auf die Finger nimmt zu und entlädt sich zu einem Teil über den Daumen an der Schirper außen. Der kleine Finger hingegen wirkt an der Regelung des Gleichgewichts mit und zeichnet jede Einstellung im Körper nach. Es entsteht eine flüchtige Skizze von einer irreversiblen Zeit. Jede der Einstellungen ist einzigartig, eine Wiederholung gibt es nicht, der kleinste Fehler fällt ins Gewicht und dauert. Er nimmt von der Zeit, die dann, für Verschiebungen des Körpers im Raum fehlt. Ein Zuviel an Raum, der Kletterer ist umgeben von Leere, steht einem Zuwenig an Zeit gegenüber und erzwingt jetzt, hunderte Meter über dem Grund, dass sich die Selbstverschwendung kehrt zur äußersten Verwertung. Niemand kann sich hier eine falsche Bewegung leisten oder einen Zweifel, jede Empfindung zu wenig und jede Regung zu viel gefährdet. Der Ablauf der Bewegung schreibt den Atem vor und der setzt, wenn es ganz heikel wird, fallweise aus.

Wie heikel es wird, zeigt uns ein anderer an, und dieser Andere war immer schon im Bild. Es ist ein leerer Körper, nur dort fest begrenzt, wo Hand und Fuß den Fels berührt. Dieser Andere ist die Zeit, die sich in der Leere zwischen Wand und menschlichem Körper sammelt und streut. Eine Passage, eine radikale Gegenwart, ein offener Raum, abhängig vom Verhältnis der

Nach frühester archaischer Wahrnehmung hat ‚granizze' mit dem altslawischen ‚grani' zu tun, das ‚Ecke, Spitze' heißt. Über ‚granne' ist es mit einem gemeineuropäischen Stammwort verwandt, das diverse Gesichtskonturen meint wie Barthaar, Schnurrbart, Augenlid und Augenbraue. „Die Grenze", so Kamper, „gehört der primordialen Wahrnehmung an, die nah am Chaos der Eindrücke eine erste Ordnung stiftet. Sie ist ein Muster, kein Material der Erfahrung."

13 Zum Verhältnis von Sehen und Hören in extremen Situationen vgl. Peskoller, 8000, 1998 und unfassbar, 1998, Kapitel 4 in diesem Buch.

14 Vgl. Serres, NW-Passage, 1994, 108

festen Körper zueinander, er hat an ihnen teil, ohne sie einzunehmen, zu beherrschen oder in einem der beiden aufzugehen. Die Zeit ist kein Körper im üblichen Sinn, da ihr das Feste fehlt, aber es gibt umgekehrterweise keinen Körper, den nicht auch die Zeit ordnet. Den Körper zeitlich, sprich bewegt, zu denken, versagt sich zweifach dem Begriff, bleibt ihm unter- und außerhalb und erfordert mehr zu hören als zu sehen.[15]

– *Punkt/Streif*

– Videonachspielung 3, 51 sec, SW –

Abb. 44, 45

Während der Körper parallel zur Wand anfängt, sich zu strecken, verbleibt die Hand in Augenhöhe. Die Wirbelsäule drückt immer mehr nach außen, der Kopf beginnt über die Hand hinauszuragen. Diese Streckung des Rumpfs nimmt vom Halt der beiden Füße und hatte zur Voraussetzung, dass sich die rechte Hand löst. Für einen Moment hängt die Sicherheit einzig am Schwung des schwebenden Körpers. Umso vehementer die Belastung dann für die linke Hand. Der Mund, leicht geöffnet, gleicht fürs Erste den Druck innen aus, während das Auge auf etwas außerhalb des Bildes zielt, so, als könnte von dort aus in allerletzter Sekunde noch einmal ins Spiel gebracht werden, was einen über sich selbst hinauswachsen lässt. Aber der Blick fällt zurück und in sich zusammen. Genau in diesem Augenblick muss Kammerlander erkannt haben, dass das Unternehmen nicht mehr zu retten ist. Kühne Selbstbehauptung weicht der

15 Vgl. Nibbrig in Seitz, Räume, 1996, 23; vgl. auch Bergson in Serres, NW-Passage, 1994, 55

16 Vgl. Kammerlander in Zak, Rock, 1995, 165

17 Vgl. Peskoller, Kunst d. Berührung, 1999, Kapitel 2 in diesem Buch.

18 Der Vortrag ist ein Gegenversuch. Er nähert sich der Unmöglichkeit einer Metapher und spitzt dadurch das Thema „Metaphern des Unmöglichen" bis zu seiner Umkehrung zu. Der Umschlag markiert jene Stelle, an der m. E. die Historische Anthropologie weitermachen könnte. Diese Kletterstudie ist ein Beispiel für dieses Weitermachen. Sie orientiert sich an einem Paradigma des Performativen, erarbeitet Grundlagen für eine qualitative Empirieforschung und macht sich dabei auch das Digitale zunutze, aber auf welche Weise, das wäre erst noch nachzutragen. Die Wendung, die sich hier ankündet, hat sich dem Gegenstand selbst, der auch ein Verfahren ist, zu verdanken. Klettern geht nie ohne Körper und Geistesgegenwart. Es zählt zu jenen Praktiken, die den Kontakt zu einer Wirklichkeit suchen und wie besessen pflegen, die menschenfern und fremd ist. Für vertikal Unerfahrene mögen Wände anorganisch, vielleicht sogar tot erscheinen und die Kletterer darin wie Menschen, die nur steigen, so mutmaßte ein Tagungsteilnehmer, um zu sterben. Zumindest genauso richtig ist das Gegenteil. Aber um die, und sie sind in der Mehrzahl, Tal- und Ebenemenschen an der Senkrechten teilhaben zu lassen, mag es von Vorteil sein, dieses Tun ins Bild zu bringen. Man sollte im Bilde sein über etwas, das das Bild und die Menschen immer schon übersteigt. Deshalb bleibt diesen Bildern auch etwas außerhalb. Streng genommen steht hier das Bild selbst zur Disposition. Das Unsichtbare, das nicht ins Bild zu holen ist, aber die Bilderproduktion umso mehr vorantreibt, ist auch in diesem Fall mit ein Grund für den,

Selbstaufgabe, was, wie zu sehen war, auch erlöst.[16] Die Kraft, die unentwegt nach oben zieht, überlässt sich der, die beständig nach unten zurückholt. Bis hierher haben diese beiden Gegenkräfte unbeirrt zusammengewirkt, jetzt aber treten sie auseinander. Im Auseinandertreten wird noch einmal ein Impuls frei, der aber nicht mehr zum Fortkommen genutzt werden kann, sondern einzig dafür, richtig zu stürzen. Mit einer leichten Drehung zur Wand gelingt es, im Lot zu fallen, und in der Drehung fällt die Zeit aus dem Zwischenraum. Die linke Hand gibt nach und lässt unter dem Zug des Körpergewichts den Griff los. Der letzte Haltepunkt löst sich in eine Art Streif, und mit diesem entfernen wir uns erneut von dem, was ich „unmöglich" nenne. Unmöglich ist, wo die Berührung missglückt, weil der Körper und somit der Versuch, ihm nachzudenken,[17] das Ende seiner Beweglichkeit erreicht. Dieses Ende ist für den Körper so unproduktiv wie für einen davon losgelösten Geist schöpferisch. Im Normalfall setzt exakt an dieser Kreuzung ein endloses Bildermachen und Sprechen ein, ein Vorstellen, Verstehenwollen und Erklärenmüssen. Daran beteilige ich mich nicht, gehe noch einmal vor den Absturz zurück und suche erneut den Punkt auf, der das Rätsel, dem ich von Anfang an gefolgt bin, verwahrt. *Wie verhält sich die Einbildungskraft zur Schwerkraft? Lässt sich aus der Wirkung beider etwas über die Unterschiedenheit ihrer Ordnung aussagen?*

Zwar scheint, wie ich nachzuweisen suchte, Video und Senkrechte mit Vorzug geeignet, auf diese Fragen zu stoßen – nach meinem Dafürhalten treffen sie den Kern der Historischen Anthropologie –, aber mehr als Grenzen zur Darstellung zu bringen bis hin zu dem Punkt, wo es kein Zurück gibt, war mir nicht möglich. Wenn das Denken die Flügel ablegt, da von Anfang an entschieden, in der Erfahrung der Körperschwere zu verbleiben, dann nimmt der Druck in Richtung Abstraktion und Schwermut derart zu, dass es alle Anstrengung kostet, standzuhalten. Verlangsamung, Wiederholung und Konkretion wurden gegen die Metapher und für eine, zugegeben verwegene Empirie ins Spiel gebracht,[18] der in letzter Konsequenz auch der Kletterer nicht ganz gewachsen war und stürzt.

– *Freier Fall*

– Videonachspielung 4, 7 sec, SW –

Abb. 46[19]

der nicht klettert, diesen Text ausschließlich metaphorisch zu lesen.
Einiges spricht zweifellos dafür,
dass es sich beim Klettern um eine
kühne Metapher handelt (vgl.
Weinrich 1963). Denjenigen, die in
Wänden daheim sind oder waren
(und das gilt auch für mich), ist
diese Fortbewegungsart kein
Sprachbild. Klettern ist die tiefe Erfahrung mit einem Leben, das Not-
wendigkeiten zeichnet. Je schwieriger eine Route wird, desto
weniger Optionen gibt es, und
wenn gar keine Möglichkeit mehr
besteht, taucht auf, was man ersehnt wie befürchtet hat: das Unmögliche. Es geht einem vor und
nach und plötzlich ist es unvermittelt da, bilder-, ton-, sprach- und
bewegungslos. Das ist der Punkt,
wo die Einbildungskraft selbst
zurückblickt und dieser Blick ist
leer.

19 An dieser Stelle danke ich Beat
Kammerlander, dass er derart
schwierige Routen durchsteigt,
und dem Filmemacher Gerhard
König, der es bei seiner Arbeit vermutlich auch nicht leichter hat.

Ein Spiel gegen die Täuschung*

Abb. 47[1]

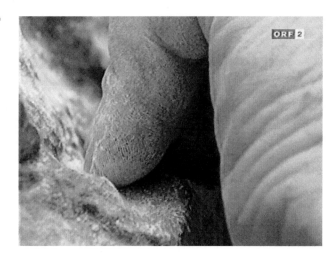

* Dieser Artikel ist unter dem Titel,
   „Risikotyp Genick brechen. Schwierigkeitsgrad X –" zum ersten Mal
   im Juni 2000 erschienen; als Vortrag „Wider die Natur" wurde er
   am 19. Mai 2000 auf der See-
   grube/Innsbruck im Rahmen der
   Tagung „Pädagogische Anthropologie" der DGfE, am 14. Juni 2000
   beim Symposium „Der Berg. Symbol, Materie, Leben" an der Universität Klagenfurt/Dekanat Kulturwissenschaften und am 17. August
   auf der Tagung „Frauenbergstei-
   gen" der UIAA in Toblach/Südtirol
   gehalten. In einem Interview in
   3 SAT/„Kulturzeit" vom 17. 6. 2000
   und im Bayrischen Rundfunk/Bil-
   dungskanal „Alpha Österreich"
   vom 13. 7. 2000 war u. a. der Inhalt
   dieses Artikels/Vortrags Gegenstand der Erörterungen. Am
   15. Dezember 2000 wurde „Ein
   Spiel gegen die Täuschung" in der
   Kunsthalle Tirol/Ausstellung:
   „Hochleistung – Going to the Extremes" vorgetragen.
1 Die Videostills sind der „Universum"-Sendung „Grenzgänger in
   Fels und Eis", ORF 2, 2. 12. 1999, entnommen.

– *Abdruck*

Nach kurzem Zögern erreicht der rechte Fuß weit draußen einen Tritt. Dieser überlange Schritt versetzt den Körper in eine schräge Lage. Dadurch nimmt die Spannung zu und mit ihr die Notwendigkeit, ihr nachzugeben. Die rechte Hand löst sich von der Wand, wird, um sich zu erholen, etwas ausgeschüttelt und greift dann in einem mächtigen Bogen über den Körper hinaus in Richtung auf ein Fingerloch. Dieser Wechsel der Position hat zweimal danach verlangt, das Gewicht zu verlagern und dazu geführt, dass der linke Fuß den Kontakt zum Fels vollends verliert. Dieser Verlust an Widerstand ist ein Verlust an Wirklichkeit und vermindert die Reibung. Die geringere Reibung addiert sich nun als Druck auf den rechten Fuß und vor allem auf die beiden Hände. Während auf die gestreckte Hand rechts der Druck als starker Zug nach unten wirkt, widersetzt sich diesem Zug der linke Arm. Er schiebt sich langsam nach oben. Die Gegenbewegung hat zur Folge, dass sich der Winkel zwischen Handinnenfläche und Finger der linken Hand aufhebt, die Spannung in ihrem Inneren zusammenbricht und sich dadurch der Druck auf die Fingerkuppen bis zur Unerträglichkeit erhöht. Die Umleitung und Konzentration des Drucks auf die äußersten Berührungspunkte hat im Gegenzug etwas in Kopf, Rumpf oder wer weiß auch anderswo entspannt und dadurch neue Kraft gesammelt. Diese Kraft ist schöpferisch, sie nützt den Verlust an Reibung, bindet an sich und in eins, was auseinander strebt, springt blitzschnell in die Fingerkuppen und überträgt dort, punktförmig gebündelt, einen Impuls. Der Abdruck findet statt. Es kommt zu einem eng begrenzten und kontrollierten Schwung und für einen Moment hängt die Sicherheit am Schwung des schwebenden Körpers.

Der Abdruck ist ultimativ. Er richtet Menschen, um fortzukommen, aus und auf, versammelt ein Wissen zur Bewegung von Grenzen und birgt das Rätsel elementarer Kräfte: Wie verhält sich die Einbildung zur Schwere? Wie gelangt die Kraft in beide? Was drückt sich im präzisen Spiel dieser widerstrebenden Kräfte aus? Das Rätsel bleibt ungelöst, Seele, Tier und Gabe legen drei Spuren, wodurch Folgendes beiträgt zu einer Geschichte und Struktur des Individuums, das in Extremen lebt und diese achtet.[2]

– Idylle, X–

Freitag, 17. 9. 1999, zwei Kamerateams schleppen Gerätschaften zum Einstieg einer vierzig Meter hohen Wand. *Sie befindet sich inmitten eines Waldes, an einem idyllischen Fleck in der Schweiz unweit von Feldkirch,*[3] wird der Sprecher nach dem Dreh im Film sagen, gemeint ist der Voralpsee oberhalb von Grabs bei Buchs. Der Protagonist kommt ins Bild: 41 Jahre, langes rotes Haar, nackter Oberkörper, Konzentration. Er schließt die Augen, versenkt sich ein letztes Mal in die Wand. Nach spätestens fünfzehn Minuten muss dieser *Tanz ohne Seil* beendet sein, für mehr reicht die Kraft nicht. „Mordillo" hat der Kletterer die Route benannt, sie weist Schwierigkeiten um X– auf und wird erstmals free solo bestiegen.[4] Die ZuseherInnen wohnen einer Uraufführung bei und werden potentiell Zeuge eines möglichen Sturzes, der aller Wahrscheinlichkeit nach tödlich verliefe. Eine *Karikatur des Wahnsinns* nimmt ihren Lauf, der Kletterer steigt ein. Die Leichtigkeit, mit der er an Höhe gewinnt, zieht an und bereitet auch dem, der sitzt, ungekannte Bewegungslust. Dann ändert sich die Musik, verliert an Tönen, passt sich dem Pulsschlag an. Die Spannung steigt, mehr als die Hälfte der Wand liegt bereits unter uns, die Kameraeinstellungen wechseln. *Beat Kammerlander in der Schlüsselstelle. Er steckt in einer Sackgasse, hat kaum Druckpunkte an den Füßen. Angst macht sich breit.*

2 Vgl. Peskoller, BergDenken, 1998[2]
3 Originalpassagen aus dem Film sind hier kursiv gesetzt.
4 Die Skala der Schwierigkeitsgrade ist nach oben hin offen, derzeit ist man bei XI angelangt; aber ohne Zuhilfenahme künstlicher Fortbewegungsmittel und ohne Seilsicherung wurde in dieser Länge der Grad X– bislang noch nicht bewältigt.

Abb. 48[5]

Wenn er nicht mehr weiter kann, die Nerven verliert oder die Kraft zu Ende geht, wird er abstürzen. Kammerlander greift nach oben, zieht den Arm aber wieder zurück und steckt die Hand in einen kleinen Magnesiumbeutel, der, an einem Band befestigt, rücklings an der Hüfte hängt, zieht die Hand wieder heraus, bläst den Rest des Magnesiums von den Fingern, sucht erneut den alten Griff und steigt endlich höher. Die Schwierigkeiten nehmen weiter zu, die Schlüsselstelle dauert. *Hier gibt es kein Zurück. Kammerlander muss rasten, die Muskelübersäuerung abbauen, sich mental sammeln, muss sein seelisches Gleichgewicht wieder aufbauen.* Nach der sechsminütigen Einspielung eines Filmausschnitts gehe aus den Bildern und in die Sprache, die denkend der Bewegung folgt.

– *Seele*
Dem Hauptdarsteller ist die prekäre Lage auch nicht entgangen. Als er sturzfrei, unverletzt und lebendiger als zuvor zurückkehrt zum Einstieg die Aussage:

„Und ich hab's bei der Begehung gemerkt: Die Konzentration ist wie eine innere Uhr, die kommt und geht. Das Gefühl der Angst ist ein sehr intensives Gefühl, das sich nur schwer kontrollieren lässt. Und so muss ich eben das richtige Timing finden, also den Rhythmus. Rasten, die Angst kann kommen. Aber dann, wenn ich klettere, muss die Konzentration da sein. Und so ist es ein Kennenlernen und manchmal auch die Möglichkeit, tief in deine Seele zu schauen. Weil da gibt es keine Lügen, da gibt es nur noch Wahrheit."

Die Formel lautet: Konzentration gegen Angst durch Zeit ist Wahrheit. Statt Lüge Wahrheit entgegen die Täuschung, Wahrheit hier nicht als Ergebnis des Denkens, sondern des Fühlens. Gehen wir erneut zum Einstieg zurück: Alle Kräfte müssen zunächst gebündelt sein, eine hohe Spannung entsteht und ein Zustand der kurzen Wege. Was im Kopf erdacht, fällt sogleich in die Beine, und was die Hände erfühlen, ist im Nu in Schultern und Hals. Er verbindet Körper mit Kopf, ist eine Passage und als solche ein Bild für die Seele. Sie ist porös, öffnet nach innen und außen und steht, das weiß man seit der Antike, am Anfang jeder Bewegung. Wer fühlt, lebt. Auf untrennbare Weise hängen Seele und Gefühle zusammen und ab von der Atmosphäre des Raumes. Welche Gefühle entsprechen wohl dieser Wand? Wie stark müssen sie sein, um einen Menschen in ihr karges Leben zu verwickeln? Die Zuneigung zwischen beiden, die Art, wie Wand mit Mensch verbunden, ist sanft, hat etwas Erotisches und gleicht dem Wasserhaften. Es ist empfänglich, breitet sich im Körper aus, fließt über auf das Gegenüber und wird von ihm berührt. Dieses doppelt Berührtsein ist nicht ekstatisch, viel eher ein beinah heimlicher, ein zärtlicher Genuss. Alles ist gestimmt und im Vermögen, wahrzunehmen. Kammerlander steigt ein, hebt ruhig und gelassen ab, er weiß, es geht. Gut 25 Meter später in der Schlüsselstelle: Die Seele selbst ist gegenwärtig aber leer, wodurch Platz entsteht für anderes. Rasten, die Angst kann kommen, sagt der Kletterer herunten, in der Reflexion auf sicherem Boden. Wie aber war es oben? Den Moment, in dem man spürt, die Angst kommt wirklich, will niemand haben, er lähmt. Bei Lacan heißt es, dass die Angst das Einzige ist, das nicht täuscht, und Kammerlander spricht davon, dass sich das intensive Gefühl der Angst nur schwer kontrollieren lässt. Dass Kontrollverlust enttäuscht, verwundert nicht, mehr irritiert, dass Kontrolle nur ein Mittel der Täuschung sein könnte. Wer aber führt hier wen in die Irre? Wer spielt womit? Was wird getäuscht und was getauscht?

„Mit Bergsteigen habe ich immer so Kniebundhosen und rot karierte Hemden assoziiert. Das war mir total suspekt und hat mir überhaupt nicht getaugt. Aber dann hat mich ein Freund überredet mitzugehen und das war so ein Erlebnis! Einfach, ich hab so viel Angst gehabt. Und irgendwo, der hat zu mir gesagt, du bist kräftig gebaut, du hast sicher viel Kraft, du bist sicher geeignet für das. Für mich war die Auseinandersetzung mit der Angst, die Überwindung und das Gefühl, das da kommt, das war so was von extrem, das hat mich süchtig gemacht."

Reales Erleben gegen ein Bild und mit der Kraft, sie war entscheidend. Ihr hat man vertraut, sie hat er trainiert und bis ins Unvorstellbare gesteigert. Inmitten winzigster Griffe beginnt jedoch das Vertrauen in die Kräfte des eigenen Körpers zu wanken. Die Macht eines einzigen Gefühls spielt mit einem Berg an Muskeln, von denen keiner mehr zu gebrauchen ist. Jetzt täuscht die Angst und sie verwirrt den Willen samt Verstand. Die Täuschung tauscht Vorstellung, Programm und Ziel gegen eine Wirklichkeit der Angst. In ihr wird man sich fremd und fremd, was sich rundum befindet. Die Angst nimmt jedes Maß und auch die Rahmung, formlos fällt man aus sich selbst heraus, ist nicht mehr sicher, ob man überhaupt noch hängt. Das Fingerloch zum Beispiel, in dem der mittlere Finger klemmt, wird plötzlich viel zu eng; der Tritt links unten fühlt sich brüchig an und könnte nicht mehr lange halten; die immer schon zu schmale Leiste für die linke Hand wirkt abgeschmiert und neigt sich stark nach außen. Nicht der Kletterer, jetzt scheint sich die Wand zu bewegen. Was bisher in, springt aus der Zeit, die Höhe schlägt um in Tiefe, aus dem Zug nach oben wird ein Sog zum Grund. Nicht weiterdenken, dem Sog standhalten, die Blickrichtung wechseln, aus dem Entsetzen und Zweifel heraus- und zum Handeln zurückfinden.

– *Tier*

Heftig laute Geräusche, stoßweiser Atem, er durchdringt mich, peinlich. Mir ahnt, dass da nicht nur ein Mensch, sondern aus ihm Tierisches steigt. Hat sich dieser Mensch nun verdoppelt oder halbiert? Mehrmals spule ich den Film vor und zurück und was sich zeigt, ist einfach: Bedrängte Seelen und Körper weichen in der Norm zurück, was hier stürzen hieße. Die Fluchtbewegung findet daher nicht außen, sondern innen statt, und das ist lebensrettend. Einer kalten folgt eine warme Leidenschaft, das menschliche Bewusstsein weicht dem Instinkt.[6] Wie oft aber muss der Ausweg schon versperrt gewesen sein, bis diese inwendige Bewegung auswendig glückt? Wie häufig stößt man auf den point of no return, bis nicht Panik ausbricht, sondern Sorgfalt und Aufmerksamkeit den Weiterweg weist? Wie sehr muss ein Kletterer die Begrenzung lieben, um sich ge-

6 Instinkt, hier als Nichtmoral, als der Wille zum Leben verstanden.

rade in ihr zur Gänze zu entfalten? Wie leidenschaftlich muss jemand suchen und wissen wollen, um, am Ende der Vernunft, den Anfang einer anderen Art von Wahrheit zu erkennen?

> „Als Kind war ich immer schon der, der das Abenteuer gesucht hat und immer wieder wilde Aktionen gesetzt hat. Mit der Zeit lernt man, mit der Gefahr zu leben."

Was heißt, mit der Gefahr leben zu lernen? Kammerlander gibt im Film nicht weiter Auskunft, seine Bewegungen erzählen und aus ihnen spricht ein sicheres Wissen um die Gefahr. Unzählige Wiederholungen tragen die Sicherheit ins Wissen und verwandeln, verdichten es zu einem Sinn. Er arbeitet nicht wie die Analyse, verhält sich diffiziler und komplexer als sie, erfordert ein anderes Verständnis von Abstraktion und bildet sich aus durch Nachbarschaften; dem Überfluss an sinnlichen Daten folgt keine Notwehr der Theorie, sondern das Erinnern eines dreifachen Ursprungs. Den Kletterer an der Grenze gefährdet die Angst, sie zu empfinden ist der Ausgang zur Intelligenz. Mit Intelligenz allein kann man sich aus der Lähmung aber auch nicht lösen. Die Empfindung tastet, wandert, verzweigt sich und drängt im Gespür aneinander, die Intuition beginnt. Als Kammerlander den Sog nach unten verspürt, wird er hellwach, ertastet unvermittelt den Raum, an dem er sich findet, und vermerkt zugleich die Zeit. Die Zeit zählt sich selbst in den Knoten der Konfusion,[7] die entsteht im Ineinanderfließen von Mineralischem außen und Organischem innen. Zwei Zeiten bedrängen einander und erzeugen Spannung, die genutzt wird, um eine neue Bewegung vorzubereiten. In der Vorbereitung der Bewegung sammelt sich Zeit an und mit ihr eine hohe Intensität, die sich erst im Akt wieder entspannt und streut in den Raum. Der Bewegungssinn, Ursprung des Instinkts, ist Meister der Zeit und im Messen.[8] Bevor sich der Blick und in ihm die linke Hand erneut nach oben richtet, wurde die Strecke außen im Leib exakt vermessen und mit ihr die Zeit, die für den Griffwechsel verstreicht. Kammerlander wähnt sich, zumindest für den Augenblick, wieder in Sicherheit. Geübt im Empfinden, Tasten, Spüren und im sich Bewegen gelangt er an Stellen und darüber hinweg, die, ohne auf diese Anfänge zurückzugreifen, auch dem Denken verschlossen wären. Wer die Gefahr meidet, höre ich Dietmar Kamper sagen, kommt darin um. Diesem Satz ist, nach allem, was eine Bewegung in der Senkrechten wiedererinnert, nichts hinzuzufügen, außer vielleicht eines: hautnah, in Ruf-

7   Vgl. Serres, Sinne, 1999, insbes. 226
8   Vgl. Peskoller, 1 cm, 2000. Kapitel 2 in diesem Buch.

weite mit dem Tier werden Menschen nicht nur menschlich, sie erkennen gerade in der Selbstgefährdung, dass sie nicht zwingend da, sondern nur noch eine Möglichkeit sind.[9]

– *Gabe*

Der Kletterer weiß längst, dass er süchtig ist, aber das ist nicht der Punkt.

> „Ich kann's selber gar nicht so genau orten, woher diese Triebfeder kommt, das zu tun. Aber ich weiß, dass es tief in mir steckt, dass ich mich nicht zwingen muss. Es ist sicher keine Geschichte des Prestiges oder sonst was, sondern das ist viel tiefer verwurzelt."

Was ihn antreibt, erschüttert die Logik der Ökonomie. Kammerlander unternimmt, worüber er nicht verfügt, und ist, was sich der Aneignung entzieht. Der Überfülle der menschlichen Natur, die nach außen und bis zum Äußersten geht, tritt ein unermesslicher Reichtum der Wand gegenüber. Erst von diesem doppelten Außen her ist die Erfahrung zu machen, dass einem weder die Natur noch dass man sich selbst gehört. Kammerlander klettert nicht deshalb so sicher, weil er auf die Vernunft der Selbsterhaltung setzt, sondern deshalb, weil er dieser Vernunft misstraut. Er weiß, dass seine Triebfeder einem Wissen aus Vernunft abwegig bleibt. Es steckt tief in ihm, wie er sagt, ist viel tiefer verwurzelt. Tiefer als Prestige oder jeder andere Grund ist die Grundlosigkeit. Sie erst treibt, wie zu zeigen war, unvorstellbare Möglichkeiten der Verausgabung hervor. Entgegen jeden Glücksversprechens geht es beim Klettern, insbesondere ohne Seil, um eine Passion des Heillosen.[10] Im Zentrum dieser Passion arbeitet in strenger Ambivalenz die Erkenntnis, dass leben nur kann, wer auch zu sterben vermag. Der Kletterer übt sich, diszipliniert, in das Sterben ein und gewinnt dadurch eine andere Art von Leben. Hauchdünn die Grenze zwischen Selbstverschwendung und -zerstörung, denn zu tief im Leben kann zu nah am Tod sein. Den Extremen, die ich kenne, wird auch regelmäßig der Vorwurf gemacht, dass sie ihr Leben freiwillig aufs Spiel setzen und den Tod sehnen. Was sie auch tatsächlich tun, aber nicht, um vorzeitig umzukommen, auch nicht, um sich, strotzend vor Kraft, immer wieder aufs Neue zu beweisen, nie sterben zu müssen, sondern sie suchen den Tod, um ihn nicht zu vergessen. Die unterstellte Flucht in die Bewusstlosigkeit und vor dem Leben ist ein leibliches Erinnern, sterben zu müssen, um leben und, wo und wann auch immer, einmal sterben zu können.

9 Vgl. Steffens 1997
10 Vgl. Bergfleth 1985, insbes. 86

Kapitel 3: BergDenken

BergDenken
Eine Kulturgeschichte der Höhe*

Abb. 49

0 Vorspann

– Erstes Bild, im Hintergrund hört man den Ton von Fußstapfen und das Atmen und Wiehern eines Pferdes, (30 sec) –

„Am 16. (April) verließ ich allein in aller Frühe Reutte und erreichte die Rätischen Alpen. Der Eintritt in dieselben und der steile Anstieg ist bei Regenwetter sehr schlecht und grundlos kotig. Mein Weg war sehr schlecht, am Tage vorher hatte es nämlich geregnet, und in der darauffolgenden Nacht über den Kot noch geschneit, so daß ich die Pfützen und die tiefen Löcher nicht wahrnehmen konnte. Das Pferd, das ich an der Hand emporführte, sank bei jedem Schritte bis zum Bauch in den Schlamm und ich ebenfalls bis über die Knie. Wo Gruben waren, sanken wir noch tiefer ein. Nachdem ich die Sperrfestung der Rätischen Alpen, welche Ehrenstein genannt wird, passiert hatte, kam ich endlich doch bis zum Anstieg des Fernpasses (montis Fericii)."[1]

Ich bedanke mich für die Einladung und Medientechnik, begrüße Sie herzlich zum Vortrag in fünf Teilen, der gut 45 Minuten dauert, sowie zur Diskussion im Anschluss. Der Vortrag wird zu einer Tour de force durch die Alpingeschichte bzw. durch die Geschichte der Bergästhetik und seine Ordnung ist die einer ganz normalen Bergbesteigung. Sie fängt mit dem Aufbruch an und findet im Abstieg ihr Ende.

* Dieser Vortrag wurde am 5. Oktober 1998 in Reutte/Tirol auf Einladung des Lions Club gehalten und bislang nicht veröffentlicht; an einigen Stellen habe ich auf mein Buch „BergDenken" zurückgegriffen.

1 Faber in FZ, 1986, 60 f., zit. in Peskoller, BergDenken, 1997, 61

1 Einleitung

Angefangen wurde nicht mit einem Berg-, sondern mit einem Reisebericht. Es handelt sich um die Aufzeichnungen eines Dominikanerpaters aus Ulm. Felix Faber hat von 1441 bis 1502 gelebt und berichtet von seiner zweiten Pilgerfahrt ins Heilige Land. Faber war nicht der einzige Pilger, im Mittelalter erwanderten sich hunderttausende Menschen fernab ihr Seelenheil, aber nur wenige hielten ihr Abenteuer so getreu fest wie Faber. Das war im Jahre 1483, vor genau 515 Jahren, wodurch die Zeitspanne ausgewiesen wäre, um die es im Folgenden geht.

Der rote Faden, der durch die Ausführungen leitet, sind aktuelle Bezüge, wie im Eingangszitat. In aller Frühe, schreibt Faber, verließ er Reutte, um aufzubrechen. Auch wir brechen auf, und zwar zu einer gedanklichen Bilderreise in die Berge, mit dem Ziel, Einblick in das zu gewinnen, was Menschen in die Höhe treibt und wie sie ihre Erfahrungen mit der Höhe zum Ausdruck bringen. Die Spuren, denen ich folge, laufen an der Stelle zusammen, an der ich den Kern extremen Tuns vermute. Gemeint ist die besondere Art des Erlebens.

2 Aufbruch

– Videoeinspielung 1: Ein Bergsteiger sitzt am Fuße des Mount
Everest und beschreibt sein Vorhaben (70 sec) –

Der Südtiroler Bergsteiger und Autor Hans Kammerlander bricht vom 23. auf den 24. Mai 1996 allein Richtung höchsten Punkt der Erde auf. Er hat sich vorgenommen, vom Gipfel des Mount Everest mit den Schiern abfahren. Die Frage, die ich stelle, bezieht sich weniger auf dieses Vorhaben, als vielmehr darauf, Verbindungen zu erkunden. Gibt es etwas, frage ich mich, das der Extrembergsteiger Hans Kammerlander mit dem Pilger Felix Faber gemein hat?

– *Motiv*
Faber verlässt, bevor es tagt, den Ort, Kammerlander legt sich gar nicht erst schlafen, sondern bricht am späten Nachmittag auf und steigt die ganze Nacht aufwärts, um keine Zeit zu verlieren. Beide sind nicht allein. Der Pater hat seinen Gaul, dem der schlechte Weg auch zu schaffen macht, der Bergsteiger seine Schier dabei. Die Beschwerlichkeit des Weges verbindet beide,

Abb. 50

dasselbe gilt für die Gefahr und die Abhängigkeit von den äußeren Verhältnissen wie Wind, Wetter und Schnee. Außerdem müssen beide auf ihre Kraft, durchzuhalten, vertrauen. Denn tiefe
Zweifel nach dem Aufbruch gefährden das Unternehmen.
Während einer großen Anstrengung kann die Motivation nicht
mehr aufgebaut, nur noch erinnert werden. Spitzt sich die Lage
zu, dann müssen die Bewegungen sogar automatisch ablaufen.
Die Entscheidung für das Ziel ist mehr als ein Verlangen, es hat
mit einer ausdauernden Leidenschaft zu tun. Beide, Faber wie
Kammerlander, hat eine Idee gepackt, hinter die sie ab einem bestimmten Zeitpunkt nicht mehr zurückkönnen, nur die Durch-
führung bringt wieder Frieden. Und so nimmt das Abenteuer seinen Lauf. Was sich hier wie dort wirklich zuträgt, liegt jedoch, wie
jede starke Erfahrung, außer- bzw. unterhalb des Sagbaren. Wörter können hier bestenfalls tasten, sich vorsichtig herantasten,
um nicht aus dem, was war, etwas ganz anderes zu machen. Das
Denken am Berg wird daher schrittweise zu einer Kunst des
Scheiterns und darüber handelt mein Buch „BergDenken".

3 Aufstieg

– *Verlangsamung*
    Zurück zu Felix Faber. Er steigt Richtung Fernpass auf, und
zwar nicht, um von der Höhe ins Tal zu schauen, sondern um die
Höhe hinter sich zu lassen. Diesem ewigen Auf und Ab kann der

Dominikanerpater so viel wie nichts abgewinnen, daher überwiegt in seinem Bericht das Schimpfen und Klagen. Ganz anders Hans Kammerlander. Er nimmt, wie es kommt, sagt er, und habe nur eines im Sinn, den Gipfel und die Abfahrt. Der Pilger nimmt die Berge, der Bergsteiger alle Umstände für den Berg in Kauf. Für Faber liegt das Ziel hinter den Bergen, für Kammerlander sind die Berge selbst bzw. der Weg am Berg das Ziel.

Dieser Unterschied bedeutet zweierlei: Das Pilgern steht für den Mythos des Fortschritts, in ihm zählt nur das Weiterkommen. Beim Bergsteigen hingegen wird die Vorwärtsbewegung abgebremst, denn hinauf geht man immer langsamer als geradeaus. Der Bergsteiger steigt zwar auch beständig voran, aber bei weitem nicht so rasch. Wodurch das Bergsteigen, so die These, halbseitig von dem abweicht, was sonst üblich, und das ist der Fortschritt.

– Lust/Schmerz

Dem Pilger winkt bei Erreichen der Heiligen Stätte das Seelenheil, und was den Bergsteiger auf dem Gipfel erwartet, ist unterschiedlich. Das große Gipfelglück stellt sich ein oder nicht, und wenn man zurückkehrt, ist das Leben zu Hause auch nicht einfacher geworden. Sogar das Gegenteil ist der Fall. Wenn die Pilger, und von Bergsteigern wird Ähnliches berichtet, heimkommen, sind sie zu anderen geworden, da die Erfahrung von Ferne und Höhe verändert. Was erwirkt diese Veränderung? Diese Frage ist ganz so einfach nicht zu beantworten, eines aber scheint sicher zu sein, die Veränderung hat mit dem Erleben einer Grenze zu tun.

– Videoeinspielung 2: Kammerlander in einem Steilhang knapp unter dem Gipfel (50sec.) –

An Grenzen trifft Gegenläufiges aufeinander, im Extremfall Leben auf Tod. Die Grenze zeichnet sich durch eine besondere Dichte aus. In sie wird der Bergsteiger Schritt um Schritt hineingezogen. Unbändiger Bewegungslust folgen Qual und Schmerzen. Das ist bereits in der Göttlichen Komödie von Dante Alighieri nachzulesen, und zwar nicht nur beim Abstieg in das Inferno, sondern auch beim Anstieg hinauf zum Paradiso, wo eine Reihe von Steilstufen zu bewältigen sind. Etwas später als Dante, es soll am 26. April 1336 gewesen sein, macht Francesco Petrarca seine Erfahrung mit der Höhe und lässt diese in einem Sendschreiben überbringen. Dieses Sendschreiben zählt zu den

Abb. 51

frühesten Zeugnissen der Alpenbegeisterung und was aus ihm spricht, ist eine große Mühsal:

> „Aber, wie es zu gehen pflegt – auf mächtige Anstrengung folgt plötzliche Ermüdung. Wir machten also nicht weit von da auf einem Felsen halt; von dort rückten wir wiederum vorwärts, aber langsamer, und ich insbesondere fing schon an, den Gebirgspfad mit bescheidenerem Schritt zu beschreiten. [...] Kaum aber hatten wir jene Höhe verlassen, so vergaß ich meine frühere Erfahrung und kam wieder mehr zur Tiefe hinab – und indem ich etliche Täler durchwandelt und die leichten langen Wege einhielt, bereitete ich mir selber große Schwierigkeiten, denn ich schob die Mühsal des Emporsteigens zwar hinaus, aber durch des Menschen Ingenium wird die Natur der Dinge nicht verändert, und niemals wird es möglich werden, daß einer durch Abwärtssteigen in die Höhe gelange."[2]

– Natur wissen

Im Unterschied zum Pilger Faber will Petrarca die Höhe des Ortes kennen lernen. Sein Motiv lässt sich auch als ästhetisch beschreiben, in das sich ein noch anderes gemischt hat. Die Rede ist von einem Wissen über die Natur, das sich in Folge durchsetzen wird. Ab dem 16. Jahrhundert werden in erster Linie Naturforscher respektive Botaniker auf Berge steigen, ein Beispiel:

> „Ich habe mir vorgenommen, sehr geehrter Vogel", schreibt Conrad Gesner an seinen Freund, „fortan, so lange mir Gott das Leben gibt, jährlich mehrere oder wenigstens einen Berg zu besteigen, wenn die

2   Petrarca aus FZ, 1986, 36, 37, in: Peskoller, BergDenken, 1997, 59 f.

Abb. 52   Abb. 53   Abb. 54

Pflanzen in Blüte sind, teils um diese zu kennzeichnen, teils um den Körper auf eine ehrenwerte Weise zu üben und den Geist zu ergötzen. Denn welche Lust ist es, und nicht wahr, welches Vergnügen für den ergriffenen Geist, die gewaltige Masse der Gebirge wie ein Schauspiel zu bewundern und das Haupt gleichsam in die Wolken zu erheben. Ich weiß nicht, wie es zugeht, daß durch diese unbegreifliche Höhen das Gemüt erschüttert und hingerissen wird zur Betrachtung des erhabenen Baumeisters."[3]

Der Schweizer Arzt und Naturforscher Conrad Gesner, er war kundig in den Heilverfahren des Paracelsus, gibt in diesem Text auch sein Motiv preis. Er steigt in die Berge, sagt er, um ein Wissen über die Pflanzen zu sammeln, und er steigt hinauf für das gute Zusammenwirken von Körper, Geist und Gemüt. Gesner macht Anstrengungen zu einer Inventur der Sinne und er weiß um die heilsame Wirkung der Bewegung. Das Auf- und Abwärtssteigen sei auch gegen die Melancholie hilfreich, da es die Drüsen anrege.

– *Beweglichkeit*

Im 16. Jahrhundert wird die körperliche Bewegung wiederholt Thema. Gründe dafür liegen u. a. darin, dass der Buchdruck erfunden ist und sich die Informationen rasch verbreiten. Das verändert die Lebensgewohnheiten der Menschen. Sehr viel mehr Zeit als früher wird mit Sitzen und Lesen zugebracht und so nimmt es nicht weiter wunder, dass man im Übergang vom

3 Gesner aus FZ, 1986, 136, in: Peskoller, BergDenken, 1997, 63

16. ins 17. Jahrhundert eine erste Definition des „Bürgsteigens" formuliert. Was Bergsteigen ist, hat ein Arzt festgesetzt, der an dem Ort wirkte, wo ich heute lebe; er schreibt:

Abb. 55

„Das Bürg ist das allerherrlichste Ort der Übung ... Erstlich, das sich durch das Bürgsteigen der Leib auff manifalttige Weiß übet, sintemal die Weg nicht einerley, sonder allezeit anderst und anderster, bald über Wasen, dann über Stöck, wider über Stein und Felsen, zuweilen durch die Stauden und Gesträuß, öffters durch Wälder, unversehens und im höhen Gebürg über ein Schnee, behend durch Wasserbäch, zuweilen neben See und Weyern, in höchsten Jöchern nit selten mit Händen und Füßen in dem Geschröff herumb, auß wellichem Unterschied geschiht, daß die Füß, die Tiecher (d.h. Schenkel) und der Leib sich anderst und anderst üben und sich dem Gebürg nach wenden müssen. Zum andern, das über die manigfaltige Übung sich auch das Gemüth in sollicher verwunderlicher Variet und Manigfaltigkeit des Gebürgs, auß angeborner Natur weit mehrers als ob der Ebene erfreut, und gleichsam ihme die Wahl wehe thut, zu wellichem Bürg Lust es sich wenden solle ..."[4]

Die Mannigfaltigkeit des Gebirges, welche eine Vielzahl an Bewegungen des Leibes abverlangt, steht im Mittelpunkt der Bestimmung dessen, was Bergsteigen ist. Das hat sich bis heute nicht verändert, nur vervollkommnet, wie wir gleich sehen werden. Die folgenden 3 Minuten zeigen, wie sich der Leib des Menschen an den des Felsen schmiegt, um alles, was ihn ausmacht, zur Fortbewegung zu nutzen. Der Vorarlberger Kletterer Beat Kammerlander durchsteigt eine sehr schwierige Wand und ich blende die 3. der sechs Seillängen ein.

– Videoeinspielung 3: B. Kammerlander in der 3. Seillänge –

– *Selbstvergewisserung durch Leere*

Kammerlander klettert hier nicht das erste Mal, ein Jahr zuvor, das war 1993, gelang ihm die Erstbegehung dieser Route im Rätikon mit dem Namen „Silbergeier". Was, so könnte man fragen, macht der Kletterer in der Wand? Der Kletterer bewegt sich von unten nach oben. Er wird von unten gesichert, und zwar von seiner Frau Conny. Sie achtet darauf, dass das Seil den Bewegungen gemäß ausgegeben wird, und steigt dann, wenn er oben ist, selbst nach. Beat Kammerlander bewegt sich sicher, er tut seit über 20 Jahren nichts anderes als klettern. Er weiß, was

4 Guarinoni, zit. nach Stolz 1928, 2. Teil, 45, in: Peskoller, BergDenken, 1997, 17

er kann, und er weiß, wo er scheitern wird. Das Wissen um das eigene Können und Vermögen ist ein Ergebnis davon, nahe und auch bis an die Grenze zu gehen. Wenn Kammerlander steigt, befindet er sich an zwei Orten. Er ist zugleich innen wie außen, spürt all das, was der Körper tut, aber auch, was dieser unterlässt, und das, was die Wand mit ihm macht. Der Kletterer geht mit dem Fels eine Beziehung ein, die ihn, so scheint es, mehr als an alles andere bindet. Die Bewegungen muten nicht immer harmonisch an, manchmal fallen sie etwas abrupt und ruckartig aus. Meist jedoch hat man den Eindruck, dass dieser Mensch weniger hinaufsteigt als nach oben schwebt. Die Wand ist, zumindest aus der Perspektive des Betrachters, glatt und überhängend, der Fels kompakt und in einem hellen warmen Grau. Lange bevor man an ihr klettert, heftet sich an diese Wand die Vorstellungskraft. Man beginnt sich in die Wand einzuleben, sich imaginär an Bewegungsabfolgen zu gewöhnen. Wenn man dann endlich zum Einstieg geht, ist man mehr als einmal bereits oben gewesen. Die Wand ist einem vertraut geworden, noch bevor man eine einzige Bewegung in ihr vollzogen hat. Und wenn man sich in ihr real zu bewegen beginnt, dann ist es notwendig, vieles von dem wieder zu vergessen, was man über sie zu wissen glaubt. Denn die Wirklichkeit übertrifft die Vorstellung um vieles. Worauf sich der Kletterer jetzt zu verlassen hat, ist, dass er rasch und präzise wahrnimmt, was vorliegt. Unter ihm gibt es viel Luft, sie macht ihn sicher. Nicht in dem Sinne sicher, dass ihm nichts passieren könnte, sondern sicher im Wissen, dass er ganz auf sich selbst gestellt ist. Die Leere unter ihm bringt erst die Fülle seines Könnens hervor.

– *Wurzeln*

Fragt man sich, wann in der Alpingeschichte das Klettern eingesetzt hat, muss man weit zurück. Kämpfe im Gebirge gibt es, seit sich Menschen dort aufhalten und bewegen. Neben den frühesten Zeichnungen in Höhlen und an Felswänden schilderten beispielsweise sumerische Künstler solche Kämpfe in Skulpturen auf Stelen, die unseren Helden- und Soldatendenkmälern ähnlich sind. Ein Bruchstück einer solchen Stele, es ist die Stele des Naram-Sin um ca. 2550 vor unserer Zeit, zeigt den Sieg der Sumerer über die Stämme des Berglandes Elam. Vermutlich handelt es sich dabei um die früheste Darstellung eines Berges.[5] Um 330 vor unserer Zeit sollen dann die Soldaten Alexanders des Großen bei der Erstürmung der sodialischen Feste bereits Mauerhaken und Seile verwendet haben.[6] Ein Beispiel anderer

5 Vgl. dazu Täuber 1937, 383 ff. und die Abb. 377 ebd.
6 Vgl. Peskoller, BergDenken, 1997, 127

Abb. 56, 57

Art ist tausend Jahre später überliefert worden. Als kleiner Bub, schildert der Bischof von Freising 768 eine Begebenheit aus den Kindertagen, sei er auf dem Zeno-Berg aufgewachsen, der Zeno-Berg steht in der Gegend um Meran, und wie es eben kleine Kinder zu tun pflegen, rannte er um die Bergkirche herum, strauchelte und stürzte den siebzig Meter hohen, senkrechten Felsabbruch hinab. Unten tobte der Gebirgsbach Passer. Man hielt den Jungen für tot, suchte dennoch nach ihm, kam über die Passerbrücke gelaufen und sah den kleinen Buben im Fels hängen. Mit Seilen ließen sich die Helfer von oben herab, bargen ihn lebend und brachten ihn heim. Diese Geschichte liefert einen interessanten Beweis. Die Bergbewohner waren seit alters her mit allen möglichen Techniken, sich in steilem Gelände sicher zu bewegen, vertraut. Das Klettern ist also nicht, wie man häufig hört, eine Erfindung der Neuzeit, sondern es gehörte seit Jahrhunderten schon zum Alltag derjenigen, die sich in den Bergen niedergelassen hatten.

Töne ganz anderer Art sind aus dem Frankreich des 15. Jahrhunderts zu vernehmen. Kurz bevor Christoph Kolumbus in Amerika ankam, hat 1492 Antoine de Ville mit Gefährten den für unersteiglich gehaltenen Mont Aiguilles in der Dauphiné erstiegen und ein Schriftstück verfasst, das als die „Magna Charta des Alpinismus" gilt.[7] Womit beginnt diese programmatische Schrift? Sie hebt mit einem großen Wort an, das bis heute nicht aufgehört hat, mächtig zu sein:

„Iᴄʜ mache darauf aufmerksam, daß nur wenige von den Leuten, die uns hier oben stehen sehen werden und auch den Weg erblicken, den

7   Vgl. Peskoller, BergDenken, 1997, 78

wir gegangen, es wagen dürften, unseren Spuren zu folgen, denn es ist der fürchterlichste und grauenhafteste Weg, den ich oder ein Mitglied unserer Gesellschaft je beschritten. Wir mußten eine halbe Meile auf Leitern aufwärts klettern, dann noch eine Meile weiter, aber der Gipfel ist der herrlichste Ort, den man sich denken kann. Um ihnen ein anschauliches Bild des Berges zu geben, will ich bemerken, daß die Gipfelfläche einen Umfang von fast drei Meilen hat, der Länge nach eine Viertelmeile und einen Bogenschuß der Breite nach mißt und aus einem wunderbaren Almboden besteht. Wir trafen hier auf ein stattliches Gamsrudel, das von hier nie wegkommen kann, mit Kitzen vom heurigen Wurf. Dies schreibe ich am 28. Juni am Aiguille. Jetzt bin ich schon drei Tage hier oben, mit mehr als zehn anderen Leuten und einem königlichen Leiterträger, und will nicht eher absteigen, als ich Bescheid von Ihnen erhalte, damit Sie, falls Sie es wünschen, Leute ausschicken können, die unsere Anwesenheit auf dem Gipfel bestätigen. ICH habe ihn (den Berg) getauft im Namen des Vaters, des Sohnes und des Heiligen Geistes und im Namen von Saint-Charlemagne, dem König zu ehren. ICH habe hier auch eine Messe lesen und an den Ecken der Gipfelfläche drei Kreuze errichten lassen."[8]

Von all dem, was dieser Text enthält, greife ich eines heraus. Dieses eine ist das Ungewöhnliche, das vollbracht und nachgewiesen wird, die Suche nach dem Besonderen, nach dem, was nahezu unbewältigbar erscheint, so schwierig und umständlich, aufwendig, abweisend und gefährlich, dass man es sich gar nicht ausmalen kann Die Herausforderung des Unnützen und das Spiel mit dem Unmöglichen, das sind bis heute zwei zentrale Motive geblieben, um sich der Vertikalen zuzuwenden und an ihr die Kräfte zu vergeuden. Auch in den folgenden drei Bildern drücken sich diese beiden Motive aus. Die Bilder wurden um 1500 von Kaiser Maximilian I. in Auftrag gegeben. Die Tiroler Werkstatt des Jörg Kölderer sollte festhalten, wie man sich im steilen Gelände bewegt. Dadurch bildet sich ein Blick auf den Berg heraus, der weniger ehrfürchtig und beschaulich ist, als vielmehr keck und voller Lust sich an den Aktionen beteiligt, sich in das Geschehen am Berg hineinziehen lässt und den Berg als einen Ort begreift, den Szenen ordnen.

Die 118 Holzschnitte des „Theuerdanck" illustrieren nicht nur die Heldentaten des Kaisers, sie belehren auch. Man wird darüber in Kenntnis gebracht, wie man sich im „Gebürg" richtig verhält und wie die technischen Hilfsmittel, wie Alpenstange und Steigeisen, in Gebrauch zu nehmen sind. Anders die Miniaturmalerei über die Gämsjagd und den Fischfang am Achensee.

8 A. de Ville zit. nach Perfahl 1998b in Peskoller, BergDenken 1997, 139; Hervorhebung durch die Autorin.

Sie lässt auf ein lebensfrohes und sinnenhaftes Dasein schließen. In bunten Farben gemalt sieht man Tier und Mensch allerorts tätig sein. Länger bleibt der Blick an einem Gämsjäger hängen. Er befindet sich im oberen Drittel der linken Bildhälfte, ist mit einer hautengen gelben Hose und roter Jacke bekleidet und macht sich allein und gekonnt und mit einer langen Alpenstange an einer steilen Bergflanke zu schaffen. Eine Kletterszene anderer Art hält die feine Rötelzeichnung fest. Es handelt sich vermutlich um die erste Darstellung eines Kletterers, der abseilt. Er hat das Seil fachmännisch oben an einem Baumstrunk befestigt und lässt sich ins Seil gebunden über eine Felswand nach unten gleiten.

Nicht ästhetisch, sondern didaktisch wird man 150 Jahre später instruiert. Der Schweizer Josias Simler verfasst eine Lehr-

schrift über die Gefahren der Alpen. Er selbst hat sich zwar damit begnügt, kaum einen Fuß vor die Tür zu setzen, aber er hat
die Zeit konsequent dafür genützt, sein umfangreiches Wissen
aus zweiter Hand anderen weiterzugeben. Simlers Lehrwerk
wurde erst im 19. Jahrhundert von den Gefahrenbüchern eines
Emil Zygmondy oder Edward Whymper abgelöst.[9]

4 GIPFEL

– Begrenzung

– Videoeinspielung 4: Kammerlander kommt auf der Spitze des
Mount Everest an (40 sec) –

Abb. 61

Zunächst muss Kammerlander noch einen Felsgrat hinter sich
bringen, er atmet schwer, dann erreicht er das Ende. Der Bergsteiger ist sichtlich überwältigt von dem, was sich ihm zeigt. Es
ist „wahnsinnig", sagt er und die Stimme überschlägt sich dabei.
Für Augenblicke spürt man, was im Herzen eines Gipfelmen-
schen vorgeht. Kammerlander schaut in die Runde und sieht ein
Meer aus versteinerter Zeit. Der Blick von oben, auch für ihn ein
Ereignis, war lange ein Tabu. Petrarca, die Figur des Übergangs
vom Mittelalter zur Neuzeit, hat die Zwiespältigkeit des
Überblicks zum Ausdruck gebracht. Nach der ersten Schaulust,
die ihn am höchsten Punkt überkommt, erschrickt er über sich

9 Vgl. dazu Peskoller, BergDenken,
1997, insbes. 67 ff. und 235 ff.

selbst und geht dann schweigend bis ins Tal. Vorher hat er ein Büchlein aufgeschlagen, in dem zu lesen stand:

> „Da gehen die Menschen, die Höhe der Berge zu bewundern und die Fluten des Meeres, die Strömungen der Flüsse, des Ozeans Umkreis und der Gestirne Bahnen, und verlieren dabei sich selber."[10]

Mit dem Sehen kam der Mensch des Öfteren nicht zurande. Die Gefahr, sich in dem zu verlieren, was man sieht, ist groß. Sieht man zu viel, in zu weite Ferne oder große Tiefe, dann hat man Schwierigkeiten, das, was man gesehen hat, zu ordnen und in der Ordnung das rechte Maß zu finden. Jetzt, wo Menschen, wie Petrarca, freiwillig in die Höhe steigen, begleitet sie eine starke Unsicherheit. Sie sehen, was sie bisher nicht sehen durften, und sie nehmen Orte ein, die vormals Gott und Götter besetzt hielten. Die Vorrangstellung des Menschen ermöglicht nicht nur, sie bürdet auch eine schwere Last auf. Künftig ist der Mensch verantwortlich, was in der Welt geschieht. Des Menschen Selbstbestimmung schlägt sich in immer kühneren Wegen nach oben nieder. Sie lässt ihn an Orte gelangen, die als unerreichbar galten. Einer dieser Orte sind die Gipfel, auf denen das selbst gesteckte Ziel eingeholt wird. Trotz aller Selbstermächtigung bleibt der Gipfel aber nicht des Menschen Ort, je höher der Gipfel, desto weniger. Im Film sprach Kammerlander von einer halben oder viertel Stunde, dann muss er diesen Platz wieder verlassen. Der Schatz, den die Menschen vor uralten Zeiten auf den Gipfeln vermuteten, scheint bis heute nicht wirklich geborgen zu sein.

— *Krieg, Blick, Kunst*

Die Gipfelgeschichte ist ein Teil der Geschichte des Sehens und der Erkenntnis. Sich an den Blick von oben zu gewöhnen, hat gedauert. Auch heute noch gibt es Menschen, die den Gipfelblick nicht verkraften, oder denen es bereits schwindelt, wenn sie von weniger als hundert Meter Höhe nach unten schauen. Im Blick von oben hält sich die Erinnerung wach, abstürzen zu können. Mit dieser Erinnerung konkurrieren das Gefühl, oben besonders mächtig zu sein, da man weiter sieht als unten, und ein ästhetisches Erlebnis. Es waren die Künstler und nicht die Bergbewohner, Heerführer, Krieger, Handeltreibenden oder die frühen Bergsteiger, die diesem Blick von oben Ausdruck gaben.

Leonardo da Vinci ist nicht nur selbst auf Berge gestiegen, er hat die Dimension der Höhe festgehalten, als ob Berge fliegen oder schweben würden. Um 1500 bahnt sich in den Donaulan-

10 Bekenntnisse des Augustinus, zit. in Peskoller, BergDenken, 1997, 60

Abb. 62   Abb. 63

den eine eigenständige Entwicklung an, die sich im Regensbur-
ger Albrecht Altdorfer (1470–1538) vollendete. Sein Spätwerk
„Alexanderschlacht" vereinigt, und das war neu in der Kunst,
Weltenschau mit Geschehnisreichtum.[11] Der Inhalt des Bildes ist
für die Alpingeschichte paradigmatisch. Anfangs und sehr lange
Zeit stieg man nicht aus ästhetischen, sondern aus kultischen
und vor allem aus strategisch-kriegerischen Gründen auf Berge
und über Pässe. Hier sei nur an eine Überschreitung erinnnert,
die um 335 vor unserer Zeit Alexander der Große samt Heer in
Angriff genommen hat. Im Winter war man durch das Hochgebirge des Iran gezogen, hat den Gebirgszug des Elbrus über-
quert und war dann über den Hindukusch bis zum Himalaja
vorgedrungen. Der Verlust an Mensch und Tier war ungeheuerlich, dennoch resümiert Walter Schmidkunz mit den Worten:
„Nie vor, noch nach ihm hat ein einziger Mensch jemals so viel
zur Erschließung der Hochgebirge beigetragen."[12] Veranlassung
genug, gegenüber dem Wort „Erschließung" skeptisch zu bleiben. Mit ihm ist Enteignung und Gewalt mitzudenken und daher erspare ich mir, ähnliche Raubzüge hier auszubreiten, wie
den Hannibals gegen die Römer über die Alpen um 218 vor unserer Zeit, sondern beschränke mich auf den Verweis, dass die
Bezeichnungen Erschließung, Eroberung, Entdeckung, Entwicklung und Pioniertat nicht nur unzählige Seiten der alpinen Geschichtsschreibung füllen, sie unterrichten auch über die Struktur dieser Geschichte. Dass man Berge immer wieder für
propagandistische Zwecke vereinnahmt hat, zeigt z. B. das Bild
der deutschen Himalaja-Expedition von 1934.

Selbst beim Sportklettern geht es nicht ganz ohne Krieg ab.
Hier hört man immer wieder, dass der eigene Körper, seine
Schwere und Trägheit zum Feind erklärt wird, gegen den man
ankämpft. Ein Indiz dafür, dass die Gewalt, die sich vormals nach

11 Vgl. Zebhauser in FZ, 1986, 104
12 Schmidkunz 1931, 311, zit. in Peskol-
    ler, BergDenken, 1997, 127

Abb. 64

Abb. 65

außen gerichtet hat, nun erfolgreich innen weiterarbeitet, und diesen Vorgang nennt man Zivilisierung. Dass Berge bei uns, man denke an Livius, Horaz oder Claudianus, als abstoßend und scheußlich galten, ist bekannt;[13] anderes ist jedoch aus dem mittelalterlichen Orient zu vernehmen. An vielen Stellen im Koran wird den Bergen eine die Erde wahrende Aufgabe zugedacht. Berge seien die „Zeltpflöcke der Erde", sie befestigen unseren Lebensraum und halten ihn stabil. Im „Buch über die Wunder der Schöpfung" steht:

> „Wenn die Berge nicht wären, so wäre die Oberfläche der Erde rundum glatt, und die Wasser der Meere würden sie von allen Himmelsrichtungen überschwemmen."[14]

Kehren wir erneut zurück zum Sehen und in die Kunst und stellen die Frage, wann erstmals Bilder auftauchen, in denen man Berge nicht schematisch, sondern real gezeichnet zu sehen bekommt. Dass sich um 1500 jene Darstellungen mehren, in denen die Welt von oben geschaut wird, ist bekannt, auch, dass aus derselben Zeit Darstellungen erhalten geblieben sind, in denen sich Menschen in den Bergen sportlich bewegen und sich an Wänden zu schaffen machen. Dass dies überhaupt erst auszudrücken ist, hat eine längere Vorgeschichte. Zwischen 1250 und 1400 entstehen die ersten Landschaftsbilder und mit ihnen zieht das Weltliche in die Kunst ein. Die Berge spielen dabei eine wichtige Rolle. So bringt Giotto di Bondone erstmals die dritte Dimension in das Bild und lehrt die Menschen, Berge so zu sehen, als wären sie ein vergrößerter Stein, er sagt:

> „Wenn du auf gute Weise Berge bringen willst, die natürlich erscheinen, dann nimm große Steine, die zackig und nicht glatt sind, und zeichne sie nach der Natur ab."[15]

13 Vgl. in Peskoller, BergDenken, 1997, insbes. 65 ff.

14 Zakariyya Ibn Muhammad al-Qazwini, 1203–1283, wichtigster arab. Kosmograph des Mittelalters; zit. nach Prochazka 1991, 9 in Peskoller, BergDenken, 1997, 125

15 Giotto nach Zebhauser in FZ, 1986, 20

Abb. 66　　　　　　　　Abb. 67

Etwas später, bei Simone Martini, einem Zeitgenossen Petrarcas, sind die Felsgebilde bereits zu einem zusammenhängenden Block verschmolzen, und genau das beinhaltet der Begriff der „Landschaft". Er lässt sich als ein Stück Erdoberfläche beschreiben, das zusammenhängt, wobei die wichtigsten Kategorien die der Natur und des Raumes sind.

　　Konrad Witz' „Fischzug Petri" von 1444 geht einen Schritt weiter. Er setzt eine alpine Landschaft ins Bild, die zu identifizieren ist. Im Hintergrund sieht man den Mont Salève und dahinter den Montblanc, den höchsten Berg Europas, das allerdings wusste man damals noch nicht.[16] Witz arbeitet mit Spiegelung und Schlagschatten und weiß vortrefflich mit der Raumtiefe umzugehen.[17] Später, in den Landschaftsbildern des 17. und 18. Jahrhunderts, lässt sich fallweise etwas erkennen, das über die reine Malerei hinausweist.

　　Obwohl die nachfolgenden Bilder fast aufs Jahr gleich alt sind, liegen sie in ihrer Aussage weit auseinander. Das eine zeigt das Ergebnis einer mineralogisch-botanischen Lustreise zum Großglockner, das andere den Rhônegletscher. Beide wählen einen exotischen Gegenstand, der im 18. Jahrhundert einen außergewöhnlichen Sehgenuss verspricht. Gemeint ist der Gletscher, über den Wolfgang von Goethe 1779 auf dem Gipfel der Dôle schreibt:

„... Und immer wieder zog die Reihe der glänzenden Eisgebürge das Auge und die Seele an sich. [...] man giebt da gern jede Prätension an's Unendliche auf, da man nicht einmal mit dem Endlichen im Anschauen und Gedanken fertig werden kann."[18]

16 Vgl. zur Geschichte der Montblanc-Besteigung Peskoller, BergDenken, 1997, insbes. 92–117
17 Vgl. Zebhauser in FZ, 1986, insbes. 51 ff.
18 Goethe in Gugger 1997, 63 f.

Abb. 68   Abb. 69

Bei Balsezar Hacquets Gletscher gehen Naturwissenschaft und
Ästhetik eine enge Verbindung ein, ihm ist es wichtig, was er gesehen und erforscht hat, auch zu zeichnen und dabei nicht nur
die einzelnen Bergspitzen, sondern auch die „Basterzen" und
den Gebirgsbach, der in Bildmitte talwärts schießt, im Bild zu
beschriften. Anders der Gletscher von Johann Heinrich Wüest.
Der Tradition des 18. Jahrhunderts verpflichtet, malt er sein Su-
jet, ohne es zu beschriften, im Großformat und postiert im Bild-
vordergrund, dort, wo der Gletscher aufhört, Menschen, deren
Kleinheit die Mächtigkeit des Gletschers unterstreicht. Diese Relation erst lässt erahnen, dass etwas von dem, was Kant das Erhabene nennt, auch in den Gletschern zu finden ist.

– *Gegenwartskunst*
  Riskieren wir nun einen Sprung in der Zeit. Unweit vom Rhô-
negletscher liegt der Furka, auf den der deutsche Fotograf Axel
Hütte einen Blick wirft, in dem es nichts zu sehen gibt.

> „Die Alpen lassen sich in ihrer Dimension nicht abbilden. Die Größe
> bzw. das Raumvolumen in der Photographie wiedergeben zu wol-
> len, führte zu zwei Strategien. Die Auflösung bzw. Verschleierung des
> Raumes durch Nebel verhindert die eindeutige, konkrete Zuordnung
> des Raumvolumens, und ein imaginärer Raum wird beim Betrachter
> evoziert."[19]

Auf eine völlig andere Weise nähert sich der Schweizer Fotograf
Helmut Eberhöfer seinem Gegenstand. Seit mehr als 17 Jahren
begeht er die Engadiner Seen zu dem Zeitpunkt, wo sie gerade

19 Hütte in Katalog „Alpenblick",
1997, 122

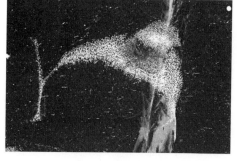

Abb. 70   Abb. 71

eben zugefroren, aber noch nicht mit Schnee bedeckt sind. Aus
der Lebendigkeit des Gefrorenen werden Serien von Eisbildern
hergestellt. Es sind Zeitstudien aus dem Schwarzeis der Seen,
formal streng und klar. Ohne jede technische Verfremdung
kommt zwischen den harten Bruchlinien, in den Fugen eine
Mikrostruktur zum Vorschein, die Spuren von Flüchtigkeit in
einer unendlich großen Spannung verwahrt.[20]

Bleiben die Fotografien von Eberhöfer oder Hütte men-
schenleer, kommt die alpine Tat nach wie vor nicht ohne Ak-
teure aus. Eine Radierung von 1790 bezeugt die Zweitbestei-
gung des Montblanc, und genau 200 Jahre später stellt der
Tiroler Maler Max Peintner dar, wie es ist, wenn man noch sehr
viel näher an den Berg herangeht und klettert. Die rechte Hand
greift in einen Riss, die linke hält dagegen und wird zum Abdruck benutzt. Zwischen beiden Armen entsteht ein neuer
Raum, auf den sich die Konzentration richtet. In ihm gibt es zwei
Fließrichtungen: Die eine wird durch die Schwere des Körpers,
die andere durch die Leichtigkeit der Vorstellung bestimmt.
Beide treten ein in ein Spiel der Verschwendung, wobei der
Künstler selbst Teil dieser Verschwendung wird.

Ungewöhnlich einfach sind Andy Goldsworthys Arbeiten. Er
verwendet Materialien, die er dort findet, wo seine Skulpturen
entstehen. Seine Skulpturen entstehen in der Natur und sind
gezeichnet von einer raschen Vergänglichkeit. Eines seiner
abenteuerlichen Werke ist der „Balancierende Fels", er wie auch
die anderen seiner kurzlebigen Werke sind fotografisch dokumentiert. Anders geht der Konzeptkünstler Hamish Fulton vor.
Auch er sammelt bzw. erwandert seine Werke in der Natur, um
sie dann als Wandmalereien in Galerien auszustellen. Ihnen
fehlt jeder malerische Gestus, sie sind nüchtern und kühl. Die
Person des Künstlers tritt hinter die monumentalen Sätze

20 Vgl. Eberhöfer in „Du grosses stilles Leuchten", 1992, 140 f.

Abb. 72

Abb. 73

Abb. 74

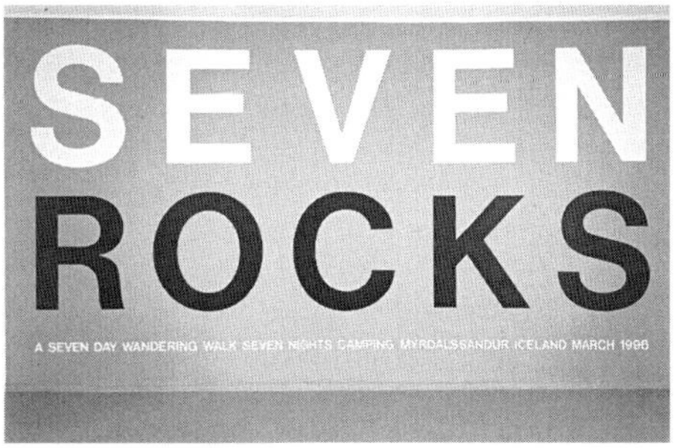

Abb. 75

zurück, denen der Betrachter gegenübersteht. Fulton zielt auf
die Totalität der optischen Erfahrung, die er bei seinen Wanderungen gemacht hat. In einem Abstraktionsprozess nimmt der
Künstler die Vielfalt der Eindrücke auf und bringt sie auf elementare Begriffe. Die Begriffe eröffnen Imaginationsfelder, in
denen sich die Betrachter selbst fortbewegen können. Beiden
Künstlern – Goldsworthy und Fulton – ist gemein, dass sie in der
Landschaft wenig Spuren hinterlassen wollen.

5 Abstiege

Wenden wir uns der letzten Etappe im Streifzug durch die Berge
zu, um an den Ausgang zurückzukehren.

Die unglücklichste Art, abzusteigen, ist abzustürzen. Kein
anderes Ereignis hat je zuvor das Aufsehen der internationalen
Presse so sehr erregt wie der Absturz vom Matterhorn 1865. Dieses Bild hält fest, wie sich der fatale Unfall hätte zutragen können. Vier der sieben Erstbegeher stürzen zu Tode, da das Seil

Abb. 76

zwischen ihnen, so wird berichtet, gerissen war. Es wird nicht lange dauern, bis das Camerawerk „Nettel" mit solchen Katastrophen ihr neuestes Produkt auf Plakatwänden bewirbt.[21] Um Abstiege abzukürzen, gibt es mittlerweile Seilbahnen, oder man lässt sich mit Gleitschirmen über Grate ins Tal tragen, oder auch, wie Hans Kammerlander es gemacht hat, man fährt mit den Schiern vom Gipfel zum Basislager ab. Ich möchte an der Stelle enden, wo wir angefangen haben, mit Felix Faber, dem Pilger aus Ulm. Er war am 16. April 1483 frühmorgens von Reutte Richtung Süden aufgebrochen und ist 1484 zurückgekehrt, dazu macht er folgende Notiz,

„Wir steigen also mühevoll den Fernpaß hinan und von der Höhe auf der anderen Seite auf weitem Wege zwischen den Gebirgen hinab und ritten durch Lermoos (Lermoß) und andere Orte zum Dorfe Reutte (villa Rueti), wo wir nächtigten. [...] Über Reutte ist der Berghang, über den wir zum Orte kamen, steil und unmittelbar am Abstiege steht vor der Festung die neue, von sehr festen Mauern umgebene, verrammelte und verriegelte Bergwacht, und darüber liegt das uneinnehmbare Schloß Ehrenstein.

Am 26. frühstückten wir in Reutte, ritten dann über die Brücke und kamen zu einem waldigen Gau nieder, der mit den Gebirgen auf beiden Seiten, den Hainen und Wiesen und dem dahinfließenden Lech im Sommer recht anmutig sein muß. Wir durchritten die Stadt Vils und den Ort Nesselwang und kamen dann in die Wälder bei Kempten, wo die Berge aufhören."[22]

21 Vgl. Abb. 643 in Steinitzer 1913, 456
22 Faber zit. FZ, 1986, 83

BergDenken

„Im Gespräch" zu Gast bei Peter Huemer*

PH: Vor acht Jahren habe ich, unmittelbar nach seiner Antarktisdurchquerung, im Rahmen dieser Reihe ein Gespräch mit dem Bergsteiger Reinhold Messner geführt und dabei Passagen aus einem Essay der Innsbrucker Erziehungswissenschaftlerin und Bergsteigerin Helga Peskoller zitiert. Heute geht es wieder ums Bergsteigen. Frau Peskoller, die selber extreme Klettertouren gemacht hat, ist die Verfasserin eines interessanten Buches mit dem Titel „BergDenken. Eine Kulturgeschichte der Höhe." Frau Doktor Peskoller, ich möchte mit einem Gedanken von Ihnen anfangen, über den ich damals im Gespräch mit Messner geredet habe. Der Berg als Frauenkörper, seine Bezwingung als erotischer männlicher Akt. Sie belegen ihre Interpretation mit einer Fülle von Zitaten männlicher Bergsteiger, drei davon will ich zitieren:

- „Der erste Berg, den ich sah, ebenso wie die erste bewußt gesehene nackte Frau, waren auf einem Foto."[1]
- „Seitdem trugen wir das Foto der Wand ständig bei uns und vertieften uns darin, wie in das Bild einer Geliebten, bis wir jede Einzelheit auswendig wußten."[2]
- „Schauer ziehen durch meinen Körper, obwohl ich den Berg jetzt nicht als Schrecken empfinde. Ich stehe vor meiner ehemaligen Geliebten, deren Anziehungskraft mir noch immer ein Rätsel ist."[3]

Hier kriegt tatsächlich die Alpinliteratur pornographische Züge, wie Sie schreiben. Warum?[4]

HP: Diese Zitate bzw. der Artikel, auf den Sie sich beziehen, der ist zehn Jahre alt. Und in diesen zehn Jahren habe ich natürlich weitergedacht. Ich möchte daher auf Ihre Frage mit der Umkehrung eines Lacan-Zitats antworten, das ich bei Dietmar Kamper gelesen habe. Dort heißt es: „Je tiefer im Imaginären, desto näher am Realen."[5] Die Textstellen aus der Alpinliteratur, die Sie soeben zitiert haben, handeln davon, dass man sich zunächst in ein Bild als Teil des Imaginären vertieft. Es war auch die Rede von einem Foto, in das man sich vertieft hat, so sehr vertieft, bis man alle Einzelheiten im Kopf hatte, um dann zum Berg zu gehen. Beim Einstieg muss aber etwas Entscheidendes passieren, da muss nämlich alles, was man im Kopf hatte, müssen alle Bilder in den Körper übergehen, ansonsten entsteht zu viel Angst.

* Dieses Gespräch wurde am 5. 3. 1998 um 21 Uhr in ORF/Ö1 gesendet, am 6. 3. in „Da Capo" sowie in den Sommerreprisen am 30. und 31. 7. 1998 wiederholt. Die vorliegende Fassung blieb ungekürzt, die Autorin hat sich erlaubt, inhaltlich wie auch sprachlich Veränderungen vorzunehmen und einige Fußnoten anzubringen.

1 Karl, Erlebnis, o. J., 64, zit. in Peskoller, Götterberge, 1989, 3
2 Ertl 1952, 238, zit. in ebd.
3 Messner, Gläserner Horizont, 1982, 183, zit. ebd., 4
4 Vgl. die Wiedergabe des Artikels „Götterberge–Berggötter", Kapitel 1 in diesem Buch
5 Kamper, Zur Soziologie, 1986, 71

PH: Ich möchte trotzdem auf den sexistischen Aspekt zurückkommen, zur Angst kommen wir selbstverständlich auch noch. Als ich das gelesen habe, habe ich mich gefragt, was macht jetzt in dieser Situation die Bergsteigerin? Sagt die auch, dich will ich erobern, oder dir will ich's zeigen, du Luder, oder wie halt die Bergsteiger, die männlichen Bergsteiger mit dem Berg reden.

HP: So etwas ist meines Wissens in der alpinen Literatur von Frauen nicht zu finden. Ich hätte nie ein Zitat gefunden, wo diese Eroberungssprache, diese aggressive Sprache verwendet wird.

PH: Ich kann mich erinnern, ein befreundeter Bergsteiger, wir sind vor dem Traunstein gestanden und haben darüber geredet und er hat gesagt, mein Putzi, morgen kommst' dran. Gibt es, Sie sagen nein, das Pendant der Amazone, die den Berg unterwirft, wie sie einen Mann unterwerfen könnte? Gibt es dieses Denken, kann es das geben?

HP: Das kann es geben, nur, ich kenne es nicht. Ich kenne es weder aus der Literatur noch aus dem Klettern mit Frauen, und ich war immerhin 25 Jahre selbst in den Wänden unterwegs und bin gern und viel in Frauenseilschaften geklettert. Ich würde lieber zurückfragen, warum Sie das derart stark interessiert!

PH: Es ist möglicherweise auch meine eigene, höchstbescheidene Erfahrung mit dem Bergsteigen, also die reicht so weit, dass ich sagen kann, wenn im Bergführer[6] steht, nur für Geübte oder nur für Schwindelfreie, dann ist das noch etwas, das ich machen kann. Auf der anderen Seite aber kann ich mich erinnern, ich bin eine, na ja maximal 10 Meter hohe Leiter heruntergestiegen und habe hinuntergeschaut und unter mir war etwa 500 Meter tiefer die Alm. Und ich bin dann stehen geblieben auf der Leiter und habe mich gefragt – warum machst du das eigentlich? Ich muss hinzufügen, ich bin nicht ganz schwindelfrei. Und ich habe für mich keine Antwort gefunden. Und jetzt interessieren mich natürlich diese speziellen Zugänge.

HP: Gut, auf dieses Warum würde ich auch gern ausführlicher antworten.

PH: Bitte.

HP: Dieses Warum ist so etwas wie ein Zauberwort, insbesondere dann, wenn es um das Verstehen von Phänomenen geht, die ungewöhnlich wie auch gefährlich sind. Dieses Warum hat

6 Hier kurz eine Erklärung für Nichtbergsteiger: Mit „Führer" sind keine leibhaftigen Bergführer gemeint, sondern kleine, handliche Büchlein, die eine erste Orientierung am Berg geben. Sie kann man mitnehmen beim Wandern, auf einer Schitour und auch beim Klettern. Diese Büchlein informieren über die Topographie, über alpine Gefahren und das alpine Notsignal, über die vorhandene Literatur zum Tourengebiet und, das ist der Hauptteil, über die einzelnen Tourenmöglichkeiten, die in der Regel mit Fotos und Anstiegsskizzen versehen sind.

mehrere Schichten. Ich erlaube mir, etwas auszuholen und in die Geschichte zurückzugehen. Ende des 19. Jahrhunderts, ungefähr ab 1880, taucht in Artikeln und alpinen Fachzeitschriften zum ersten Mal und in Folge gehäuft die Frage auf nach dem Warum dieses Tuns. Damals gibt es bereits einen Katalog von Antworten, die einleuchten und die auch alle irgendwie richtig sind, z. B. die schöne Aussicht, die Erforschung der Natur, aber auch die Körperertüchtigung, die Leistung und Leistungsbereitschaft, religiöse Motive spielen eine Rolle, wie die Suche nach Gott, und es gibt psychische Beweggründe, die sich um Findung bzw. um die Stärkung des eigenen Ich drehen. Ich habe mich daraufhin gefragt, ob sich diese unterschiedlichen Motive historisch verankern lassen und musste weit zurück, bis ins 14. Jahrhundert, um zu schauen, wo und wann das eine oder andere Motiv entstanden ist. Dante Alighieri war der erste, den ich genannt habe,[7] dann kam Francesco Petrarca, der hatte auf dem Gipfel bekanntlich eine außerordentliche Erfahrung gemacht hat. Sie scheint meines Erachtens für das Klettern auch heute noch zuzutreffen. Die Rede ist von der Zwiespältigkeit. Als nämlich Petrarca 1336 mit seinem jüngeren Bruder und zwei Dienern auf den Mont Ventoux ging, hat er oben große Probleme mit den Sinnen, respektive mit dem Sehen gehabt. Er wollte sich der Sinneslust des Auges, dem Schauen, hingeben, dann aber ist ihm eingefallen, noch an die mittelalterliche Weltsicht zurückgebunden, dass er diese Sinneslust nicht ungehindert auskosten darf. Er zieht ein Büchlein aus seiner Tasche vom heiligen Augustinus und versenkt sich in den Text. Er geht also in die Innerlichkeit und verbietet sich das Schauen, die Freude am Sinnlichen. Dadurch wurde Petrarca zu einer wichtigen Figur des Übergangs, die sich an der Schwelle zur Neuzeit befindet, dort, wo die Sicht aus der Höhe nach und nach normal werden wird, aber bei Petrarca war das eben noch nicht der Fall. Im Mittelalter durfte man die Welt nicht von oben schauen. Petrarca will aber die Höhe des Ortes kennen lernen. Er geht in die Höhe und schaut sich oben mit Staunen um. Plötzlich wird er sich seiner eigenen Zerrissenheit, seiner Zwiespältigkeit bewusst. Er ging dann, so wird berichtet, ohne ein Wort hinunter ins Tal.[8]

PH: Ich habe mir Ihren Petrarcatext im Buch angeschaut und da finde ich noch etwas, das mag ein mittelalterliches Motiv sein, ursprünglich, ist aber etwas, was sich in der ganzen Bergsteigergeschichte durchzieht, nämlich die Selbsterfahrung im Leiden. Das ist ein Moment, das bei Petrarca doch erkennbar eine

7 Vgl. Peskoller, BergDenken, 1998², insbes. 58 f.

8 Vgl. ebd., insbes. 59 ff.

Rolle spielt. Und das Zweite, das zumindest für das 18./19. Jahrhundert, ab der Aufklärung eine sicherlich wichtige Rolle spielt, ist der Wissensdrang, das Erfahren, wenn man so will, das Erforschenwollen der Höhe.

HP: Zum Ersten, das stimmt. Mit dem Leiden aber war die Besteigung von Petrarca weniger verbunden als mit dem Hinauszögern. Er ist ja immer wieder falsch gegangen und hat sich zunächst bis ganz in den Talschluss hineinbewegt, denn diese Scheu vor dem Aufstieg, diese Angst vor der Anstrengung, die hat ihn ziemlich gezeichnet. Das Hinauszögernwollen der Anstrengung oder, wie man heute sagen würde, die Nichtbereitschaft zur Verausgabung ist in seinem Bericht zentraler als das Leiden, das kommt später.

PH: Hat aber den Aufstieg dann noch anstrengender gemacht.

HP: Sie haben Recht, wenn sie in diesem Zusammenhang auf das Leiden hinweisen. Das Leiden begleitet in der Tat beharrlich die Geschichte des Bergsteigens. Nicht immer ist das Leiden offenkundig, oft ist es verdeckt. Aber das Leiden als ein Hauptmotiv dieses Tuns zu bezeichnen, dagegen würde ich mich doch verwehren. Es ist eine Begleiterscheinung, die jeder kennt, wenn er in die Höhe steigt. Das Aufsteigen bringt eben allerhand Unangenehmes mit sich. Erlauben sie mir hier einen Sprung zu machen zu einem Wissenschaftler, den ich sehr schätze. Es ist Dietmar Kamper, der mich beim Nachdenken über das Bergsteigen wiederholt angeregt hat. Er weist nicht nur einmal darauf hin, dass es ohne Leiden nicht geht, aber dieser Verweis auf das Leiden ist kein Lobgesang auf das Leid, wie wir es aus dem Christentum kennen, das Leiden bei Kamper hängt mit dem Lernen selbst zusammen, es ist Teil der Lernfähigkeit, und diese ist vom Akt des Denkens nicht zu trennen.[9] Denken wiederum ist eine leidenschaftliche Angelegenheit, und Leidenschaft ist bewegt und sehr bewegend. Sie macht Aufruhr, und zwar auch und vor allem im Körper. Ein leidenschaftliches Denken ohne Körper gibt es nicht. Und was ist der Körper, könnte man nun fragen, wodurch man erneut zur Leidenschaft zurückfindet. Ein lebendiger Körper ist einer, der sich bewegt, und die kürzeste Formel für Leben wäre Bewegung. Victor von Weizsäcker hat in seinem schönen Buch „Pathosophie" aufgezeigt, dass die Leidenschaft zwar das ist, was am schwersten zu begreifen sei, weshalb uns die Frage nach dem Warum auch ständig umtreibt. Die Leidenschaft ist es, wohin die Frage nach dem Warum hartnäckig

9 Vgl. Kamper, Abgang, 1996, 144 ff.

drängt. Würde man von der Leidenschaft aus Denken, müssten die Gewichte der Erkenntnis ganz anders verteilt werden.[10] An der Leidenschaft scheitert übrigens auch die Analyse.

PH: Jede Ihrer Feststellungen führt mich sofort zu sieben Fragen. Von der Leidenschaft möchte ich dann auch reden, wieweit Leidenschaft, wieweit Sucht, wieweit Droge, wieweit Therapie. Aber bleiben wir zunächst noch beim Körper, da falle ich wieder auf meine Füße. Diese Zurichtung und Disziplinierung des Körpers, das ist doch zunächst einmal ein Vorgang, der speziell mit Männlichkeit assoziiert wird in der Kulturgeschichte, jedenfalls seit der Aufklärung.

HP: Das mit der Disziplinierung geht natürlich schon viel weiter zurück. 1256, wenn ich mich recht erinnere, hat man in Bologna zum ersten Mal einen Menschen seziert, und zwar öffentlich. Von Aristoteles wissen wir, dass er auch Sezierungen vorgenommen hat, aber im Geheimen. Und diese Anatomie des Leibes, die Zerlegung des gelebten Körpers, um Wissen zu gewinnen, das ist das Modell für unser Denken geworden, die Methode des westlichen Denkens schlechthin. An dieser Stelle mache ich keinen großen Unterschied mehr zwischen dem Körper von Frauen und dem Körper der Männer, was die Disziplinierung angeht. Da würde ich vielmehr behaupten, dass beide, Männer- wie Frauenkörper einem lang anhaltenden und tief greifenden Prozess der Zurichtung unterworfen wurden und noch werden. Norbert Elias, um hier einen der Theoretiker zu nennen, hat diesen Disziplinierungsprozess gefasst als Akte der Zivilisierung und dabei deutlich herausgearbeitet, dass es darum geht, die Affekte der Menschen auf ein mittleres Niveau zu bringen. Man soll also möglichst keine extremen Ausschläge mehr haben, keine zu starken Hochs und Tiefs empfinden.[10] Die Normalisierung im Gefühlshaushalt der Menschen geht auch nicht an deren Körper vorbei, im Gegenteil. Übrigens, Körper bedeutet etymologisch etwas Totes, Leiche, Leichnam.

PH: Wenn wir einen Schritt weitergehen, es gibt für mich ein besonders eindrucksvolles Buch von Uwe Neddelbeck, „Der Dolomitenkrieg". Das ist eine grandiose, ebenso grausige wie grotesk-komische Schilderung der österreichisch-italienischen Front im Ersten Weltkrieg mit dem ersten Gletschergefecht in der Geschichte der Menschheit. Und ich möchte jetzt eine spezielle Kette aufbauen, nämlich Berg – Mann – Tod. Und ich sage, ich sehe da doch etwas Spezifisches, diese Art von Heroismus

10 Vgl. von Weizsäcker 1956, 32, zit. in Peskoller, BergDenken, 1998², 173
11 Vgl. Elias 1976, insbes. die Zusammenfassung im 2. Band

und alles das, was sich da rund um den Berg herumrankt, also die Assoziationskette Berg – Tod hat dazwischen den Mann stehen, obwohl wir natürlich wissen, dass auch Frauen am Berg sterben.

HP: Das schaut vielleicht wie Ausweichen aus (Lachen), aber da muss ich an einer anderen Stelle anfangen zu antworten. Damit ich nicht in Ihre Logik einsteige, die so sehr insistiert. Ich habe mich nicht damit befasst, die Verwendung der Sprache im Alpinismus oder in der alpinen Literatur zu analysieren. Ich habe mich auch nicht darauf konzentriert, eine Analyse der Mythenproduktion über den Berg zu machen, d. h., diese gewaltförmigkriegerische, männlich-heroische Sprache höre ich natürlich auch, aber sie steht nicht im Mittelpunkt meiner Untersuchungen.

PH: Ich verstehe schon, aber es ist eine spannende Frage, ebenso wie die ästhetische Frage Berg – Kitsch eine spannende Frage ist und die politische, die mit dem Kitsch wieder zusammenhängt, Berg – Heimat – Faschismus. Das sind ja alles Ketten, die sich vom Berg ableiten lassen und an denen, meines Erachtens, auch ziemlich viel dran ist.

HP: Da ist viel dran, keine Frage, wenngleich sich diese Ketten nicht vom Berg ableiten lassen, sondern von dem, was man im Laufe der Geschichte mit und aus dem Berg gemacht hat. Das ist ein entscheidender Unterschied, darüber wurde auch schon einiges geforscht und geschrieben. Exemplarisch sei das Buch von Rainer Amstädter genannt, das Sie wahrscheinlich kennen. In diesem Buch wurde die Geschichte alpiner Vereine, vor allem die Vergangenheit des Österreichischen Alpenvereins rekonstruiert.[12] Dennoch, ich höre aus Ihrer Frage etwas heraus, das ich in vielen Fragen von Intellektuellen höre. Sie wollen das Verhältnis geklärt wissen von ebendieser Kette, wie Sie sie vorhin aufgebaut haben: Berg – Mann – Tod. Das ist verständlich, aber trotz allem möchte ich Ihnen etwas anderes vorschlagen. Noch einmal, ich habe diese Kette nicht auseinander genommen, weil ich ihr keine Bedeutung beimesse, im Gegenteil, sondern ich habe sie nicht dekonstruiert, weil ich meine Aufmerksamkeit auf etwas anderes gerichtet habe, das nicht weniger Einsatz erfordert hat. Ich habe danach gesucht, wie man über Berge schreiben kann, ohne nur Aufklärung zu betreiben. Ich habe mich also gefragt, ob es gelingen kann, über den Berg, über das Bergsteigen, über den Tod, insbesondere über den Bergtod in

12 Vgl. Amstädter 1996

einer anderen Weise nachzudenken, als man das normalerweise vorfindet oder eben auch ständig eingefordert bekommt.

PH: Gibt es eine Sprache dafür? Wie schildert man denn einen Sonnenaufgang hinter den Drei Zinnen? Oder den Blick von Grindelwald auf die Eiger-Nordwand? Wie kommt man denn um die majestätische Einsamkeit der Berge, wie kommt man um das Erhabene und das Erhebende usw. – wie kommt man denn um diese Sprache herum?

HP: Da wird es jetzt schön. Diese Frage gefällt mir. Will man hinter diese klischeehafte Berg(steiger)sprache gelangen, muss man auch hinter den Blick gelangen. Denn die Dominanz des Blicks ist zuständig für eine bestimmte Form von Ästhetik, die in letzter Konsequenz zur Anästhesie führt. Mit dem Sehen sind wir, sagt Kamper, wohl zu Ende gekommen.[13] Das hängt mit den Bilderfluten zusammen, die kaum mehr zu bearbeiten, geschweige denn zu verarbeiten sind. Daher bin ich dran, mein Denken anderswo zu gründen: nicht im Blick, d. h. also nicht im Sehen, sondern im Tasten und Spüren. Das ist für mich die Grundlage des Erkennens. Das Tasten, dieser Nahsinn, hängt damit zusammen, von der Materie bzw. dem Materialen nicht gänzlich Abschied zu nehmen, beharrlich daran festzuhalten und sich nicht zu weit davon zu entfernen. Stichwort: Immaterialität und Virtualität. Ich versuche mir erneut eine alte Frage zu stellen, nämlich die nach dem Verhältnis von Körper und Geist: Wie kann man mit dem Körper, der, ich weiß, bis zur Unkenntlichkeit zugerichtet ist, sodass wir ihm gegenüber zu Recht misstrauisch zu sein haben, dennoch, wie kann man mit dem Körper weiterleben und an dem bleiben, was ich Materie nenne? Wie kann man körpergebunden und materiebezogen leben, und zwar leidenschaftlich leben? Mit dieser Frage blende ich auf den Anfang zurück, wo ich versucht habe zu sagen, wie es denn sei, wenn man an einen Berg oder an einen Felsen herangeht. Da hat man alles im Kopf und dann, wenn man davor steht, muss all das, was im Kopf war, in die beiden Hände, in die Finger und in die Füße, in die Zehen übergegangen sein, damit man gut und sicher klettern kann. Das ist doch eine interessante und noch weitgehend ungelöste Frage. Wie ist das möglich, ich frage mich, wie geht das konkret vor sich? Mit dem Denken so nahe und so lange als nur möglich an der Praktik selbst zu bleiben, an dem, was getan wird; genau hinzuschauen, wie sich der Kletterer oder die Kletterin im Fels oder im Eis fortbewegt, was diese Bewegungen über die Menschen erzählen, die

13 Kamper, Unmögliche, 1995, insbes. 37–70

sie machen, welche anthropologischen Antworten und Fragen die Bewegungen des Körpers in der Senkrechten zu geben und aufzuwerfen imstande sind. Das interessiert mich wirklich. Das ist meine Antwort auf Ihre Frage, es ist eine Antwort auf und zugleich gegen die Bilder über den Berg, die sich so hartnäckig halten und alles einzunehmen scheinen.

PH: Schön, was mir an dem Gespräch gut gefällt, ist, dass wir gelegentlich unglaublich aneinander vorbeireden und dann wieder in Punkten zusammenkommen. Was mich jetzt interessiert, wenn Sie sprechen von der Ersetzung des Blickes durch den Tastsinn, um eine andere Form von Nähe herzustellen, wie wohl es am Berg, wie wir wissen, beides polarisiert nebeneinander gibt, die extreme Nähe und die extreme Weite, deshalb gehe ich ja auch auf den Berg hinauf, weil ich u. a. ein Gefühl von extremer Weite haben will. Und meine Frage ist jetzt wieder, wie komme ich denn, und wenn ich mich noch so fest an den Berg klammere und keine sprachliche Distanz schaffe, und davon sprechen Sie ja, wie komme ich denn jetzt zu einer nicht entwerteten Sprache? Denn auch die Nähe, auch das Klammen, auch die Griffe, auch die schmerzenden Fingerkuppen, das ist doch abgeklaubt bis aufs Letzte. Gibt es eine nicht entwertete Sprache und kann es diese in diesem Zusammenhang überhaupt geben?

HP: Was ich schade finde, ist, dass es sie kaum gibt in der alpinen Literatur. Dort, wo die Experten wären, wo die Kletterer sind, dort kann man sie kaum finden. Es gibt wenige Ausnahmen, Lynn Hill beispielsweise oder Wolfgang Güllich, wohl auch Reinhold Messner. Deren Sprache hat eine strenge Konkretion erreicht. Für mich zählt vieles, was sie gesagt bzw. geschrieben haben, nicht zum Abgegriffenen. Ich behaupte daher, dass jemand, der sich selbst nicht länger in steilen Wänden aufgehalten hat oder nie auf einem Achttausender war, zu Letzteren zähle auch ich, wohl nie ganz wird verstehen können, was da erlebt und erzählt wurde und wird. Hier komme ich auf eine interessante Stelle zu sprechen. Was ist jenseits des Verstehens? Ich denke, man müsste diese extremen Erlebnisberichte aus großer Höhe oder aus sehr schwierigen Wänden zweifach lesen. Die eine Lesart wäre die des Nachvollzugs und der Übersetzung ins eigene Leben, so weit es eben geht. Die zweite Lesart wäre dann die, an der man sich einfach den Kopf zerbricht, wo man zulässt, dass man nichts mehr begreift, auch nicht verstehen will und nicht nachvollziehen kann, dass einem das, was dort vor sich geht, schlicht und einfach fremd ist und bleibt. Die zweite Lesart testet indirekt das Verhältnis zu sich selbst, indem es den Umgang mit dem, was einem außerhalb, unzugänglich und unvertraut ist, auftauchen lässt. Genau das ist von Interesse, das Auftauchen dessen, was man nicht kennt und was einem Angst macht. Da könnte man dann selbst weitermachen. Jetzt aber zurück zu den Berg- und Kletterschreibern. Im Normalfall erreichen sie nicht jene Reflexionsfähigkeit, die eine weitgehende Übersetzung des Erlebten für diejenigen zuließe, die nicht oben waren. Man muss sie sozusagen „nacharbeiten", da sie selbst in den Klischees hängen bleiben, während hingegen ihr Tun weit über diese Bilder und Klischees hinausgegangen ist und von etwas anderem, auch vom Gegenteil erzählt. Dieser Unterschied zwischen Sprache und Erfahrung ist in der alpinen Literatur, in der Bergsteigersprache besonders auffallend.

PH: Sie sagten, obwohl das, was Sie tun, nicht klischeehaft ist, das trifft auf den Mann, der als Erster alle Achttausender begangen hat, in einer gewissen Weise zu. Aber mittlerweile ist der Extremtourismus und auch das extreme Bergsteigen eine Massenbewegung geworden, mittlerweile ist auch das Extremklettern zu einer Art von Massenbewegung geworden und die Frage, so sehr das den Einzelnen noch immer bewegt, wenn er in der Wand hängt, und das ist mir schon absolut klar, das kann ich mir vage vorstellen, wieweit entgeht er trotzdem dem Schicksal, dass seine Gedanken und sein Formulieren fast identisch ist mit dem Denken und Formulieren von den fünfen, die am Tag vorher, von den fünfen, die am selben Tag und von den fünfen, die am nächsten Tag über genau dieselbe Stelle drübergeklettert sind?

HP: Hm, da kann man sehr viel sagen. Also Ihre Fragen sind ja auch so aufgespannt, dass es eine unglaubliche Ausfaltung geben muss, also muss ich zwangsläufig entgleisen.

PH: Die Antworten sind es auch. (Lachen)

HP: Gut. Ich kann natürlich nicht immer kurzschließen zwischen dem Denken und dem, was jemand sagt. Das kann man bei Literaten vielleicht oder bei Leuten, die mit Sprache sehr viel zu tun haben, aber bei den Bergsteigern ist meistens das Gegenteil der Fall. Die gehen u. a. auch deshalb so viel, weil sie ungern sprechen. Dass sie dann sprachlich irgendwo hängen bleiben und dem Erleben hinterdreinhinken, das ist eine Tatsache. Und wenn Sie die Massen ansprechen, natürlich gehen viele in den

Himalaja und was das Sportklettern betrifft, da sind auch Mengen bereits in den Wänden daheim, aber eines muss man sagen, es sind trotz allem immer noch wenige, die alle Achttausender begangen haben, und auch da kommt es nicht nur darauf an, ob und was man schon alles begangen hat, sondern darauf, wie man es getan hat und tut. Auch im Bergsteigen weiß man längst, dass die Form, der Stil mehr als Inhalte verändern. So hat beispielsweise der polnische Extrembergsteiger Jerzy Kukuczka, obwohl es damals, 1986, mit Messner zu einem Wettlauf gekommen war – wer wird wohl der Erste sein auf allen 14 –, trotzdem darauf bestanden, sogar den letzten Achttausender über eine schwierigen Route zu erreichen und nicht über den Normalweg. Wobei es ohnehin merkwürdig klingt, bei einem Achttausender von einem Normalweg zu sprechen. Ihm war klar, es kommt auf das Tun an, auf die Art und Weise, wie eine Besteigung erfolgt. Ich denke, hier müssen wir, die wir herunten bleiben, einen Sprung machen, einen Sprung, damit es in diesem Gespräch noch gelingt, ein Gefühl für dieses Tun zu bekommen. Alles zu diskursivieren, das könnten wir auch versuchen, wir könnten aber auch das Scheitern der Vernunft ausprobieren bis hin zum Ende der Sprache.

PH: Nein, bleiben wir da, was Sie soeben angesprochen haben. Ich versuche es mit einem Zitat aus Ihrem Buch, Sie erinnern an einen „Club 2", an den ich mich selbst auch gut erinnere, da ich damals für die Sendung zuständig war, in dem die bedeutende Fotografin Herlinde Kölbel den Reinhold Messner gefragt hat, mit einem Vorwurf in der Stimme, warum er denn so süchtig sei, sich ständig in Lebensgefahr zu begeben. Und Sie kommentieren das so – „Warum fühlt sich Frau Kölbel so sicher in ihrer Frage?" – und ich füge jetzt hinzu, ich verstehe Frau Kölbels Frage sehr gut, Ihre Gegenfrage verstehe ich weniger.

HP: Da bin ich froh, dass Sie die weniger verstehen (Lachen), denn das ist auch eine Frage der Laien, und ich zähle Sie in diesem Fall zu den Laien.

PH: So ist es.

HP: Ich habe die Erfahrung gemacht, als ich die Dissertation geschrieben habe, und diese Textpassage geht auf diese Arbeit zurück, damals habe ich eine Gesprächsrunde eingerichtet mit ExtrembergsteigerInnen und eine Runde mit Laien in Sachen Bergsteigen. Diese beiden Gesprächsrunden wurden dann, voneinander getrennt und innerhalb einer Woche „abgewickelt".

Ich habe beiden denselben Input gegeben, einen kurzen Filmausschnitt und ca. 3 Minuten aus der Diskussion, Sequenzen
also aus der „Club 2"-Diskussion damals, und überraschend war
für mich neben dem Verlauf, den das Gespräch genommen hat,
auch das Ergebnis. Das Ergebnis bestand kurz gefasst darin,
dass die Laien alles wussten und die ExpertInnen vergleichsweise so gut wie nichts.

PH: Was heißt das, Frau Doktor Peskoller, was haben die Laien
alles gewusst? Ich sage ja nicht, dass ich alles weiß, obwohl ich
mir das manchmal einbilde (Lachen), auch in dem Zusammenhang, weiß aber natürlich selbstverständlich, dass Sie hundert-
mal mehr wissen, darum sitze ich ja da und frage Sie.

HP: Die Laien wussten über die Motive Bescheid. Die Laien konnten sagen, er tut das aus Selbstbestätigung, er will sich selber
verwirklichen, er will nur bekannt werden und ist deshalb ständig auf Sensationen aus und in den Medien, er will ganz viel
Geld damit machen, er will der Beste sein, er geht über Leichen,
Konkurrenz, Leistung plus auch noch die Erklärungsmuster
dazu, psychologisch bis psychiatrisch. Also, der Extrembergsteiger hat ein Sinndefizit, er hat eine gespaltene Persönlichkeit, er
hat keine Identität, die sicher und ausbalanciert ist und und und
Punkt.[14]

PH: Würden Sie das alles ablehnen?

HP: Es geht nicht um ablehnen oder akzeptieren. Ich kann solche Zuschreibungen unter einer Bedingung akzeptieren, und die
Bedingung wäre, dass Sie mir nachweisen, ob das, genau besehen, nicht auch zutrifft für die so genannten Normalen.

PH: Nein, es gibt doch diese Arbeiten, die Arbeit z. B. von Aufmuth
über die „Psychologie des Bergsteigens",[15] da kann ja auch der
Laie, wenn er lesen kann, auch wenn er kein Bergsteiger ist, erfahren, dass Bergsteiger, Extrembergsteiger allenfalls ein rampo-
niertes Selbstwertgefühl haben (Lachen), dass ihr Lebensgefühl
ein wenig schwächer entwickelt ist und dass sie sich daher den
Berg holen, ja möglicherweise in einer Art von Suchtverhalten.
Dass der Berg wie eine Droge wirkt oder, man kann es ja auch anders formulieren, als Therapie auf ihre Probleme. Und Sie haben
in dem Zusammenhang den Ausdruck Leidenschaft verwendet,
von dem ich allerdings zugeben will, dass er ein bisschen was anderes bedeutet. Aber das, was Sie jetzt gerade aufgezählt haben,
das findet sich ja auch in der einschlägigen Fachliteratur.

14 Vgl. Peskoller, Vom Klettern, 1988,
im Hauptband insbes. 221–226, in
den Materialenbänden Bd. 1,
203–217 und 218–221, Bd. 2,
176–200
15 Vgl. Aufmuth 1988

HP: Fein für den Laien, wollte ich ironisch sagen (Lachen), dass er für das extreme Tun so viel zur Verfügung hat, damit sein Verstand wieder zur Ruhe kommt. Punkt. Mehr gibt es dazu nicht zu sagen. Wenn Sie ernsthaft was von mir wissen wollen, dann möchte ich anders darüber reden. Also in Ihrer Frage waren viele Punkte, ich greife einen heraus. Die Frage nach dem zu wenig Lebensgefühl, was soll denn das heißen? Ich nehme an, Sie meinen damit so etwas wie Lebenswillen. Lebenswillen hat Friedrich Nietzsche mit Instinkt gleichgesetzt und hat uns darüber unterrichtet, dass wir uns diesen Willen zum Leben zugunsten der Moral abgewöhnt haben. Die Moral nimmt den Lebenswillen weg. Und jetzt stellen wir uns vor, die Leute gehen auf den Berg, stellen wir uns einen hohen Berg vor, einen Achttausender. Ich habe ein konkretes Beispiel vor mir, da ich soeben einen Artikel darüber geschrieben habe, es ist der Nanga Parbat.[16] Die drei Bergsteiger, welche als Erste auf allen 14 Achttausendern waren, haben dazu Schriftliches hinterlassen, auch zu ihrer Nanga-Parbat-Besteigung. Dazu habe ich nicht nur Reinhold Messners Berichte über diesen Berg herangezogen, sondern mich auch in der Neuerscheinung über Hermann Buhl,[17] er war ja bekanntlich der Erste auf dem „Nackten Berg", kundig gemacht und im Buch über Wanda Rutkiewicz,[18] die von ihrem 9. Achttausender nicht mehr zurückgekehrt ist.[19] In diesen Aufzeichnungen war für mich wichtig zu schauen, wie es denn in der Nähe der Todeszone ist. 1953 hat ein Schweizer Arzt versucht, diese Todeszone genauer zu beschreiben, und zwar warnend, er hat gemeint, dass dies ein Ort sei, ca. ab 7500 Meter, wo sich Menschen auch in Ruhephasen nicht mehr erholen können. Der Energieverlust kann nicht mehr ausgeglichen werden, auch nicht im Schlaf. Und ich habe mich gefragt, was denn da wirklich geschieht auf dieser Höhe. Der Nanga Parbat ist 8125 Meter hoch, die Besteigungen sind sehr unterschiedlich vor sich gegangen, da war zunächst Messner, der ist zweimal am Nanga Parbat gestanden, zum ersten Mal 1970, damals ist er mit einem Schlag bekannt geworden, auch aufgrund der Tragik, denn sein jüngerer Bruder Günther ist im Abstieg am Wandfuß durch eine Eislawine erschlagen worden. Reinhold hat sich dann durch mehr Glück als Verstand und mit Halluzinationen und abgefrorenen Zehen schlussendlich durchgebracht. Auch das trug zum Mythos über diesen Berg bei. Um diesen Berg hängen ohnehin fetzenweise Mythen. Es hat mit Buhl nicht angefangen, bereits vor ihm gibt es eine lange Geschichte von Besteigungsversuchen, die mehrfach mit

16 Vgl. Peskoller, 8000, 1998, Kapitel 4 in diesem Buch
17 Vgl. Hermann Buhl, 1997, insbes. 134–159
18 Vgl. Wanda Rutkiewicz, 1998, insbes. 72–74
19 Vgl. Peskoller, Wanda Rutkiewicz, 1992

dem Bergtod geendet haben, an die 20 Tote waren bis zu jenem Zeitpunkt zu beklagen, als dann 1953 diese legendäre Erstbesteigung durch den Tiroler Hermann Buhl geglückt ist. Aber noch einmal zurück: Was spielt sich oben konkret ab? Das versuche ich jetzt zu schildern, und zwar zu schildern als jemand, die noch nie oben war. Das heißt, ich habe hier einerseits ein großes Defizit, denn ich habe die Erfahrung selbst nicht gemacht, sodass ich in letzter Konsequenz unglaubwürdig bin. Aber was mir an Erfahrung fehlt, das mache ich wett durch Geschwätzigkeit. (Lachen) Ich ersetze das Nichtwissen durch Gerede, was andere ja auch machen. Ich versuche also das, was ich selbst nicht erlebt habe, in die Sprache zu bringen. Oben scheint sich Folgendes abgespielt zu haben: Als Reinhold Messner 1978 das zweite Mal auf den Nanga Parbat steigt, ist er allein. Er hat ein paar Versuche dazwischen unternommen und hat die Einsamkeit, so schreibt er selber, nicht ausgehalten.[20] Aber 1978 ist es so weit. Er fährt hin und steigt auf, kommt oben an und kehrt auch wieder lebend zurück. Und als er da hinaufsteigt bzw. den Gipfel erreicht, es ist schon recht spät geworden, so gegen 15. 30 Uhr kommt er oben an, ist er vor allem darüber überrascht, dass er keinen Gefühlsausbruch hat. Angesichts dessen, was er hier bereits erlebt hat und was ihn mit diesem Berg verbindet, ist das in der Tat unerwartet. Man weiß ja, dass Messner ein guter Geschichtskenner ist, und ich glaube ihm auch, dass ihm eine Reihe von Situationen eingefallen sind, die an seine eigene Besteigungsgeschichten und an die von anderen erinnerten. Viele davon waren dramatisch, ebenso viele tragisch verlaufen und trotz allem ist er oben ganz ruhig. Er schreibt, dass er sich weder großartig noch niedergeschlagen gefühlt habe, er hat sich weder gut noch schlecht gefühlt. Es ist irgendetwas dazwischen gewesen, und genau das ist für ihn verwunderlich. Im Nachhinein in der Reflexion sagt er an irgendeiner Stelle in seinem Buch „Alleingang Nanga Parbat", dass es wohl so sein müsse, da der Körper sehr viel mehr weiß, als der Kopf wissen kann. Denn wäre er oben starken Gefühlen verfallen, wäre er wohl nicht mehr heruntergekommen.[20]

PH: Frau Doktor Peskoller, kennen Sie selber Halluzinationen oder starke Gefühlsausbrüche, Glücksgefühle, enorme Endorphinausschüttungen am Gipfel? Sind Ihnen das vertraute Zustände?

HP: Ja. Die Endorphine kommen meist hinterher, besser als am Gipfel ist es, wenn sie herunten im Tal daherkommen und aus-

20 Vgl. Bergeinsamkeit, Kapitel 4 in diesem Buch.
21 Vgl. Messner, Alleingang, o. J., in Peskoller, 8000, 1998, insbes. 235 f.

geschüttet werden, dann, wenn man wieder sicheren Boden unter den Füßen hat. Vom Klettern her kenne ich aber auch und vor allem das andere, diese starke Anspannung, sie ist mit dem Adrenalin verbunden, man spürt nahezu diese Schübe von Adrenalin, die durch den Körper rinnen. Sie machen hellwach, unterrichten über die Lage und über die Gefahr. Aber das ist mir nicht nur aus der Wand bekannt, das kenne ich auch vom Alltag. In vielen Situationen, wo man Angst hat und stark unter Druck steht.

PH: Da haben Sie keinen qualitativ besonderen Unterschied festgestellt?

HP: Nein, außer dass man beim Klettern sofort versucht, diesen Schub im und durch den Körper zu verarbeiten, damit man weitermachen kann. Wenn einem das im Tal geschieht, dann macht man das häufig mit dem Kopf aus, man fängt an, wie wild zu denken. Aber in der Wand nützt das „Kopfen" wenig, und über 8000 Meter kann man kaum mehr denken, wie wir es gewohnt sind, alles geht ganz langsam. Dass man oben im Körper bleibt und bleiben muss, diesen nie ganz verlassen darf, das ist wohl der Unterschied, aber er ist gravierend.

PH: Ist das Klettern etwas sehr anderes als das Steigen? Ich will jetzt nicht diese groteske Konkurrenz, die sich einmal zwischen Messner und Bubendorfer abgespielt hat, die wir auch im „Club 2" durchgespielt haben, erinnern, sondern überhaupt: Sind das zwei verschiedene Typen von Bergsteigern?

HP: Ich will darauf nicht antworten, sondern etwas anderes tun. Ich spanne einen weiten Bogen und spreche über die Bewegungsarten, während ich zurückgehe bis zur Neuzeit. Das In-die-Höhe-Steigen ist eine Variation des Fortschrittsmythos, der sich durch die Vorstellung auszeichnet, immer weiter voranzuschreiten und fortzukommen. Diesem Mythos unterliegen wir alle, Männer wie Frauen, auch die BergsteigerInnen. Aber bei den BergsteigerInnen gibt es eine Besonderheit. Steigt man in die Höhe, macht man unweigerlich die Erfahrung der Verlangsamung, das Höhersteigen ist mit einer veränderten Zeiterfahrung verbunden. Beim Höhersteigen ist man von den Füßen und vom Rhythmus des Atems bestimmt und ihm passt sich das Denken ein, je höher, desto mehr. Das finde ich aufregend, dass es nämlich beim Höhersteigen im Unterschied zum Fortschreiten um das Erfahren einer Verlangsamung geht. Mit dieser Erfahrung verbunden ist dann eine andere Wahrnehmung des Raumes ringsum. Dieser Verlangsamung des Geistes eignet also eine Verlangsamung des Körpers, und in der Verlangsamung beider erhöht sich die Chance, dass beide, Geist wie Körper, aufeinander treffen und sich berühren. Das gilt nicht für das Fortschreiten. Hier scheint das Auseinanderdriften von Körper und Sprache bzw. Denken sehr groß geworden zu sein. Beim Klettern hingegen geht es nach wie vor um den engen Zusammenhalt von Geist und Körper. Im Begriff der Geistesgegenwart, die im Klettern vonnöten ist, drückt sich dieses enge Zusammenspiel aus. Geist und Körper müssen in eins arbeiten, so, dass keine Fuge mehr zwischen beiden ist. Je mehr beide eins sind, desto höhere Schwierigkeiten sind mit größerer Sicherheit zu bewältigen. Jemand, der klettert, sagen wir einmal den Schwierigkeitsgrad X+, macht folgende Erfahrung, dass nämlich der Körper sehr viel weiter kommt, als das die Vorstellung vermag. Wir Menschen des Fortschritts denken, dass es nichts gibt, das geschwinder wäre und größere Flügelschläge habe als die Vorstellungskraft, sie, denken wir, ist das Beweglichste. Und prompt macht man beim extremen Klettern dann die umgekehrte Erfahrung.

PH: Wenn ich Sie recht verstehe, dann bewältigen sie Schwierigkeiten, von denen sie sich gar nicht vorstellen können, dass sie bewältigbar sein könnten.

HP: Richtig. Die Kategorie des Unmöglichen ist für diese Leute etwas ganz Normales.

PH: Jetzt, aus Ihrer eigenen Erfahrung heraus: Wie ist es mit der Angst? Ich frage auch deswegen, weil Sie in Ihrem Buch den Bergsteiger Reinhard Karl zitieren, der von seinem Angstschweiß in der Eiger-Nordwand spricht.

HP: Für mich war Reinhard Karl deshalb eine wichtige Figur, um zu zeigen, was passiert, wenn jemand nur mehr Projekte hat, wenn jemand sich nur mehr von einem Plan in den nächsten wirft, von einem Ziel zum anderen will und nicht mehr merkt, dass eine Grenze erreicht ist. Er hat nicht mehr gemerkt, dass der Gipfel selbst die Grenze bedeutet und diese Grenzenlosigkeit, die nicht nur bei Reinhard Karl zu finden ist, sondern ein wichtiger Indikator dafür ist, wo sich Gesellschaft hinbewegt, um also beschreiben zu können, welche Kräfte in ihr wirken und wohin sie steuert, genau dafür war die Figur Reinhard Karl kennzeichnend.[22]

22 Vgl. Peskoller, Bergdenken, 1998², insbes. 293–329

PH: Zurück zu seinen und Ihren Erfahrungen, Frau Doktor Peskoller, und die Frage der Angst bei extremen Klettertouren.

HP: Angst ist für mich das Nadelöhr, durch das man immer wieder hindurch muss, will man klettern. Angst ist für mich aber noch mehr als nur der Schlüssel zum Klettern, sie ist der Schlüssel, um überhaupt erkennen zu können. Angst spielt mithin sowohl am Berg wie auch in der Wissenschaft eine große Rolle. Sich der Angst nicht zu stellen heißt, unterhalb der Erkenntnis und außerhalb der Erfahrung seiner eigenen Grenzen zu bleiben. Beim Bergsteigen wie beim Denken hat man es viel mit Angst zu tun. Messner hat dies auch damals im Interview gesagt, dass er ein sehr ängstlicher Mensch sei und sich daher übervorsichtig verhalte und aufgrund dieser Vorsicht auch immer wieder umkehren muss, aber eben auch bis heute zurückgekommen ist.[23] Angst hat sehr viel, das wissen natürlich auch die Psychologen, mit Vorstellungen zu tun. Da aber am Berg, wie wir hörten, der Körper über die Vorstellung hinausgeht, verringert sich die Vorstellung zugunsten des realen Erlebens. So gesehen sinkt im Klettern die Angst und wird zu etwas anderem. Sie wird zum Einsatz für ein Spiel, das in die Geistesgegenwart führt. Diesen Zustand, geistesgegenwärtig zu sein, könnte man mit einem mittleren Angespanntsein beschreiben, in dem man alles rundum, aber auch das, was dieses Rundum in einem bewirkt, wahrnimmt. Vielleicht könnte man sagen, dass man auf der Lauer liegt, wobei man weniger jemanden, als vielmehr sich selbst auflauert. Dieser hochgradig achtsame Zustand, verbunden mit der Bereitschaft, alles für sein Leben einzusetzen, ist vielleicht das Höchste, was man beim Klettern erreichen kann. Es ist eine besondere Qualität, in der man Engel, Tier und Mensch zugleich ist. Ein Beispiel: Ein ganz normaler Mensch bekommt es mit der Angst zu tun, wenn er merkt, die Angst steigert sich. Ein extremer weiß, das ist o. k. Er lässt die Angst herankommen, denn diese Angst ist eine Kraft, die hilft, um in die oben beschriebene Aufmerksamkeit zu gelangen. Wo der normale Mensch bereits mit Abwehr und Panik reagiert, reagiert der extreme noch ruhig und nüchtern, d. h. geistesgegenwärtig. Das ist ein wichtiger Unterschied. Aber solche Reaktionen jenseits der Panik gibt es natürlich auch unten im Tal, oben sind sie nur lebensnotwendig.

PH: Ich wollte ein Missverständnis, das vielleicht im Laufe des Gesprächs entstanden ist, aufklären. Ich habe überhaupt nicht die Absicht, mittels Psychologie, die Entscheidungen und die Le-

23 Vgl. ebd., insbes. 26

benswege von ExtrembergsteigerInnen und Kletterern banalisieren zu wollen und sozusagen herunterziehen zu wollen, sondern, da ich eine ganz entfernte, minimale Ahnung davon habe, welcher Art diese Leistungen sind, habe ich einen enormen Respekt davor und eine ziemliche Neugierde dafür. Da ich aber davon wenig verstehe, sind meine Fragen naturgemäß eben so, wie sie sich dem Laien stellen, der sich mit diesem doch recht unglaublichen Phänomen auseinandersetzt.

HP: Das finde ich sehr nett, dass Sie jetzt versuchen, etwas von dem zurückzunehmen, was Sie mir bislang aufgedrängt haben. Aber das haben Sie gar nicht nötig. Denn ich denke mir, auch als Journalist ist man ja auch irgendwie extrem. Das ist beispielsweise etwas, mit dem ich mich künftig mehr befassen werde. Ich möchte Studien zu extremen Phänomenen machen, die sich nicht nur auf BergsteigerInnen beziehen, denn dort habe ich mittlerweile einiges getan. Hier habe ich ein Denken entwickeln und erproben können, das an Paradoxien heranreicht, sich in strikter Ambivalenz bewegt, aber zugleich auch immer klar Position bezieht. Künftig möchte ich mich mehr mit KünstlerInnen und ManagerInnen, mit anderen SportlerInnen und eben Menschen, die extreme Dinge tun, auch jenseits der Felswand, befassen. Das sollte dann das nächste Buch werden,[24] und warum ich mich überhaupt mit Extremen befasse, das ist einfach: Sie ziehen mich an.

PH: Hat das etwas Biografisches an sich?

HP: Meine Kindheit habe ich auf über 2000 Meter verbracht. Das ist ein Ort, wo nicht alle Kinder aufwachsen, auf der Bettelwurfhütte im Karwendel.[25] Meine Eltern haben 24 Sommer lang diese Schutzhütte bewirtschaftet, da gab es nur Steine, dort wächst nämlich sonst nichts mehr, ein paar Latschen, kaum mehr Vegetation, und jetzt komme ich noch einmal auf das Thema zurück, auf die Kunst des 20. Jahrhunderts, wenn es gilt, das Erhabene darzustellen oder sich eben mit außergewöhnlichen Landschaften zu befassen. Was ich da oben vorgefunden habe, ist eine große „Reissn", so sagt man in Tirol und meint damit ein Kar, das mit Steinen angefüllt ist. Aus diesem Kar habe ich Steine gesammelt und hinter die Hütte in einen kleinen Geißstall getragen. Jahrelang habe ich dasselbe gemacht. Dort habe ich nach und nach ein Panorama aufgebaut bzw. aufgestellt, das, wenn es gelungen ist, jeder zu sehen bekam, der dies wollte. Die ganzen Berge rundum konnte man im Kleinen wie-

24 Und es ist das nächste Buch geworden. „Extrem" hat erste Annäherungen an die Kunst gewagt. Für solide empirische Studien zu extremen Phänomenen, die über das Klettern und Höhenbergsteigen hinausführen oder es hinter sich lassen, war immer noch nicht die Zeit.

25 Vgl. Kindheit, Kapitel 1 in diesem Buch.

der erkennen, denn ich habe den Ehrgeiz entwickelt, alles möglichst exakt abzubilden. Als ich dann das Panorama fertig hatte ...

PH: Wie hoch war dieses Panorama?

HP: Nicht sehr hoch, vielleicht Schienbeinhöhe. Als ich das Panorama also fertig hatte, habe ich mich davor gesetzt und mich in jeden einzelnen Berg hineingedacht und mir überlegt, wie ich da wohl hinaufsteigen könnte. Und es hat mich immer wieder fasziniert, die kleinen Risse in den Steinen. Ich habe übrigens dann, als ich mit 14 zu klettern angefangen habe, die Risse am liebsten gehabt und auch die Quergänge und Verschneidungen. Ich begann mir also vorzustellen, wie es ist, einen Riss hinaufzuklettern. Diese Imagination war so stark, dass sie eine ebenso heftige Wendung nahm, als ich die Gelegenheit hatte, das erste Mal wirklich an einem Berg zu klettern. Da hatte ich dann ungeheuer viel Angst, das war in den Dolomiten, und zwar 1972 auf dem 1. Sellaturm. Eine nicht schwere Tour, um den III., IV. Schwierigkeitsgrad, an der Südwand. Ich kann mich noch genau erinnern, da gab es einen Spalt und über den hat man drüberspringen müssen. Ich bin eine ganze Weile davor gestanden und wusste, entweder ich springe da rüber oder ich bleibe hier, aber dann müsste ich schauen, wie ich da wieder hinunterkomme. Und der Gedanke, hier wieder zurückzumüssen, war um einiges unerträglicher als zu springen. Denn ich wusste auch, wenn ich hier ausweiche, dann werde ich nie mehr in meinem Leben klettern, aber klettern wollte ich unbedingt, das habe ich mir viele Jahre vorher immer vorgestellt, und so habe ich halt geschaut, dass ich da hinüberkam. Die Angst vor der Tiefe, der ich im Rückzug auf eine andere Art begegnen muss als beim Aufstieg, die war noch um einiges größer als ebendiesen Sprung zu machen, um endlich auf der anderen Wandseite anzukommen. Dort mussten wir, das war ja zu sehen, nur mehr ein kleines Stück höher steigen und dann waren wir auf dem 1. Sellaturm. Irgendwann bin ich dann gesprungen.

PH: Wie weit war der Sprung?

HP: Der war, das kann ich schwer einschätzen, man hat etwas Schwung nehmen müssen und dann hat man, wenn es ordentlich gemacht wurde, mit der guten Hälfte der Fußsohle die andere Seite erreicht. Die andere Seite hatte eine kleine Einbuchtung, also es war ja gar nicht so wild, aber für mich war es das. Es war das erste Mal, dass ich über einen Abgrund springen musste, wobei ich selbst so gebaut bin, dass ich alles lieber Schritt für Schritt mache. Das ist mit ein Grund, weshalb ich das Klettern als die schönste Fortbewegungsart einschätze, die ich kenne. Diese kleinen, genauen Bewegungen, die langsamen und kaum merklichen Verschiebungen, immer nur Stück für Stück, das passt mir.

PH: Sie sprachen von der Angst vor dem Abstieg, hat sich die später gelegt, oder ist es nach wie vor so, dass auch Sie den Unterschied zwischen Auf- und Abstieg, den jeder laienhafte Bergsteiger schmerzhaft verspürt, dass auch Sie den verspüren?

HP: Bei Schitouren mag ich weniger die Abfahrt als den Aufstieg. Das verstehen einige nicht. Ich gehe nicht wegen des Schifahrens auf Tour, sondern wegen des Aufsteigens. Ich liebe den Rhythmus, in den man dabei kommt, und ich mag es, wenn jener Punkt auftaucht, wo man die Verausgabung spürt, wo man merkt, wie sehr man sich verschwendet hat. Das ist dann, wenn der Organismus zur ersten Lärmquelle wird. Wenn ich mich an diesen inneren Lärm verliere, gibt es eine Stelle, wo ich zunächst gar nichts mehr wahrnehme. Fast so, als würden die Sinne einstürzen. Aber danach, wenn man ein bisschen geübter ist und noch ein paar Minuten ungefähr weitergegangen ist in dem Lärm, dann nimmt man das Außen ganz anders auf. Dann wird der gesamte Körper wie eine Art dünne Haut. Das ist ein schönes Gefühl, immer wieder ein Grund, um hinaus- und hinaufzugehen, auch wenn es keinen blauen Himmel gibt, sondern wenn es schneit oder verhangen ist. Herunten habe ich das in dieser deutlichen Form nicht. Hier arbeiten die Sinne etwas anders, sie spielen nicht so fein und präzise zusammen. Oben, wo es meist sehr viel stiller ist, da gibt es dieses innige Geflecht, das mich von mir selbst entlässt. Dort stehe ich mir nicht mehr im Weg.

PH: Haben Sie Freunde am Berg verloren?

HP: Ja.

PH: Haben Sie sich die Sinnfrage gestellt in dem Zusammenhang, warum tun wir das, wenn so etwas passiert?

HP: Natürlich habe ich mir die Frage gestellt, und zwar nicht nur einmal und nicht nur dann, wenn ich jemanden verloren habe, wenn jemand verunglückt ist am Berg. Dazu möchte ich noch eine Unterscheidung herausarbeiten. Diese Frage nach dem Sinn habe ich mir auch deshalb mehr als viele andere zu stellen gehabt, weil ich zum einen eine Frau und noch dazu Mutter bin, die ihren Sohn mit 20 Jahren zur Welt gebracht hat. Mathias ist mein einziges Kind. Trotzdem bin ich weiter klettern gegangen und dafür habe ich mich oft und oft legitimieren müssen. Sehr viel mehr also, als jeder Mann das zu tun hat. Aus diesem Grund habe ich früh anfangen müssen über das, was ich tue, nachzudenken. Ich bin mehr oder weniger von Anfang an reflexiv mit dieser extremen Praktik umgegangen, musste mich immer wieder vergewissern und mir über das Motiv klar werden, da ich auch vor mir selbst bestehen musste, vor allem das. Ich habe herausgefunden, dass es Sinn letztlich nur in einem gibt: im sinnlichen Umgang mit den Dingen. Im Tun selbst also erübrigt sich die Sinnfrage. Ein konstruierter Sinn würde gerade im Extrem nicht halten. Der würde bei der ersten großen Schwierigkeit und inmitten der Angst, die auftaucht, in sich zusammenkrachen. Zurück noch einmal zum Thema Tod. Ich habe die Erfahrung gemacht, dass die Freunde, die ich verloren habe – z. B. Franz Oppurg 1991 am Hechenberg bei Innsbruck, mit dem ich zehn Jahre lang geklettert bin, Franz war 1978 auf dem Mount Everest, er ist damals vom Südsattel aus allein aufgestiegen –, als Franz also abgestürzt ist, war für mich tatsächlich eine Art Zeitstillstand. Ich habe nichts mehr begriffen, er war für mich der 100%ige Bergsteiger, der Bergsteiger also, der unglaublich sicher war. Dieser Tod hat viel angerichtet. Er hat mich realer gemacht, das Verhältnis Berg – Bergsteigen – Natur wurde anders. Dennoch habe ich mit dem Klettern nicht aufgehört, im Gegenteil, nach dem Tod von Franz bin ich noch mehr und noch schwierigere Routen gegangen, so, als ob man auch vergessen müsste, um leben zu können. Anders vor sieben Jahren beim Absturz von meinem Freund Michael, der glücklicherweise überlebt hat. Bei diesem Unfall war ich selbst dabei und musste mit ansehen, wie hier jemand, der ca. 40 Meter tief, wir waren ohne Seil gegangen, durch die Luft fällt und dann stundenlang um sein Leben ringt. Damals ist noch etwas anderes mit mir passiert. Es hat alles so endlos lang gedauert, bis endlich Hilfe kam. Eine Ewigkeit! Es war September, nach 19 Uhr, also schon fast dunkel auf ca. 2600 Meter in Vorarlberg. Dann hat es auch noch zu regnen begonnen, die Chance, dass ein Hubschrauber die Bergung macht, wurde von Minute zu Minute geringer. Diese ganze Prozedur, jemanden am Leben zu erhalten, der nach so einem Sturz wohl nur eine kleine Chance zum Überleben hat, dieses Hinhören auf jeden Atemzug und dieses Warten und Hoffen, bis jemand kommt ... Nach zwölf Stunden war er endlich im Spital. Es war eine traditionelle Rettung mit Akkia und allem Drum und Dran bei einem Weg, für den man im Aufstieg gute drei bis vier Stunden braucht. Bis die Bergrettung zu Fuß da heraufkam und ihn dann notdürftig versorgt hatte, hörte es nicht mehr auf zu regnen, es gab auch ein Gewitter, sodass man zeitweise nicht mehr hören konnte, ob dieser Mensch, den man im Arm festhielt, überhaupt noch schnauft. Man kämpft um ein Leben und versucht nur eines: warm halten. Ich habe nicht viel mehr gemacht, als ihn warm zu halten. Wir – sein Bruder und ich – haben Decken um ihn geschlagen, ich habe ständig mit ihm geredet, obwohl er bewusstlos war und keine Antwort geben konnte. Aber es war gut, ihn auch mit Worten zurückzuhalten. Wenn man also einmal erleben darf, wie zerbrechlich und zart und zugleich ungeheuer stark ein Leben ist, wenn man diese ganze Prozedur einer Rettung erlebt, dann ist es anders, bei mir zumindest war es nachher anders. Ich habe entschieden, zwar mit Wehmut, aber doch, das extreme Klettern zu lassen, nachdem ich zwei Jahre lang nach dem Unfall nur noch sehr unregelmäßig ein paar Touren geklettert war. Als ich diese Entscheidung getroffen habe, war ich 37 Jahre alt. Mir selbst ist in der Zeit vorher beim Klettern nie etwas passiert, jetzt war es also an der Zeit, aufzuhören.

PH: Klettert Ihr Sohn?

HP: Nein, und ich bin froh darüber.

PH: Bei Messner heißt es einmal in einem seiner Bücher: Ich ging aufwärts, weil ich noch nicht am Endpunkt angekommen war und da habe ich mich gefragt, gibt es überhaupt einen Endpunkt?

HP: Der Gipfel ist ein Endpunkt. Das Ende der Materie, ein Ende der Erde, das macht es so interessant, über den Gipfel nachzudenken, auch philosophisch. Es gibt auch sonst noch Endpunkte, die sich meist als Übergänge herausstellen. Ich liebe z. B. Jöcher und Sättel. Am liebsten bin ich auf dem Lafatscher Joch bei uns oben im Halltal. Wenn man auf so ein Joch kommt, dann tut sich vor allem eine Weite auf, aber nicht diese gnadenlose Weite des Gipfels, sondern es ist eine milde Weite, ein Zwischending, ein Zwischenraum. Eine andere Art Zwischenraum tut sich auf, wenn man zum Einstieg einer Wand geht und den Wald hinter sich lässt. Oder auch bei einer Schitour, wenn man aus dem Wald herauskommt und dann ins Freie tritt, wo der Wind meistens um einiges stärker pfeift. Mit einem Joch verbinde ich zuvorderst das Erinnern an den Wind, man spürt dort das Elementare, ohne ihm so krass ausgesetzt zu sein wie auf einem Gipfel. Das Joch ist für mich eine Metapher für das, wo sich derzeit die Wissenschaft befindet. Am Ende der Moderne, am Ende jener Aufklärung also, könnte man vereinfacht sagen, wo man anstelle der Natur die Vernunft gesetzt hat, die jedem zu erlernen aufgetragen war, diese Zweitnatur, die man über alles andere gestellt hat, ohne genauer zu bedenken, was mit dem geschieht, das nicht vernünftig werden kann oder will. Mittlerweile, am Ende der Moderne, hat sich genau das, was dieser Vernunft nicht zu unterwerfen war und ist, oder auch das, was herauskommt, wenn man ganz und gar vernünftig geworden ist, immer deutlicher zu Wort gemeldet. Dieses Ende hat man bekanntlich Postmoderne genannt, jene Ruinenlandschaft nach dem Garten der Moderne, in der all das herumliegt, was die Moderne an Neben- und Folgewirkungen zurückließ. Mit diesen Rückständen ist unsere Wahrnehmung nun befasst und mehr noch als das Denken überfordert, damit zurechtzukommen. Das wird demnächst Thema eines Symposiums in Potsdam sein, wo die Metapher Wasser dazu dienen soll, sich einem anderen Erkenntnismodell anzunähern, das über die Ruine hinausführt. Wasser, in dem Grenzen verflüssigt werden, andere, weiche und unscharfe Grenzen gezogen werden können, Übergänge bestehen, die u. a. auch auf Identitäten verweisen, die weniger fest und stabil, als vielmehr wendig und beweglich sein müssen.[26]

PH: Sie sagten Ende der Aufklärung und Ende der Rationalität. Sie meinten in dieser platt aufklärerischen Form, was Sie wohl nicht meinten, ist eine Art von Esoterik.

HP: Richtig, das meinte ich nicht. Mit Esoterik hat das wohl nichts zu tun. Denn was da versucht wird und was ich versuche in den Wissenschaften, ist eine Berührung zur Materie, eine Berührung zum Körper selber zu halten, wenn ich denke. Das führt bisweilen auch dazu, nichts mehr zu sagen, Pausen zu machen, die länger sind als das, was man sagt. In der Pause, im Schweigen ist die Zwiespältigkeit herauszuhören, etwas hört auf, etwas anderes hebt an und man wird beides gewahr, indem man im Schweigen auch den Körper spürt, mehr als wenn man redet und redet über ihn. Wenn das Sprechen an sein Ende gerät, dann öffnet sich ein leerer Raum.

PH: Aber, wir sind uns schon klar, dass Wissenschaft nicht in der Sprachlosigkeit verharren kann, weil dann hörte sie nämlich auf, Wissenschaft zu sein.

26 Vgl. den Dokumentationsband zu diesem Symposium, „Schreiben auf Wasser", 1999

HP: Das würde ihr in gewisser Weise auch gut tun. Ich erinnere nur an die Einspielung der Kunst in die Wissenschaft, sie ist eine Antwort des Wichtigwerdens anderer Denkformen und vor allem der ästhetischen Wahrnehmung für das Wissen. Es ist außerdem ein praktiziertes Gegengewicht zur Technologisierung, eine Gegenerfahrung angesichts des immer technischer, sprich Kälterwerdens der Wissensproduktion auch an den Universitäten. Ich lehre an einer Universität, und das schon seit mehr als 16 Jahren, und ich möchte nicht beitragen zu dieser Entwicklung, ich möchte nicht, dass alles noch reibungsloser geschieht mit dem Ergebnis, regungslos zu werden, nichts mehr zu spüren. Ich setze vielmehr auf die Störung, auch auf die Kommunikationsstörung, die in der Sprachlosigkeit (es folgt eine sehr lange Pause, man hört nur das Atmen), ja diese Sprachlosigkeit ist scheinbar eingetreten und ich kann jetzt die Antwort nicht weiterführen.

PH: Das war Helga Peskoller, Dozentin für Erziehungswissenschaften an der Universität Innsbruck, Bergsteigerin, die in ihrem Leben eine Vielzahl extremer Klettertouren gemacht hat.

Wolfgang Praxmarer spricht in „Libretto" mit Helga Peskoller[1]

WP: Helga Peskoller – Extremkletterin, Wissenschaftlerin, Buchautorin, Denkerin. Die Sommermonate ihrer Kindheit verbrachte sie regelmäßig auf der Bettelwurfhütte, die von ihren Eltern bewirtschaftet wurde. So entstehen ihre Liebe zu den Bergen und die denkerische Beschäftigung damit. Heute sind es die Berge, mit denen sich Helga Peskoller wissenschaftlich und als Autorin auseinander setzt.

– Einspielung 1: Duo „Stimmhorn", CD melken, Stück 1 Intramontan (Obertonstimme & Alphorn), Suisa 1996 –

WP: Helga Peskoller, unser Gespräch findet in deinem, in eurem Haus in Hall statt. Man könnte allein über das Haus eine ganze Sendung machen, um es zu beschreiben. Im Hörfunk ist das ein bisschen schwierig, zumindest sitzen wir in einem großen, zentralen Raum, der von seiner Kargheit lebt. Trotz dieser Kargheit sind diese einzelnen wenigen Dinge, die da drin sind, sehr verstärkt. Ist das auch ein Wesenszug deiner Person, dass du gern genügend Raum und Platz hast, um in diesem Raum dann punktuell etwas sehr konzentriert darzustellen? Vielleicht sogar dich selbst konzentriert in diesen Raum hineinzustellen?

HP: Das hängt bereits mit dem Klettern zusammen. Dort ist dasselbe der Fall. Da hat man mit sehr viel Raum zu tun, eben aufgrund von Leere, normalerweise ist unter den Füßen wenig bis auch gar nichts mehr. Und man muss sich fest auf das konzentrieren, was eben stattfindet, d. h. sich nur auf das Geschehen einlassen, sprich Hände und Füße verwenden. Somit bin ich mit Ausgesetztheit und Leere auf gut Fuß.

WP: Mir fällt ein Bild ein. Deine Tätigkeit als Extremkletterin ist eine, wie du es gerade gesagt hast, fast ausschließlich der Senkrechten, eine vertikale Geschichte. Was du jetzt vermehrt betreibst, ist wissenschaftliche Arbeit, du bist Autorin, hältst Vorträge, Vorlesungen, Seminare. Das heißt, es ist mehr die Sache des Schreibens geworden, des Denkens und Schreibens. Schreiben ist doch eher eine horizontale Geschichte, von links nach rechts, wenn man der Schrift folgen möchte. Ist das so?

[1] Die Reihe „Libretto" ist so konzipiert, dass Sprechen und Musik abgewechselt wird, wobei die Wahl der Musikstücke bei den Interviewten liegt. Die Sendung wurde am 1. März 1998 um 13 Uhr im ORF/Ö2-Tirol ausgestrahlt. Sie ist hier wenig gekürzt und kaum überarbeitet wiedergegeben, die Fußnoten wurden nachträglich hinzugefügt.

HP: Das ist richtig, aber auch wieder nicht. Denn die Vertikale ist auch im Schreiben die wichtigste Dimension geblieben, und zwar aus dem Grund, weil die vertikale Achse die Achse des Menschen ist und weil ich so schreibe, wie wenn ich Bilder malen würde. Bilder haben eine Raumstruktur, es scheint, als könne man sie betreten, wie man Orte betritt. Vorwiegend schreibe ich inzwischen, das stimmt, aber ich schreibe mich der Senkrechten entlang. Dadurch erhält das Schreiben eine Bewegtheit, ein starkes Relief, Höhen und Tiefen. Grundgelegt habe ich diese Art des Schreibens in meiner Dissertation mit dem Titel „Vom Klettern zum Schreiben – ein Versuch, sich zur Gänze zu verwenden". 1988 wurde diese Arbeit in 3 Bänden fertiggestellt. In ihr kreuzt die Horizontale des Schreibens mehrfach die Vertikale des Kletterns, wodurch eine kreuzweise Unterbrechung entsteht.

– Einspielung 2: Grupo de Cantares „Verde Minho", CD Amares, Stück 1: „Caninha Verde, Discantus" –

WP: Als ehemalige Extrembergsteigerin, nehme ich an, waren die Sinne, wenn du in der Wand warst, am Fels, am Berg, extrem aktiv, sämtliche Sinne. Ich kann mir auch vorstellen, dass allein das Tasterlebnis, das Berührungserlebnis Fels ein ganz ausgeprägtes ist. Das Klettern ist ja doch eine, vielleicht auch stark von Instinkten durchdrungene Aktion. Wie weit spielt das Denken dabei eine Rolle? Darf man überhaupt denken, oder sollte man da auch so weit kommen, Denken quasi wegzustecken, weil da geht es um hautnahe Geschichten?

HP: Hier muss ich etwas ausholen, diese Frage ist wichtig und wohl auch tief. An ihr arbeite ich seit geraumer Zeit. Der Tastsinn ist für mich die Grundlage des Denkens. Aber was ist der Tastsinn? Der Tastsinn ist das, was sich unter alles Dasein schiebt. Er lebt vom Gemisch. Wenn ich etwas berühre, dann vermischt sich etwas, meine Haut mit der Haut eines anderen oder etwas anderem. Man könnte sagen, ein Außen mit einem anderen Außen, und in der Vermischung entsteht ein Dazwischen, eine zer- und verstreute Welt, der Fels, das Steinerne mit meinem Körper. Dieses Gemisch will nicht gedacht sein im konventionellen Sinn. Die Wissenschaft hat immer versucht, Gemische loszuwerden, sie war ständig bemüht, mit Gemischen so wenig wie möglich zu tun zu haben. Wissenschaft ist auf Trennung aus, Gemische sollen entmischt und geteilt werden, so viel und so oft als möglich. Mein Versuch ist ein umgekehrter: Entgegen die Konvention soll das Gemisch wieder gedacht werden oder zumindest auftauchen dürfen als Anfang und wohl auch als Ende und als etwas, woran die Analyse früher oder später selbst zerbricht. Und das ist auch gut so. Dabei komme ich nach und nach auf das, was du gesagt hast, auf den Instinkt, und zwar zwangsläufig. Der Instinkt lebt von dem, dass man sich inmitten des Gemischs aufhält, mittendrin. Nur inmitten des Gemischs, innerhalb dieses dichten Geflechts von außen und innen, kann blitzschnell wahrgenommen werden, nur im und nicht außerhalb des Gemischs kann man genau spüren und die Wahrnehmung kann dort nach allen Seiten hin zugleich arbeiten. Sie hat kurze Distanzen, und das ist entscheidend, wenn es ernst wird. Das heißt, ein Denken ohne die Anerkennung von Gemischen und ohne die selbstverständlich sicheren Bewegungen in Gemischen, die immer auch mit dem Körper verbunden sind und verbunden bleiben müssen, findet bei mir nicht statt. Somit geht es auch bei mir um eine Art KörperDenken.[2]

WP: Helga Peskoller, wann hat dieses KörperDenken eigentlich begonnen? Kann es sein, dass es schon in der Kindheit zugrunde gelegt wurde bei den ersten Bergwanderungen, oder vielleicht schon bei den früheren Kletterwanderungen am Bettelwurf? Diese frühe Prägung durch den Berg, durch den Fels, durch das Gestein, also allein dieses Fühlenkönnen, dieses Sonahesein, ist das dort in die Wiege gelegt worden?

HP: Ich bin auf der Bettelwurfhütte aufgewachsen, auf 2077 Meter, weil meine Eltern dort die Schutzhütte betrieben haben. Die Hütte ist eine Art „mittlerer" bzw. „vermittelnder Ort". Man hatte mit dem Blick sehr viel zu tun gehabt, oben eröffnet sich ein wunderschönes Panorama auf eine Kette von schönen Bergen. Und gleichzeitig ist man hautnah in Berührung mit dem, was Natur ist. Natur war für mich übrigens nichts Romantisches. Natur hat für mich immer auch etwas Herausforderndes gehabt, etwas Beängstigendes. Diese Spannung zwischen Sehen und Greifen zwingt zur Herausbildung von etwas, das ich Spürsinn nenne. Er ist eine Zuammmenfassung aller Sinne, die wir haben. Der Spürsinn geht durch den Raum, durch das Feste hindurch, hält sich an das Atmosphärische und hält dieses fest. Das Atmosphärische zu spüren und mithin zu denken habe ich früh angefangen. Oben auf der Hütte habe ich meine Orte gehabt, jedes Kind sucht sich seine Orte und es ist sehr wichtig, eigene Orte zu haben. Da war z. B. das Drahtseil vor der Hütte, das Was-

2 Dieser Begriff geht auf Dietmar Kamper zurück. Zu seinem 60. Geburtstag wurde ihm eine Festschrift gewidmet, die genau diesen Titel trägt; vgl. Hager 1996; vgl. aber auch Kamper, Geistesgegenwart, 1997

serschaff neben der Hütte oder der kleine Geißstall hinter der Hütte. Und an all diesen verschiedenen Orten gab es unterschiedliche Möglichkeiten, Spiele zu erfinden. Im Geißstall war es, so würde ich es heute sagen, das Spiel mit dem Wissenwollen und Darstellenkönnen; beim Drahtseil ging es um ein Spiel mit dem eigenen Körper, genauer, es war ein Kennenlernen der eigenen Fliehkraft, und beim Wasserschaff habe ich die Kraft der Schwere ausgetestet, verbunden mit der Kraft, sich immer noch schwierigere Varianten vorzustellen und einfallen zu lassen, um im letzten Moment dann doch nicht in das Schaff zu stürzen. Die beiden letzten Spiele waren nicht ungefährlich, manchmal ist auch etwas danebengegangen. Aber alles in allem hatte ich Glück, jeder Unfall wurde überlebt. Im übertragenen Sinn ist mir bis heute der Geißstall erhalten geblieben, der Berggarten hinter der Hütte. Die Leidenschaft, wissen zu wollen und die richtige Darstellung für dieses Wissen zu finden, das beschäftigt mich bis zum heutigen Tag, es ist die Wissenschaft, die ich nicht von der Kunst trennen kann und will.

– Einspielung 3: Eric Satie, CD 3 Gymnopédies, Stück 1: Gymnopédie No. 1, Decca 1984 –

WP: Du hast gesagt, Natur hat auch etwas Bedrohliches, hat mit Angst zu tun. Das Erleben Berg hat auch mit Angst zu tun, wie wird man mit dieser Bedrohung fertig, wenn man auf der anderen Seite angetrieben wird durch die Lust, sich in der senkrechten Wand zu bewegen? Das ist ein Widerspruch: auf der einen Seite die Bedrohung, auf der anderen Seite diese geradezu magnetische Anziehung durch den Berg.

HP: Die Angst ist meines Erachtens sehr wichtig. Sich der Angst zu stellen heißt, erkennen zu wollen. Am Berg muss man sich der Angst stellen, flüchten kann man normalerweise nicht, höchstens inwendig. Die Ausgesetztheit, die Senkrechte ist für den Menschen keine Selbstverständlichkeit, sie bleibt ihm in gewisser Weise fremd. Es ist ungewohnt, sich den verschiedenen Bewegungen, die die Senkrechte verlangt, anzupassen. Die Angst ist etwas, mit dem man aber umgehen lernt. Denn wegbringen soll man die Angst nicht, das wäre viel zu gefährlich, abgesehen davon, dass das auch gar nicht ginge. Die Angst ist eine Warnung, und diese Warnung hat mit Gewahrwerden zu tun, was seinerseits wiederum zusammenhängt mit Wahrnehmung. Wahrnehmung heißt Acht geben, die Wahrnehmung hat nichts mit Wahrheit zu tun, aber damit, aufzumerken und genau spüren. Mit der Zeit habe ich gelernt, mit der Angst so umzugehen, dass sie nicht zur Panik wird. Und auch wenn sie zur Panik würde, weiß ich, dass nach der Panik etwas kommt. Die Panik ist nicht das Ende, das ist wichtig, dass man das weiß und darauf vertrauen kann. Nach der Angst kommt immer noch ein anderer Zustand, und diesen Zustand würde ich am besten mit Geistesgegenwart bezeichnen. Wenn man sich in diesem Zustand befindet, der im Normalfall nie lange währt, dann erst kann man sich ziemlich sicher fühlen.

WP: Kann man daraus folgern, dass das Klettern, die Auseinandersetzung mit dem Berg, mit dem Fels, auch in der extremen Art, wie du das betrieben hast, auch fallweise noch betreibst, dass das auch einen therapeutischen Zweck hat? Oder eine therapeutische Folge hat, dass man auch gesunden kann daran, gesunden durch die Auseinandersetzung, auch durch die Beschäftigung mit der Angst, sie nicht wegzubringen, aber mit ihr umgehen zu lernen?

HP: Ja, mit Sicherheit, nur das ist nicht mein primäres Interesse. Den heilenden Charakter gibt es beim Bergsteigen und Klettern, und zwar in der Weise, dass man lernt, dranzubleiben, konkret an der Materie, am Material zu bleiben und mit ihm tätig zu sein. Zu fürchten hat man sich vor Menschen, die nicht dranbleiben können, die den Kontakt mit der Materie, der ja immer auch ein Kontakt mit der Wirklichkeit ist, die also diesen Kontakt nicht halten können oder wollen, die Angst vor der Angst haben. Es gibt bereits erfolgreiche Projekte in Oberösterreich, aber auch in der Schweiz und in der Nähe von Rom. Hier hat man schon vor Jahren Klettergärten eingerichtet und mit Jugendlichen, die beispielsweise Drogen genommen haben, begonnen, Segelturns zu machen oder regelmäßig zu klettern. Und siehe, nach relativ kurzer Zeit waren viele von ihnen clean. Es war kein großes Problem, von der einen in die andere Sucht überzuwechseln. Die körpereigene Droge Klettern hatte andere Substanzdrogen ersetzt und die Rückfallquoten waren auffallend gering.

WP: Demnach müsste Tirol ein sehr gesundes Land sein. (Lachen)

HP: Es ist seltsam, aber ich habe gemerkt, sich wissenschaftlich mit dem Berg und mit dem Bergsteigen zu befassen ist in einem Land voller Berge nahezu ein Tabu. Man hat mich immer wieder gefragt, warum ich nicht Formel-1-Fahrer untersuche oder warum ich mich nicht an andere wichtigere Themen heranmache, Themen, die gesellschaftlich relevant sind, z. B. Jugendarbeit, Schulprojekte, Integration. Gar keine Frage, das sind wichtige Themen, aber nicht für mich. Ich kann nur von der Erfahrung ausgehen, und zwar von einer, die stark war. Meine stärkste Erfahrung war die Konfrontation mit etwas, das nicht Mensch war. Ich glaube, dass gerade darin die wichtigste Aussage für die Wissenschaft liegt, der ich zugehöre. Ich gehöre den Geisteswissenschaften zu, verstehe mich aber als Kulturwissenschaftlerin, d. h., ich arbeite in diesem noch weitgehend unbekannten Feld zwischen Geistes- und Naturwissenschaften. In diesem Feld versuche ich zu zeigen, dass nicht der Mensch das wichtigste Problem ist, das sich in den Wissenschaften stellt. Darauf hat bereits Michel Foucault hingewiesen. Für mich geht es darum, einen Zugang zu finden, aus dem Menschen herauszukommen. Dafür brauche ich etwas, das kein Mensch ist, ein ganz Anderes, ein radikal Anderes, und das waren für mich eben Wände aus Stein.

– Einspielung 4: Paul Giger, CD Alpstein, Stück Zäuerli, ECM 1991 –

WP: Es gibt ein Buch, das du vor wenigen Monaten veröffentlicht hast, ein großes, umfangreiches, auch ein sehr schweres Buch, ein Buch, das nicht einfach so zu lesen ist wie ein spannender Roman, dieses Buch, „BergDenken" nennst du es, gibt einem wirklich viel zu denken auf. Allein der Titel „BergDenken" stellt mir die Frage, ist es dein Nachdenken über den Berg? Ist es auch das Denken des Berges, gibt es das?

HP: Ich kann das nicht auf eine Formel bringen, denn dafür habe ich über 350 Seiten geschrieben und mehr als 1000 Fußnoten gemacht. Aber was ich versuche, ist, nicht über etwas zu sprechen, nicht über den Berg, sondern mit ihm, hören, was er erzählt. Die erste Lärmquelle ist die des eigenen Organismus. Wenn man sehr angestrengt auf einen Berg steigt und ziemlich an die Grenze kommt, dann hört man oft, wie das auch Reinhold Messner beschrieben hat, dass die Lunge im Kopf dröhnt oder dass das Herz in den Ohren schlägt. Das kann so laut werden, dass es einem beinahe das Bewusstsein nimmt. Dann ist es gut, wenn es Unterbrechungen gibt, Störungen. Die Störungen kommen von außen, der Steinschlag z. B., eine Lawine oder eine Dohle, die in rasender Geschwindigkeit talwärts fliegt und daran erinnert, dass es natürlicher wäre, jetzt auch zu fallen, anstatt gegen die Schwerkraft aufzusteigen. Diese Talflüge habe ich nie ganz ohne Angst wahrgenommen. Mir sind sie wie ein Stich in die Magengrube gefahren, wenn eine Dohle pfeilgerade neben mir nach unten gezischt ist. Die Geräusche der Welt außen verbinden sich mit dem Hören von innen her und machen daraus ein Gemisch. Davon habe ich bereits gesprochen, aber noch einmal: Wie lassen sich Gemenge und Gemische denken? BergDenken versucht sich beharrlich im Gemisch und am Gemenge. Das zur zweiten Lärmquelle, die dritte, sie kennen wir wohl am besten, ist der Lärm des Sozialen, des Kollektivs. Es ist die Lärmquelle, die mit dem Geschwätz zu tun hat. Während ich das aufzähle, denke ich an Michel Serres, der ein sehr schönes Buch über die Sinne verfasst hat.[3] Ich selbst suche nach dem Ende des Lärms, ich mag die Stille, und ich setze mich fallweise freiwillig der ersten Lärmquelle aus, nämlich dem Hören, wie mein Organismus tönt und dröhnt, auch deshalb, damit er unterbrochen werden kann von einem Außen, das die Natur ist.

WP: Helga Peskoller, das, was du uns erzählst, lässt mich daran denken oder lässt mich auch spüren, dass du zum einen stark mit der Natur verbunden bist, du fühlst Dich selbst auch als ein Teil von ihr; zum anderen betonst du die wissenschaftliche Auseinandersetzung mit Natur und da könnte man so weit gehen und sagen, Wissenschaft hat mit Natur ja ganz wenig nur mehr zu tun, auch wenn du dich als Kultuwissenschaftlerin bezeichnest. Gibt es manchmal auch diesen Widerspruch in dir selbst, oder den Widerspruch, der von außen an dich herangetragen wird, so wie ich ihn jetzt an dich herantrage?

HP: Ja den gibt es. Vermutlich liegt das an der Art und Weise, wie wir zu denken gewöhnt sind. Man glaubt, man käme unmittelbar hin zur Natur. Das kann man schon lange nicht mehr. Die Naturwissenschaften haben es sich zum Programm gemacht, dass sie anstelle von Natur einen Gegenstand setzen und den mit Zahlen, Zeichen und Modellen besetzen und belegen, bis das, was vorher war, nicht mehr zu erkennen ist. Die Wissenschaft wollte mit allen Mitteln der Abstraktion und Technik den Berg sichtbar machen; die Kunst hat das anfangs auch getan, aber dann, seit dem 20. Jahrhundert etwa, hat sie angefangen, der Wissenschaft und Technik gegenzusteuern. Jetzt scheint sie mehr zu verbergen als zu zeigen, wodurch, paradoxerweise, mehr vom Berg begriffen wird als vorher. Wie die Wissenschaft

3 Vgl. Serres, Sinne, 1993, insbes. 139 ff.

es auch heute noch macht, hatte auch vormals die Kunst unzählige Bilder und Figuren über den Berg gelegt. Beide Male
wurde aus den Bergen etwas anderes. Meine erste Aufgabe war
es daher, und dieser Prozess hat länger gedauert als gedacht,
durch diese Zeichen, Zahlen und Bilder hindurchzuschreiben,
um vielleicht irgendwann einmal auf etwas zu treffen, was Natur bzw. Berg sein könnte.

– Einspielung 5: Roberto e Dimitri, LP Canti popolari nel Ticino, Stück
E dall' alto, EMI Records 1979 –

WP: Wahrscheinlich wirst du keine Freude haben, wenn ich
sage, manche deiner Ausführungen lassen mich an Esoterik
denken. Das Gespür dem Berg gegenüber, dann das, was im Inneren passiert, ich weiß nicht, wie weit du dich mit Esoterik auseinander gesetzt hast, aber ich kann mir vorstellen, dass das
nicht unbedingt die Fährte ist, auf der du dich mit Berg be-
schäftigst.

HP: Das ist nicht meine Fährte, kann sein, dass das manchmal
so vernommen wird, da sich Ähnlichkeiten zeigen, obwohl das
nicht richtig, ja sogar verkehrt wäre. Die Konkretion, der enge
Kontakt zur Materie, das ist es, worum ich mich bemühe. Damit
stehe ich quer zur Technologie, die sich in das Immaterielle
flüchtet und verflüchtigt. Man weiß ja, es soll alles schneller gehen und muss daher leichter werden. Materie muss zurückgelassen werden, sie zieht einen zu sehr auf den Boden, auf die
Erde zurück. Materie ist schwer und anstelle der Schwere setzt
man den Geist, der bekanntlich nichts wiegt, aber alles vermag.
Man arbeitet Materie um in Leichtigkeit und Künstlichkeit, so,
als ob der reine Geist, der sich leichtfüßig über alles erhebt, auch
spüren könnte oder lachen und weinen. Das Glücksversprechen
liegt darin, von allem befreit zu werden und vor allem von dem,
was einen beschwert und was lastet. Dieser Tendenz hin zur
Nichtmaterie, zur Vergeistigung versuche ich standzuhalten, indem ich das Materiale achte. So ist der Gipfel eines Berges für
mich ein Ort, der mich über das Materiale unterrichtet, weil es
aufhört. Der Gipfel ist jene Stelle, an der man noch einmal stärker als anderswo an ein Fehlen erinnert wird. So nimmt es nicht
wunder, dass man oben oft eine eigenartige Stimmung hat.
Man spürt, dass etwas Neues beginnt, ohne das Alte ganz verlassen zu haben. Man steht inmitten eines Zwiespalts, befindet
sich in einem Dazwischen. Das wirkt sich bisweilen so aus, dass

man glücklich und unglücklich zugleich ist. Ein Ende des Aufstiegs und der Beginn des Abstiegs, das Ende der Materie und der Anfang dessen, sich erneut derselben zuzuwenden. Um oben abheben zu können, müsste man ein Vogel sein oder man müsste, wie es immer mehr tun, einen Drachen oder Paragleiter dabeihaben. Hat man all das nicht, dann muss man wieder hinuntergehen, Schritt für Schritt zurück in die Masse und Dichte des Berges bis zum Grund. Der Gipfel hat mich gelehrt, nicht nur immer wieder zurückzumüssen, sondern auch zurückzuwollen. Der Gipfel lehrt einen unaufhörlich, dass man oben nicht bleiben kann, sondern umdrehen muss. Er belehrt einen über die eigene Sterblichkeit und er unterrichtet zur Vergänglichkeit. Oben kann man nicht lange bleiben, auch wenn der Aufstieg noch so langwierig und mühselig war. Meist ist sogar das Umgekehrte der Fall – je länger der Anstieg, desto kürzer fällt der Aufenthalt am höchsten Punkt aus. In der Esoterik, um zur Ausgangsfrage zurückzukommen, scheint es so zu funktionieren, dass man rasch dort ankommen will, wo man sich das Seelenheil oder die Erlösung erhofft. Bisweilen schaut es nach Abheben und Überfliegen aus. Ich glaube jedoch zu wissen, dass man sich lösen muss von jeder Art Glücksversprechen, und ich bin sicher, dass jeder Schritt langsam geht und keiner übersprungen werden kann. Außerdem bin ich schon zu lange in der Wissenschaft, als dass ich die Konzepte bzw. die Machart der Konzepte und Modelle vergessen könnte, welche ausgegeben werden als „Glück" oder als „Wirklichkeit" usw. Ich setze auf den Verlust an Konzepten und Modellen und Vorstellungen. Lange habe ich Begriffsarbeit betrieben, um zu verstehen, wie und wozu Begriffe gemacht werden. Und ich habe mich vorzugsweise mit Methoden beschäftigt, um zu sehen, wie die Produktion von Wissen vor sich geht und was sie ausschließt und links liegen lässt. Ein Anliegen hingegen, das mir geblieben ist, je länger, je mehr, ist die Sprache selbst. Ich versuche in ihr an die Grenze zu gehen, dorthin, wo sich die Worte versagen, weil das, was sie sprechen sollen, zu stark oder auch zu flüchtig ist. Wenn das Sprechen scheitert, ist man möglicherweise an dem nahe dran, was wir „wirklich" oder „leben" zu nennen pflegen. Etwas, das wirksam ist, unabhängig davon, ob man es versteht oder nicht. Im Scheitern berührt man ein zweites Mal, was man erlebt hat. Diese Verdoppelung ist einerseits eine Intensivierung des Erlebten, andererseits ein Abschiednehmen davon. Das Verhältnis zwischen Sprache und Erfahrung, diese Spannung, die Grenze des Erfahrbaren, das gerade im Begriffe ist, Sprache zu werden, daran arbeite ich und das hat nichts mit Esoterik zu tun.

- Einspielung 6: Zap Mama, Stück 5: Etupe, CD, Crammed Disk 1991 –

WP: Du hast von der Grenze gesprochen, von der körperlichen Grenze, der Belastbarkeit, wo der Körper im Kopf dröhnt, du hast von der Sprachgrenze gesprochen, bis sie einbricht in die Erfahrung, du warst oft auch am Berg in Zonen, die bedrohliche Zonen waren, die möglicherweise dich spüren haben lassen, ein falscher Griff und der Tod ist dir nahe. Oder er ereilt dich, ist da immer eine gewisse Absicht dabei an diese Grenze zu gehen, braucht man das? Ist dieses Grenzgängertum, ich sag nicht Draufgängertum, aber ist dieses Grenzgängertum in einem drinnen, wenn man diese Erfahrungen machen möchte? Könnte man sie nicht auch anders machen? Muss das so sein?

HP: Ich war nie in der Todeszone, wie sie auf Achttausendern erlebbar ist. Aber ich habe immer wieder davon erzählt bekommen und natürlich auch darüber gelesen. Das letzte Mal in „Wanda Rutkiewicz". Dieses Buch habe ich zu Weihnachten geschenkt bekommen. Aber zurück zu deiner Frage, was spricht eigentlich aus dieser Frage?

WP: Soll ich gleich darauf antworten?

HP: Bitte.

WP: Daraus spricht, ob Glück dabei ist, wenn man diese extremen Situationen bisher so gut überlebt hat, wie es dir gelungen ist oder vielleicht auch geschenkt war?

HP: Von Schopenhauer wissen wir, dass Glück nur eine Flucht sei von Schmerz und Leid. Somit kann das alles nicht ganz stimmen, was du sagst, dass nämlich dort, am Berg das Glück wartet. Wenn man oft oben war, beabsichtigt man das Glück nicht mehr. Man weiß, wenn man eine schwere Tour geht, dass man wahrscheinlich auch mit körperlichem Schmerz zu tun hat und dass jede große Anstrengung letztendlich auch eine Erfahrung der Begrenzung ist. Denn Lust als Entgrenzung und Schmerz als Begrenzung gehören zusammen. Je mehr die Lust, desto rascher schlägt sie um in Begrenzung, in den Schmerz. Ich möchte das ein wenig anders angehen, diese Antwort, und zwar in der Weise, dass ich mir denke, solche Fragen stellen vielleicht Menschen, die selbst unterhalb der Grenze bleiben, Menschen, welche die Erfahrung dessen, was sie nicht mehr verstehen können, meiden. Was immer da im Spiel sein mag, Selbstschutz, Angst, sich Illusionen erhalten wollen usw., ich habe anfangs bereits gesagt, dass mich Angst interessiert, da sie zu Erkenntnissen führt. Immer, wenn ich an Grenzen komme, d. h. in Gegenden, wo ich mich nicht mehr auskenne, in einer Grenzsituation, wenn man beispielsweise in dichten Nebel gerät, dann bin ich zur Gänze gefordert und dieses Gefühl mag ich. Der Nebel ist etwas, das einem beinahe den Verstand nimmt, aber auch den Körper betäubt. Da kann beides – Körper wie Verstand – nicht mehr richtig arbeiten. Sogar die Sinne fallen nacheinander aus. Man kann nichts mehr sehen, sogar das Hören geht nicht mehr gut, der Nebel, dichter Nebel, verschluckt bekanntlich jedes Wort. Das Ohr ist auf winzige Abweichungen spezialisiert und auch das funktioniert nicht mehr so recht. Wenn es Nacht ist, ist es etwas anders. Die Nacht erhält die Konturen, mitunter hört man in der Dunkelheit besser als am Tag, weil das Ohr die Aufgabe des Sehens mit übernimmt. Die Nacht ist nicht so bedrohlich, wie es der Nebel ist. Im Nebel merkt man, dass man in eine andere Art von Wirklichkeit eintaucht, in der alles zart, aber diffus, unscharf miteinander verbunden und verflochten bleibt. Eine Verflechtung auf ununterscheidbare Weise. Und genau das ist für einen trennenden, analytischen Verstand unheimlich und bedroht den, der auf ihn baut.

– Einspielung 7, Amalia Rodrigues, CD fados e guitarradas au portugal, Stück 4: Quandos os ontros te batem, Accord 1989 –

WP: Verfällt man manchmal angesichts des viel beschriebenen, selten erlebten großen Gipfelglücks nicht doch auch in eine Art Anbetung, nicht i. S. von rein konfessionell gebundenem Gebet, sondern grundsätzlich in eine Art großen Respekt vor dem, was uns da geschieht, was wir hier erleben können, auch wo wir sind, z. B. auf dem Gipfel, sozusagen am Rande der Welt? Du hast es Saum genannt, ein sehr schönes Bild, passiert das manchmal?

HP: Ja. Aber Anbetung, mit diesem Wort tue ich mir schwer. Ich kann auch wenig anfangen damit, dass man die Berge als erhaben bezeichnet, wie es seit Immanuel Kant geschieht. Er sprach vom Erhabenen und hat auch die Berge damit gemeint. Für mich hat es mit dem Umgekehrten zu tun, nämlich damit, dass dort alles sehr einfach wird, überhaupt nicht „erhaben", sondern profan und ganz normal. Wenn ich hinaufgehe, dann fühle ich mich eingebunden, eingeflochten. Das hat nichts mit Herausgehobensein zu tun, sondern mit einer Annäherung an das, was einen beständig zur Erde zurückholt. Über die Schwere habe ich bereits gesprochen, auch über die Masse Berg, anfügen möchte ich noch das Anorganische, dem man sich zuneigt. In dieser Zuneigung erfährt man, dass etwas vom Mineralischen außen auch innen ist. Erfährt man das, erfährt man erneut jenes Maß, das den Menschen angemessen erscheint. Dazu erzähle ich kurz eine Geschichte. Eine meiner ersten Dolomitenerfahrungen war die, dass ich unter den Drei Zinnen gestanden bin. Plötzlich höre ich einen Mordsstein herunterfallen. Ich habe zumindest geglaubt, es sei ein ziemlich großer Brocken, da es mit einem Mal entsetzlich laut geworden ist. Später wird sich herausstellen, dass es kein großer, sondern ein winzig kleiner Stein gewesen ist. Durch die Fallhöhe und den Widerhall an der senkrechten Wand hat er aber einen ziemlichen Wirbel verursacht, der mich in Panik versetzt hat. In der Panik habe ich falsch reagiert. Ich bin in die falsche Richtung gelaufen. Anstatt hin zur Wand, bin ich von ihr weggerannt, so schnell ich konnte, talwärts. Kurzum, der herabfallende Stein hat mich nicht erwischt, aber ich bin auf einen Stein, der im Kar lag, aufgerannt, und dieser Stein war tatsächlich sehr groß. Was meine Lehre daraus war? Ich wusste, dass ich mich noch viel mehr mit dem zu verbinden hatte, was Fels ist. Es wurde mir klar, dass ich von dem, mit dem ich es zu tun hatte, zu stark getrennt war. Ich war als Mensch zu sehr herausgehoben und abgelöst von dem, was mich umgab. Ich hatte noch viel zu viele Bilder im Kopf, die sich zwischen mich und den Berg stellten, die mich davon abhielten, den Anforderungen des Berges gemäß zu reagieren. Es macht ja auch Angst, sich dem Berg zu nähern, ihm in gewisser Weise ähnlich zu werden. Unter den Zinnen-Nordwänden fühlst du dich als Mensch sehr klein, so, als gingst du verloren. Du bist nicht wichtig. Als junger Mensch, der so viel Pläne hat und Großes aus dem Leben machen will, gefällt dir das nicht. Damals habe ich kein Maß gehabt, nicht gewusst, was ich kann und wo ich zurücktreten muss. Einerseits war ich mit 15 zu ehrgeizig, andererseits hatte ich zu viel Angst. Die Angst kam von den Bildern und aus der Vorstellung, die ich mir vorher machte. Unter dieser großen Wand musste ich meine Zwiespältigkeit einsehen. Ich habe kapiert, dass ich der Zinne-Nordwand seelisch und auch sonst nicht gewachsen war. Zu lernen war das sichere Wissen um mein Können, wenn man so will, der Instinkt. Was ich getan habe, hätte mir zum Verhängnis werden können. Die Zeit danach habe ich mich mit dem Hören beschäftigt, ich habe mein Ohr geschult, wollte immer genauer hören und im Hören erkennen, was vor sich geht, in mir und auch außerhalb, draußen.

– Einspielung 8: Geräusche von Wasser, Steinen, Wind –

HP: Ich würde mir wünschen, dass es so etwas gibt wie den Bettelwurf, der über ein Jahr hinweg zu hören ist, zu hören über die Geräusche, die er macht. Geräusche von Steinen, vom Schnee, vom Regen, aber auch der Nebel ist nicht nur lautlos, oder wenn es ganz schön ist, wenn es friert oder taut, wenn der Wind geht. Ich kann mich erinnern, ich bin einmal in Obernberg am Grubenkopf auf einer Schitour gewesen und da haben wir Schistöcke gehabt mit Löchern, damit man sie in der Höhe verstellen kann. Jeder, der den Grubenkopf kennt, weiß, dass es dort meist windig ist, und dieser Wind hat damals Musik gemacht. Die Schistöcke waren Musikinstrumente geworden. Diese „Musik" habe ich lieber als fertige, durchkomponierte Stücke, da sie dem, der hört, einen Raum öffnen, der wenig geordnet und nicht bewohnt ist. Ein freier, unkultivierter Raum.

WP: Wir haben vom Gipfel gesprochen, weniger also von den Tälern, wir haben von Extrembereichen gesprochen, sowohl was das Denken und Fühlen anlangt, als auch was die körperlichen Anstrengungen angeht, das Verausgaben könnte man auch sagen. In deiner langen Erfahrung als Berggängerin, als Bergsteigerin, als Kletterin – gibt es einen Berg, auf dem du sterben wolltest?

HP: Wenn, dann wäre es der Bettelwurf. Auf ihm bin ich schon mehr als einmal „hinübergegangen". Und zwar bin ich damals auf der Hütte fast jeden Tag in der Früh um fünf Uhr aufgestanden und auf den Gipfel gegangen. Das war so ab 12, 13 Jahren. Da war ich meistens allein oben, das war gut. Die Nordwand hingegen hat mich eher geschreckt. Sie ist ja nicht schwer, aber die wollte ich nie wirklich klettern. Hingegen der Blick, den man vom Bettelwurf hat, der ist etwas ganz Besonderes, auch wenn er mich das erste Mal geschockt hat. Die Stille frühmorgens, wenn die Sonne hervorkommt, das sind schon Momente, wo nichts mehr fehlt, wo alles erfüllt scheint. Zurück aber zu deiner Frage, ob ich am Berg sterben will. Ich möchte am Ende das Gefühl haben, in Ruhe gehen zu können, weil ich wirklich gelebt habe. Aber ich denke dabei nicht an einen Tod auf einem Berg. Ich stelle mir, und das ist ganz normal und gewöhnlich, eher vor, in späten Jahren einzuschlafen, und zwar herunten im Bett, das wäre mir lieber (lacht).

– Einspielung 9: Peter Lukas Graf und Ursula Holliger, Stück 1: Gioacchino Rossini: Andante con variazioni F-Dur, CD, Claves Records 1988 –

WP: Die Tiroler Kletterin, Wissenschaftlerin und Buchautorin Helga Peskoller war heute zu Gast in der Sendung „Libretto". Dazu hat sie Musik von Roberto & Timitri, Paul Giger, Grupo de Cantares, Amalia Rodrigues, Eric Satie, Gioacchino Rossini, Zap Mama und dem Duo Stimmhorn ausgewählt.

Abb. 77

Ein ExpertInnengespräch zwischen Gunter Gebauer[1] und Helga Peskoller zum Thema: Sport – Erotik – Tod[2] am GDI[3]

– Es beginnt mit einer Filmsequenz aus „Dokumentation einer Unzweckmäßigkeit", 120 sec – [4]

GG: Ich kannte den Film vorher auch nicht und Frau Peskoller hat mir angekündigt, dass Klettern vorgezeigt würde. Ich kenne auch Klettern nicht besonders gut, ich komme aus dem Flachland und habe feuchte Hände. (Lachen) Ich kenne Sport als eine extrem lebensbejahende Angelegenheit. Ich weiß, dass Sport manchmal an den Rand geht und dass Sport mit Klettern nichts zu tun hat. Man hört manchmal, so wie wir es vor zwei, drei Tagen gehört haben, dass ein Sportler jung stirbt, wie Florence Griffith-Joyner, vermutlich an den Folgen eines Dopings. So auch geschehen mit einem guten Freund und Sportkameraden von mir, aus meiner Jugend, der einmal einen Weltrekord geworfen hat und mit 45 an Herzversagen gestorben ist, auch ein ehemaliger Doper. Daher weiß ich, dass ab und zu solche Fälle vorkommen, dass jemand beim Sporttreiben oder relativ jung stirbt. Aber hier geht es um noch etwas anderes, um eine ganz eigene Qualität beim Extremklettern. Hier wird das Leben riskiert, und das scheint der Inhalt von Klettern zu sein. Frau Peskoller, wir wollen zusammen darüber reden, haben Sie eine Antwort auf die Frage, warum ein Kletterer sein Leben riskiert? Erst einmal erscheint es mir eine unglaubliche Verschwendung zu sein.

HP: Vorausschicken muss ich eine Unterscheidung. Es gibt das alpine Klettern, da ist das Lebensrisiko immer noch gegeben. Und es gibt das Sportklettern, wovon wir gerade einen Ausschnitt gesehen haben, da sind die Standplätze absolut sicher, so, dass eigentlich nichts passieren kann. Diesen Trend gibt es seit ca. 25 Jahren, es greift auch um sich, Sportklettern tut man mittlerweile überall, im Elbsandstein oder in Amerika z. B. gab es das Sportklettern schon um einiges früher und in Frankreich ist es mittlerweile nahezu zu einem Massensport geworden. Das alpine Klettern, wo die Standplätze u. U. auch nicht halten, davon habe ich jetzt nichts gezeigt, da gibt es eine Anzahl ernsthafter Gefahrenmomente. Im Folgenden versuche ich daher, die

1 Gunter Gebauer ist Professor am Institut für Sportsoziologie und Sportphilosophie an der Freien Universität Berlin und Mitbegründer des internationalen Forschungszentrums für Historische Anthropologie/Berlin.

2 Der Titel ist folgendem Buch entlehnt: Gerd Hortleder/Gunter Gebauer, Sport – Erotik – Tod. edition suhrkamp: FaM 1986

3 Das ExpertInnengespräch fand im Rahmen einer Tagung zum Thema „Was kümmert uns das Ende – Memento mori heute?" am 28. September 1998 statt. Organisator war Georges T. Roos, Veranstalter das Gottlieb-Duttweiler-Institut in Rüschlikon bei Zürich, das dankenswerterweise die Erlaubnis zur Veröffentlichung dieses Gesprächs erteilt hat. Das Gespräch ist hier ungekürzt wiedergegeben und wurde nicht inhaltlich, aber sprachlich an wenigen Stellen überarbeitet.

4 In diesem Filmausschnitt klettert Beat Kammerlander die 4. Seillänge des „Silbergeiers" in der Südwand der 4. Kirchlispitze im Rätikon.

Unterscheidung zwischen Alpin- und Sportklettern immer wieder zu machen. Hierbei geht es um zweierlei Dinge, denen auch unterschiedliche Grundhaltungen vorangehen: Das alpine Klettern ist also das, was wir vor Augen haben sollen, wenn wir von Gefahren für das physische Leben sprechen. Ich versuche aber jetzt auf Ihre Frage möglichst unterscheidend zu antworten in der Absicht, eine Präzisierung vorzunehmen. Sie drückt sich in einer Umformulierung der Fragestellung aus. Meine Frage lautet: Was wird an welchem Leben wie gewagt?

GG: Ist das nicht spitzfindig? Wenn man sein Leben wagt, wagt man sein Leben. Warum tut man das?

HP: Auf die Warumfrage gehe ich nicht sofort ein, weil vorher noch einiges zu tun ist. Ich möchte dieses Thema nicht schnurstracks vernünftig machen, das wäre nicht nur halbseitig falsch, es würde der Sache selbst auch schaden, denn eines lässt sich mit Sicherheit sagen, diese Extremen verstoßen immer auch gegen das, was üblich ist, und das Übliche unterliegt letztendlich dem Regime der Vernunft. Bergsteigen aber ist ein ambivalentes Phänomen, im extremen Bergsteigen spitzt sich die Zwiespältigkeit zu. Aber wogegen richtet sich letztendlich dieser Verstoß gegen die Vernunft? Oder, positiv formuliert, was will man mit diesem Widerstand erreichen, was liegt jenseits dessen, wogegen man sich wehrt, was sucht man dort? Eine gute Spur legt der Titel des Films, den ich bislang nicht verraten habe, er heißt: „Dokumentation einer Unzweckmäßigkeit". Bergsteiger, extreme Bergsteiger tun Unnützes und Unzweckmäßiges. Darin liegt für sie eine Quelle der Freude, darin liegt jene Unmäßigkeit an „freiwilliger" Verausgabung, die nicht nur zur höchsten Anstrengung herauslockt, sondern eben auch eine List ist. Die List besteht darin zu glauben, dass all das aus freien Stücken getan wird. Aber dazu kann man sicher jetzt eine Anzahl von bösen Fragen stellen. (Schmunzeln)

GG: Ja, das ist auch meine Absicht. (Lachen) Was sie jetzt beschrieben haben, das trifft auf anderen Sport auch zu. Sport ist immer eine Art Ökonomie der Verschwendung. Man wirft etwas weg, man verausgabt sich für nichts. Nehmen wir einmal an, man treibt den Sport nicht, um Geld zu verdienen, sondern so, wie es die meisten tun, um etwas Nichtmaterielles dafür zu bekommen. Ist das Ergebnis eigentlich, so wie ich es kenne, eines solchen Sporttreibens, dass man eine Form von Lebensgenuss erfährt? Man bietet sozusagen seinen Körper an, ohne weitere Hilfsmittel. Das ist nun sehr idealisiert, natürlich hat man in vielen Sportarten auch viele Hilfsmittel, aber die Idee ist, dass man allein, das hat man ja auch vorhin gesehen, dass man also allein und nur mit seiner Körperkraft, nur mit den Fingern und mit den Füßen, mit dem Kreuz, mit den eigenen Muskeln etwas erzeugt, was es sonst nicht geben würde, und das tut man für nichts. Klar ist es auch, dass, wenn man den Körper so anbietet, man ihn im Sport, im normalen Sport, sage ich jetzt einmal, intensiviert und dass man da einen ungeheuren Genuss dabei empfinden kann, neben aller Verausgabung, eine Form von Erotik, würde ich das einmal nennen, eine Steigerung der Sinnlichkeit. Aber hier passiert noch einmal etwas anderes. Hier geht man ja bis an die Grenze. Man geht ran an eine Grenze, auf deren anderen Seite im Grunde genommen der Tod ist. Ein falscher Tritt, jetzt nicht bei dem Kletterer, da der ja am Seil hing, aber beim freien Klettern, ein falscher Griff, ein falscher Tritt, das weiß der Kletterer sicher ja auch, das Risiko nimmt er auf sich, deswegen klettert er oder sie ja, eine falsche Bewegung und es ist vorbei. Und ich glaube, diese Besonderheit, dass man an eine Grenze geht, wo man die Welt verlassen kann, dass man diese Grenze entschieden aufsucht, das finde ich das Unglaubliche am Klettern, am Extrembergsteigen.

HP: Es gibt im Bergsteigen eine fachspezifische Terminologie, free climbing heißt z. B. nicht, dass man ohne Seil klettert, sondern das heißt, dass man keine technischen Mittel verwendet, um sich fortzubewegen. Nehmen wir aber einen klassischen Alleingänger ohne Seil. Dazu hätte ich ein Dia mitgebracht. (Das Dia wird eingeblendet.) Das ist Wolfgang Güllich 1986 in „Separate Reality", das ist eine Route im Yosemity Valley, und diese Route hat er solo bestiegen. Dabei musste er auch über diese Dachkante hinausklettern, die man da sieht, und unter ihm gab es etwa 200 Meter Luft bis ins Tal. Und wenn man dann die Berichte dieser Felsakrobaten liest,[5] wird klar, dass diese Momente, wo sie wirklich eine solche Route gehen können, auch in ihrem Leben äußerst selten sind. Aber es gibt sie, diese Momente, wo sie spüren, heute stimmt alles zusammen, heute sind sie sich gewiss, dass das feine Zusammenspiel von Körper, Seele und Geist, dass dieser Körpersinn also, der basale Sinn des Menschen, unbeirrt und präzise arbeitet. Man kann sich also ganz und gar verlassen darauf und man ist gewiss, dass, wenn man die Hand ausstreckt, diese genau den Griff erreicht, auf den sie sich ausgerichtet hat. Alles ist haarscharf aufeinander abge-

5   Vgl. Wolfgang Güllich in Zak/Güllich, high life, 1987

stimmt, die Koordination von Auge, Gelenk, Sehne, Haut, Gewicht usw. ist unheimlich exakt. Ein extremer Bergsteiger oder Kletterer muss sich darauf verlassen können, er muss auf seinen Körper- oder sagen wir besser: Bewegungssinn bauen können. Wenn er in eine Situation gerät, in der Angst aufkommt, da eine hohe Übersäuerung der Muskeln eintritt, muss er sicher sein, dass dieser Sinn weiterhin intakt bleibt. Und nur wenn er sich dessen vollkommen sicher ist, dann steigt jemand auch solo. Aber die Solobergsteiger sind vergleichsweise selten, das ist nicht die Regel und so wird es wohl auch bleiben. Interessant aber, dass bei den Solobesteigungen trotz allem selten etwas passiert. Aus der alpinen Unfallstatistik weiß man, dass über 70% der Unfälle im alpinen Gelände nicht durch Extreme oder Alleingänger verursacht werden, sondern es sind die ganz normalen Wanderer, die dort verunfallen. Das übrigens weiß man schon lange, bereits Ende des 19. Jahrhunderts gab es die ersten Statistiken und Kommentare dazu.[6] Es kommt nicht häufig vor, dass sich Bergsteiger nahezu todeskühn und unverantwortlich waghalsig in Routen begeben, denen sie nicht gewachsen sind.

GG: Die normalen Bergsteiger, die also keine Extremen sind, sondern unerfahrene, oder wo nicht genügend Übung besteht, die also dabei ums Leben kommen, die kann man unter die Kategorie Unfälle reihen. Da passiert irgendetwas Unvorhergesehenes, eine Situation, mit der der Bergsteiger nicht fertig wird und abstürzt, oder er erfriert oder es geschieht sonst etwas. Das ist der eine Fall, aber der andere Fall, der für unser Thema viel spannender ist, ist der Fall, wo ein Kletterer oder eine Kletterin ein extremes Risiko eingeht und als Gegenleistung für dieses Risiko praktisch sein bzw. ihr Leben anbietet.

HP: Nur, das muss man bedenken, das Extremwerden geht ja nicht von heute auf morgen. Die Kletterer wachsen hinein in das Extreme und mit der Zeit ist es so, dass ihnen das, was sie tun, ganz normal erscheint. Wäre das für sie nicht normal, könnten sie nicht so sicher in den Wänden hängen und sich dort auch noch fortbewegen. Somit finde ich die Frage, wie es eine Menschenseele sukzessive schafft, dass sie sich nicht nur an die Ausgesetztheit in der Wand gewöhnt, sondern auch daran, anders zu werden, damit diese ständige Angst, denn es ist ja nicht normal, unter den Füßen so viel wie nichts mehr zu haben außer hunderte Meter Luft, dass also diese Furcht und Angst irgendwie gehandhabt und befriedet werden kann. Und zwar so, dass das Extreme ganz normal wird und zum Leben dazu-

6 Vgl. Peskoller, BergDenken, 1998[2], insbes. 27 ff.

gehört. Laien schätzen das, was Beat Kammerlander im Film gemacht hat, aus der Weite besehen, ungeheuerlich ein. Für einen aber, der da oben hängt, ist das Alltag geworden, er macht das, was er kann und was er gelernt hat zu tun.

GG: Gut, das sind habitualisierte Phänomene, aber natürlich weiß jemand, der da hängt, auch, dass er ein Risiko eingeht. Man kann sich noch so sehr an eine Tätigkeit gewöhnen und es kann zur zweiten Natur geworden sein, trotzdem weiß man, wenn man vorbeigreift, dann stürzt man ab. Ich habe den Eindruck – ich will einmal etwas anbieten, aber als totaler Laie –, ich habe den Eindruck, dass das Angebot des eigenen Lebens, es notfalls hinzugeben, es zu verlieren, dazu dient, um dieses Leben zu gewinnen.

HP: Diese These ist sehr klug.

GG: Danke. (Lachen)

HP: Das scheint den Kern der Sache zu treffen, und es geht auf die Eingangsfrage zurück. Welches Leben wird wie riskiert? Was wollen diese Extremen für ein Leben haben? Ich komme jetzt auf das Thema Erotik zu sprechen. Es geht darum, dass die Extremen auf jeden Fall eines wollen: eine hohe Intensität erleben. Intensität ist ein Schlüssel, vermutlich gilt das aber auch für andere Sportarten bzw. Extremerfahrungen. Was aber heißt Intensität? Intensität ist eine Erfahrung von Verdichtung, die im Leib empfunden wird, und zwar empfunden wird, noch bevor sie sich ausdrücken kann. Intensität hat mit einer starken Spannung zu tun. Dazu möchte ich ausnahmsweise theoretisch werden. Der französische Erkenntnistheoretiker und Lebensphilosoph Henri Bergson hat in seiner Analyse der Intensität herausgefunden, dass Intensität eine Qualität der Zeit und nicht des Raumes sei. Intensität beschreibt jenen Moment, in dem sich eine Bewegung im Leib vorbereitet. Ein Bergsteiger, der seine Route geht oder einen Achttausender besteigen will, der muss sehr viele Bewegungen in sich vorbereiten. Er sammelt Bewegungen und Bewegungsabläufe geradezu inwendig an. Es ist ja nicht so, dass der zu einer Wand hingeht oder zu einem Berg und einfach hinaufsteigt. Er sammelt sich, und das meint nichts anderes, als dass sich all die Bewegungen in ihm versammeln, die im Voraus, d. h. Tage, Wochen und noch länger vorher in der Beschäftigung mit dem Aufstieg aufgekommen sind, sich geregt und gebildet haben. Die Bewegungen haben sich über den Leib in die Vorstellung geschoben und es ist enorm, was da an Kraft in die Vorstellung investiert wird, wenn man eine schwere Route vorhat. Da entsteht ein hoher Druck, und dieser Druck, der entsteht, löst sich erst dann, wenn man real aufbricht und wirklich tut, was man vorhat. Endlich ist es so weit. Jetzt kann man aufstehen in der Früh und endlich einsteigen. Nicht, dass jetzt keine Angst mehr da wäre, das ist nicht der Fall, aber der innere Druck ist gleich stark oder sogar stärker als das Gefühl der Angst geworden. Davon kann man mit Sicherheit ausgehen, das sagt nicht nur ein Reinhold Messner oder ein Jerzy Kukuczka oder Wanda Rutkiewicz. Bei all den herausragenden Bergsteigern und Bergsteigerinnen kann man nachlesen, dass sie Angst haben und Angst gehabt haben, viel Angst sogar. Das ist nicht der Punkt. Es ist sogar anzunehmen, dass Bergsteiger Menschen sind, die mehr als andere Angst haben.[7] Durch den konkreten Umgang mit der Materie, d. h. mit dem Fels oder mit dem Eis und mit dem Schnee ist es möglich, mit dieser Angst so zu leben, dass sie nicht lähmt. Die Materie bindet, wodurch die Angst nicht mehr so blank liegt, d. h. ein Abstraktum ist, das sich überall ausbreitet und nur bedroht. Ich riskiere an dieser Stelle etwas Allgemeines zu sagen: Angst ist nicht nur ein gutes Warnsystem, sie scheint eine der möglichen, vielleicht sogar die einzige Möglichkeit zu sein, um letztendlich zu einer Qualität zu finden, die ich Präsenz nenne. Ist man durch die Angst hindurch, dann steht dahinter unmittelbar die Gegenwart.

GG: Es ist trotzdem ein eigenartiges System, wenn man sich vorstellt, dass ein extremer Bergsteiger diese Angst zunächst einmal künstlich erzeugen muss. (Lachen) Man muss die Angst zuerst einmal leisten, man muss sie produzieren, indem man sich Ziele setzt, vor denen man Angst hat. Und diese Ziele müssen so stark werden, dass sich die Angst so steigert, dass man gar nicht mehr weitergehen kann, ohne diese Angst überwunden zu haben. Das heißt also die Imagination, die ganze Vorstellungskraft, die man aufbringt, um sich diese Ziele vorzustellen, und die Annäherung an die Ziele, sich die Situationen vorzustellen, in die man gerät, das ist ja alles eine notwendige Bedingung für diese Angst, das ist alles künstlich erzeugt, das ist selbst gesetzt. Das heißt, man erzeugt einen unglaublichen Angstpegel und hinterher kann man mit diesem selbst gemachten Angstvolumen also nur noch weiterleben, indem man die Sache tut. Sehe ich das so in etwa richtig?

HP: Ja, das wäre von der Psychodynamik her richtig, aber die Psychodynamik ist nicht schon alles. Man würde einen wesentli-

7 Vgl. Peskoller, BergDenken, 1998[2], insbes. 26

chen Faktor außer Acht lassen, wenn man nur sie im Blick hat. Mit diesem Faktor meine ich all das, was nicht Mensch ist, d. h. die Auseinandersetzung mit Berg, Wand, Stein, Sturm, Nebel, sprich Natur. Als ich hereingekommen bin in dieses Haus, habe ich beim Eingang gelesen, dass es darum ginge, den Menschen in den Mittelpunkt zu stellen, ich glaube, so steht das doch dort? Ja. Das Programm der Extremen, wenn man dazu Programm sagen kann, und genau das liebe ich selbst an ihnen, führt sie oder geht auch dorthin, wo nicht nur Menschen sind. Sie gehen also hinaus aus dem Raum, wo es Menschen und immer wieder Menschen gibt und weg von dem, was nur Menschen gemacht haben. Damit öffnet sich für sie grundsätzlich die Möglichkeit, auch auf etwas zu treffen, das nicht sie selbst sind. Freilich, das sehe ich natürlich schon, durch das Hinausgehen werden auch noch die letzten Räume ohne Menschen von Menschen besetzt, kurzzeitig werden sie besetzt, denn niemand kann sich lange über 8000 Meter aufhalten oder sich an einem winzigen Griff in einer annähernd überhängenden Wand bei X+ für längere Zeit anhalten. Das heißt, wie ich eingangs schon sagte, Bergsteigen ist eine ambivalente Tätigkeit. Einerseits fügt sie sich ein in den normalen Fortschrittsmythos, der geprägt ist durch Selbstbestimmung und Selbstbehauptung, er trägt also zur Herausbildung des Subjekts bei. Andererseits kommt etwas ins Spiel und werden Mittel angewendet, die den gefährden, der handelt und die Mittel einsetzt. Beim Bergsteigen, insbesondere beim extremen, begibt man sich in Umstände, die sich nie ganz berechnen und kontrollieren lassen. Da bleibt etwas offen, auf das man nicht nur mit Selbstbeherrschung und Kontrolle antworten kann, oder anders formuliert, bei der Kontrolle schleichen sich zwangsläufig Fehler ein, denn der Körper innen wie auch die Wand oder der Berg außen ist zu komplex, als dass sich alles sicher handhaben, genau übersehen und vollständig kontrollieren ließe. Ein Beispiel: Neulich habe ich mit einem Bergsteiger geredet, der am Makalu war, und der hat mir zwei Dinge erzählt: Das erste war, dass ihm einmal, als er auf einer Felskanzel in ungefähr 7000 Meter Höhe stand, plötzlich zu Bewusstsein kam, dass er hierher eigentlich nicht gehöre. (Lachen) Das war für ihn in diesem Moment natürlich nicht besonders lustig, eher ein Schock, nämlich an diesem unmöglichen Ort die grundlegende Einsicht zu haben, dass Menschen hier fehl am Platze sind, dass ihr Tun eigentlich absurd ist. Und, obwohl man das erkennt, hat man unter allen Umständen weiterzumachen, zumindest so lange, bis man wieder in Sicherheit ist. Zwar denkt jeder Bergsteiger, zumindest hin und wieder, über sein Tun nach und weiß auch im Normalfall, welchen Humbug er da oben treibt. Aber so weit oben auf dasselbe zu stoßen, beim konkreten Steigen im Gelände draufzukommen auf die Absurdität dessen, was gerade eben geschieht, das ist noch einmal etwas anderes. Und das zweite war, das hängt mit der großen Höhe zusammen, dass der Geist drauf und dran ist, sich selbst aufzugeben. Das Denken verlangsamt sich also ungeheuer stark. In der Nähe von 6, 7, 8000 Metern kann es vorkommen, und das ist keine Seltenheit, dass ein Mensch nur noch einen einzigen Gedanken pro Tag hat.[8] Dieser Bergsteiger, von dem ich gesprochen habe, hat erzählt, dass er sich den ganzen Tag nur damit beschäftigt habe, wie es möglich sei, am nächsten Tag wieder in seine Bergschuhe hineinzufinden und wie er dabei den Schnürsenkel durch die Öse fädeln soll und so zuziehen, dass der Schuh fest zusammenhält. Nicht mehr und nicht weniger, nur das. (Lachen) Das Höhenbergsteigen versucht sich also an sehr einfachen Dingen zu orientieren, eine Gegenerfahrung zum ganz „normalen", d. h. abstrakt und unübersichtlich gewordenen Alltag. Sich in der Bewegung an die Materie zurückzubinden, und zwar auf existentielle Weise, ist eine Möglichkeit zu leben und sich lebendig zu erleben. Dieser Bezug schließt allerdings immer auch eine gewisse Selbstgefährdung mit ein. Aber mir scheint, ich habe auf Ihre Frage immer noch nicht anständig genug geantwortet.

GG: Was eine anständige Antwort ist, weiß ich doch selber nicht in diesem Zusammenhang. (Lachen) Ich will Sie nur ein bisschen quälen, damit wir so weit als möglich kommen auf diesem Weg. Deswegen will ich noch ein paar Einwände formulieren. Nicht, weil mir das nicht gefällt, was Sie sagen, ich finde das sehr spannend, aber manches von dem, was Sie gesagt haben, gilt ja auch für Erfahrungen, die nicht so dramatisch sind, die nicht bis an die Grenze gehen. Zum Beispiel wenn ich eine Erfahrung haben möchte von Raum und Zeit, dann brauche ich nur in den Keller zu gehen und das Licht auszumachen, dann kriege ich auch ein bisschen Angst, zumindest war das früher als Kind der Fall. Ganz eigenartige Zustände, ich kann tasten, ich kann bestimmte Dinge auf eine andere Weise wahrnehmen, dafür brauche ich nicht mein Leben zu riskieren. Oder wenn ich mich in unmögliche Situationen bringen will, ich glaube das tun manche Leute auch ganz gerne, ohne dass sie dafür sterben müssen. Wenn man z. B. einen Vortrag annimmt und über ein Thema spricht,

8   Vgl. Larcher in Peskoller, 8000, 1998, Kapitel 4 in diesem Buch

das man gar nicht beherrscht, für das man sich nicht gut vorbereitet hat und dann vorne steht (Lachen), hat man das Gefühl, man stirbt. Alle gucken einen an und man hat das Gefühl, dass man jetzt etwas Vernünftiges sagen müsse und es ist, als würde man sterben. Man geht manchmal auch tatsächlich solche Situationen ein, sage ich jetzt einmal so, also ich kenne das aus Erfahrungen von anderen Leuten, die sagen, da stand ich plötzlich, 500 Leute vor mir, ich mit 3 Zetteln und jetzt sollte ich einen Vortrag machen, ich wäre fast gestorben. Und da habe ich was aus mir herausgeholt. Dann kommt diese heroische Pointe, deshalb erzählt man die Geschichten natürlich auch. Das ist aber alles harmlos, das ist nur eine Geschichte des Als-ob. Das Leben wird nicht riskiert, es wird eine Blamage riskiert, das ist sehr unangenehm, mit der kann man aber notfalls weiterleben. Aber die Erfahrung, die man macht, ist, dass man etwas mobilisiert, von dem man vorher gar nicht wusste, dass es in einem drinsteckt. Dass man etwas rausholen kann, dass man einen Vortrag hinbekommt, obwohl man ihn gar nicht hat, und trotzdem kann man eine Stunde lang reden und hinterher gibt es sogar ein paar Leute, die freundlicherweise sagen, es war gar nicht so schlecht. Das ist eine eigenartige Erfahrung einer Steigerung, eines Herausholens aus sich, das ist natürlich eine intellektuelle Erfahrung, die jedoch enorm körperlich funktioniert. Man kriegt schweißnasse Hände, man sitzt da, man ist wie unter Schock, Elektrizität usw. Man hat wirklich das Gefühl, als würde das letzte Stündchen schlagen und dann kommt irgendwoher eine Kraft, von der man gar nichts wusste, dass man sie hat. Gut, aber das sind jetzt ganz harmlose und dumme Situationen, die ich beschreibe. Beim Bergsteigen ist das ja alles unendlich stärker und mit einer ständigen Bedrohung verbunden, und was ich jetzt zur Unterscheidung vorschlagen möchte, ist Folgendes: Meine harmlosen Beispielchen sind alle – wenn man eine Unterscheidung von Max Weber aufnehmen möchte – innerweltlich. Sie bewegen sich innerhalb der sozialen Welt, innerhalb des üblichen Erfahrungshorizontes und unterbrechen unsere Lebensroutine eigentlich nicht besonders. Eine Unterbrechung gibt es an einer bestimmten Stelle, insofern, als da eine künstliche Ausnahmesituation geschaffen wird und irgendetwas passiert, womit man vorher nicht gerechnet hat. Man hat grauenhaft Angst gehabt, aber man bleibt in der Welt. Aber was ein Bergsteiger macht, ist, um wieder mit Max Weber zu sprechen, eher eine außerweltliche Erfahrung. Es ist etwas, wo man aus der gewöhnlichen, normalen Welt der Ursachen und Wirkungen, im sozialen Bereich aus der Relation des ständigen Aufenthalts, der Routinetätigkeit, ausbricht und an eine Grenze kommt, mit der man nur konfrontiert wird in Situationen, die man nicht gesucht hat. Situationen, die zu Unfällen führen könnten, wo man gerade noch die Bremse vom Auto findet, wo man gerade noch woanders hinlenken kann, wo jemand vorbeirauscht, den man vorher nicht gesehen hat und man hat um hundertstel Sekunden zum Glück einen Unfall verpasst, oder ähnliche Dinge. Also hier gibt es eine Erfahrung an der Grenze von Innenwelt zur Außenwelt, die so auch gesucht wird. Und ich habe den Eindruck, dieses Außerweltliche, das kommt ja bei Max Weber aus dem Umkreis von Religionsphilosophie und Sektentheorie, ich habe also den Eindruck, dass das Außerweltliche etwas ist, das man mobilisieren kann, das ganz außergewöhnlich ist und gleichzeitig auch eine quasireligiöse Erfahrung sein kann.

HP: Hm. Irgendwie glauben Sie mir das einfach nicht, merke ich, dass die Leute tatsächlich so hineinwachsen in ihr Tun, was sie tun ist gar nicht so außergewöhnlich.

GG: Das glaube ich nun wirklich.

HP: Aber was macht die vertikale Dimension mit und für unsere Wahrnehmung? Ich stelle erneut die alte Frage, offensichtlich hat diese Frage etwas Unfassbares, aber das gilt nicht für den Akteur. Da möchte ich den Betrachter, den Laien und den Aktiven unterscheiden. Das Zweite ist, dass man in diese Außerweltlichkeit, ich nehme den Begriff hier einfach einmal auf, hineingeht, das heißt ja nicht, dass man sich nicht auch einem sehr strengen Reglement unterwerfen würde.

GG: Ja, Außerweltlichkeit ist extrem streng geregelt. Klöster z. B. sind außerweltlich.

HP: Aber gehen wir zur Natur zurück, die so bestimmend ist, und über sie möchte ich nicht in einem naturwissenschaftlichen Sinne reden. Ich komme da nicht mit Gesetzmäßigkeiten daher, viel eher möchte ich behaupten, dass ihr zugrunde liegt, was nicht zu planen ist. Kurzum, wenn es Gott gibt, dann war er ein Spieler. (Lachen) An dieser Stelle halte ich mich vorzugsweise an die Naturphilosophen und sage, dass bei den BergsteigerInnen etwas in diese Richtung vor sich geht. Das heißt, jetzt gehe ich etwas tiefer hinein und möchte über das sprechen, was ich gelesen habe. In den Berichten von ExpeditionsbergsteigerInnen ist zu lesen, dass man sich bei Aufbruch klar ist, was man tut, dass es auch Momente gibt, wo man einwilligt, und zwar einwilligt in beides. Es kann gelingen, es kann aber auch nicht gelingen. Erst dann kann man die ganze Kraft freisetzen. Es gibt offensichtlich Momente, wo man eben auch mit dem Tod einverstanden ist, einverstanden, um alles für das Leben einsetzen zu können. Ich kenne das auch aus den Touren, die ich gemacht habe. Meine stärkste Beklemmung habe ich unter der Laliderer-Nordwand und unter der Civetta-Nordwestwand erlebt, damals, als ich die „Philipp-Flamm" geklettert bin. Das ist eine lange Dolomitentour und ziemlich schwierig, und wie ich da drunter gestanden bin und gewusst habe, das wird zumindest eine 11- bis 12-Stunden-Tour und dann noch der Abstieg dazu, und da soll möglichst nichts passieren da drin, denn da wären auch Bergungen schwierig, da habe ich irgendwie gemerkt, dass ich einverstanden sein muss mit möglicherweise nicht nur einem, sondern mit zwei Ausgängen. Einverstanden sein muss ich auch deshalb, um die schwere Last, den Druck, den ein Berg allein schon aufgrund seiner Masse ausübt, aushalte. Das ist nicht wie beim Betrachten aus weiter Ferne, wenn man das schöne Objekt Berg anschaut. Beim Bergsteigen will man etwas mit dem Berg tun und dafür muss man ganz nahe zu ihm hin. In dieser Nähe gibt es dann ein Wechselspiel auf Du und Du, eine direkte Kommunikation mit dem Berg. Das ist, dazu würde ich mich hinreißen lassen dies zu sagen, ein Liebesverhältnis, wobei ich nicht auch für Männer sprechen kann, denn ich weiß, dass Männer und Frauen zum Berg sehr unterschiedliche Haltungen eingenommen haben, wie die Alpinliteratur zeigt. Aber für mich war und ist das so, dass ich das, was vor mir steht, sehr mögen muss, denn wie sollte ich mich sonst so intensiv damit beschäftigen und es anfassen wollen, hinaufgehen und mich dort derart lange aufhalten?

GG: Wenn man's hasst vielleicht, dann geht's auch.

HP: Ja, ich weiß, aber diese Idee ist mir fremd und war mir immer schon zuwider. Außerdem glaube ich, dass unter dem Vorzeichen des Hasses man nicht ewig durchhalten würde. Das ist, ich weiß schon, nur eine Spekulation, und ich lasse mir sogar einreden, dass man vom Hass her motiviert viel Energie mobilisieren kann, ich bin aber dennoch überzeugt, dass, wenn es ums Ganze geht, der Hass nicht ausreicht. Denn wenn es ums Ganze geht, muss man sich auch zur Gänze einpassen können in die Verhältnisse, sich restlos hingeben an den Fels, da nützt kein Kampf mehr gegen die Situation, denn würde man auf

Kampf gehen, wären die Kräfte rasch verspielt. Freilich, leben muss man wollen, mehr als sonst. Aber ich behaupte, dass man zum Willen zu leben, zu überleben vor allem dann gelangt, wenn man einverstanden ist mit den Umständen, in die man sich gebracht hat, wenn man sich auch verzeiht, dass man sich hineinmanövriert hat in nahezu unmögliche Situationen und trotzdem nicht aufgibt, weiterzumachen. Da kommt dann etwas zum Tragen, das ich Liebe nenne und das mit einer Hingabe zusammenhängt, einer Hingabe an die äußeren wie inneren Widerstände, an den Widerstand, den mir die Materie entgegensetzt. Man hat sich anzupassen an das ganz Kleine, so winzig kann etwas gar nicht sein, dass man es nicht auch wahrnimmt und annimmt als etwas, das da ist und weiterhilft. Ein feiner Riss im Stein, ein schmales Fingerloch, ein abschüssiger Tritt oder so, das beruhigt und ist nicht dazu da, etwas zu wollen, was fehlt. Findet man sich nicht ab mit dem Gegebenen, verbraucht man sich sehr viel rascher. Worum es geht, ist eine hohe Ökonomie bei gleichzeitiger Selbstverschwendung, und diese Paradoxie glückt wohl nur, wenn man liebt, und nicht dann, wenn man hasst.

GG: Mhm. (Pause, Applaus) Beifall vom weiblichen Publikum. Ich habe auch gehört, dass es ein agonales Verhältnis gibt, eine Gegnerschaft, mit der man kämpfen will. Aber vielleicht soll man das nicht so sehr thematisieren, da kann ich auch nur Lesefrüchte anbringen. Auch ich würde das von vorhin, wie Sie es getan haben, unter den Begriff des Mimetischen bringen, dieses Anschmiegen. Vielleicht sollten wir noch einmal auf etwas anderes eingehen, nämlich, was der Kletterer und die Kletterin dabei gewinnt. Es gibt doch etwas, das zurückfließt, wenn man diese Überwindung geschafft hat, wenn die Angst überwunden ist, der Tod überwunden ist, wenn man schlauer, klüger, geschickter war als der Berg. Wenn man sich in seinen Schutz begeben hat, um ihn selber auszutricksen und im Grunde genommen dem Tod von der Schippe gesprungen ist. (Lachen) Gibt es da irgendwelche intensiven, besonderen Erfahrungen, die hinterher kommen? Ich kann mir vorstellen, irgendetwas ist dann die Frucht. Und etwas, das zurückfließt aus diesem Ereignis, das einen nahezu süchtig nach solchen Erfahrungen machen kann.

HP: Die Früchte sind unterschiedlicher Art und im Laufe der Alpingeschichte werden sie auch anders dargestellt. Die Art der Darstellung ist abhängig von der Kulturgeschichte. Beim Versuch zu antworten beziehe ich mich auf die letzten 30, 40 Jahre.

Wenn man sehr gut in Form ist, dann erntet man die Früchte, während man klettert und steigt.

GG: Weil man so gut ist?

HP: Ja, wenn man gut ist. Wenn man der Sache aber nur gerade noch gewachsen ist, oder eben nicht mehr, dann hat man bestenfalls danach, wenn man herunten ist, zu ernten. Da ist dann dieser Druck, über alles sprechen zu müssen. In ihm lebt man das nach, was man oben aus Angst nicht erleben konnte, was einem vor Ort nicht zukam. Aus diesem Mangel heraus werden dann die Heldengeschichten am Stammtisch erzählt, oder auf den Hütten, wo die Leute über die allerschlimmsten Beinaheunfälle nicht mehr müde werden zu reden, aber genau das meine ich jetzt nicht, diese Sinnstiftung im Nachhinein. Ich meine, dass man Sinn, das hat mich das extreme Bergsteigen gelehrt, und damit liege ich quer zum Zwang des Verstehens einer Hermeneutik, dass man einen Sinn nicht herstellen kann. Sinn findet sich, und zwar im Tun, im sinnlichen Umgang mit dem, was ist. Nur in der Bejahung der Abhängigkeit vom Gegebenen, in der Anerkennung des Bezogenseins auf das, was nicht Mensch ist, erlebt man Sinn, auch und vor allem physisch, und dieser körperlich erlebte Sinn gibt einem Halt, einen Halt, den man aber ständig wieder aufzugeben hat. Sonst käme man in der Wand nicht vom Fleck. Es geht um die Einübung in eine zwiespältige Erfahrung: Man gewinnt Halt, indem man ihn verliert. Das Üben von Halt und Haltlosigkeit ist für das Klettern normal, das ist, wenn man so will, eine der Früchte, die man bekommt. Man lernt sich zunehmend richtig einzuschätzen, und das gelingt nur, wenn man auch den Abgrund sieht, auch den eigenen innen. In der Wand kann ich mir nichts vormachen. Da gibt es wenig Auslegungen und je schwieriger die Tour, desto weniger gibt es das Herumgerede und die Interpretationen: entweder ich komme da drüber oder eben nicht. Was oben passiert, hat mit Demaskierung zu tun, was dann unten geschieht und wie es unten weitergeht, wie man das, was oben war, herunten erzählt und was man aus dieser Erfahrung macht, das vermag ich nicht so klar zu sagen. (Lachen) Aber das, was oben passiert, liegt streng genommen unterhalb des Sprachlichen. Das liegt im Leib. Das liegt unter dem, was und wovon man sprechen kann. Auch oben spricht man normalerweise nicht viel, würde man das tun, wäre die feine Körperwahrnehmung und -empfindung gestört. Außerdem hat man eh nicht so viel Luft und man hat ja auch gar nicht den Geist dazu. Denn auch der Geist wird da oben ein anderer. Er wird, wie wir gehört haben, ganz einfach und verweist auf das, was zum Sichern des Lebens vonnöten. Der Geist wird entlastet durch die Schwierigkeiten, die anwachsen. Hier nur eine Nebenbemerkung: Menschen, die viel Angst haben, sollte man mit Schwierigkeiten konfrontieren, Schwierigkeiten, die sehr konkret sind. Ein physisches Gegenüber, wie es der Berg oder die Wand ist, ermöglicht, wirklicher zu werden, wirklicher, indem man an das, was Festigkeit hat, zurückgebunden bleibt.

GG: Darf ich noch eine letzte Frage stellen? Ich glaube, wir sollten jetzt auch langsam Schluss machen. Gibt es bei dieser Art von Erfahrung auch etwas, das Elias Canetti mit „Überlebenserfahrung" beschrieben hat? Gemeint ist, dass jemand etwas oder auch andere Menschen überlebt hat, in unserem Fall wäre das Überleben einer Klettertour gemeint, gibt es da eine Form der Erfahrung hinterher, die genau das in sich aufnimmt? Ich meine aufnimmt, dass man gerade noch entronnen ist, dass man etwas neu gewonnen hat, dass man wieder leben kann, oder Ähnliches?

HP: Ich denke, man weiß, dass immer alles schnell umschlagen kann. Es ist, ich will nicht pathetisch sein, aber es kommt zu einer demütigen Haltung, und zwar zu allem, was geschieht. Denn man weiß, man kann alles einsetzen, und man tut das auch, und trotz allem kann es nicht reichen, es reicht einfach nicht aus, um sich aus eigenen Kräften im Leben zu halten. Dann lernt man – vielleicht wieder – auf das zu vertrauen, was es sonst noch gibt. Und was es sonst noch gibt, ist das pure Leben, das Atmen, und man kapiert, dass sich das Leben selbst unbedingt erhalten und bewahren will. Dieses Leben ist klüger als der Verstand. Beim extremen Bergsteigen bzw. Klettern übt man sich in eine bestimmte Art zu leben ein, die einen über sich selbst unterrichtet und sagt, was Leben, nicht zugerichtetes Leben ist. Und mit der Zeit begreift man immer mehr von diesem einen Leben.

GG. Gut, danke. (Applaus)

KAPITEL 4: GRENZKENNTNIS

8000
EIN BERICHT AUS GROSSER HÖHE[*]

1 BERÜHRUNG

Das Folgende handelt beinahe von einem Ende. Enden der Erde
sind Gipfel. Die Achttausender gelten als ganz besondere Gipfel.
Davon gibt es 14. Die ersten drei Menschen, die alle Achttausender bestiegen haben, sind Reinhold Messner, Jerzy Kukuczka und
Erhard Loretan. Wanda Rutkiewicz ist von ihrem neunten Achttausender nicht zurückgekehrt. Nicht über diese vier Leben berichte ich, auch nicht über jede ihrer Besteigungen, sondern ich
spreche zu einer Grenze. Diese Grenze wird als Todeszone bezeichnet.[1] Die Bezeichnung weist auf den Übergang von einem
Diesseits in ein Jenseits hin. Neben Glück und Können bedarf es
im Wechsel einer Kunst der Berührung. Sie besteht darin, in
Grenznähe zutiefst mit dem Wissen vertraut zu sein, dass das
Diesseits ein Gemenge ist – Himmel und Hölle zugleich. Das
Überschreiten der Todeszone bleibt ein Vergehen. Extreme vergehen sich gegen die Vernunft. Während sie unerbittlich auf den
Körper setzen, erfährt dieser rasch und unaufhaltsam seinen Ab-
bau. Trotzdem und gerade deshalb schiebt man sich gipfelwärts.
Jedes Zögern erhöht die Gefahr. Die Unterscheidbarkeit in Dies-
seits und Jenseits weicht einem Zustand der Indifferenz.

2

Abb. 78[2]

[*] Dieser Artikel wurde in einer etwas veränderten Weise in Paragrana. Internationale Zeitschrift
für Historische Anthropologie.
„Jenseits", Band 7 (1998), Heft 2,
228–240 veröffentlicht.
1 Der Schweizer Arzt und Himalaja-
bergsteiger Edouard Wyss-Dunant
hat 1953 erstmals warnend diesen
Begriff für Höhen ab 7500 Meter
verwendet. Der Mensch könne
sich an diese Höhen nicht mehr
anpassen, selbst in Ruhezeiten sei
der Energieverlust nicht mehr auszugleichen.
2 Foto von R. Messner

3 Bewegung

Da jeder Achttausender anders ist und keine Besteigung so wie die andere verläuft, suche ich nicht nach Mustern, auch nicht nach Motiven,[3] sondern höre auf die Grenze. Diese kommt auf merkwürdige Weise zur Sprache. Es ist mehr Schweigen als Sprechen, was dem Forschen große Schwierigkeiten aufgibt. Und wenn die Grenze spricht, ist auf ihre Aussage wenig Verlass. Denn der Körper ist über das, was sagbar, weit hinausgegangen. Die Sprache bleibt hinter dem Erlebten zurück. Das hat mit der Art des Erlebens zu tun. Es handelt sich um extreme Situationen. Erfahrungen im Extrem sind existentiell, gezeichnet durch den Verlust an Repräsentation und Interpretation. Was bleibt, ist das Tätigsein. Bliebe man im Biwak liegen, im Schnee sitzen oder auf dem Grat stehen, wäre man bald erfroren. Die Bewegung entscheidet, aber die Körper werden immer unbeweglicher. Dasselbe gilt für das Denken. Der Geist bewegt sich weniger wie auch seltsam. Nur ein einziger Gedanke pro Tag. Michael Larcher erzählt vom Masherbrum, dass er allein daran gedacht habe, wie seine Füße am nächsten Tag Platz in den Bergschuhen finden, wie die Schnürsenkel durch die Ösen zu fädeln sind, damit der Schuh fest zusammenhält. Dieser einfache Vorgang, im Tal kein Problem, fordert in der Höhe die gesamte Vorstellungskraft.

4 Welt/Atem

In dem Maß, wie das Denken niedersteigt, erhöht sich der Schmerz. Bewegungen in großer Höhe sind mit körperlichem Schmerz verbunden. Der Schmerz erweist sich als ohnmächtige Anstrengung, doch noch in und mit dieser Welt zu sein. Er bindet bis zum Unerträglichen in den Körper zurück. Die Anstrengung bis zum Äußersten erzwingt Erfahrungen der Begrenzung. Ihr geht die entgrenzende Lust des Aufsteigens voran. Je länger sie anhält, desto wahrscheinlicher wird der Umschlag in sein Gegenteil. Mit dem Umschlag befindet man sich am Unmöglichen als Grenze der Beweglichkeit.

Um die Erfahrung des Unmöglichen hinauszuschieben, steigen Extreme so zügig als möglich. Schnelligkeit verschiebt den Körperschmerz so, dass die Auswirkungen der Todeszone weniger er- als vielmehr nacherlebt werden, und zwar unten im Basislager. So hat z. B. Hans Kammerlander seinen Körper im Mai

---

3 Vgl. Peskoller, BergDenken, 1997

1996 mit Erfolg überlistet. In genau 17 Stunden stieg er von der Basis zum Gipfel des Mount Everest, um dann mit den Schiern abzufahren. Auf Distanz filmt ein Kamerateam den Alleingang, das Handy hält die Grenzerfahrung fest. Wörter brechen hervor, der stoßweise heftige Atem unterbricht den Satz. Kammerlander informiert, steigt und fährt ab. Wechselnder Schnee, steile Flanken, er springt mehr als er fährt. Diese Tat ist das Ergebnis einer langen Tradition. Bereits 1895 ist Mummery in Richtung 8000 aufgebrochen. George L. Mallory hat mit Andrew Irvine im Jahre 1924 am Everest eine Höhe von mehr als 8200 Meter erreicht. Dann sind die beiden im Nebel endgültig verschwunden.

Ohne im Detail Himalajachronik vorzutragen, ist anzumerken, dass sie vor allem aufgrund der langsamen Denkbewegungen zu schreiben war. Der Körper kommt erst im Abstieg der Vernunft ganz zum Zug, wobei dieser nach deren Zuspitzung stattfindet. Jeder weiß um die Logistik von Expeditionen: Auf nichts wird vergessen, die Berechnung von Gefahren ist so präzise wie das Training, und die Ausrüstung perfekt. Aber dann, in der Konkretion des Steigens, setzt eine Umkehrbewegung ein. Das Vergessen beginnt und man ist bereit, unbeschreibliche Gefahren in Kauf zu nehmen, um sich zwischen Diesseits und Jenseits fortzubewegen. Kein Mensch bei normalem Verstand würde da noch steigen, wo Extreme ohne zu zögern weitermachen. Kammerlander hat einmal gemeint, dass der Verlust an Vernunft Voraussetzung für Achttausenderbesteigungen sei.[4] Wobei nicht der Eindruck entstehen darf, dass man oben völlig verrückt wäre, im Gegenteil. Kommen wir aber jetzt zum Berg.

5 BERG/MENSCH

Ich habe mich hier für nur einen Achttausender entschieden: den Nanga Parbat. Er steht im Punjab-Himalaja, sein Name kommt aus dem Sanskrit und heißt „Nackter Berg". Die Höhe beträgt 8125 Meter, wodurch er zu den niederen Achttausendern zählt. Aber das führt in die Irre. Sein Fuß liegt am tiefsten. Der ungeheure Strom des Indus zerteilt seine Basis und hat ein Tal ausgebildet, aus dem das Nanga-Parbat-Massiv über 7000 Meter hinausragt. Das Basislager wird gewöhnlich auf 3800 Meter errichtet, die BergsteigerInnen haben einen Höhenunterschied von mehr als 4300 Meter zu überwinden. Leben in starken Kontrasten. Die ersten Zelte stehen auf grünen Matten, Wälder sorgen

4 An dieser Stelle würde Christina von Braun aus großer, vielleicht aus einer zu großen Distanz heraus von Flucht und Bewusstlosigkeit sprechen (vgl. von Braun, 1988², insbes. 300 ff.).

für das nötige Holz, ringsum weiden Herden und von den einheimischen Bauern erhält man Kartoffeln, Gemüse und sogar Obst. Das Nanga-Basislager gilt als das heiterste. Nicht das Wetter. Morgens sieht es beständig und schön aus. Dann regnet es normalerweise den ganzen Tag, abends reißen die Wolken auf. Man hat gegen Regen und Hitze anzukämpfen, es dampft förmlich. Und plötzlich steht man in Schnee und Eis. Es mag kein Berg zu finden sein, der reicher an Lawinen ist, aber auch an Steinschlag und Bergrutschen. Der Nackte Berg ist laut und bewegt.

Kehren wir zu den Menschen zurück, die sich an diesem Berg zu schaffen machen. Mit Alexander von Humboldt kann man die Geschichte beginnen lassen. Auf seine Empfehlung hin sollten die Gebrüder Schlagintweit die Gebiete des Himalaja geographisch und geologisch erforschen. 1856 stößt Adolf Schlagintweit bis zum Fuße des Nanga vor, erste Skizzen und Berichte gelangen nach Europa. Ein Jahr später, unter Spionageverdacht, enthauptet man ihn in Kaschgar. 1892 kommt W. M. Conway bei seiner Karakorumfahrt am Berg vorbei und bezeichnet die Rakhiotseite als die beste Anstiegsmöglichkeit. Und tatsächlich startet Albert Frederic Mummery bereits 1895 den ersten kühnen Ersteigungsversuch. Seine Gefährten sind G. Hastings, J. Norman Collie und C. G. Bruce. Mit einem Gurkha-Träger erreicht Mummery eine Höhe von etwa 6000 Metern, genaue Angaben fehlen. Beim Versuch allerdings, über die Diamirscharte ins Rakhiottal überzuwechseln, bleibt der Brite samt Träger verschollen. In den 30er Jahren setzt dann ein Run auf den Berg ein. Vorwiegend Deutsche und Österreicher belagern erfolglos den Berg.[5] Die dramatischen Verläufe, es gab an die 20 Tote, lösen international Diskussionen aus. Die erste Besteigung bis zum Gipfel glückt 1953. Hermann Buhl bewältigt mehr als 1300 Höhenmeter allein in einem Zug, die Verantwortung für den Gipfelgang hat er auf sich genommen, denn kurz vorher ordnet der Expeditionsleiter den Rückzug an. Hans Ertl dreht einen einzigartigen Film, Buhl hinterlässt in Form von Bildern und Texten eindrückliche Spuren.[6] Wechseln wir nun, mittels weniger Seiten aus Reinhold Messners Bericht, über in ein Jenseits, d. h. in die Todeszone.

6 ZWIELICHT (Aufstieg und Gipfel)

Zweimal – 1970 und 1978 – steht Messner auf dem Gipfel. Das Studium seiner Aufzeichnungen legt die These nahe, dass die

5 Der Nanga Parbat, darauf sei hier kurz hingewiesen, gilt als „Schicksalsberg der Deutschen" und wurde im Nationalsozialismus für Propagandazwecke vereinnahmt (vgl. Zebhauser 1998, insbes. 108 ff. und 125 ff.)

6 Vgl. „Hermann Buhl", 1997, insbes. 149 ff.

Grunderfahrung in großer Höhe ein Gemenge ist, das letztlich den Willen zum Leben aktiviert. Um welche Art von Gemenge es geht, soll ansatzweise zutage treten.

– *Müdigkeit*

Der Aufstieg wird, je höher, desto deutlicher, von einem Thema beherrscht: Müdigkeit und Erschöpfung. Er komme nicht mehr so glatt voran, sagt Messner, und der Grund liegt in den Beinen. Sie sind nicht mehr so recht aufeinander eingespielt. Das hat zur Folge, dass der Gehrhythmus zu ändern ist. Er schiebt sich gerade immer so weit vor, wie er es noch schaffen kann, dann rastet er kauernd im Schnee. Nach oben wird der Blick erst dann wieder gerichtet, wenn er sich etwas erholt fühlt. Dem Blick nach oben folgt das Steigen, wenngleich jeder Meter aufwärts Selbstüberwindung kostet. Der Körper ist von der sauerstoffarmen Luft ausgelaugt und es ist ein Qual, schreibt er, immer wieder weiter zu müssen. Selbstüberwindung steht hier für den ständigen Kampf gegen die Schwerkraft. Sie wirkt, je höher er kommt, desto stärker auf ihn ein, bis ihn schließlich eine schwere Müdigkeit erfasst, die ihn langsamer und langsamer werden lässt.[7]

Die Verlangsamung erinnert an einen Schlaf, Schlaf als ein Effekt übergroßer Anstrengung. Dem Schlaf stehen, in Momenten der Rast, Augenblicke eines Beinahe-Erwachens gegenüber, und diese Momente gehen einher mit Verschiebungen der Wahrnehmung.

Er raste kürzer als notwendig, stehe dann auf, um wieder nach oben zu schauen, und jeder dieser einfachen Vorgänge fällt schwer und geschehe umständlich, beschreibt Messner. Zudem hat jede Rast eine merkwürdige Veränderung zur Folge. Sowohl die Entfernung zum Gipfel als auch die Steilheit der Wand scheint mit jedem Anhalten anzuwachsen. Der sich scheinbar immer weiter weg bewegende Gipfel als auch die zusehends steiler werdende Wand unter ihm lassen die Ausgesetztheit unvermittelt ins Bewusstsein treten. Ausgesetzt meint hier ohne Halt und jegliche Bindung. Hier hält nur, was man selbst zu halten vermag, und das ist, angesichts des raschen Verfalls der eigenen Kräfte, erschreckend wenig. Ließe man allerdings das wenige auch noch los, das Stück Fels oder Eis, an dem man für Momente zur Ruhe kommt oder sich mit letztem Einsatz fortbewegt, hielte einen nichts mehr davon ab, endgültig ins Bodenlose zu stürzen.[8]

Es ist nicht die Vorstellung, die den Sturz vermeidet, sondern

7 Vgl. Messner, Alleingang, o. J., 127
8 Vgl. ebd., 128

die Bewegung zu ihrem Ende hin. In ihr äußert sich ein elementarer Bezug zwischen verschiedenen Körpern.

Dass er nun eine Zeit lang mit seinem Fotoapparat gekämpft habe, um zwei Bilder zu machen, schreibt Messner, Bilder von ihm selbst, aufgenommen in Augenhöhe. Dann holt er aus der Hosentasche ein Stückchen hartes Brot hervor und kaut es langsam. Die Bedächtigkeit, mit der er das Brot kaut, scheint endlich wieder Raum zu schaffen für klare Gedanken. Es ist, als wisse er wieder genau, was zu tun ist.

Nochmals schmiegt er sich an den Fels, der sich bauchig vor ihm aufbaut. Dieser fühlbar enge Kontakt zwischen ihm und der Wand gibt Sicherheit und diese Sicherheit besteht darin, Maß zu nehmen. Er registriert akribisch den Ort, an dem er sich findet. Seine beiden Füße stehen auf einem stuhlgroßen Podest, sein Oberkörper hat sich an die Wand gelehnt, und mit einem Mal merkt er, dass er sogar frei dastehen kann. Als er seine behandschuhten Hände zwischen linke Wange und Wand steckt, wird ihm klar, dass er sich stehend in einer Schlafstellung befindet. Diese Einsicht entlastet, denn sie beweist zweierlei: Zwangsläufig müssen die Sinne nicht schwinden, wenn man sich in einer ausweglosen Lage befindet; dasselbe gilt für den Verstand, er muss, selbst in der Haltung äußerster Begrenzung, nicht aufhören weiterzuarbeiten. Und während Messner hochbefriedigt das Brot in seinem Mund hin und her schiebt, denkt er noch einmal über den Abstand nach, der ihn vom Gipfel trennt und er schätzt ihn auf höchstens 50 Meter. Der körperliche Schmerz jedoch holt ihn rasch wieder zurück, Messner verspürt großen Durst, aber weiß, dass er erst am Abend etwas wird trinken können. Wenn er seinen Blick über die plumpen Plastikstiefel hinuntergleiten lässt bis auf die grau schimmernde Gletscherzunge am Wandfuß, taucht das alte Unbehagen im Bauch wieder auf und er klammert sich instinktiv an der Wand fest. Über eine lange Zeit hat er gelernt, sich an den Blick in die Tiefe zu gewöhnen, heute ist es anders. Jedes Mal, wenn er nach unten blickt, kommt ein Unsicherheitsfaktor hinzu, den es im Klettern selbst nicht gibt. Solange er steige, sagt er, komme dieses Prickeln nicht auf.[9]

Auf über 8000 Meter kann niemand nur klettern. Je höher, desto mehr und länger werden die Momente der Unterbrechung und in sie greift unaufhaltsam die Gewissheit, dass es wahrscheinlicher ist, hier um- als mit dem Leben davonzukommen. Da endgültige Gewissheiten ihrerseits eine Quelle der Selbstgefährdung sind, setzt sofort ein Gegenmechanismus

9   Vgl. ebd.

Grenzkenntnis

ein, der darin besteht, das Zwiefache dem Eindeutigen vorzu-
ziehen.

Er nehme sich zusammen, schreibt Messner, und lasse sich
trotzdem gehen. Denn jetzt gehe es nicht um eine Entscheidung, es gehe auch nicht um den Endspurt, und indem er das
sagt, beginnt er selbstverständlicher und leichter als vorher zu
steigen. Obwohl die Kräfte nahezu erschöpft sind, kommt, sagt
er, ein Scheitern nicht mehr in Frage, und obwohl er für einen
Augenblick daran zweifelt, dass die Zeit für den Abstieg noch
ausreicht, geht er Richtung Gipfel weiter.[10]

Das Abweichen vom Eindeutigen hin zum Zwiefachen ret-
tet. Es ist ein Gang an der Grenze, ohne sie zu unter- oder zu
überschreiten. Grenze wird hier nicht gefasst als Trennung, sondern als eine Verbindung, in der sich Kopf und Körper derart zueinander neigen, dass sie in eins fallen. Das wiederum ruft einen großen Lärm hervor, der beinahe das Bewusstsein nimmt.
Messner hört den eigenen Organismus dröhnen. Er führe keinen Kampf gegen die Schwerkraft mehr, schleppe sich in eine
Müdigkeit, die alles ausfüllt, wobei, während er hundehaft atmet, Speichel aus den Mundwinkeln rinnt und am Bart gefriert.
Unter der heißen, auf den Pickel gestützten Stirn kommt ein
verzerrtes Gesicht zum Vorschein, selbstvergessen kauert er da
und hört zu, wie die Lunge in seinen Ohren röchelt und das Herz
hämmert. Das Überlagern beider Geräusche in seinem Kopf ist
schmerzhaft.[11]

– *Unterbrechung*

Schließlich entschichtet der Zufall das schmerzhafte Gemisch in seinem Kopf und verhindert den Bewusstseinsverlust.
Das Getöse im eigenen Körper wird glücklicherweise von einem
leisen Geräusch außen gestoppt. Und während die Aufmerksamkeit auf den neuen Umstand zielt, findet der Einsturz der
Sinne nicht statt. Messner spreizt eine kleine Verschneidung
hinauf und plötzlich nimmt er ein leises Klimpern wahr. Es ist
der Schutzdeckel des Objektivs an seiner Kamera, der weggefal-
len und zehn Meter tiefer liegen geblieben ist. Auch wenn er
wollte, er kann nicht mehr zurückgehen, ihm fehlt die Kraft und
seine Richtung ist eine andere.[12]

Ein rettendes Malheur anderer Art widerfährt Erhard Loretan 1982. Bei 35 Grad minus spürt er seine Füße nicht mehr und
schlägt mit dem Pickel gegen die Schuhe. Die Schale eines
Schuhs bricht auseinander. Mit einem Mal ist die Ermüdung
vergessen, alles dreht sich um den Fuß. Schließlich schnallt

10 Vgl. ebd., 129
11 Vgl. ebd.
12 Vgl. ebd.

Loretan das Steigeisen fester um den Schuh und stapft weiter Richtung höchsten Punkt.[13] Jerzy Kukuczka und Wanda Rutkiewicz werden 1985, in unterschiedlichen Routen, auf demselben Berg wie Loretan, kurz unter dem Gipfel des Nanga Parbat von einem Gewitter überrascht. Der Sturm peitscht wie wahnsinnig, von allen Metallteilen sprühen Funken.[14] Kukuczka steigt noch einmal zurück, Rutkiewicz kriecht, auf allen vieren, über den Grat.[15] Der furchtbare Lärm von Blitz, Donner und Sturm hat den Aufruhr des eigenen Körpers übertönt, ihn kurz verstummen lassen und die richtige Entscheidung provoziert.

– *zusammensehen*

Als Reinhold Messner zum wiederholten Mal den Gipfel erreicht, macht er eine genaue Zeitangabe, vergewissert, markiert, dokumentiert seine Ankunft und schaut das Umliegende. Zeit, Blick und Raum entflechten die Erinnerung. Diese löst, zum Erstaunen Messners, keine starken Gefühlsausbrüche aus.[16] Der Körper, so sein Resümee, weiß mehr, als der Kopf wissen kann. Allein am Ende hätte sich Messner heftige Gefühle nicht leisten können, ansonsten wäre er oben geblieben.[17] Er hat ohnehin Mühe, sich vom Gipfel loszureißen; über eine Stunde lang bringt er dort zu. Er blickt sich auf der Firnschneide um und hat nach einer vollen Drehung alles in sich aufgenommen. Trotzdem ist er nicht in der Lage zu sagen, was er aufgenommen hat. Er fühlt sich weder großartig noch bedrückt, auch nicht gleichgültig, nur erleichtert und ein bisschen stolz. Er schüttelt sich und setzt sich dann hin, die Füße nach Westen, auf die Felsen, die nur wenige Meter unter der spitzen Pyramide des Gipfels aus dem Schnee ragen. Unter ihm, Richtung Süden und in einer ungeheuren Tiefe, sieht er durch ein Nebelloch ein Wasserauge und grüne Matten. Über den Grat schlagen die ersten Schleier, es ist ein kurzes Nebelspiel, das dann umso geheimnisvoller den Blick auf das Diamirtal freigibt. Dem Silberplateau entlang zeigt er nach Nordosten, als ob es dort etwas zu sehen gäbe. Diese unendliche Ruhe löst Zufriedenheit in ihm aus. Und die Stille drängt ihn dazu, den Gipfel nur behutsam zu berühren. Er zweifelt, ob er es ist oder ob er es doch nicht ist. Seine persönliche Geschichte breitet sich aus wie der Wind, und während all dem hat er das klare Bewusstsein, dass es nicht endlos weitergehen wird. Darüber sei er nicht traurig, die Welt schließe ihn ein und spucke ihn aus, er erlebt die Welt brodelnd und wirbelnd.[18]

All das, was da ist, berührt einander behutsam. Diesseits und Jenseits, Mensch, Nebel, Eis und Felsen gerinnen zu einem zar-

13 Vgl. „Erhard Loretan", 1996, 43 f.
14 Vgl. Kukuczka 1990, 156 f.
15 Vgl. „Wanda Rutkiewicz", 1998, 73
16 Zur Erklärung: Reinholds jüngerer Bruder Günther Messner ist 1970, nachdem beide den höchsten Punkt erreichten, beim Abstieg von einer Eislawine erschlagen worden. Mehrmals kommt Reinhold Messner zum Berg zurück, um das Ereignis steigend zu verarbeiten. Aber immer wieder scheitert er, es ist vor allem die Einsamkeit, die er nicht erträgt. 1978 auf dem Gipfel, mit Sicht auf den Silbersattel, entsinnt er sich seiner ersten und einiger ähnlich tragisch verlaufener Besteigungen, z. B. der von Willo Welzenbach und Willy Merkl in der Zwischenkriegszeit (vgl. dazu auch Zebhauser a. a. O., 119 und 128 ff.).
17 Vgl. Messner, Alleingang, o. J., 130
18 Vgl. ebd., 130 f.

Grenzkenntnis

ten Gemisch. Es fügt brüchige Anordnungen – Schichten, Dinge und Gedanken – ineinander. Messner findet sich darin vor und auch wieder nicht. Paradoxien erscheinen als Grenzpunkte , angesichts der Verflechtung differenter Ordnungen, als etwas ganz Normales. In Ruhe flieht das Gegebene nicht mehr. Es erschließt sich in der Erkenntnis, dass man nur außerhalb seiner selbst wirklich lebt – Leben jenseits seiner redseligen Haut. Der Körper selbst wird zum Medium.

Dass sich der Horizont um ihn schließe wie ein Kreis, berichtet Messner, und die Fußstapfen im Schnee seien die einzige sichtbare Veränderung weit und breit. Er leide darunter, dass er nichts sagen kann, aber das, was er empfindet, könne er in Worte nicht fassen. Er sei an einem Punkt angekommen, wo er endgültig zu denken aufhören kann. Er spricht vom verschwommenen Horizont, den Schlieren am Himmel und dass sich alles jenseits der Sprache befände. Mit seinem Verstand komme er nicht an diese Empfindung heran, und so sitzt er einfach da und lässt sich auflösen in Gefühlen. Er betont, dass er nicht daran zweifle, auch alles zu wissen, aber er möchte sich für immer in dieses Zwielicht über dem Horizont verlieren.[19]

Vor diesem Zwielicht, in dem Spuren staunend-verausgabter Körper verwahrt sind, sollte über die menschliche Zivilisation noch einmal und anders zu berichten sein.

7 LEBENSWILLE (Abstieg)

Mit dem Gipfel ist das selbst gesteckte Ziel erreicht. Will man leben, reicht nicht das Ziel. Auch wenn der Abstieg glückt, kann man sich irgendwann einmal wieder in Sicherheit wähnen.

– *Erschöpfung*
Im ungleichen Schnee lässt sich Messner, Schritt für Schritt, nach unten fallen. Die Anstrengung besteht darin, die Schuhe aus dem tiefen Schnee zu zerren. Als Messner merkt, dass sich die Rampe, auf der er geht, im steilen Fels verliert, ist es zu spät. Todmüde, um noch einmal umzukehren, sucht er, seinem Instinkt vertrauend, zwischen den Abbrüchen und einzelnen Schneefeldern einen neuen Weg.[20]

– *Nebel*
Schließlich kommt er am Biwakplatz an. Das Zelt: klein, vereist, die Wände hängen schief, der Eingang ist schmal, sodass er

19 Vgl. ebd., 131
20 Vgl. ebd., 132

Mühe hat, sich hineinzuzwängen. Im Zelt sitzend, zieht er draußen die Schuhe aus, schlägt sie gegeneinander, damit der Schnee abfällt, und holt sie herein. Er schlüpft in den Schlafsack, der auf einer 50 Zentimeter breiten Matte liegt, und versucht, seine Sachen zu ordnen, schließt die Augen, um zu rasten und denkt an den Abstieg. Dieser Ablauf wiederholt sich mehrmals. In der Nacht spürt er die Nebel auf das Zelt drücken. Es ist unnatürlich still, er ahnt, dass ihn bald der Sturm festhalten wird. Die dünne Zelthaut trennt außen von innen. Die Nacht steigert die Empfindsamkeit, Nebel betäubt den Körper. Am Morgen: kochen, aus dem Zelt schauen, er kann nicht sehen, wie stark es schneit. Alles ist verhangen, der Nebel besetzt jede Stelle. Messner zwängt sich aus seiner Behausung, schaut in den Nebel und erkennt, links über dem Zelt, einen Rest hellen Himmel. Aber vielleicht ist es auch nur Täuschung. Nebel nimmt jede Orientierung. Das Essen wird rationiert, Messner wartet ab. Es geht ums Überleben. Überleben gegen Nebel, der trügt. Man geht im Kreis, ohne es zu merken. Nebel bringt Distanzen, Masse und Identitäten zum Verschwinden. In ihm verliert sich das Gefühl für Größe, Profil und Formen, während die eigenen Füße und ihr Körper in eine unermessliche Weite entschwinden.[21]

Messner ist auf ein Bezugssystem angewiesen, muss Momente ohne Nebel abwarten und dann entschlossen absteigen. Das gelingt, aber nicht so bald. Halbe Ewigkeiten verbringt er im Zelt. Immer wieder fasst er die Situation zusammen, in der er sich befindet. Es mutet wie ein Traum an, der einzig auf Erwachen drängt.

– *hören*

Weiter senkt sich die Wolkendecke über den Nanga Parbat. Es herrscht Sturm, Neuschnee und Eiseskälte. Messner braut Tee, isst einen Bissen Käse, hartes Brot. Alles schmeckt fad und klebrig, es bleibt am ausgetrockneten Gaumen hängen. Nur dazuliegen kostet Energie, das Nichtstun zehrt an den Nerven. Im Dahindämmern merkt er, dass draußen Wolkenfetzen über den Himmel jagen. Eine unheimliche Stimmung, die Sterne wie ausgelöscht. Das Wetter ist schlechter geworden. Das wechselnde Licht verstärkt die Tatsache, dass in der Wand völlige Windstille herrscht. Zum ersten Mal, seit er unterwegs ist, steht die Luft still. Nicht einmal in den Schneekristallen ist ein Säuseln zu hören. Und was noch Schlimmeres verheißt, es ist jetzt warm. Erinnerungen, Zweifel, Fragen, Angst. Messner ertappt sich, nur mehr auf die Zeltwand zu starren. Zerrbilder tauchen auf. Er

21 Vgl. Serres, Sinne, 1993, insbes. 86

stoppt die Einbildungskraft, beginnt einzuschlafen. Aber gerade in dem Augenblick grollt der erste Donner. Dieses Grollen erstickt die letzte Hoffnung auf besseres Wetter.

Wahrnehmen, ohne zu hoffen, rührt an das Ungeheuerliche. Ihm benachbart ist die Verzweiflung. Sie mischt sich mit der Verwunderung, doch noch da zu sein. Im Anhören von Verzweiflung und Verwunderung entsteht jene Gegenwart des Geistes, die den Umständen standhält. Umstände behindern, haben Zufälle, Unregelmäßigkeiten und Varianten in den Ablauf gemischt, der nun Unordnung, ja Chaos zeigt. Das Chaos zwingt das Leben, mit den Umständen zu verhandeln. Es taucht in die Umstände und ihren Wandel ein.[22] An dieser Stelle befinden wir uns nahe der Empirie.

Nachts fahre er einmal aus dem Schlafsack hoch und schnappe nach Luft, sagt er. Er fühle sich beengt wie jemand, der in seinem eigenen Unbewussten ersticke. Immer noch schneit es, aber leicht. Er kann an den Geräuschen nicht unterscheiden, ob die Schneerutsche neben dem Zelt, vom Zeltdach oder über die Wand abgehen. Und so bilden die Lawinen als Geräuschkulisse eine Brücke zwischen seinem unruhigen Schlaf und der Eiswüste draußen. Er macht die Augen auf, um sich im Zelt orientieren zu können. Aber immer wieder ist ein Donnern in der Ferne zu hören und dieses unheimliche Rauschen draußen.[23]

Messner lenkt sein Hören auf etwas außerhalb von ihm, ohne genau zu wissen, worauf. Seine Gedanken an die Séracs lassen ihn frösteln, das Blut ist bereits eingedickt und ohne viel zu denken, fasst er am Morgen des 11. August 1978 den richtigen Entschluss.

– *Aufbruch*

Die Ausrüstung, Zelt, Kocher und sämtliche Vorräte bleiben zurück. Möglichst ohne Gewicht tritt Messner die Flucht an. In einer einzigen Etappe muss er das Basislager erreichen, 3000 Höhenmeter in steiler, direkter Linie. Es unter allen Umständen zu schaffen ist der letzte mächtige Ansporn. Nach wenigen Schritten ein Missgeschick – Messner rutscht, quer zum Hang, ab. Mit viel Mühe gelingt es, das Gleichgewicht zu finden, die Steigeisen krallen sich fest. Er zittert am ganzen Körper und alles Blut ist aus seinem Kopf gewichen.[24] Der Schock erwirkt die Sammlung aller Kräfte, Messner denkt wieder mit beiden Füßen. In den Rastpausen stauen sich kleine Schneerutsche über Schuhe und Arme, der Wind trägt Treibschnee heran.

22 Vgl. Serres a. a. O., insbes. 398 ff.
23 Vgl. Messner a. a. O., 147
24 Vgl. Messner a. a. O., 150

Die Talsohle liegt entmutigend weit unter ihm. Was bleibt, ist die Aufmerksamkeit auf die Dinge, die jetzt zu geschehen haben.

Brechen wir hier ab.

8 Jenseits des Traums

Angewandte Lesart des Bergsteigens ist ein Versuch, sich in den Extremen der Erschöpfung kundig zu machen, nicht spekulativ, sondern nachschreibend. Eine Archäologie der Körper erzeugt, an der Dimension großer Höhe ausgerichtet, Wissen, das aus strenger Begrenzung spricht. Die Vorstellung nähert sich, in Folge höchster sinnlicher Intensität, ihrem Ende, während die Umstände anfangen, alles einzunehmen. Nur durch Hartnäckigkeit und Umwertung, unter dem Vorzeichen eines verlangsamten Geistes, gelingt es der Vernunft fallweise, Nähe zum turbulenten Gemenge der Körper zu halten. Das Ohr ist entscheidend. Nicht die Unterscheidung in Subjekt und Objekt kommt zum Ausdruck, sondern die Unschärfe des Gegebenen. In Verflüssigung der Grenzen ist eine fragile Verbindung zum Lebendigen gesichert. Daraus lässt sich jedoch keine Methode ableiten. Jede Situation, jede Stunde und Bewegung lädt sich mit Singularitäten auf. Es gibt keine Wiederholung. Das Extrem ist nicht konsumierbar. Existentielle Erfahrungen, hier Alltägliches wie Essen, Trinken, sich Waschen und vor allem Atmen, stoßen auf das Unmögliche und erzwingen Durchgänge in ein Denken, das gerade nicht ohne Körper geht. Müdigkeit bis zur Erschöpfung pocht auf das Ende eines Traums. Momente des Erwachens aus dem, wie Dietmar Kamper sagt, langen anthropologischen Schlaf stehen bevor. Mein Einsatz liegt dort, wo sich Spuren des Aufwachens, hier um den Preis erhöhter Selbstgefährdung, abzeichnen. „Die Gefühle der erlebten Tage ziehen vor meinen Augen durch wie ein unmöglicher Traum, der nur einen Augenblick lang Wirklichkeit war."[25]

---

25 Buhl, zit. in Loretan a. a. O., 44.

„... UNFASSBAR UND DOCH WIRKLICH"

GRUNDZÜGE EINES ANDEREN WISSENS VON MENSCHEN*

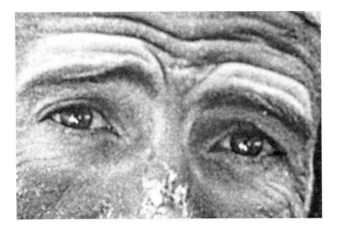

Abb. 79

Wo nach dem Nanga Parbat für Hermann Buhl etwas zu Ende geht, setzt mein Nachdenken ein.

> „Tage später, da ich zu Füßen des Berges im Hauptlager vor meinem Zelte liege, meinen kranken Fuß pflege, schaue ich noch oft hinauf zu den beiden Zacken, 4000 m höher, hinter denen ich den Hochfirn weiß – als weißen Saum sich gegen den Himmel abhebend –, und lasse die Stunden dort oben an meinem geistigen Auge vorüberziehen, und es ist mir, als ob es ein Traum gewesen wäre, ein Traum, den man nicht erleben kann – unfassbar und doch wirklich."[1]

Buhls Resümee enthält viele Fragen. Sie zielen auf das Verhältnis von Traum und Wirklichkeit. Träumen schützt bekanntlich vor der Wirklichkeit, stützt die Wirklichkeit den Traum? Wie hängt Traum und Trauma zusammen? Was lässt sich eher fassen: Traum, Wirklichkeit oder das Trauma? Machen Trennungen durch genaue Unterscheidungen hier überhaupt Sinn? Handelt es sich nicht vielmehr um ein Durcheinander? Was aber weiß unser Denken mit einem Durcheinander anzufangen? Denken lebt von Gemischen, wie es diese scheut und vergisst. Das Durcheinander oder Gemisch ist, so die erste These, ein Trauma für die Vernunft, wie Vernunft ihrerseits ein Traum gegen die Wirklichkeit und das Trauma eine Wirklichkeit der Vernunft ist.[2] Kommt noch eine Frage erschwerend hinzu: Ist die Grenze, die

* Dieser Artikel wurde unter demselben Titel in einer etwas veränderter Fassung in „Berg '99" publiziert.

1 „Hermann Buhl", 1997, 159; vgl. dazu die Version des Buhlzitats ohne Quellenangabe in „Erhard Loretan", 1996, 44: „Die Gefühle der letzten Tage ziehen vor meinen Augen durch wie ein unmöglicher Traum, der nur einen Augenblick lang Wirklichkeit war."

2 Zu den Begriffen: Der *Traum* ist die ‚im Schlaf auftretende Vorstellung, der sehnliche Wunsch' und hat mit einem ‚Trugbild, nicht wirklichem Bild' zu tun. Unter *Wirklichkeit* versteht man ‚das als Gegebenheit oder Erscheinung Fassbare', die ‚tatsächliche Existenz, Realität aber auch Tätigkeit, Wirksamkeit, Aktivität'. *Trauma* meint ‚durch Gewalteinwirkung entstandene Verletzung, Wunde'; *traumatisch* verweist, und das ist entscheidend, auf ein Doppeltes: ‚zur Wunde gehörig, zu ihrer Heilung geeignet'; in der Psychologie bedeutet traumatisch ‚Verwundungen, die auf starker seelischer Erschütterung beruhen'. *Vernunft* steht für ‚geistiges Vermögen, Zusammenhänge zu erkennen, zu beurteilen und sich dementsprechend sinnvoll und zweckmäßig zu verhalten', aber auch für ‚Tätigkeit des Vernehmens, Hörens, Begreifens, sinnliche Wahrnehmung, Verständnis, Einsicht, Klugheit'.

sich für das Denken in diesen Fragen ankündigt, nur eine des Sag- oder auch eine des Erlebbaren?

Gewohnte Unterscheidbarkeiten werden, inmitten der Natur, nach Erlebnissen, die zur Gänze fordern, unscharf. Die Unschärfe spitzt, meine zweite These, jene Art von Selbstfremdheit zu, die letztlich erwirkt, dass das Unfassbare, als Gesamtheit des Gegebenen, ins Leben bricht und man sich in Folge, aus größter Selbstdistanz heraus erinnernd, am nächsten ist. Erinnern hat mit Erwachen und Erwachen mit Bildung zu tun. Bildungsprozesse gelingen, These drei, nur über Selbstfremdheit. Um Varianten der Selbstfremdheit darzustellen, beziehe ich mich auf Hermann Buhl und andere Berichte aus großer Höhe[3] sowie auf die Erzählung von Martin Schemm in diesem Buch (gemeint ist „Berg '99", Anm. d. Autorin).[4]

1 GRENZEN

Klaus Wieland, Schemms Erzählfigur, ist kein Extrembergsteiger. Er fährt, wie Tausende andere auch, aus der Großstadt Richtung Dolomiten und kann im Aufstieg zur 3225 m hohen Tofana di Rozes „die Freiheit kommen fühlen". Wieland entsteigt, mit Blick hinunter auf die Passstraße, Schritt um Schritt der Zivilisation und taucht ein in die Gegenwelt Berg. Zunächst ist alles klar unterschieden. Je weiter er jedoch in diese andere Welt hineingerät, desto mehr Unsicherheit und Verwirrung kommt auf. Er ist allein unterwegs, kann den Rhythmus schwer finden, stolpert und fragt, ob hier das Denken nicht besser einzustellen wäre. Die Stille ringsum wird ungeheuerlich, alles „schien nur auf ein Geräusch zu lauern, das die unwirkliche Ruhe stören könnte". Die Störung tritt prompt ein. Wieland fühlt sich beobachtet: „Mehr noch: in ihm machte sich ein Gefühl breit, als sei er von einer Mauer aus tiefer Abneigung und vager Bösartigkeit umgeben." Bloße Natur ohne Menschen lähmt zunächst den Körper, „Luftröhre und Magen hatten jegliche Bewegung eingestellt, und, dies wahrnehmend, stellte er schluckend fest, dass eine kriechende Angst aus seinem tiefsten Innern emporstieg. [...] Als hätte er unbedacht einen imaginären Grenzübergang passiert in ein Land, das nicht bereit war, seine Anwesenheit zu dulden."

Was für den Durchschnittsalpinisten Wieland rasch eintritt, geschieht ExtrembergsteigerInnen in der Regel so nicht oder erst um vieles später. Sie sind geübt, den Körper an etwas zu gewöhnen, das vielen fremd bleibt. Extreme zögern die Erfahrung

3 Vgl. Peskoller, 8000, 1998, Kapitel 4 in diesem Buch
4 Vgl. Schemm in Berg '99, 1998, 233–240

der Grenze hinaus, oder anders gesagt: Grenznähe ist für sie normal. Die Gewöhnung an die Grenze bleibt zweiseitig: sie schützt und gefährdet. Diese Paradoxie hat der Extreme – zum Zweck des Selbsterhalts – zu vergegenwärtigen. Wie aber geht das vor sich?

1.1 Angst

Wieland spürt eine kriechende Angst aus seinem tiefsten Inneren steigen. Die Wahrnehmung wird präziser, er registriert Einzelheiten, jede kleinste Regung – innen wie außen. Dadurch entsteht jene Geistesgegenwart, die sowohl in den eigenen Körper zurück als auch an die Körper der Welt draußen bindet. Die Angst warnt und täuscht. Ließe die Gegenwart des Geistes nach, und das passiert Wieland immer wieder, kippt die Angst in reine Vorstellung und verlässt den Ausdruck durch Motorik, was entlastet. Meist aber ist Wieland ganz Ohr, hält das Gleichgewicht zwischen dem, was zu ihm gehört, und dem, dem er nur vage bis gar nicht mehr angehört, z. B. dem Felsenmeer oder dem kühnen Sturzflug der Dohlen.

Gehen wir in der Erzählung und im Thema Schritte weiter. Wieland passiert den Stollen, Details erinnern Geschichte, Kriegsgeschichte. Wenngleich er sich bemüht, „wissenschaftliche Elemente dieser Geschichte im Zentrum seines Denkens zu halten, spürte er doch erschrocken, wie gerade die Wahnvorstellungen dieses Dramas immer mehr Platz griffen in seinem Gehirn. Das Irrationale, Morbide, Wahnhafte drängte alles langsam in den Hintergrund." Wielands Seelenfrieden ist dahin, Geschichtswissen schlägt um in Wahn, ein Wahn, der Wissen wie Geschichte immer schon mitstrukturiert. Er muss etwas tun, um Halt zu finden, „sonst drohte ihm ein bodenloser Sturz in die gähnenden Abgründe namenloser Urängste". Erleichterung durch eine Rast, er bleibt stehen, holt tief Luft und greift, zur Vergewisserung seiner selbst, an die Schulter. Er ist leibhaftig und noch da, redet zu sich, und die eigene Stimme zu hören, tief aus dem Körper, tut gut.

1.2 Halbschlaf

Wechseln wir den Ort. Es wird extremer wie vorerst harmloser: nachts im Zelt, im Juni 1973 irgendwo am Nanga Parbat. Reinhold Messner versucht sich ein zweites Mal am Berg, will das Trauma von 1970 steigend verarbeiten.

Er sei eine Steilstufe emporgeklettert, und oben, so Messner, außer Atem gekommen, sieht er, dass er nicht wieder zurück kann. Das wirkt wie eine Lähmung auf ihn, er schwitzt, obwohl es kalt ist im Zelt und Raureif an der düsteren Plane über seinem Gesicht hängt. Er sagt etwas, ruft, aber er hört sich selbst nicht. Die Furcht, die ihn anfasst, erlebt er körperlich. Er möchte schreien vor Angst. Im Halbschlaf, als er bestimmte, vorgedachte Kletterbewegungen vollziehen will, plötzlich die Empfindung, allein zu sein. Dieses Alleinsein ruft Angst hervor, die dazu führt, dass sich seine Bauchmuskeln verspannen. Nun richtet sich die Aufmerksamkeit auf die Wand, in der er hängt. Sie sei so groß, schreibt der Bergsteiger, dass er nicht bis zum Einstieg sehen kann, die Tiefe unter ihm sei grundlos. Dann taucht erneut die Furcht auf, welche ihn zu einem zitternden und kraftlosen Bündel zusammenzieht. Er möchte sich am liebsten in die Wand verkriechen und weinen und nicht hinabsehen müssen. Seine Finger können sich nicht mehr festklammern und gehen auf, die Knie geben nach und als er die Augen schließen will, bleiben sie offen. Immer noch ist es Nacht, durch die vereiste Zeltwand ist es ihm möglich, die Sterne zu sehen. Es dauert lange, bis er sich entspannen kann; dann massiert er sich Arme und Beine. Was nun durch seinen Körper wirbelt ist die ganze Verzweiflung, sich selbst zu sein. Und obwohl er nicht erklären kann, was seine Panik ausgelöst hat, hält dieser Zustand der Furcht an. Es ist die Furcht, da zu sein, weiterzumachen, ja die Furcht, überhaupt ein Mensch zu sein. Entgegen die Vermutung lähmt ihn nicht die Furcht vor dem Absturz, was ihn lähmt ist die Furcht davor, sich selbst verloren zu gehen.[5]

Fünf Jahre später erträgt Messner die Einsamkeit und wird im Alleingang den höchsten Punkt des „Nackten Berges" erreichen. Messners Beschreibung unterrichtet mehrfach, in ihr durchschreiten wir unterschiedliche Grade der Verunsicherung: von der Angst über Furcht und Panik bis an die Stelle, wo Messner in dem Schrecken, ein Mensch zu sein, seiner selbst gewahr wird. Das Ich droht, angesichts dessen, was es hergestellt und wohin es sich selbst gebracht hat, verloren zu gehen: in einem Alleinsein, Produkt der und zugleich bar jeder Vernunft. Messners Vergehen heißt verloren zu gehen, verloren zu gehen in einem Projekt der Moderne, das vor mehr als 250 Jahren angetreten ist, den Menschen zu vervollkommnen. Mit der Vervollkommnung bildet sich der Mensch als Subjekt heraus. Einen Achttausender zu besteigen bedeutet zweifellos, auf besondere Weise Subjekt zu sein. Ein Subjekt, das sich selbst entwerfen, bestimmen und vor allem gegen die Natur behaupten kann. Die

5   Vgl. Messner, Alleingang, o. J., 11

Hindernisse können nicht groß genug sein, um nicht doch zu bestehen. Je schwieriger die Lage, desto mehr drängt und erscheint es wert, trotz allem Subjekt zu sein. Aber was finden wir vor? Einen Menschen auf einem hohen Berg, in einem Zelt, der sich zu Tode fürchtet. Die Kehrseite der Vervollkommnung – das Unverbesserliche – taucht auf. Angst und Einsamkeit wird unerträglich. Die Planung des Unternehmens war perfekt, aber hier in der Höhe wird alles mit einem Schlag absurd. Eine Absurdität, die alles einnimmt. Das Selbstgespräch entspannt die Situation nur kurzfristig. Es habe keinen Sinn, sagt er sich, er sei bereit aufzugeben und daraufhin nickt er ein, so als müsste er sich entschließen zum Rückzug, um schlafen zu können.[6] Der Schlaf findet nicht statt, der Halbschlaf dauert und mit ihm der Zweifel – absteigen oder weitergehen?

1.3 Schlaf

Zurück in die Tofana. Die Sichtverhältnisse werden schwierig, nebelige Schwaden triften bergabwärts. Wieland steigt dennoch gut voran. Gerade aber als Stolz über die zurückgelegte Strecke aufkommt, bemerkt er, dass eine Gestalt langsam aus dem Dunkel gleitet und vor dem Tunnel, den er bereits weit hinter und unter sich gelassen hatte, stehen bleibt.

Gebannt im Versuch, diese Person genauer zu betrachten, bleibt aus der Entfernung aber nur ein langer Stab, ansonsten regungsloses Verharren auszumachen. Nicht lange, „plötzlich wendete die Person in einer entsetzlich langsamen Drehung ihren Kopf" und scheint Wieland zu fixieren. Wieland realisiert blitzartig „das Widernatürliche der Situation". Was nun folgt, ist ein Alptraum. Rasend packt Wieland den Rucksack und rennt los, die Verfolgung beginnt, und zwar bergan. Keuchend, stolpernd mit kaltem Schweiß, „und immer mehr übernahm der schlichte Überlebenstrieb die motorische Steuerung". Die Ereignisse überstürzen sich, überspringen wir das dramatische Geschehen, denn auch für Wieland bleibt, wie für Messner, nur ein Ausweg: das Erwachen.

1.4 Erwachen

Wieland legt, wie wir wissen, nach dem Tunnel eine Rast ein, ist eingeschlafen und hat alles geträumt. Es war das Ohr, das ihn zum Erwachen und damit wieder ins Gleichgewicht brachte.

> „Wielands Mund öffnete sich zum Schrei der Angst, doch nur ein kurzes, klangloses Würgen trat über seine Lippen. Ein neuerliches,

6 Vgl. ebd.

diesmal lauteres metallenes Geräusch drang an sein Ohr und ließ ihn zusammenzucken. Mit einem heftigen Ruck seines Körpers nach vorn öffnete Wieland seine Augen – hellblaues Licht strömte von allen Seiten auf ihn ein. Da erst merkte er, dass er aufgewacht war."[7]

Messners Furcht ist kein Traum, sie ist ein Zwischending: Traum und Wirklichkeit bzw. weder ganz das eine noch das andere. Es hat mit einer Einbildungskraft zu tun, die ausgeht. Absicht und Vorstellung, gesetztes Ziel zu erreichen, geraten an ein Ende. Was bleibt, ist Entsetzen. Erst anderntags, wenn es wieder Tag wird, kann Messner tätig sein. Tun entlastet, Warten öffnet und erzwingt eine Wachheit, die nur wahrnimmt. Wieland und Messner trennt nicht nur Ort und Zeit, sondern – und das vor allem zählt – der Zustand, in dem wir beide vorfinden. Wieland, selbst Ergebnis einer Fiktion, hat das kollektive Gedächtnis im Träumen übermannt. Traum wird ein Alptraum, Geschichte ein Trauma. Messner verkörpert, ihn gibt es tatsächlich, die Geschichte eines Individuums, das einen kollektiven Traum verwirklicht. Aber stimmt das? Könnte Messners Geschichte nicht ganz anders gelesen werden, z. B. als eine, die gar keine ist, ein fragmentarisches Dasein, das im Einsatz jeder Vernunft das Trauma lebt, welches im Träumen nur ruhig gestellt war? Alptraum Wirklichkeit. Die Unterscheidung der Begriffe gelingt, je weiter wir in den Geschichten fortschreiten, immer weniger und dennoch wird etwas exakter: Nachbarschaften. Begriffe wandern durch Ereignisse, die sich verschieben, und an den Rändern derselben stehen Worte und Begriffe an. Unterbrechungen. Der Körper taucht auf, und zwar durch Schmerz. Schmerz begrenzt. Wieland spürt plötzlich, in höchster Verzweiflung, seinen linken Fuß durch ein Hindernis gestoppt. Ein rostiger Draht, das Gleichgewicht war verloren, „ein Sturz vornüber nicht mehr zu verhindern". Dieser Sturz hatte einen reißenden Schmerz und letztlich zur Folge, aus dem Alptraum aufzuwachen. Er blickte um sich, „erkannte unter sich den Falzarego-Pass, auf dem Autodächer glitzerten, links von ihm war die ovale Öffnung des Stollens. Nach wir vor saß er auf der Steincouch". Erst langsam realisiert Wieland seine Situation und kehrt eindeutig in das zurück, was wirklich. Was ist das?

„Die helle Hose war dunkelrot verfärbt. Da sah er, dass Blut aus seiner linken Hand tropfte, die bis dahin auf dem Oberschenkel gelegen hatte. Als er die Hand drehte und die Innenfläche vor seine Augen hob, begannen sich in seinem Nacken die Haare aufzurichten,

7 Schemm 1998, 240

Grenzkenntnis

sein Atem stockte. Eine tiefe, klaffende Wunde verlief quer über den Handballen."[8]

Ist der Traum tatsächlich zu Ende? Vieles deutet darauf hin. Unheimlich beispielsweise die Nackenhaare, die sich aufrichten. Was aber ist wirklich unheimlich? Die Wunde, aus der Blut rinnt, ist es nicht, sie tut nur weh. Und sie erinnert. Innert kürzester Zeit wird Erinnern zu einem Sehen, das nichts wirklich zeigt und dennoch vieles ahnen lässt. Das Konkrete, Hose, Hand, Blut, Haare usw., befestigen die Vorstellung, ohne sie schlussendlich zu beruhigen. Bleibt ein Rest.

Wie ist das bei Reinhold Messner? Er hat zwar in besagter Nacht den Rückzug beschlossen, aber einerseits gefällt ihm der Plan abzusteigen, gleichzeitig verachtet er sich dafür. Er sei nur noch ein quälendes, zerrissenes Wesen: Er will hinunter und dennoch beschäftigt er sich unablässig mit dem Aufstieg. Er habe Angst, und zwar Angst vor der Angst, dort oben die Einsamkeit nicht ertragen zu können und sich aufzulösen. Ein einziger Zwiespalt sei er, ein Zwiespalt aus Wunsch und Angst.[9]

Trotz allem, er geht weiter, aber nicht ohne sich der Erlebnisse vergangener Tage zu entsinnen. Zuerst steigt er entschlossen, ebenso wie jemand, der genau weiß, was er will, wobei die Verhältnisse nicht schlecht sind. Der Firn ist hart, er trägt und dennoch gelingt es ihm nicht, den Firn mit den Rändern seiner schweren Bergstiefel zu ritzen. Es wäre also an der Zeit, die Steigeisen anzuziehen, aber Messner denkt nicht daran, dies zu tun, auch deshalb, weil die Felsen am Beginn der Mummery-Rippe trocken zu sein scheinen und er daher befürchtet, durch das An- und Ausziehen der Steigeisen unnütz Zeit zu verlieren. Jetzt geht es ihm wieder gut, er ist nahezu vergnügt und er fragt sich, was ihm denn schon passieren könne, mehr noch, er zeigt sich verwundert darüber, wie es möglich war, die ganze Nacht über Ängste gehabt zu haben, die durch den Körper strömten. Plötzlich aber bemerkt er, dass er nicht aufwärts, sondern abwärts geht in Richtung Eisschlauch, es ist die Richtung hin zum Basislager und er sagt sich, dass er doch hinaufgewollt habe, dass er sich ja entschieden habe. Aber sein Körper geht, wohin er muss, schreibt Messner, und er lässt sich gehen.[10]

Auch hier hat erneut der Körper entschieden und noch bevor die Sonne durchkommt, wird Messner im Basislager sein. Ein Traum geht zu Ende und zugleich nicht. Messner hat neben anderen Träumen auch diesen Traum noch fünf Jahre lang wachgehalten. Am 9. August 1978 ist ausgeträumt, gegen 16 Uhr steht er

8 Ebd.
9 Vgl. Messner a. a. O., 12
10 Vgl. Messner a. a. O., 14 f.

allein auf dem Gipfel des Nanga Parbat.[11] Aber mit dem Gipfel endet das Träumen nicht, im Gegenteil, man lese den Abstieg und das, was unten der Ankunft folgt. Es sind immer nur Momente, in denen er erwacht, nicht einmal genau zu bestimmen welche, wodurch und warum. Illusion zu meinen, man erwache einmal und sei dann wach. Kein Mensch hielte das durch, und schon gar kein so extremer. Die Mittel des Erwachens erschöpfen und sind, das kann nicht geleugnet werden, in einem Maße selbstgefährdend, wie im Normalfall nicht. Wo träumt Messner also wirklich: im Tal oder am Berg? Von welcher Wirklichkeit erzählt Wielands Traum?

Aus diesen Fragen spricht der Anfang. Wie sind Gemische zu begreifen? Was lässt uns unterscheiden, zu- und einordnen? Woran bricht das Wissen und somit jene Ordnung, die dem Verhältnis von Traum und Wirklichkeit zu Grunde liegt? Jede Produktion von Wissen ist zumindest drei: Voraussetzung, Ergebnis wie Gegenstand des Denkens. Das Extrem markiert Grenzen und Wirkung der Wissensproduktion durch Übergänge in ein Unwissen, das, je mehr es ansteigt, näher an dem liegt, was wirklich ist.

2 Grenznähe

Spitzen wir die Lage für den Körper und damit auch für das Denken zu. Eine der unvorstellbarsten Passagen in der alpinen Literatur ist bei Jerzy Kukuczka zu lesen. Es handelt sich um den K2, ich schreibe nach:

> „Während ich das letzte Stück des Felsriegels überwand, war ich nicht ganz bei Bewußtsein. Die Mauer, die fast durchgehend senkrecht war, hing genau am Ende über. Die letzten Meter mußte ich an den Armen hängend hinter mich bringen. Daran kann ich mich absolut nicht mehr erinnern. Wegen des Keuchens, das meinen ganzen Körper durchschüttelte, hörte ich nichts. Doch schlimmer wurde es, als ich ganz außer Atem kam. Schwarze Flecken tanzten mir vor den Augen; ich konnte nichts erkennen. Ich weiß nicht, wie lange dies dauerte. Die letzten Bewegungen fielen mir so schwer, daß ich die Kontrolle über meine Körperfunktionen verlor. Und dass meine Hose von Urin durchnäßt war, merkte ich erst über dem Felsriegel, als ich irgendwie wieder zu mir kam."[12]

11 Vgl. ebd., 129
12 Kukuczka 1990, 185

Mit dem Verlust des Bewusstseins vergeht die Kontrolle über den Körper: Schwindel, Vergessen, Taub- als auch Blindheit und nur noch instinktive Bewegungen, all das hat ein Leben in auswegloser Situation errettet. Die Sache geht gut aus, Kukuczka erreicht den Gipfel und überlebt auch noch den Abstieg. Aber greifen wir eine der lebenserhaltenden Maßnahmen heraus, z. B. die Taubheit. Kukuczka war nicht in jede Richtung taub, im Gegenteil. E i n Hören war so stark, dass es anderes nicht mehr bewerkstelligen konnte. Stellt sich die Frage, wievielerlei Hören es gibt.

2.1 Fünferlei Hören

– *Lärm*

Wieland, unseren Durchschnittsalpinisten aus der Tofana, ließ „ein neuerliches, diesmal lauteres metallenes Geräusch" zusammenzucken. Das Geräusch kam von außen und „drang an sein Ohr". Jerzy Kukuczka, vielleicht damals der Extremste unter den Extremen, hat nur mehr sich selbst vernommen, genauer, sein Keuchen. Der Geräuschpegel seines Organismus war dermaßen hoch, dass anderes darin unterging. Betäubung durch den eigenen Körper. Das ist kein Einzelfall, Ähnliches lässt sich auch bei anderen nachlesen. Wieland war in die Bildwelt seines Alptraums untergetaucht. Die Bilder hatten ihm die Ohren verstopft. Erst als sich die Bilder derart beschleunigten, dass sie sein Leben attackierten, begann er anders zu hören. Wissen, ein installierter Lärm, laut die Bilder und Vorstellungen, aber als Wieland das metallene Geräusch seiner umgekippten Thermosflasche vernimmt, ist der Alptraum vorüber. Dieses sachte Geräusch, Teil der zerstreuten Welt jenseits des Traums, weckt auf und entbindet der Schreckensbilder. Die Erzählung endet in einer Verletzung – die tiefe, klaffende Wunde quer über den Handballen – Reales, das übrig bleibt.

– *Schwindel*

Wie ergeht es Kukuczka oder Messner? Kukuczka verliert, vollkommen erschöpft, jegliches Bild und Bewusstsein. Im entscheidenden Moment, zieht ihn die Leere, bild- und vorstellungslos, gerade noch auf die Seite des Diesseits, das den Tod noch einmal aufzuschieben vermag. Es gibt nichts mehr zu denken oder zu sehen, umso mehr zu hören. Die Lärmquelle des eigenen Organismus – hier die der Lungen – war auch nur eine Vorhut. „Schlimmer wurde es, als ich ganz außer Atem kam", schreibt Kukuczka. Dann setzte nämlich das laute Keuchen zugunsten eines neuerlichen Sehens aus, statt Fels oder Eis gab es nur mehr „schwarze Flecken". Die Täuschung und damit Auf-

lösung schreitet fort und führt in einen Schwindel, in dem
nichts mehr zu erkennen war. Kein Wissen um Ort, Zeit oder
Dauer, gewohnte Bezüge entfallen knapp vor dem Hinüberscheiden. In Grenznähe, zwischen Leben, Tod und wieder Leben,
ist es still. Eine Pause, ein Schweigen nicht nur der Stimme, des
Körpers als Ganzes. Wie Hören, ob es spricht. Später, sozusagen
um vieles verzögert, wird dieses andere zu hören sein, nicht
jetzt. Jetzt musste etwas geschehen. Das tat es auch, exakt der
Körper, und niemand weiß, weshalb. In Extremsituationen wäre
der Kopf zu kompliziert und damit zu langsam. Nur der Körper
kann eins: erinnern, entscheiden und handeln zugleich. Instinkt.
Der Körper hört sich selbst zu. Wie viele Male musste Kukuczka
in ähnliche Lagen gekommen sein, damit der Körper geradezu
zellulär dieses Wissen speichern konnte, das jetzt, in nur wenigen Augenblicken, umschlug und ihn nun selbst bewahrte.
Darin mag ein Rätsel der Extremen liegen: sie lernen anders.
Vielleicht sind sie, das aber ist spekulativ, stärker beeindruckbar
als andere Menschen, ihre Filter grobmaschiger, d. h., es dringt
mehr ein und hindurch. Und zwar nicht nur bis hin zum Kopf,
sondern hinein in die Muskeln, ins Gewebe und Gedärm, ja bis
an die Knochen.

– *Wiederholung*
    Im Normalfall meidet man lebensgefährliche Situationen.
Nicht der Extreme, er macht das Gegenteil. Er wiederholt, bisweilen zwanghaft. In der Wiederholung erinnert und arbeitet
er mehrmals den Hergang durch. Er lernt Existentielles aus- und
inwendig. Im Durcharbeiten hört er den Körper, und er hört ihn
je länger, desto schrittweise verschoben. Der Krampf durch
Furcht löst sich, Schmerzen früherer Verletzungen durchmischt
ein anderes Wissen, und so kommt es, dass man immer wieder
steigt, meist sicherer, freier und auch leichter als zuvor.
    Aber hören wir Messner zu. Es dreht sich um ein entzweites
Hören: zum einen der Entscheid abzusteigen, zum anderen das
Weitersteigen. Erst später die Entdeckung, dass sich in der Tat
beides decken wird. Der Körper hat den Entschluss, abzusteigen,
gespeichert und reagiert wider den Zweifel. Die Füße tragen
Messner, der mit sich hadert, Richtung Basis. Seine Vernunft, der
Wille, das ursprüngliche Ziel unterliegt als Stimme zwei, der er
zu folgen glaubt. Im entscheidenden Moment lässt sich ein Körper, geübt im Wissen, auch nicht mehr zu sein, durch selbst gesetzte Ziele nicht weiter narren.

– ganz Ohr

Diese Lektion beinhaltet, dass wir zumindest zwei, wenn nicht mehr als zwei Ohren haben. Wenn es stimmt, wie Berendt behauptet, dass das Ohr als Erstes ausgereift sei,[13] dann könnte man meinen, dass der Körper selbst sein Modell vom Hören nimmt. Wie hieß das doch, was man zum Leidwesen als Kind mehr als einmal zu hören bekam: „Wer nicht hören will, muss fühlen." Jeder, der hört und spricht, gerät unter die Konsequenz seines Tuns, als ob man das, was zwischen Hören und Fühlen liegt, auswählen oder sich gar ersparen könnte. Zwischen Hören und Fühlen liegt der Körper, befindet sich die Welt; die Spanne macht Menschen schließlich erfahren.

Zurück zu Kukuczka: In Augenblicken höchster Lebensgefahr hilft, was als Erstes kommt. Was zuvorderst ist, entscheidet. Bei Kukuczka waren es nicht erinnerbare Bewegungen. Sie brachten ihn auf ein Felssims, wo er das Bewusstsein wiedererlangte. Bei Wieland wären, das meine Vermutung, diese Bewegungen nicht gekommen. Viel wahrscheinlicher Verzweiflung, Lähmung oder gar nichts mehr. Kein Hören, sein Körper hat diese Bewegungen nicht. Extreme verfügen über eine Sprache des Körpers und über ein Hören desselben, welches normalen Menschen so nicht geläufig. Vielleicht vergleichbar mit literarischen Texten, die da noch erzählen, wo andere, auch wissenschaftliche, abbrechen. Der Körper hat eine Differenziertheit erreicht, die gewohntes Sprechen um vieles übertrifft. Die Mitteilung gelingt nicht, obwohl oder gerade weil der Körper so viel mehr sagt. Mediziner würden hier schlicht und einfach mit Adrenalin und anderen Substanzen morphiumähnlicher Aktivität argumentieren. Gut, eines bleibt trotzdem unbestritten: Je mehr der Körper spricht, desto schräger liegt man zu dem, was als normal gilt. Was als normal gilt, hat Dietmar Kamper nicht nur einmal auf den Punkt gebracht: Der Körper ist tot, es lebt die Sprache.[14]

Extreme Situationen forcieren ein Sprechen, das den Körper kaum verlässt, wahrnehmbar, aber kaum mehr zu hören oder gar zu verstehen. Hingegen wer nur versteht, was den Körper verlassen hat, der trifft auf das andere Ende der Vernunft: den Autismus.

Als Messner 1978 den Gipfel des Nanga Parbat erreicht, kommt ihm als Erstes das Wort „ich" über die Lippen, und dieser einzige Laut aus seiner Mitte scheint ihn zu zerreißen. Während er dann still dasitzt, scheint ihm, als werde er selbst Wolke und Nebel, und diese unendliche Ruhe löst Zufriedenheit aus in ihm. Die Stille drängt ihn dazu, den Gipfel nur behutsam

13 Vgl. Berendt 1996

14 Vgl. Kamper, Tod des Körpers, 1989

zu berühren, und in der Berührung verlieren sich die klaren Grenzen des Ichs. Er ist dieses Ich und er ist es zugleich nicht und als er wieder sprechen will, bringt ihn seine persönliche Geschichte zum Schweigen. Sie breitet sich vor ihm aus wie der Wind ...[15]

Erst wer sein Sprechen wahrnimmt, macht aus dem, was lautet, ein Wort. Das Wort verbindet, wie es trennt. Ein einziger Laut droht den Körper zu zerreißen. Ein Ich, das „ich" sagt, ist – allein auf dem Gipfel, kein Gegenüber, ringsum Stille – zu viel. Lauscht man den Momenten, wo die Stimme gerade im Entstehen begriffen, hat sie die Kraft, ein Ich, das so weit aufgestiegen, aus den Fugen geraten zu lassen. Wie weit muss jemand entfernt sein, um das zu erfahren? Ein Ich, das zwei ist. Ein Dividuum, dessen Geschichte flüchtig, trifft die Kehrseite der Sprache. Neben Aktion vor allem Passion, Passion des Ohrs: das Leben vernimmt sich. Sprachlos breitet sich Messners Geschichte aus und kann, wie der Wind, nur mehr erhorcht werden. „Seltsamerweise hat die Passion", so Dietmar Kamper, „einen größeren Horizont."[16]

– *Hören des Nichts*

Messner steigt ab, wie es auch Jerzy Kukuczka tut. Unvorstellbar müde und erschöpft, der mangelnde Sauerstoff macht sich längst bemerkbar, auch was die Wahrnehmung betrifft. Man hört, was es nicht zu hören gibt: Stimmen von Menschen, die nicht wirklich da sind. Das ist Messner bereits im Aufstieg geschehen, er berichtet darüber, wie er wieder mit jemandem redet, der nicht er selbst ist. Er ist überzeugt davon, dass er mit Menschen spreche, mit Wesen, die er aus den Augenwinkeln zu sehen glaubt. Aber er ist sicher, dass das nicht wirklich Halluzinationen sind, denn solche hat er 1970 erlebt, damals, als er vom Nanga Parbat heruntergekommen war. Damals habe er Leute gesehen, die ihm entgegengekommen sind und dann waren sie plötzlich nicht mehr da. Er habe einige sogar erkannt, sie saßen auf Pferden, ritten auf ihn zu, sie bewegten sich. In Folge ertastete er sie allerdings als Steinklötze, sah anstelle eines Schimmels einen Schneefleck am toten Gletscher.

Jetzt hingegen war er sicher, dass da Leute waren, auch wenn er sie nicht sehen konnte. Er unterhält sich mit ihnen, weiß jedoch nicht, ob er dabei laut spricht oder nicht. Vom Verstand her glaubt er selbst nicht an diese unsichtbaren Begleiter, aber wenn er nichts denkt, dann sind sie wieder da. Für ihn ist

15 Vgl. Messner a. a. O., 131
16 Kamper, Hörensagen, 1984, 113

es klar, dass diese Stimmen keine sind, welche der reinen Einbildung entspringen, sondern Stimmen, die von außen kommen. Er beschwichtigt sich, sagt wiederholt, dass es das nicht gibt, dass da jemand spricht, da er ja allein hier oben ist. Aber es nützt nichts, das Gefühl einer Gegenwart von Stimmen ist stärker. Er weiß nicht, ob er phantasiert oder nicht; er teilt anderen seine Gedanken mit im starken Bewusstsein, dass diese anderen da sind. Immer wenn er die Augen schließt, hört er seine Freunde besser, er spürt sie dann noch deutlicher. Dass da Menschen sind, die ihm beim Kochen helfen, die mit ihm reden, belustigt ihn nicht. Er ist sogar froh darüber, und er unterhält sich über alles Mögliche mit ihnen. Er spricht über seine Kindheit und über sein gescheitertes bürgerliches Leben.[17]

Tut man geteilte Stimmen nicht nur als physiologischen Effekt ab, das sie mit Sicherheit auch sind, dann stellen sich schwierige Fragen: Hört man die anderen erst mit den eigenen Kräften am Ende? Handelt es sich dabei um die rätselhafte Spur zwischen Sprache und Körper, oder, mit Jacques Lacan, um eine unmittelbare Überschneidung des Symbolischen mit dem Realen?[18] Das Hören der anderen ist Erinnern und weniger sehen als spüren – sind diese anderen Ergebnis synästhetischer Vorgänge? Sind sie das, was mit dem Verlassen wiederkehrt: die Stimme des Kollektivs, das am Berg, oben in großer Einsamkeit, jenseits der Gesellschaft erneut auftaucht, um den Menschen daran zu erinnern, wem er immer noch zugehört? Der Hörsinn ist einer der Zugehörigkeit – nähert man sich den anderen erst dann, wenn man glaubt, mit ihnen nichts mehr gemein zu haben?

2.2 Nicht hörig

Auch Kukuczka hat mehrmals Stimmen gehört, wie vor ihm Hillary, Buhl, Terray und viele andere. Für Ulrich Aufmuth stehen Halluzinationen unter der Rubrik psychotischer Zustände. Depersonalisation in Verbindung mit Angst, Aggression und Verdrängung enden darin, dass „es die erfolgreichsten Top-Alpinisten mitunter fertig(bringen), die unausweichlichen Momente der Psychose zu einem nützlichen Bestandteil einer Strategie des Überlebens und der Gipfelbezwingung zu machen. Die Verrücktheit gerät im besten Falle zum wichtigsten Hilfsmittel."[19] Keine Frage, so geht es auch. Es ist sogar konsequent, die Verrücktheit letztlich positiv zu wenden, denn wie sonst könnte man erklären, dass Extreme unglaublich produktiv sind. Sie tun etwas, das andere niemals zustande brächten. Sie tun anderes

17 Vgl. Messner a. a. O., 108
18 Vgl. Lacan 1980, 203
19 Vgl. Aufmuth 1988, 217

und mehr, als jede Geistes- und Sozialwissenschaft erfassen kann. Das Extrem geht über die Systematisierung hinaus. Diese Tatsache bahnt Gegenwege zu Aufmuth. Durch das Extrem wäre nämlich zu erkennen, dass das Wissen vom Menschen aufhört und übergeht in ein anderes Wissen von Menschen. Dieses tastet sich zu einer wissenschaftlichen Erkenntnis des Individuellen vor. Und das mag ähnlich verwirren und erschüttern, wie man es den Gegenständen der Forschung diagnostiziert. ExtrembergsteigerInnen, wie die Wissenschaft vom Menschen, erscheinen so in einem anderen Licht. Deutlicher als andere markieren Extreme die Stellen, an denen Begriffe und Kategorien nicht weiterführen. Selbstgefährdung gefährdet ihrerseits Gewissheiten einer Anthropologie, auf der Grundlage von Universalien angetreten, Normalität herzustellen, was nur unter Ausschluss gelingt. Ausgeschlossen wird, was sich dem Wissen entzieht. Man gehorcht nur einer Vernunft, um nicht zu riskieren, wozu man selbst gehört oder sich gar hörig fühlt, und verspielt die Chance, Vertrautes mit den Ohren eines anderen zu hören. Gerade das aber verlangen und erwirken diese Berichte von Menschen, die widrigste Umstände überleben. Ausfühlung[20] hilft mehr als Einfühlung, sie führt auf falsche Fährten. Sie führt zu einem Subjekt, das immer schon da war, in dem alle Fäden wieder zusammenlaufen, wonach alles beim Alten bliebe. Aber dieses Subjekt ist da und nicht, indifferent, es bleibt fremd. Gelingt bei Wieland die Unterscheidung in Traum und Wirklichkeit, so vibrieren bei Buhl, Messner oder Kukuczka die Übergänge, dauern an oder aber enden abrupt und verlaufen um vieles komplizierter. Wieland ist Bestand eines fiktionalen Textes, die anderen haben Erlebnisberichte verfasst – je unwahrscheinlicher, desto wirklicher. Die Kategorie des Unmöglichen bestimmt, was geschieht. Man hat Angst und Panik, verliert Unterscheidungen, hört und sieht, was es eigentlich nicht gibt, vergisst und gerade deshalb übersteht man den Rest. Ist das nicht absurd? Das Trauma als Wegbereiter, wohingegen Vernunft Erkenntnis verhindert? Unmögliches verschiebt das Subjekt aus dem Zentrum und macht es unbestimmbar. Mit der Unbestimmbarkeit des Subjekts schwindet jene Ordnung, die Traum und Wirklichkeit klar auseinander hält. In der Unschärfe verwahrt sich ein Drittes: das Erleben. Bemüht, am Erleben zu bleiben, wird man in der Erfahrung abzuweichen geschult. Abweichen heißt, die eine Vernunft so lange voranzutreiben, bis sie bricht. Dazu bedarf es keiner Methode, es macht die Art zu fragen. Im Bruch, als Ende des Wissens, fängt Denken erst an, ein

20 Vgl. Schmidgen 1997, 25 ff

Denken, das ähnlich radikal ausfällt wie die Sache, um die es geht: den Berg denken, BergDenken.[21] Regelverletzung und Verstöße gegen eine Wissenschaft, die nur sich selbst gehorcht, sind unvermeidbar, mehr noch, Voraussetzung. Hört man den Extremen lange genug zu, hat das Konsequenzen. Wissen und Wissenschaft vom Menschen stehen, will man verstehen, was fremd am Fremden bleibt, selbst zur Verhandlung, sprich zur Objektivierung an.[22] Unumgänglich auch hier Ausdauer und die Freude, wenn es noch schwieriger wird. Am Widerstand und gegen den Gehorsam wäre die Kategorie der Grenze und Grenznähe in Themen wie Angst, Schlaf und Erwachen, Instinkt als Gegenvernunft bis hin zu einem mehrstimmigen Hören auszudenken, um annähernd dem zu folgen, was im Extrem vorliegt: Selbstfremdheit und eine Wirklichkeit, die unübertrefflich oder, wie es Buhl sagt, unfassbar ist.

21 Vgl. Peskoller, BergDenken, 1997
22 Vgl. Bourdieu/Wacquant, 1996

* Der Vortrag wurde im Oktober 1998 im Rahmen der Jah-
restagung der Kommission „Pädagogische Anthropologie"/Sektion Allgemeine Erziehungswissenschaft der
DGfE (= Deutsche Gesellschaft für Erziehungswissenschaften) in Düsseldorf gehalten und ist erstmals erschienen in „Transformationen der Zeit – Erziehungswissenschaftliche Studien zur Chronotopologie", hg.
von Johannes Bilstein/Gisela Miller-Kipp/Christoph
Wulf. Beltz, Deutscher Studien Verlag: Weinheim 1999,
310–325. Am 3. Februar 2000 wurde „17 Stunden" in der
Trauerakademi/Bergisch Gladbach vorgetragen.

1   Die Reproduktion der Bilder wurde ab Fernsehbild-
    schirm gemacht, dafür danke ich Helmut Eberhöfer.

2   HK, Jg. 1956, hat mittlerweile 12 der 14 Achttausender
    bestiegen und z. T. erstmals mit Schiern befahren; vgl.
    Kammerlander 1987 und 1998.

3   Diese Schibefahrung des höchsten Berges der Erde ist
    ein Novum; vgl. zur Mount-Everest-Geschichte u. a.
    Norton 1926, Messner, Gläserner Horizont, o. J., 369 ff.
    (Nordseite) und Everest, 1995, 216 ff. (Südseite).

4   Der Film über HK dauert 33 Minuten. Er zeigt auch die
    Besteigung und Befahrung des „leichtesten" Achttau-
    senders, der Shisha Pangma (8046m), als „Eingehtour"
    für den Everest, der dann gerafft in ca. 15 Minuten Auf-
    und 5 Minuten Abfahrt am 28. 6. '96 in „Land der Berge"
    (ORF 2) ausgestrahlt wurde.

5   Zur Person des „Lebensphilosophen", Erkenntnistheore-
    tikers und Nobelpreisträgers für Literatur (1859–1941)
    vgl. insbes. Deleuze 1997, 9–15.

6   „Hiermit sind wir also darauf geführt, die Intensität ei-
    ner an der Oberfläche der Seele verlaufenden Anstren-
    gung in gleicher Weise wie die eines in der Tiefe des
    Gemüts vor sich gehenden Gefühls zu definieren. In bei-
    den Fällen liegt ein qualitativer Fortschritt und eine ver-
    worren wahrgenommene wachsende Komplexität vor",
    HB in ZF, 26 (vgl. Anm. 7)

7   Im Folgenden ZF, Untertitel „Abhandlung über die un-
    mittelbaren Bewusstseinstatsachen". Diesen Text
    reichte Bergson zusammen mit der Monographie „Quid
    Aristoteles de loco senserit" 1888 als „Thèse" ein. Erst
    nach dem Erscheinen von „Materie und Gedächtnis" er-
    hielt ZF größere Beachtung. Das Buch besteht aus 3 Ka-
    piteln und entfaltet bereits Bergsons Grundbegriff der
    „Dauer", hier als psychologische Erfahrung, die sich nur
    auf das Ich bezieht.

8   Bergson setzt die Dauer in Opposition zum Raum
    (espace) und verlangt, sie auch von der Zeit (temps) zu
    unterscheiden. Die Vielheit der Dauer besteht in der
    Aufeinanderfolge, im Kontinuum und der Heterogenität
    – im Gegensatz zum Raum, den Gleichzeitigkeit, Homo-
    genität und Diskontinuität kennzeichnen. Die Dauer
    verwandelt sich mehrfach, ist Intuition, Zeit, dann Ge-
    dächtnis, Leben und Geschichte.

17 STUNDEN

EINE STUDIE ZUR QUALITÄT VON ZEIT*

Abb. 80[1]

– Videoeinspielung 1: Hans Kammerlander sitzt am
Fuße des Berges, erläutert sein Vorhaben und beginnt zu steigen (1 ½ min) –

1 INTENSITÄT {ZUWARTEN}

1.1 Vor der Erfahrung

Und wieder hielt niemand für möglich, was
doch gelang. Vom 23. auf den 24. Mai 1996
stieg der Südtiroler Hans Kammerlander[2] in 17
Stunden allein von der Basis auf den Gipfel des
Mount Everest, um dann mit dem Schiern abzufahren.[3] Man filmte ihn unter dem Titel „Abfahrt zum Erfolg".[4] Das spektakuläre Ereignis
konfrontiere ich mit etwas Unspektakulärem:
Henri Bergsons[5] Begriff der Intensität,[6] der sein
erstes Buch „Zeit und Freiheit" einleitet.[7] Diese
Beschränkung, etwas kühn, und, zugegeben,
ein Experiment, gründet in der Vermutung,
dass Bergson eine andere Spur durch das zu legen vermag, was Extremerfahrungen im Kern
ausmachen: Intensität, und zwar als eine Qualität, die zeitlich ist.[8] Aber gerade damit kommt
die Sprache nicht zurecht, „die Sprache zwingt

uns, unter unsern Vorstellungen dieselben scharfen und genauen Unterscheidungen, dieselbe Diskontinuität herzustellen wie zwischen materiellen Gegenständen"[9]. Die Sprache entwirrt nicht, sondern vermengt Qualität und Quantität bis zu dem Punkt, wo Intensität als messbare Größe erscheint.[10]

Begann mein letztjähriger Vortrag mit dem Satz, „Folgendes ist erfahren",[11] so ordnet diesen das Vorausliegende: die Bedingungen für Erfahrung.[12] Es geht um Erkenntnistheorie und um eine Abweichung vom Thema „Zeit in der Pädagogik": Die Zeit steht auch für mich im Mittelpunkt, aber ihre Relevanz für die Pädagogik müsste die Diskussion präzisieren.[13] Der Grund liegt in der allzu großen Spanne: Das empirische Material, welches ich heranziehe, ist der Disziplin weitgehend fremd, und Bergsons Methode[14] wie Schriften wurden in der Pädagogik bislang kaum rezipiert. Diese Schwierigkeit verbindet sich inhaltlich mit dem, was Edgar Morin als den gordischen Knoten der neuen Anthropologie bezeichnet:

> „Das menschliche Wesen ist vollkommen menschlich, weil es zur gleichen Zeit voll und ganz natürlich und voll und ganz kulturell ist."[15]

1.2 Leib gegen Denken

Wenn wir nun auf eine Höhe von 8848 m steigen, dürfen wir nicht vergessen, dass sich diese Bewegung im Raum wiederholt vorbereitet, und dieses Vorbereiten der Bewegung ist nach Bergson zeitlich. Die Zeitlichkeit, welche jeder Raumergreifung und damit der Erfahrung vorangeht, wäre als psychischer Zustand unausgedehnt, intensiv und komplex, da sie nach und nach den ganzen Leib erfasst. Somit steht, auf der Suche nach Intensität, Leib gegen Denken, aber, und das erstaunt, nicht in der Weise, dass der Leib, der das Unausgedehnte birgt, das Hindernis darstellt, um Zeit zu begreifen, sondern im Gegenteil, Schwierigkeiten macht unser räumlich strukturiertes Denken.[16] Wie zeigen, so die Forschungsfrage, die fünf ausgewählten Filmszenen Berührungen zwischen LeibZeit und RaumDenken, zwischen Qualität und Quantität?[17]

2 Der Moment {aufbrechen}

2.1 Gefühl und Anspannung

Der Kommentator zitiert aus Kammerlanders Tagebuch, „... Um die Mittagszeit des 23. Mai hatte ich das sichere Gefühl, dass der

9 Bergson, ZF, 7

10 Bergson bezieht sich auf die damals aktuellen Untersuchungen aus der Psychophysik (Fechner, Wundt, Ferrier, Spencer, James, Donaldson, Delbœuf, Rood, Ribot. Richet, Fére u. a. m.)

11 Der Titel des 1997 in Magdeburg gehaltenen Vortrags lautete: „Raumverdichtung durch Vertikalität", Kapitel 2 im vorliegenden Buch.

12 Dieser Wende gemäß ziehe ich, nicht wie damals, Michel Serres, sondern Henri Bergson heran. Er war in Serres' Streifzügen zwischen den exakten und den Wissenschaften vom Menschen eine der wichtigsten Quellen; vgl. Serres, NW-Passage, 1994, insbes. 55 f. und 103 ff.

13 In der Diskussion kam es dann nicht wirklich zu einer Präzisierung. Die Fragen bezogen sich vielmehr auf den Film, auf meine Art der Darstellung und darauf, was Grenze bedeutet in Hinblick auf das Verhältnis von Raum und Zeit. Dieses Verhältnis wurde als eine enge Verflochtenheit am Beispiel „Augenblick" ausführlicher besprochen (vgl. insbes. Teil 4, Gipfel).

14 Durch 2 Zusatz- und 3 Regeln formt Bergson, in Materie und Gedächtnis, die Intuition zur Methode der Philosophie, vgl. die Rezeption von Deleuze 1997, 23–51

15 Morin 1994, 24

16 Vgl. Peskoller, Berg Denken, 1998[2], 163 ff. und Virtuelle Welt, 1998, Kapitel 2 in diesem Buch

17 Vgl. Peskoller, extrem, 1998, Kapitel 2 in diesem Buch

Moment des Aufbruchs gekommen sei." Was aber heißt, das „sichere Gefühl" für ein derartiges Wagnis zu haben? Aus Verlangen wird Leidenschaft, jene tief im Gemüt gelagerte Empfindung, die in Sachen Bewegung unter- und entscheiden lehrt. Um aufzubrechen, muss man sich bewegen. Wo aber befindet sich die Bewegung?

> „Der affektive Zustand hat also nicht bloß den Reizungen, Bewegungen oder physischen Phänomenen zu entsprechen, die stattgefunden haben, sondern obendrein und hauptsächlich denen, die in Vorbereitung sind, die erst zum Dasein gelangen wollen."[18]

Bergson verlegt den Anfang der Bewegung nicht in die vorstellungsmäßige, sondern in die affektive Empfindung, dort wirkt sie sich nicht nur aus, sondern, und das ist entscheidend, bereitet sie sich auch vor. Diese Vorbereitung hat mitunter einen langen Vorlauf. So hat z. B. Kammerlander jahrelang auf dieses Unterfangen hingearbeitet,[19] den Berg bis ins Detail studiert, Körper und Aufmerksamkeit so lange trainiert, bis sich beide – Berg und Körper – ineinander verwandeln. In dieser engen Verbindung von außen und innen entsteht ein Bewusstseinszustand, der, im Körper gegründet, eine, angesichts der zu erwartenden Gefahren, überraschend hohe Sicherheit schafft. Je mehr sich Kammerlander dem Zeitpunkt nähert, an dem er die Basis verlässt, desto stärker wächst die Spannung. Wie groß sie wirklich ist, verrät der merkwürdige Satz: „Aber das muss man erst sehen, muss man zuerst alles probieren." Jeder, der Achttausender besteigt, weiß, dass man dort weniger zu probieren, als vielmehr entschieden zu handeln hat. Kammerlander definiert den Ernst der Situation, er ist bereits unter erheblichem Zeitdruck,[20] in einen Versuch um. Das entspannt und schafft das Gefühl, trotz allem genügend Spielraum zu haben. Erkenntnistheoretisch stellt sich das Problem etwas anders. Es wäre zu fragen, ob es sich bei der zunehmenden Anspannung tatsächlich um eine Größe handelt.

> „Man nimmt gewöhnlich an, dass die Bewusstseinszustände: Empfindungen, Gefühle, Affekte und Willensanstrengungen zu- und abnehmen können; einige versichern uns sogar, dass eine Empfindung zwei-, drei-, viermal so intensiv genannt werden kann als eine andre Empfindung von gleicher Natur. [...] Hier liegt indessen ein sehr dunkler Punkt und ein Problem von grösserer Tragweite, als man sich allgemein vorstellt."[21]

18 Bergson, ZF, 32
19 Die Idee, vom Everest mit den Schiern abzufahren, hatte HK bereits 1989 am Makalu.
20 Er hat Wochen mit Schlechtwetter im Basislager zugebracht, der Monsun wird bereits erwartet; setzt dieser ein, sinken die Chancen für eine Besteigung auf null.
21 ZF, 9

2.2 Wille und Anstrengung

– Videoeinspielung 2: Kammerlander steigt durch die windstille, kalte, mondlose Nacht aufwärts (1 ½ min) –

Abb. 81

„… Es ist einfach zu dunkel. Es wäre so schön, wenn es ein bissl einen Vollmond geben würde. Aber was soll's. Was nicht ist, ist nicht", kommentiert der Bergsteiger. Seine Füße scheinen mit dem kleinen Lichtkegel einer Stirnlampe unsichtbar gekoppelt. Kammerlander hat sich entschieden, er nimmt was und wie es kommt. Damit erhält seine Bewegung eine klare Richtung, „Ich werde jetzt versuchen, auf 7800 m hoch zu gehen. Dort steht ein Zelt, dort werde ich versuchen, Flüssigkeit zu tanken und dann nach einer, vielleicht nach zwei Stunden Ruhe weiterzugehen und zum Gipfel durchzuziehen."

Der Wille, der sich hier ausdrückt, kann in extremer Lage höchstens erinnert, aber nicht mehr aufgebaut werden. Er muss vor Aufbruch Körper wie Vorstellung gleichermaßen erfassen, um, wenn das Scheitern wahrscheinlicher als ein Durchkommen wird, noch, und sei es nur die Spur, Halt zu geben. Dieser Halt, würde Bergson sagen, stellt für die Erkenntnis beträchtlich Verwirrung her. So erhält z. B. Verschiedenes, Gefühl bzw. Empfindung und Willensanstrengung denselben Namen. Beide Male sprechen wir von Intensität. Die Willensanstrengung wird von einer Muskelempfindung begleitet, wohingegen gewisse seelische Zustände, z. B. die Leidenschaft, sich selbst genügen.[22] Der Wille bewacht die psychische Kraft, welche darauf wartet, hervorzubrechen, und öffnet gelegentlich einen Ausgang.[23] Bei einer Achttausenderbesteigung ist dieser Ausgang weit und vor allem lange offen zu halten. Genau das bedeutet eine zusätzliche Schwierigkeit für unser Erkennen: Der Wille fordert zur Anstrengung heraus, aber die Willensanstrengung spielt eine große Rolle bei unserem Glauben, Intensität sei eine Größe. Das liegt daran, dass sich Willensanstrengung mit Muskelkraft verbindet, welche sich dann im Raum entfaltet. Diese Entfaltung gibt sich in messbaren Erscheinungen kund, was zum Eindruck führt, als habe die Willensanstrengung, nur mit geringerem Volumen, bereits vor ihrer Kundgebung existiert. So kristallisiert sich die Vorstellung heraus, Intensität sei ein komprimierter Zustand des Raumes, der zeitweise zwar nicht räumlich sei, aber dennoch eine Größe haben könne.[24] Der Wille bewirkt für die Vorstellung also eine Täuschung, da Anstrengung nicht immer auch Ausdehnung heißt. Es wäre ja der Fall denkbar, dass sich eine nur ganz zarte Empfindung regt und alle Anstrengung

22 Vgl. hierzu die Beschreibung von Leidenschaft bei von Weizsäcker 1956, insbes. 32; vgl. Peskoller, unfassbar, 1998, Kapitel 4 in diesem Buch
23 Vgl. ZF, 23
24 Vgl. ebd.

nötig ist, um diese wahrnehmen zu können. Kurzum, wir werden uns nicht der Kraftverausgabung, sondern nur der daraus resultierenden Muskelbewegung bewusst. Das Bewusstsein scheitert mithin am Begreifen der Zeitlichkeit. Durch die Willensanstrengung, obwohl sie zweierlei zusammenhält – die Phänomene auf der Oberfläche des Bewusstseins, verbunden mit der Wahrnehmung einer Bewegung oder eines äußeren Gegenstandes und die Zustände der Seele, die sich selbst genügen, z. B. die Leidenschaft –, wird die Vorstellung letztlich vom Raum beherrscht.[25] Die Dominanz des Räumlichen begreife ich zuvorderst als Selbstschutz eines Subjekts, das seinen Status gerade in der Abwehr gegenüber dem Andrängen der Zeit und der Gefühle behauptet.[26] Was aber geschieht, wenn sich die Situation zuspitzt, sodass Bewusstsein, Wille wie Anstrengung in ihr Gegenteil umzuschlagen drohen?[27]

Abb. 82

3 Mixtum Grenze {durchhalten}

– Videoeinspielung 3: Es ist Tag, Kammerlander in einem Steilhang knapp unter dem Gipfel (25 sec) –

Der Bergsteiger befindet sich über 8000 Meter, den Rhythmus des Steigens gibt nur mehr der Atem vor, und mit einem Schlag wird ihm klar, dass die Lage, in die er sich gebracht, nicht nur gefährlich, sondern seine subjektive Grenze ist.[28] Das Entsetzen darüber erzeugt, zu vertraut mit Risiken, keine Panik, der Ausweg liegt im Weitermachen. Was sollte er sonst tun? „Hier, wo die Kraft zu Ende geht", wie wir hörten, „wo von einem Augenblick zum anderen die Bilder vor den Augen verschwimmen", vermag nur noch oder gerade die Unschärfe, als Maß der Zeitlichkeit, Einblick in die Tiefe des Motivs, normalerweise verborgen, gewähren.

„Wenn ein Gefühl den höchsten Grad erreicht hat, erhalten unsre Wahrnehmungen und Erinnerungsbilder eine völlig unbestimmbare Qualität, die etwa mit Wärme oder mit Licht vergleichbar wäre und die so neu ist, dass wir in gewissen Augenblicken, wenn wir auf uns selbst zurückschauen, fast Verwunderung darüber empfinden, dass wir existieren."[29]

Wahrnehmung und Erinnerung vermischen sich. Wir nähern uns der Erfahrung denkend als Grenze, die über das Leben

25 Vgl. ebd., 13
26 Wobei die Abwehr der Gefühle, die sich, so Hartmut Böhme, durch die Philosophie- und Theoriegeschichte zieht, letztlich als endogene Regungen verinnerlicht werden soll. In den intrapsychischen Deutungen werde dann Leibliches und Atmosphärisches (Gefühle) absorbiert. Vgl. Böhme, Welt, 1993, 413
27 Vgl. Peskoller, unfassbar, 1998 und 8000, 1998, Kapitel 4 in diesem Buch
28 Vgl. Peskoller, unfassbar, 1998
29 Bergson, ZF, 15

264

spricht. Die Erfahrung ist immer eine Vermengung, aber, und darin liegt für Bergson das Hauptproblem: Wir haben das Basiskriterium für Vermengungen verloren und lösen die qualitative Verschiedenheit in die Homogenität des Raumes auf, der sich durchhält.[30]

3.1 Lust/Schmerz

Bergson fragt, was denn überhaupt eine Empfindung sei, und weiß, dass es sich um eine Operation handelt, die Trillionen von Schwingungen einer rezeptiven Oberfläche kontrahiert. Und genau das sei der Ursprung der Qualität.[31] Es mag somit eine leise, fragile Lust bedeuten, am Entstehen von Qualitäten teilzuhaben. Eine Teilhabe, ein Ahnen, noch bevor Denken, Sprechen oder Handeln einsetzt, mehr noch, eine unmerkliche Regung vor jedem Bild oder dem, was wir Unbewusstes nennen. Es geht, in der Zeit, um ein Spiel der Nuancen, das Lust bereitet; eine Lust, die ihrerseits von jeder kleinen Verschiebung abhängt und sich mit ihr verändert. Das Entstehen einer Bewegung spüren, ruft eine andere Art von Erregung hervor, als sich zu bewegen oder, wie im Fall Hans Kammerlander, eine begonnene Bewegung tatsächlich zu Ende zu führen. Bewegungen, sagten wir, bereiten sich im Körper vor und erfassen so nach und nach den gesamten Organismus, der geradezu in der Lust an der Bewegung versinkt und möglichst vehement jede andere Empfindung zurückweist. Ein Gefühl der Verdichtung bei gleichzeitiger Entgrenzung stellt sich ein, bis zu dem Punkt, wo alles umschlägt. Aus Entgrenzung wird äußerste Begrenztheit, Lust zu Schmerz. Genau das liegt kurz unter dem Gipfel vor. Hecheln statt Atmen, die Leidenschaft beginnt einzustürzen. Ein schwacher Schmerz könnte lokalisiert werden, aber einer, der, wie hier, den ganzen Menschen ergreift, setzt den Verstand und somit jede Unterscheidungsfähigkeit außer Kraft. (Wobei im Inneren der Empfindung eine Mannigfaltigkeit besteht, der keine Analyse gewachsen wäre.) Kammerlander hat sich hart an etwas gewagt, das nun seinerseits den Fortgang weitgehend bestimmt. Was bedeuten Grenzen für den Körper?[32]

> „Umgekehrt erkennen wir die Empfindung extremer Intensität an den unwiderstehlichen automatischen Reaktionsbewegungen, die sie in uns hervorruft, oder an der Widerstandslosigkeit, zu der sie uns niederwirft."[33]

30 Vgl. Deleuze 1997, 35, 146, 49 [bezogen auf Bergson, SE, 140 f./610 und 221/679]

31 Vgl. Deleuze 1997, 96. Womit, frage ich, könnte dieser Ursprung noch zusammenhängen? Wenn z. B. Karin Stuck in ihrem Roman „Die Mutter" nach einer nie gesprochenen Sprache sucht – „Was sie sucht, ist vor der Sprache, aber sie sucht es in der Sprache, mit der Sprache. Sie sucht die Sprache" –, dann könnte in diesem geheimen Schwingen (Timbre) der Materie die Antwort liegen. Das Schwigen der Materie geht der Schrift, womöglich auch der Sprache voran. Die Frage, ob dieses Ungedachte auf eine „unschuldige Zeit" verweise, liegt nahe (vgl. Pessentheiner 1998, 8). Deckt sich diese Zeit mit dem, was Bergson Empfindungsmomente nennt?

32 Vgl. Peskoller, Zwischen, 1998 und 8000, 1998, Kapitel 2 und 4 in diesem Buch

33 ZF, 36

3.2 Dauer/Gedächtnis

Beides, Automatismus und Selbstaufgabe, das erzählen die Bilder, tritt an der Grenze ein. Die Grenze ist immer zwei, an ihr verbindet, wie auch trennt sich Gegenläufiges. Worin besteht das Gegenläufige? Unhintergehbar kündet sich das Ende der Leistungsfähigkeit an, die Dauer ist gefährdet.[34] Zugleich setzt das Gedächtnis ein und verweist eindringlich auf den Einsatz für das Spiel. Das Spiel sieht vor, alle 14 Achttausender nicht nur im Alpenstil und by fair means zu besteigen,[35] das taten bereits vor ihm schon andere,[36] sondern auf noch schwierigeren Routen, in neuen Kombinationen und, darin liegt die Originalität, mittels Schiabfahrt zu bewältigen. Würde Kammerlander jetzt aufgeben, müsste zu einem anderen Zeitpunkt der ganze Aufwand erneut betrieben werden, was dermaßen abschreckt, dass, verständlicherweise, alles auf eine Karte gesetzt wird. Was heißt das? Kammerlander hält sich widerstandslos an die Vorschriften der Umstände, d. h. von Gelände, Schnee und Eis. Je genauer, und das mag instinktiv geschehen, die Anpassung an das Gegebene, desto besser für die Ökonomie des Körpers. Kammerlander stößt die Vorderzacken der Steigeisen in den Schnee, greift mit den Handschuhen nach, stützt sich auf die Arme und schleift die Schier hinter sich nach. Eine Bewegung nach der anderen. Hier ist jede Bewegung unteilbar, wäre sie das nicht, verlöre man das ohnehin labile Gleichgewicht. An der Grenze wird, zumindest ansatzweise auch für den Betrachter, deutlich, dass die Bewegung zunächst zeitlich geordnet ist. Ein Ablauf, der, träte eine Unterbrechung ein, Folgen hätte, die jenseits dessen liegen, was Grenze heißt. Jede Bewegung muss präzise zu Ende geführt werden, nur so ist Höhe zu gewinnen. Das Unteilbare der Bewegung ist eine Qualität, die ein gut Teil des Reizes, sich selbst zu riskieren, ausmacht. Aber im Gewahrwerden dieser Qualität taucht noch etwas anderes auf. Der Raum, den Kammerlander durchsteigt, ist vertikal. Räume sind im Normalfall eine Quantität, die sich, wie wir nicht erst seit Leibniz wissen, durch unendliche Teilbarkeit auszeichnet. Aber diese Steilstufe am Nordgrat des Mount Everest, an der sich einer mit letzter Kraft zu schaffen macht, dieser Raum ist ein Gegenüber, das in seiner Anziehung und Abstoßung weniger mess-, als vielmehr spürbar ist. Im Spüren verflechtet sich nicht nur außen mit innen, Steilhang und Neigung des Extremen, im Spüren drückt sich selbst eine Grundempfindung aus, die in die Beobachtung einbezogen wird: Druck- und Gewichtsempfindungen,[37] wodurch die Schlüsselstelle Bergsons Ausführungen über Intensität erreicht wäre:

34 In ZF ist die „Dauer" ‚Übergang' und ‚Wandel', ein ‚Werden', aber ein Werden, das dauert, und ein Wandel, der selbst Substanz ist. Wobei auffällt, dass Bergson kein Problem damit hat, die beiden Grundmerkmale der Dauer – Kontinuität und Heterogenität – zusammenzubringen. Dauer ist, so verstanden, nicht nur gelebte Erfahrung, sie ist bereits erweiterte, überschrittene Erfahrung, d. h. Bedingung für Erfahrung. Die Dauer ist aber nicht das schlechthin Unteilbare, aber sie teilt sich nur um den Preis einer Wesensveränderung. Genau das macht sie zu einer Qualität; vgl. Deleuze 1997, 53 f.

35 Gemeint ist möglichst rasch, ohne Zwischenlager und ohne Verwendung von künstlichem Sauerstoff.

36 Das waren bis 1996: Reinhold Messner, Jerzy Kukuczka und Erhard Loretan. Die Polin Wanda Rutkiewicz ist, 1992, von ihrem 9. Achttausender nicht mehr zurückgekehrt; vgl. Reinisch 1998 und Peskoller, Wanda/Nachruf, 1992

37 Bergson bringt auch das Beispiel von Kälte/Wärme und das von Schwere/Leichtigkeit, vgl. ZF, 40 f; vgl. auch Peskoller, Zwischen, 1998

„Man prüfe nun, ob dieses Anwachsen der Empfindung nicht vielmehr eine Empfindung des Anwachsens genannt werden müsse.
[...] Die ganze Frage dreht sich um diesen Punkt; denn im ersteren
Falle wird die Empfindung eine Quantität, wie ihre äußere Ursache,
im zweiten eine Qualität, die für die Größe ihrer Ursache stellvertre-
tend geworden ist."[38]

Hans Kammerlander

4 AUGENBLICKE {WENDEN}

– Videoeinspielung 4: Der Bergsteiger erreicht den höchsten Punkt,
redet, hustet, informiert via Handy die Basis (50 sec) –

4.1 Freude

„Heini, weiter geht es nimmer. (Husten). Na, des isch wahnsinnig,
des Panorama do. Es isch gar nicht kalt, do. (Ein Durcheinander
von Stimmen) 17 Stunden, des isch oanfach, des isch wirklich
schnell. Und dabei no die Schi mitzunemmen. Jetzt wear i ver-
suachn, a halbe Stunde a bissl zu genießen, oder a viertel Stunde,
und dann schau i wieder, dass i den Platz wieder verlassen
muass." Kammerlander fotografiert sich, zum Beweis mit Selbst-
auslöser, in Siegerpose; ein vorläufiges Ende, das Entlastung, ja
Freude ausdrückt.[39] In diesem Augenblick bricht Ewigkeit in die
Zeit ein.[40] Die Berge ringsum, die den Bergsteiger überwältigen,
haben die Zeit gespeichert. Eine längst vergangene Zeit schenkt
sich einem Blick, der Gedächtnis wird, d. h. eine Anhäufung und
Aufbewahrung von Vergangenheit in der Gegenwart,

> „‚sei es, dass die Gegenwart das unaufhörlich wachsende Bild der
> Vergangenheit deutlich in sich einschließt', oder ,sei es, dass sie
> durch ihre fortgesetzte Änderung in der Qualität die immer schwere
> Last bezeugt, die man hinter sich herschleppt in dem Maße, wie
> man älter wird.'" Oder auch: „das Gedächtnis, das einerseits einen
> Kern von unmittelbarer Wahrnehmung mit einer Hülle von Erinne-
> rungen umwebt und andererseits eine Mehrzahl von Momenten in
> eins zusammenzieht."[41]

4.2 vielzeitig

Die Ankunft auf dem Gipfel sprengt das Kontinuum als Erfahrung der Zeit. Für Augenblicke zeigt sich, in der Verflechtung ver-
schiedener Zeiten, auch der Raum anders.[42] Es gibt, auf dem
höchsten Punkt der Erde, nichts, was vorgestellt wäre. Die alte
Ordnung des Aufstiegs, immer den Berg vor und unter sich, hat

Abb. 83

38 ZF, 42 und 39

39 Meine Gipfelstudien zeigen, dass
das so genannte „Gipfelglück",
insbes. bei extremen Unternehmen, mehr Klischee als Wirklichkeit ist; Peskoller, BergDenken,
1998² insbes. 293 ff.; vgl. auch
Kammerlander 1987, insbes. 86 f.
und 92

40 „Der ‚Augenblick' ist ein bildlicher
Ausdruck, und insofern ist er nicht
so gut zu handhaben. Doch ist es
ein schönes Wort, das wohl Beachtung verdient", schreibt Kier-
kegaard in „Der Begriff der Angst".
„Nichts ist so schnell wie der Blick
eines Auges, und doch ist er angemessen für den Gehalt des Ewigen." Vgl. hierzu auch die Bezüge
zur Kunst im Katalog „Augen-
Blicke" 1988 und „Alpenblick" 1997
sowie Beiträge in „Augenblick und
Zeitpunkt", 1984, insbes. Holländer 7–21 und 175–197

41 DSW 201/1411, MG 19/184, zit. nach
Deleuze 1997, 69/149. Aus den Zitaten geht hervor, dass es sich um
zwei unterschiedliche Gedächt-
nisformen handelt, und dass die
Gleichsetzung von Gedächtnis
und Dauer zwei Gesichter hat.

sein Ende zugunsten einer plötzlichen Unordnung, einer Weite, in der sich der Blick verliert. „Wahnsinnig", kommentiert Kammerlander und seine Stimme gerät außer sich. Nicht das Auge, sondern die Stimme bewegt. Dort, wo der Berg zu Ende geht, erwirken Augenblicke eine Aufhebung der Zeit. In das Zeitlose bricht das Umstehende. Der Einbruch des Ewigen, abrupt und vehement, rafft die Empfindung, in der, wie Bergson lehrt, Bewegung und somit Zeit entsteht. Dadurch verwahrt Kammerlanders Stimme, die sich überschlägt, ein winziges Geheimnis, das sich kundtut: Mit dem Erleben, in verschiedenen Zeiten, also vielzeitig zu sein, wird Unfassbares und Unbestimmbares gegenwärtig. Gegenwärtigkeit, so die These, kennt nur, wer Spuren vor jedem Bewusstsein ahnt, Spuren, die selbst dem Wahrnehmen entgehen. Die Rede ist vom Eigensinn des Leibes. Er beschreibt sich selbst im Augenblick, kurz hörbar in einer Stimme, die sich verschiebt. Hinter den Leibsinn ist für mich nicht mehr zu denken. Das Wissen um die Eigenbewegung, die Gewissheit, wie sich Atem zu Gelenk, Gelenk zu Sehne, Sehne zu Muskel und dieser gegenüber der Haut oder dem Auge verhält, ist basal.[43] Ohne dieses Wissen, das allem anderen vorangeht und das um vieles sicherer ist, wäre die Umschlagstelle Gipfel nie erreicht worden.

Die Spitze des Mount Everest ist ein Ort, der, für Menschen, wie sonst keiner, eine extreme Zeitbegrenzung verlangt.[44] Kammerlander spricht von einer halben oder viertel Stunde, dann will er diesen Platz verlassen. Der Vorrang des zeitlich Befristeten scheint, wie jede Zerfallserfahrung, weder Flucht noch Lösung,[45] sondern eine Leiberkenntnis durch die Stärkung des Empfindungssinns hervorzurufen.

42 Vgl. Seitz, Räume, 1996
43 Vgl. Wittgenstein 1997, insbes. § 148, 308, 360 und Gebauers Bezugnahmen, Hand, 1984
44 Zu Gefahren der Höhenkrankheit: vgl. Kukuczka 1990, 43 f., 75, 129 f., 136, 148, 168; Stichwort Todeszone: vgl. Peskoller, „8000", 1998
45 Vgl. auch andere Konzeptionen und Kontexte z. B. bei Luhmann 1991, Ziehe 1991, insbes. 167 ff. oder Kerckhove 1993, zitiert und diskutiert in Seitz, Räume, 1996, 50 ff.
46 Vgl. E. Oger im Vorwort zu MG, XIII

5 SCHNELLIGKEIT {VERLASSEN}

5.1 Fusion

„Noch nie", wird Kammerlander am Ende der Abfahrt sagen, sei er „von so weit oben in so kurzer Zeit zurückgekehrt". Die Aufeinanderfolge seiner Bewegungen, dem Gelände angepasst, ist einzigartig, keine Drehung und kein Schwung könnte in der gleichen Weise wiederholt werden. Es handelt sich um qualitative Momente, die, durchgehalten, ihre Kontur verlieren, da jeder Augenblick eine unauswischbare Spur im darauf folgenden hinterlässt und zu einer Fusion führt.[46] Die Betonung der Kontinuität bleibt, wie auch die Unterscheidung von Dauer und

Zeit, in ZF zentral.[47] Die Dauer ist wesentlich psychisch, da die Vergangenheit nicht verschwindet, sondern im Folgenden bewahrt bleibt. Kammerlander hatte die Kraft, sein Projekt, aufgrund der Raumergreifung zeitlich messbar, zu Ende zu führen. Zeit und Raum vermengen sich ständig, aber der Begriff der Dauer hilft, diese Vermengung etwas hintanzuhalten. Die Dauer ist somit eine Qualität, die der Erfahrung, immer ein zeitlich-räumliches Konglomerat, vorausgeht. Die Dauer übersetze ich mit Motiv, das, leiblich verstrickt und gebunden, vibriert und sich umgreifend zu Bewegungen verdichtet. Die Einführung der Dauer durch Bergson legt, unabhängig vom Motivinhalt, Struktur und Wirkungsweise von Beweggründen offen. Im Grunde der Bewegung finden sich Empfindungen. Sie lösen, und da kommt die Zeit ins Spiel, in einem Nacheinander Muskelbewegungen aus, welche sich zu Bewegungsabfolgen verdichten. Diese Verdichtung gründet im Wissen, dass jedem Anfang Vergangenes innewohnt.

> „Um mit der Wirklichkeit des Geistes in Berührung zu kommen, muß man sich in den Punkt versetzen, wo ein individuelles Bewußtsein die Vergangenheit fortsetzt und bewahrt in eine Gegenwart hinein, die sich aus der Vergangenheit bereichert ...“[48]

Gegenwart ist somit ein Übergang, und Gegenstände werden bei Bergson zu Knoten, Kopplungen oder Verdickungen im Strom der Dauer, wodurch Dinge Bilder sind.[49]

5.2 List

Film und Fotografie haben aus Körpern Abbilder, aus der Stimme ein Stimmbild gemacht. Die Hinfälligkeit des Leibes und die Vergesslichkeit des Geistes wird in die Dauerhaftigkeit des Mediums gestellt.[50] Was die Körper – hier der menschliche und der aus Fels, Eis und Schnee – trennt, schließt das Bild zusammen und erschafft ein zweites Kontinuum, welches sich vom ersten, der Dauer, unterscheidet. Die Zeit im Film ist exakt berechnet und jeder Schnitt festgelegt. In aller Kürze laufen 17 und mehr Stunden vor dem Betrachter ab und erzählen quasi an einem Stück, was man unzählige Male geteilt hat. Das Medium tritt in Konkurrenz zum menschlichen Gedächtnis und zur leiblichen Gegenwart, wie der Leib, durch die Zielsetzung, in Widerspruch zu seinem Gedächtnis gerät. Kammerlander ist so rasch nach oben gestiegen, dass sein Leib die Sauerstoffschuld nicht realisieren konnte. Der Abstieg, der den Extremen noch

47 In seinen späteren Schriften, wie z. B. „Schöpferische Entwicklung", wird Bergson mit Nachdruck auf die schöpferische Kraft der Dauer hinweisen und damit auch die Diskontinuität in den Begriff der Dauer aufnehmen; vgl. Oger, XIII in MG.

48 MG, 234

49 „Man nenne meinen Leib Materie oder man nenne ihn Bild, auf das Wort kommt es mir nicht an. Ist er Materie, dann ist er ein Teil der materiellen Welt und folglich existiert die materielle Welt um ihn und außer ihm. Ist er Bild, dann kann dieses Bild nur das geben, was es darstellt, und da es laut Hypothese nur das Bild meines Leibes ist, wäre es unsinnig, das Bild des ganzen Universums aus ihm entwickeln zu wollen. So ist mein Leib ein Gegenstand, bestimmt, andere Gegenstände zu bewegen, also ein Zentrum von Handlung; er ist nicht imstande, eine Vorstellung zu erzeugen", HB in MG, 4; Durch die Gleichsetzung von Körper/Ding und Bild verwundert es nicht, dass neuerdings Filmtheoretiker auf HB zurückgreifen; vgl. auch Meiffert 1990, insbes. 34 f. und Peskoller, Virtuelle Welt, 1998, Kapitel 2 in diesem Buch

mehr zu schaffen als der Aufstieg macht, wurde ebenso, durch den Einsatz von Schiern, beschleunigt. Erst im Nachhinein, unten im Tal, regungslos, wirkt sich die ungeheure Verausgabung aus.[51] Der Körper war schneller, als er ist. Kammerlander hat ihn überlistet, wie das Medium Film seinerseits den Betrachter. Das Ziel, so die These, macht Zeit zur Quantität, der der Leib in seiner Dauer unterworfen wird. Zugleich forciert umgekehrt, unter dem Vorzeichen der Selbsterhaltung, diese Unterwerfung die Dauer, mit der Folge eines ungemein schnellen Wechsels von Empfindung und Anästhesie, dem die Wahrnehmung nicht gewachsen scheint. Somit lehren die Schockzustände der Extremen zumindest dreierlei: Die Wahrnehmung selbst steht auf dem Spiel; am Ende seiner Kräfte wird aus Verzweiflung ein Spiel mit ihr,[52] und dieses strikt geregelte Spiel lässt Einblick auf Gründe zu, Intensitäten, die wir, auf Dauer gestellt, Leben nennen. Vom Leben, als und auf Zeit, galt es, nach Bergsons 3. Regel der Intuition als Methode,

„Probleme sind vorrangig in bezug auf ihre Abhängigkeit von der Zeit, weniger vom Raum, zu stellen und zu lösen"[53]

das Everest-Ereignis auf seine Qualität hin zu befragen.

– Videoeinspielung 5: Kammerlander sucht in steilem, schrofigem Gelände – mehr springend als fahrend – eine Spur von der Spitze nach unten (70 sec) –

Abb. 84

50 Vgl. Westphal 1998, 1
51 Es ist bekannt, dass alltägliche Verrichtungen, wie z. B. Kochen, in großen Höhen äußerst schwer fallen und dass sich das Denken ungeheuer verlangsamt bei gleichzeitiger Notwendigkeit, ständig lebenserhaltende Entscheidungen zu treffen; vgl. u. a. Kukuczka 1990, 185 und Peskoller, BergDenken, 1998², insbes. 223 f., 230 ff., 280 f., 319 ff.
52 Bereits die Zielsetzung, so die Vermutung, entsteht unter/ist ein Schock.
53 Zit. nach Deleuze 1997, 45; vgl. in diesem Zusammenhang vor allem auch Bergsons Unterscheidung von Subjekt/Objekt in MG, insbes. 57 ff.

BERGEINSAMKEIT

VOM WUNSCH ZUR ANGST DES SCHEITERNS

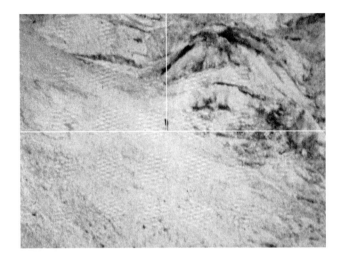

Abb. 85[1]

1 THESEN

Exakt um dieses Bild geht es nicht, aber um eines, das so wie dieses sein könnte und in ihm um einen Punkt, der, wie sich bald herausstellt, zwei ist, zwei auch aufgrund dessen, wo er sich befindet und mithin verliert. Aus der dreifachen Teilung dieses Bildes sprechen zwei Spaltungen eines Menschen: die eine geht senkrecht durch ihn hindurch, die andere trennt ihn waagrecht von dem, worauf er steht, vom Untergrund. Diese doppelte Getrenntheit, so viel vorweg, erzählt aber nicht nur über diesen einen Menschen, sie erzählt auch über das Bildermachen selbst. Im Bildermachen kommt eine Angst zum Ausdruck, die im Vorgang des Abstrahierens begründet liegt – hier als Transformation vom Körper ins Bild und in die Sprache – und zugleich darauf setzt, durch die Abstraktion überwunden zu werden. Diese Hoffnung wird und muss im Folgenden enttäuscht werden. Zwar handelt es sich um eine Fortsetzungsgeschichte, aber erzählt wird in umgekehrter Reihung. Diesmal steht nicht der Erfolg,[2] sondern das Scheitern im Mittelpunkt. Das Scheitern hebt früh an, bereits zu Beginn des Aufstiegs wird von einer drastischen Form des Alleinseins berichtet. Es handelt sich um das Alleinsein auf einem Achttausender. Nach und nach stellt sich

1 Das Bild ist entnommen aus: Messner, Alleingang, o. J., 97. Mit dem Teleobjektiv fotografiert Ursula Grether vom Wandfuß aus Reinhold Messner im Aufstieg zum Nanga Parbat (4. Versuch, August 1978). Aus heuristischen Gründen wurde die Dreiteilung des Bildes von mir vorgenommen.
2 Vgl. Peskoller, 8000, 1998

jedoch heraus, dass es weniger das Alleinsein am Berg ist, welches diesem einen Menschen so sehr zu schaffen macht, als vielmehr die Art und Weise, wie im Zustand des völligen Alleinseins gedacht wird. Dieser Beitrag ist daher weniger eine Beschreibung der sprichwörtlichen Bergeinsamkeit, welche es zweifelsohne und auch hier gibt, als vielmehr der Versuch, deren Um- und vor allem ihr Vorfeld sprechen zu lassen.

Mag sein, dass es nahe liegender gewesen wäre, über das Besondere der Bergeinsamkeit zunächst einmal allgemein zu schreiben. Nicht nur, dass dabei auf eine Kulturgeschichte der Höhe zurückzugreifen gewesen wäre, die sich den Erfahrungen von Menschen in und mit der Höhe zugewendet hat und daher auch einen nahezu unerschöpflichen Reichtum verschiedenster Arten einsamster Geschicke am Berg bereit hält,[3] die Aufgabe, Gesetzmäßigkeiten oder gar eine Typologie zum Thema auszuarbeiten, wäre durchaus reizvoll und akademisch zu erwarten gewesen. Diese Aufgabe steht weiter aus. Hier wird der Akzent anders gesetzt, und, wie zu zeigen ist, er muss auch anders gesetzt werden.

Die These, von der ich ausgehe, klingt denkbar einfach: Einsamkeit ist nicht das Ergebnis, sondern Voraussetzung und Verfahren zugleich, um sich der Höhe, der Größe und dem Widerstand der Materie Berg überhaupt erst aussetzen zu wollen und zu können.

Unter dieser Annahme hätte eine anthropologische Höhengeschichte nicht erst bei Francesco Petrarca ihren Ausgang zu nehmen,[4] die Anfänge reichen weiter, viel weiter zurück, wobei, und das ist paradigmatisch, Anfang und Ende nicht zu bestimmen sind. Welche Kriterien, so müsste gefragt werden, wären denn allen Ernstes ins Feld zu führen, um festzulegen, wann, wie und wo die Geschichte der menschlichen Subjektbildung anfängt und mit ihr die forcierte Herausbildung eines Individuums, dessen Ausformungen heute weniger zu enden, als vielmehr immer bizarrer zu werden scheinen. Zumindest in seinen Extremen, das die zweite These und sie kränkt den Geist, ist das Individuum nicht wirklich zu fassen, ja es unternimmt sogar alles Mögliche bis Unmögliche, um unfassbar zu bleiben. Dieser Tatbestand wirft sowohl auf die Befindlichkeit des Individuums als auch auf die Verfasstheit der Wissenschaft ein Licht, denn es ist bezeichnend, dass sich ein anthropologischer Begriff des Individuums trotz aufgestauter Traditionsbestände bislang nicht durchgesetzt hat.[5]

Diesem einen Scheitern zum Trotz ist und bleibt mein Gegenstand das Extrem, das Extrem als eine Passage, die von der

3 Vgl. Peskoller, BergDenken, 1998², insbes. 293 ff.
4 Vgl. ebd., insbes. 57 ff.
5 Vgl. dazu Meyer-Drawe 1997, 698

einheitsstiftenden Vernunft hinüberführt zu einer Wahrnehmung, welche die Unmöglichkeit von Einheit erträgt und bezeugt.[6] Aber auch dieser Versuch, das sei vorausgeschickt, wird
im Letzten versagen. Und dennoch schreibe ich. Der Text wiederholt den vorzeitigen Abbruch des Bergsteigers. Er schöpft
aus einem Vorrat an Spuren, die auftauchen, sich verzweigen
und sich verlieren in Richtung auf ein dreifaches Scheitern: dem
der Wissenschaft vom Individuum, dem eines Begriffs vom Individuum und dem, einer anderen Art wahrzunehmen.

2 Fragen

Von der Idee besessen, den Nanga Parbat im absoluten Alleingang zu besteigen,[7] scheitert er dreimal. Die Rede ist von keinem Geringeren als von Reinhold Messner. Ihm wird es erst am
9. August 1978 um etwa 16 Uhr – und zwar im vierten Versuch
– gelingen, den Gipfel dieses 8125 Meter hohen Berges zu erreichen. Erschöpft wird er am Endpunkt ankommen, dort, wo er
acht Jahre zuvor auch schon stand, aber nicht allein. Im Abstieg
war dann das Schreckliche passiert. Eine Eislawine hat kurz vor
dem Wandfuß seinen Bruder Günther mit- und aus dem Leben
gerissen; Reinhold hat nach ihm gesucht, war herumgeirrt und
nach Tagen von Einheimischen gefunden worden. Überlebt hat
nur er.

Dieses Trauma, ein Flechtwerk aus Tod und Traum, will Messner durch die Wiederholung erinnern und bearbeiten, was ihn,
rascher als befürchtet, in einen Horror vacui führt. An diesen unheimlich bilderlosen Ort versuche ich zu folgen, wobei ich mich
an den Erlebnisbericht halte, den er selbst verfasst hat. Die ersten dreizehn Seiten reichen aus, um eine völlige Erschütterung
zu erfahren.[8] Gleich zu Beginn spricht Messner von seiner
Angst. Er habe Angst, Angst vor der Angst, die darin besteht, da
oben die Einsamkeit nicht ertragen zu können und sich aufzulösen. Die Angst mache einen einzigen Zwiespalt aus ihm,
einen Zwiespalt aus Wunsch und Angst.[9]

Ein zum Zwiespalt gewordener Mensch erschrickt auf über
6000 Meter Höhe vor sich selbst. Der Schrecken kündet von einer Selbstfremdheit, die kaum zu übertreffen ist, er markiert
aber auch einen Aus- und Übergang in ein anderes Verhältnis
zur Natur und zu dem, was man normalerweise Identität nennt.

Von der Identität zur Selbstfremdheit, vom Subjekt zur Natur und vom Bild zum Körper – ein schwieriges und weites, zu

6   Dietmar Kamper würde zu dieser
    Wahrnehmung „diabolisch" sagen
    (‚diaballein' = Durcheinander vs.
    ‚symballein' = vereinheitlichende
    Ordnung); Kamper meint mit „dia-
    bolisch" also nicht teuflisch, son-
    dern gespalten, mindestens zwei-
    fach; vgl. Kamper, Abgang, 1996,
    insbes. 108

7   Messners Alleinbesteigung soll in
    Unterscheidung zu der von Her-
    mann Buhl stehen: Buhl war am
    3. Juli 1953 als erster Mensch über-
    haupt und noch dazu allein und
    ohne Sauerstoffgerät auf dem
    Gipfel des Nanga Parbat gestan-
    den, und er hat, obwohl niemand
    mehr daran zu glauben wagte,
    nach 72 Stunden lebend wieder
    das Tal erreicht. Aber Buhls legen-
    därer Alleingang war, anders als
    Messners Vorhaben, nicht von An-
    fang an als Alleingang geplant
    und wurde auch nicht, wie das
    Messner dann tat, von ganz unten,
    sprich vom Basislager aus durch-
    geführt; vgl. dazu „Hermann Buhl",
    1997, insbes. 149 ff. und Messner,
    Alleingang, o. J., insbes. 19

8   Ursprünglich hatte ich vor, mich
    den beiden Unterkapiteln „Die
    schwarze Einsamkeit" und „Die
    weiße Einsamkeit" in Messners
    Buch zuzuwenden; Letztere hat
    ihn 1978 bis zum Gipfel begleitet
    und war wohl mit eine der Voraus-
    setzungen, diesen überhaupt erst
    erreichen zu können.

9   Vgl. Messner, Alleingang, o. J., 12

weites Feld, um sich darin annähernd präzise zu bewegen. Dennoch mache ich mich in ihm auf den Weg und lege eine fragmentarische Skizze jener Fluchtbewegung an, welche zwar nicht glückt, aber gerade dadurch die Wirkung und Struktur einer schier ausweglosen Situation offen legt. Diese ausweglose Situation wäre nur zu bewältigen durch eine Lesart, die auch die Rückseite und den Untergrund des Bildes vom Anfang mit einbezieht und zu enträtseln vermag.

Schritt für Schritt werden daher, in Spannung zwischen Empirie und Philosophie, subversive Bewegungen hinter und unter das Bild angebahnt. Sie richten sich an jenen drei Fragen aus, die aus Messners Einbekenntnis sprechen: Lässt sich in Erfahrung bringen, womit diese ungeheure Angst, sich aufzulösen, zusammenhängt? Kann angegeben werden, welche Ordnung bzw. Gestalt Messners Wunsch hat? Was ist über den Zwiespalt, d. h. zum Verhältnis von Wunsch und Angst, auszusagen?

Kaum sind die Fragen gestellt, mischt sich ein nahezu unlösbares Problem, genauer, eine methodologische Schwierigkeit ein: Die besondere Einsamkeit dieses einen ganz und gar vereinzelten Menschen an diesem einzigartigen Berg erweist sich zwar in vielem als eine durch ein Allgemeines ausgezeichnete Einsamkeit, aber genau dieses Faktum, dass gerade in der Verbesonderung das Allgemeine am besten zum Ausdruck kommt, wird heute wie ehedem hartnäckig geleugnet und das Umgekehrte – sowohl vom Individuum als auch von der Wissenschaft – behauptet. Was das Denken nun erwartet, lässt sich nicht so recht abschätzen, aber es ist anzunehmen, dass es mit Widerstand und Abwehr gegen den Vorgang des Verallgemeinerns zu tun bekommt. Die Abwehr und der Widerstand, der hier geleistet wird und vermehrt zu leisten ist, mutet an wie der verzweifelte Angriff eines Singulären auf die Wissenschaft im und des Allgemeinen, macht jedoch Sinn, mehr noch, dieser Widerstand und -streit hat Methode und ist gekennzeichnet durch eine Paradoxie. Ein übermächtiges Subjekt bewegt sich fort in großer Höhe und scheitert. Es scheitert aber nicht an den denkbar schlechten Umständen, sondern an dem, was dieses Subjekt eben erst hat aufbrechen lassen: die eigene Zielsetzung. Die Zielsetzung ist es, die das Subjekt bestimmt, ein Akt, der von allem rundum, unter und hinter sich absieht, die Kräfte bündelt und hinrichtet auf das eine. Dieses eine ist das Produkt einer Abstraktion, die das Subjekt erst zu dem macht, was es von Anbeginn war: ein ungebrochen allgemein verbindlicher Entwurf von Freiheit und Selbstbestimmung, ein starkes Ich, das nicht aufhört, vorwegzunehmen, zu planen, sich zu (er)schöpfen und permanent sich darin zu täuschen, was es trotz aller und gerade wegen seiner Selbstbehauptung nicht vermag.

3 Ein Mann und ein Achttausender

Diese Überschrift leitet, damit hebt meine konkrete Studie an, das erste Kapitel von Messners Erlebnisbericht ein. Ebenso erhellend fiele die Formel 1 : 1 = 1 aus. Beide Male sind zumindest zwei im Spiel, aber in der harten Gegenübersetzung scheint diese zwei nichts mehr zu verbinden. Der radikalen Getrenntheit folgt Furcht. Inmitten einer Steilstufe und völlig außer Atem muss Messner erkennen, dass er nicht mehr zurück kann. Das lässt ihn wie gelähmt sein und er schwitzt, obwohl es kalt ist in seinem Zelt und Raureif an der düsteren Plane über seinem Gesicht hängt. Er sagt etwas, ruft, aber er kann sich nicht hören. Die Furcht, die ihn nun anfasst, erlebt er körperlich. Er möchte vor Angst schreien. In einem Augenblick kommt ihm zu Bewusstsein, dass er ganz allein ist, und unter diesem Schreck beginnen sich seine Bauchmuskeln zu verspannen. Es war im Halbschlaf, als ihm dieses unabwendbare Alleinsein bewusst wird und er damit beschäftigt ist, bestimmte, vorgedachte Kletterbewegungen voraus zu vollziehen. Zugleich erkennt er die volle Größe der Wand, in der er gerade hängt. Sie ist so groß, schreibt er, dass er nicht bis zum Einstieg sehen kann, was bewirkt, dass die Tiefe unter ihm eine Untiefe wird, die bodenlos ist. Innerhalb weniger Augenblicke drückt ihn seine eigene Furcht zu einem zitternden Bündel zusammen. Er will sich in die Wand verkriechen und weinen, nur eines will er nicht, die Wand hinabsehen müssen. Seine Finger können sich nicht mehr festklammern, sie gehen auf und die Knie geben nach. Es gelingt nicht, die Augen zu schließen, sie bleiben offen. Noch immer ist es Nacht, die Sterne sind durch die vereiste Zeltwand zu sehen und es dauert lange, bis er sich entspannen kann. Er massiert sich Arme und Beine, und während er das tut, wirbelt die ganze Verzweiflung, er selbst zu sein, durch den Körper. Der Zustand der Furcht hält an, wenngleich es ihm nicht gelingt zu erklären, was diese Panik eigentlich ausgelöst hat. Es handelt sich um die Furcht da zu sein, um die Furcht weiterzumachen; die Furcht, überhaupt ein Mensch zu sein. Entgegen die Erwartung lähmt ihn also nicht die Furcht vor dem Absturz, sondern die Furcht, dass er sich selbst in diesem Alleinsein verloren geht.[10]

10 Vgl. Messner a. a. O., 11

Diese Textstelle enthält eine Fülle an sinnlichen Daten. Sie spannt den Bogen von der Beschreibung eines starken Erregungszustandes über das Gewahrwerden des Alleinseins bis hin zur Furcht vor der eigenen Gattung. Diese Furcht, überhaupt ein Mensch zu sein, erschrickt auch den, der liest, denn in ihr zeichnet sich ein Ende ab. Die Furcht vor sich selbst markiert einen Kreuzungspunkt, der das Denken quert und direkt auf das Subjekt zielt, wodurch beides zur Disposition steht. Was Messner lähmt und das Denken entsetzt, ist also nicht der mögliche Absturz mit Aussicht auf den eigenen Tod, Messner und das Denken lähmt der Schrecken, in sich selbst verloren zu gehen. Messner ahnt etwas Ungeheuerliches, das in ihm beim Machen am Werke ist, etwas, zu dem er sich in kein Verhältnis mehr zu setzen vermag. Wie aber lässt sich der Unterschied zwischen Tod und dieser merkwürdigen Unverhältnismäßigkeit beschreiben? Ist es nicht sinnvoller davon auszugehen, dass es sich beide Male um ein und dasselbe dreht? Angenommen es gäbe einen Unterschied, wäre dann nicht zu befürchten, dass dieser, wenn überhaupt, nur über Um- und Irrwege auszumachen wäre und unter Gefahr, den Menschen selbst zum Skandalon erklären zu müssen?

3.1 ver/achten

Zwischen dem, der steigt, und dem Ort, an dem das Steigen stattfindet, gibt es nichts, das hält und trägt; die Tiefe ist grund-, die Höhe endlos. Die Nichtbegrenzung außen erzwingt ein Mehr an Grenzziehung innen. Erst ab dem Zeitpunkt, wo sich Messner entscheidet für den Rückzug, findet er Ruhe, aber sie ist nicht von Dauer. Der Felspfeiler über ihm wirft erneut die alte Frage, es doch noch einmal versuchen zu sollen, auf. Zerworfen zwischen Aufgeben oder Weitermachen gibt ihm anderntags nur der Entschluss, endgültig abzusteigen, die Kraft, die er braucht, um sich im Schlafsack aufrichten und aus der warmen Daunenhülle schälen zu können. Diese kleine, aber wichtige Bewegung verdankt sich der Entscheidung, aber die Entscheidung konfrontiert unbarmherzig mit der eigenen Zerrissenheit. Messner möchte hinunter, beschäftigt sich aber unablässig mit dem Aufstieg.[11] Für einen vorzeitigen Abbruch würde er sich verachten.[12]

Verachtung aber hat er mit Sicherheit an diesem Berg nicht gesucht. Was er sehnt, ist, die Sorgfalt, Achtung und Achtsamkeit mit der Höhe wiederzugewinnen, nur sie scheint ohne Zerstörung an ein Gegenüber zu binden. Achtsamkeit stellt sich jedoch nicht von selbst ein, sie bedarf eines Gleichgewichts, das

11 Vgl. ebd., 12
12 Vgl. ebd.

seinerseits verlangt, nicht in den Gewinn, sondern zuerst in den Verlust zu investieren. Nehmen wird zu einem Geben und Lassen. Anstelle dieser Wende zehrt Angst seine Seele auf. Im ständigen Hin und Her, jede Entscheidung wird, kaum gefällt, wieder zurückgenommen, schwinden die Kräfte.

Und plötzlich ein Krachen über ihm. Steine haben sich gelöst und er hört, wie die Trümmer in riesigen Sätzen die Wand herunterspringen. Er vertieft sich in die wechselnden Geräusche, es ist ein Singen und Pfeifen in der Luft, das Einschlagen im Fels oder Eis und das Auseinanderspritzen der Splitter. Er kriecht, ohne zu wollen und zu wissen, aus dem Schlafsack, öffnet den Zelteingang und schaut hinaus. Draußen ist bereits helllichter Tag geworden, er weiß sofort, dass es ihn nicht erwischen kann und richtet seinen Blick gerade nach oben und erstaunlicherweise erscheint ihm aus dieser Position heraus der Weiterweg jetzt gar nicht so steil.[13]

Einzig die Lebendigkeit der Wand vermag Messners zermürbendes Kreisen zwischen Hinauf und Hinunter für Momente zu unterbrechen. Er nimmt sein Tagebuch hervor, liest die Eintragung von vorgestern, und während er das tut, wird ihm klar, dass er erst gar nicht hätte einsteigen dürfen. Der Eintrag ins Tagebuch beginnt mit einer Zeitangabe. Es ist der 1. Juni 1973 und schon nach Mitternacht. Er kann nicht schlafen und die wenigen Bissen, die er beim Abendessen hinuntergewürgt hat, liegen ihm im Magen. Er denkt an Uschi und wird dabei von Weinkrämpfen geschüttelt. Er wundert sich darüber, dass er das Gefühl, das ihm Hunger und Durst verschlägt, nicht loswird, denn es ist nicht sein großer Plan, der ihn weder essen noch schlafen lässt, es ist das Getrenntsein. Das Getrenntsein verhindert, ein seelisches Gleichgewicht zu erlangen, das nötig ist, um so ein großes Unternehmen sicher zu Ende führen zu können.[14]

Die Angst hat ihn frühzeitig gewarnt und noch am Wandfuß erkennen lassen, dass ihn das Getrenntsein vollends überfordert. Das Wissen um die Trennung nimmt das Gleichgewicht und mit ihm jene Sicherheit, die für ein derart grenzwertiges Wagnis unabdingbar ist. Ich habe keine Lust, hier psychoanalytisch oder wie auch immer der Frage nachzugehen, wie Männer, speziell ein solcher Mann wie Reinhold Messner, in Situationen der Trennung mit sich verfahren, und, eingedenk des Aufflammens eines Urkonflikts,[15] sich zu und gegen Frauen verhalten,[16] eines jedoch erscheint bemerkenswert: Angst erzeugt in diesem konkreten Fall weniger die Tatsache des Getrenntseins, sie löst erfahrungsgemäß Trauer, möglicherweise auch Wut und Hass

13 Vgl. ebd.
14 Vgl. Messner a. a. O., 13; zur Erklärung: Mit Uschi Messner war Reinhold zum Zeitpunkt dieser Unternehmung noch verheiratet.
15 Vgl. Görlich 1997, insbes. 880 f.
16 Vgl. u. a. „Der Mann", 1997

aus, Angst macht hier vielmehr, was in der Trennung gemacht, über sie erdacht, aber nicht gefühlt werden kann.

Worum es geht, lässt sich auf einen knappen Satz bringen: Denken ist ein Produkt der Angst.[17] Dieser biografisch wie historisch folgenschwere Satz lässt sich auch noch umkehren: Angst ist eine der Folgen zu denken. Wenn dieses doppelseitige Verhängnis stimmt, und eine Anzahl von Befunden spricht dafür, dann wäre weder in der Angst dem Denken, noch im Denken der Angst zu entgehen, was postwendend eine Reihe von grundsätzlichen Fragen aufwirft, die aber an dieser Stelle nicht zu beantworten sind. Die erste Frage, die sich stellt, wäre die nach der Machart des Denkens in Abhängigkeit von den Funktionsweisen der Angst. Diese Frage fordert zu einer Reflexion heraus, welche den nicht außer Acht lässt, der die Möglichkeit nachzudenken erst schafft. Die Rede ist vom Menschen, der, wie wir spätestens seit Foucault wissen, zwar tot, aber nicht stumm geworden ist, im Gegenteil, er scheint gesprächiger als je zuvor, so, als stünde das Sprechen einzig für die Erinnerung an eine vormalige Lebendigkeit und als gelte dieses Sprechen bereits als eine Handlung, womöglich die einzige, mit der heute noch Geschichte zu machen und nicht nur zu erleiden ist.

Auch Messner spricht und schreibt, er schreibt sogar an Orten, wo einem das Schreiben vergehen kann, schon allein der Umständlichkeit und Kälte wegen. Schreiben und Sprechen und sich, wem auch immer, mitzuteilen in Zeiten, wo mit niemandem mehr etwas zu teilen ist, scheint eine letzte Sicherheit dem zu versprechen, der ansonsten alle Brücken hinter sich abgerissen hat. Der, der schreibt und spricht, tut dies als ein Ich, das trotz aller Zerrissenheit noch ein Minimum an Zusammenhalt zu garantieren scheint, was vielleicht aufs Erste sogar die LeserInnen beruhigt, aber diese Ruhe, einzig dem Glauben an Identität verpflichtet, ist eine vor dem Sturm. Der Sturm hat sich früh, viel früher als wahrgenommen, durch Ausschlüsse angebahnt. Was muss nicht alles schon vorzeitig abgewehrt, verzerrt und verweigert worden sein, um sich mutterseelenallein an diesen unwirtlich menschenfernen Ort zu begeben? Und dann, hat man ihn erreicht, ist unmittelbar nach Ankunft festzustellen, dass hier das Gegenteil von dem zu erleben sein wird, worauf man mit dem letzten Rest an Vertrauen gesetzt hat. Anstelle einer Befestigung und Festigkeit des Ichs zerfällt dasselbe und sieht sich, geschwächt durch eine unverheilte Trennungsgeschichte, etwas gegenübergestellt, das den Menschen viel zu fremd ist, um eine Zuflucht oder gar den ersehnten, da erlösen-

17 Vgl. Horkheimer in Görlich 1997, 876; vgl. aber auch Kamper, Unmögliche, 1995

den Fluchtpunkt und Ausweg abzugeben. Ausweglos abgeschnitten erfährt dieses Ich, wie es unaufhaltsam zu einem Sammelbecken der Angst wird. Dieses Ich hat, einer Mauer gleich, dichtgemacht gegen innen und außen, ja selbst gegen die Bilder, die man sich normalerweise zum Schutz gegen das unerträglich Reale macht, aber all diese Anstrengungen zur Selbsterrettung helfen jetzt nicht weiter. Es ist nicht der Nanga Parbat, der dieses Menschen Leben bedroht, es ist das von allen guten Geistern verlassene und nur mehr mit Angst aufgefüllte Ich, das sich im Letzten als der exklusive Ort des Unheimlichen erweist. Denn was aus diesem Ich blickt, oder genauer: zurückblickt, ist nichts anderes als das Imaginäre selbst. Das Imaginäre ist kein Bild, es trägt, selbst bilderlos und leer, die Bilder. Ihm ist eine gläserne Leere eigen, die Einblick auf einen Grund gewährt, der keiner ist, da er nichts aufrechterhält. Dieser Un- oder Nichtgrund lässt den Blick, der auf ihn trifft, blitzartig ein- und in sich zusammenstürzen. Es ist anzunehmen, dass sich Messner weniger für den Rückzug am Berg verachtet, als vielmehr für das, was dieser kurze Blick auf den vermeintlichen Grund ungeschützt freigibt. Dieser extreme Bergsteiger sieht sich unausweichlich einer Grundlosigkeit ausgesetzt, die sein Ich nicht wahrhaben wollte und immer noch nicht wahrhaben will. Mit der Abwehr der Grundlosigkeit seiner Verfasstheit und seines Tuns wächst aber das Unheimliche seines Ichs mit und an, und je näher Messner dem Grundlosen kommt, desto verbissener hält er an seinem Selbstentwurf fest, der, entgegen die Vernunft und aller Verzweiflung, Turbulenzen und Umstände zum Trotz, verteidigt wird bis hin zur Selbstzerstörung. Dieses Ich beginnt sich selber zu zerstören, weil es sich erhalten will. Messners Angst, sich aufzulösen und in sich selbst verloren zu gehen, kommt nicht, wie man vermutet haben könnte, daher, ein schwaches oder kein Ich zu haben, sondern liegt darin begründet, dass dieses Ich, das spätestens seit der Ankunft am Fuße des Berges angefangen hat verloren zu gehen, sich als zu stark und mächtig erweist und sich um jeden Preis zu bewahren sucht. Die Kraft, welche Messner zur Rettung des Ichs und gegen das reale Erleben aufbringt und einsetzt, nährt sich aus einer Anzahl von Verweigerungen, die ihrerseits Kraft verbrauchen. Dieser doppelte Aufbrauch an Kräften bedroht den, der weiß, dass in großen Höhen die Leistungsfähigkeit ohnehin mehr als die Hälfte herabgesetzt ist, nur umso mehr und dennoch gibt er nicht auf, diese Gefährdung weiterhin mit zu verursachen. Messner könnte auch etwas anderes tun, er könnte beispielsweise anerkennen und endlich für wahr nehmen, infames Opfer seiner Pläne und Hoffnungen geworden zu sein. Er könnte das Unterfangen kurzerhand beenden und auf der Stelle umdrehen, angesichts des Elends, in dem er sich vorfindet aufgrund der Illusion, ganz oben endlich die Aufhebung seines zweifachen – von der Frau und in sich selbst – Getrenntseins bewerkstelligen zu können. Was aber so nicht geschieht, und zwar, wie ich meine, weniger deshalb nicht, weil Messner diese Einsicht nicht hätte oder die Umkehr nicht wollte, sondern deshalb, weil er nicht zu wissen scheint, wie der Rückzug zu rechtfertigen ist. Seine körperliche Verfassung ist gut, er hat weder Erfrierungen noch Probleme mit der Kraft, selbst die objektiven Gefahren wie Witterung oder Lawinen halten sich in Grenzen. Was aus diesem Bergsteiger, aus seinen Plänen und Hoffnungen spricht, ist eben nicht, und gerade das macht die Sache so prekär, Verrücktheit, sondern ein hohes Ausmaß an Vernünftigkeit, eine Vernunft, die so angelegt, dass sie aus Viel- überschaubare Einheiten, aus Wahrnehmung gesichts- wie geschichtslose Begriffe, aus der Differenz Identität und aus sich selbst eine Moral zu machen versteht.

Messner, daran sei noch einmal erinnert, wollte an diesem hohen Berg nichts Ungewöhnliches: Er wollte ja nur wieder zu sich kommen, auf sich selbst zurückkommen, ein Anliegen, das ganz normal erscheint. Wer würde von sich denn behaupten, nicht zu sich kommen zu wollen? Messner ging davon aus, und dadurch mag er sich von den meisten anderen doch zu unterscheiden, dass dieses Zusichkommen dann gelingen müsse, wenn man weit von sich weg- und nach außen, besser noch bis zum Äußersten des Menschenmöglichen geht. Dass er mit dem Gang zum Äußersten zwangsläufig sein Innerstes berührt, könnte er noch geahnt haben, aber dass sich dieses Innerste nun als etwas zeigt, das, entzweit, und, obwohl es dieses große Ziel ursprünglich gesetzt hat, jetzt, über 6000 Meter Höhe, dem selbst gesetzten Ziel zuwiderhandelt, darauf war Messner offensichtlich nicht mehr vorbereitet. Der Schock besteht für ihn weniger im Scheitern am Ziel, als vielmehr darin, anerkennen zu müssen, dass die Instanz, welche Ziele setzt, dieselbe ist wie diejenige, welche mit allen Mitteln, geradezu systematisch versucht, diese Ziele zu hintergehen und dass es auch noch dieselbe Instanz bleibt, die vor Ort in der Lage ist, Einsicht in ihr eigenes, prekäres Spiel zu gewinnen.

Jene Kraft, die ihn an- und hinauftreibt und zur Erkenntnis in die eigenen Beweggründe befähigt, stellt sich als eine Kraft heraus, die sich nicht nur allmächtig, sondern auch zynisch verhält. Anstelle der Achtung, d. h. einer präzisen Wahrnehmung der Lebenslage, in die sich der Bergsteiger gebracht hat, wird Verachtung empfunden. Eine Verachtung, die sich gegen das Leben und gegen den Willen zu leben richtet und aus einer Vernunft hervorgeht, die vorgibt, Ängste in Schach zu halten und zu befrieden und dabei nicht nur das Gegenteil erwirkt, nämlich überall Angst und Schrecken zu verbreiten, sondern sich gut getarnt als etwas zeigt, dem es gelingt, Täuschungen aufrechtzuhalten, welche noch die verheerendste Art von Selbstgefährdung und -zerstörung für ein Rettungsmanöver halten wollen.

Ist man also ein ganz und gar vernünftig verfasstes Ich, und das scheint Messner von sich entweder immer noch zu glauben, oder, was nicht weniger tragisch wäre, unbelehrbar für sich zu erhoffen und zu behaupten, dann ist nicht nur mit einem grassierenden Realitätsverlust zu rechnen, der auch stattfindet, zu entrichten ist ein noch höherer Preis: das Misstrauen gegen sich selbst. Es breitet sich aus, man traut nicht nur nicht den anderen und keiner „Wirklichkeit", man spürt auch, und das scheint Messners Selbstverachtung schlussendlich auszulösen, dass man immer weniger genau und tief empfinden kann. Mit dem Verlust des Empfindungsvermögens aber beginnt sich die Vernünftigkeit des Ich selbst ad absurdum zu führen. Empfindungen sind Ausgänge zur Intelligenz,[18] und wer diese Ausgänge verschließt, bringt sich langsam, aber sicher um das, was jedes Selbstkonzept zusammenhält. Messner wird Zeuge eines kannibalischen Vorgangs. Unter dem Vorwand, vernünftig zu handeln und das Risiko zu minimieren, muss er wider Willen mit ansehen, wie sich genau diese Fähigkeit zu kalkulieren im Prozess des Berechnens selbst zunichte macht. Die Vernunft, welche im Kern des Identen arbeitet, selbst aber nicht ident ist, entledigt sich ihrer Grundlage, indem sie sich um die Empfindung und mithin über kurz oder lang um den Verstand bringt, jener Vornehmlichkeit also, auf die Menschen normalerweise so sehr stolz sind. Im Kalkül, könnte resümiert werden, verliert man nicht nur die Empfindung, sondern mit ihr auch die Fähigkeit zu denken und in ihr das, was Menschen auszeichnet. Das Kalkül löscht auf Dauer den, der es hervorbringt, und macht unberechenbar, wer mit ihm rechnet.

3.2 un/entschieden

„Heute ist der dritte Juni", sagt Messner, um sich erneut Mut zu machen. Immerhin sind drei Tage vergangen seit der Einsicht in

18 Vgl. Peskoller, Spiel/Täuschung, 2000, Kapitel 2 in diesem Buch

das eigene Unvermögen. Mittlerweile hat er an Höhe gewonnen und es könnte sein, dass nun alles anders, besser wird. Den Reißverschluss des Zelteingangs hat er aufgemacht, um im offenen Zelt zu packen. Zwischendurch steckt er den Kopf hinaus, um die senkrechten Eisbrüche zu betrachten, die sich wie riesige Schutzwälle über ihm aufbauen. Er beobachtet das Licht, das gerade von einem nachtwarmen Grau in das kalte Blau des Morgens wechselt. Es ist ihm, als müsse er etwas tun, einfach nur Tätigkeiten verrichten, um wieder stark und mutig zu sein. Er sagt sich, wenn er schnell gehe, müsste es gelingen, in vier oder fünf Stunden so hoch oben zu sein, dass ihn die Lawinen nicht mehr erwischen, und dieser Herausforderung kann er nicht widerstehen. Der Himmel über ihm ist derzeit weder bewölkt noch klar; er ist verschleiert, und auch der Gletscherstrom, der tief unten zwischen den steilen Wänden der Vorberge herauszieht, ist jetzt grau. Dieses Grau lässt kaum eine Unterscheidung zu zwischen dem Gletscherstrom und den beiden Moränen rechts und links. Über Nacht ist alles anders geworden, die Luft und auch das Eis.[19]

Messner nimmt genau wahr, kalkuliert aber weiter. In wenigen Stunden könnte er eine der Gefahren hinter sich gelassen haben. Zudem ist der Himmel diffus und das bedeutet, dass sich das Wetter in alle Richtungen entwickeln kann, was der Bergsteiger kurzerhand auf die Habenseite schlägt, ähnlich die Luft und das Eis, was sich über Nacht geändert haben soll, ohne zu erfahren in welcher Weise.

„Du musst ja nicht", spricht er sich zu, es zwinge ihn ja niemand hinaufzusteigen. Er ist froh, dass das Zelt noch steht, denn solange das der Fall ist, muss keine endgültige Entscheidung getroffen werden. Und während er ein Stück hartes Brot kaut, die Schuhe anzieht und den Reißverschluss am Anorak schließt, packt ihn eine Welle von Angriffslust, wobei er alles betont langsam und vorsichtig macht, um Kraft zu sparen. Allerdings weiß er nicht so recht, wofür er Kraft sparen soll. Bevor er aufbricht, ist er wieder ruhig. Eine stille Übereinkunft hat vermittelt zwischen den beiden Gegenkräften in ihm. Sie besteht darin, keine Entscheidung fällen zu müssen, bevor das Zelt nicht abgebaut ist. Es ist also nicht Lustlosigkeit, die ihn lähmt, sondern es ist und bleibt die Angst vor dem Alleinsein, die beim Nichtstun, beim Abwarten aus ihm ausbricht. Er befürchtet, dass ihn das Alleinsein umbringt, wenn es ihn höher oben überfällt.[20]

Es scheint, als müsse er das, was in ihm werkt, genauer er-

19 Vgl. Messner a. a. O., 13
20 Vgl. ebd., 14

Grenzkenntnis

kunden, um besser abschätzen zu können, was aus ihm wird und noch werden könnte. Messner, nicht zum ersten Mal in solchen Höhen, vermutet, dass zumindest eine dieser Kräfte zu den unberechenbaren Größen zählt, aber dennoch ein Maß hat. Insgeheim beginnt er mit der Einsamkeit zu rechnen, er schätzt ein, dass ihre Größe anwächst, und zwar proportional zu den Höhenmetern, die zurückzulegen sind, und er weiß, sollte das tatsächlich der Fall sein, gibt es weder in ihm und schon gar nicht ihm außerhalb etwas, das ganz oben noch Schutz böte. Also sucht er Zeit zu gewinnen und klaubt um vieles langsamer als gewohnt seine Habseligkeiten zusammen. Zeit, auch um in sich einen Rest aufzuspüren, der frei geblieben ist und nicht eingenommen oder angegriffen ist von dieser schrecklichen Angst, allein zu sein.

Als nun das Zelt eingerollt ist, bindet er es auf den prallvollen Rucksack. Für einen Augenblick lang steht er da, starrt auf das rote Bündel, das vor ihm im Schnee liegt, so, als ob darauf stünde, wohin er zu gehen hat. Aber niemand ist hier, der ihm die Entscheidung abnehmen kann, der ja oder nein sagt, nickt oder den Kopf schüttelt, es gibt kein Gesicht und keine Augen, auch keinen aufmunternden Blick. Warm angezogen sei er, bemerkt Messner, der einteilige Sturmanzug, den er als äußerste Schicht trägt, gibt ihm sogar das Gefühl von Geborgenheit. Was noch kalt ist, sind die Füße; die Hände sind in Daunenfäustlinge eingepackt, trotzdem spürt er Schweiß zwischen den Fingern. Noch hat er sich keine Schneebrille aufgesetzt, selbst die Mütze hat er in den Rucksack gesteckt, denn die Haare, lang und dicht, geben Schutz. Sein Zögern empfindet er jetzt nicht mehr als Schwäche, es ist vielmehr wie ein tiefes Durchatmen.[21]

Niemand nimmt ihm die Entscheidung ab, es gibt auch niemanden, der ihn aufmuntert. Also verlässt er sich auf sich selbst, genauer: auf die Empfindung der Wärme, die ihm die Kleidung schenkt; sie hüllt ihn ein. In hartem Kontrast zu dieser Geborgenheit steht die Ausgesetztheit der Sinne. Die Schneebrille hat er noch nicht aufgesetzt, auch die Mütze fehlt. Es scheint, als müssten Augen, Ohren, Kopfhaut und Haare das in Erfahrung bringen, was ansonsten nicht zu ermitteln ist. Dem Rechnen und Berechnen scheint sich etwas hinzuzugesellen oder entgegenzustellen, das Informationen nicht nur anders sammelt, übersetzt und verarbeitet, dieses Andere, das nicht rechnet, trägt erst das, was nicht Mensch ist, zu ihm in eine fühlbare Nähe, und diese Nähe verbindet auf unsichtbare, ja nahezu zärtliche Weise Außen mit Innen. Wobei dieses Innen nun ein

21 Vgl. ebd.

anderes zu werden scheint, zumindest zeigt es eine Möglichkeit, sich zweifach zu ordnen.

In dem Moment, als er den rechten Trageriemen des Rucksacks fasst, um das 20 Kilogramm schwere Bündel auf die Schultern zu schwingen, weiß er endgültig, was er will. Er will aufwärts klettern, bis auf 6500 Meter, denn von dort komme er noch an einem Tag zurück, denkt er, während er die Lawinengefahr nicht groß einschätzt. Mit einigen Bewegungen bringt er den Rucksack in eine angenehme Position, nimmt den Eispickel auf und geht ein paar Schritte.[22]

Messner nimmt die Eingaben der Sinne auf, wertet sie rasch, zu rasch aus, um sie dem Ziel und der Berechnung erneut unterstellen zu können. Sein Verfahren, mit Sinneseindrücken umzugehen, verrät ein sich wiederholendes Muster. Die Empfindung von Wärme, Kälte, Tiefe, Höhe, Helligkeit, Zug, Druck, Gleichgewicht oder Schwere werden, ohne Rücksicht auf ihre Qualitäten, zusammengenommen und auf einer Skala eingetragen, die nur ein Entweder-oder kennt. Entweder man kommt hinauf und setzt sein Leben, oder man geht zurück und setzt das Ich aufs Spiel. Beides ist gefährlich, das eine Mal für die physische und das andere Mal für die soziale Existenz. Etwas anderes als 0 oder 1 kennt diese Logik nicht. Der Einsatz ist hier wie dort hoch, er muss hoch sein, ansonsten würde dieses Spiel erst gar nicht funktionieren.

Mittlerweile ist es heller geworden. Die Farben am Himmel sind gespenstisch und wechseln zwischen violett und grau. Zuerst steigt er entschlossen, so wie jemand, der weiß, was er will. Der Firn trägt, dennoch kann er ihn mit den Rändern der schweren Bergstiefel nicht ritzen. Das führt nicht dazu, die Steigeisen anzuziehen, da er vermutet, dass die Felsen am Beginn der Mummery-Rippe trocken sind und mit dem An- und Ausziehen der Steigeisen verlöre er dann unnütz Zeit. Jetzt geht es ihm wieder gut, er ist vergnügt.[23]

Messner hat sich also für das Entweder entschieden. Er beobachtet Himmel und Gelände wie Körper und Seele. Sie zeigt Positives an, es geht ihm gut, mehr noch, er ist frohen Mutes, da endlich sicher zu wissen, was er will. Er kann sich wieder auf dieses altvertraute Doppel – Wille und Wissen – verlassen. Beide sind Helfer, hilflose, wie sich herausstellt, die als Bewusstsein gegen den Verlust an Achtsamkeit und Selbstachtung antreten mit einem überraschenden Ergebnis: Messner fängt an, sich darüber zu wundern, wie es überhaupt möglich sein konnte, des Nachts so schreckliche Ängste gehabt zu haben. Doch jäh ist es vorbei

22 Vgl. ebd.
23 Vgl. ebd.

mit der Verwunderung, das vermeintlich rettende Bewusstsein stellt sich als das Trügerische schlechthin heraus. Plötzlich merkt Messner, dass er abwärts geht, abwärts in Richtung Eisschlauch, d. h. in Richtung Basislager. Dabei war sein Wille ein anderer, er hatte sich doch anders entschieden, aber offensichtlich hat der Körper seinerseits auch eine Entscheidung getroffen, er geht, wohin er muss, und Messner lässt sich gehen.[24]

Wenn die Angst das Einzige ist, das nicht täuscht, so hat sie sich wider die Logik verhalten und nichts gelöscht in dem Gedächtnis, das dem Körper eignet. Wissen und Wille haben sich zwar angestrengt, das ist unschwer an der Kraft, die beständig ins Zweifeln investiert wurde, abzulesen, sie konnten sich aber gegen ein anderes Wissen, nennen wir es Instinkt, nicht behaupten. Unter dem Vorzeichen der Angst wird das Denken und mit ihm der Zweifel derart geschürt, dass er sich nicht nur bis hin zur Verzweiflung steigert, sondern in ihr auch abnützt und aufbraucht, und zwar so lange, bis das Denken selbst durch etwas anderes übernommen wird. Und genau das hat Messner, zu geübt im Überleben in extremen Lagen, auch dieses Mal nicht vergessen. Es zeichnet ihn aus, dass, nicht mehr Herr der Lage, etwas in ihm dem Körper das letzte Wort erteilt.[25]

Dieses letzte Wort für den Körper, was bliebe ihm genau genommen auch anderes übrig, erteilt er am Höhepunkt seines Zweifels und im fortgeschrittenen Misstrauen gegen sich selbst. Es ist, als ob erst dann, wenn die Selbsttäuschung all ihre Möglichkeiten ausgeschöpft hat, sich etwas in Erinnerung ruft, das die Selbsttäuschung nicht mitmacht. Vor Jahren bereits hat Messners Körper ihn, aus Schmerz und Verzweiflung nahezu bewusstlos geworden, vom Berg irgendwie ins Tal getragen. Jetzt scheint ihm die Sicherheit, die nur der Körper hat, wieder eingefallen zu sein, er überlässt sich ihr. Was bleibt ist die Frage, wie es möglich wurde, dass Körper und Geist derart autonom und unabhängig voneinander arbeiten.

Ein Körper, dem es an Bewusstsein fehlt, der aber umso untrüglicher vermag zu erinnern, ist in letzter Konsequenz entschieden sicherer und vor allem rascher als jede Reflexion. Erinnern, oder genauer, entinnern ist ein Akt des Überkreuzens: Zwei Zeiten – Vergangenheit und Zukunft – werden auf eine Stelle hin versammelt und in ihr zur Gegenwart gebracht. In die Präsenz, d. h. in eins gebracht, ist der Körper dem Bewusstsein überlegen, da alles – die Erfahrung, Bilder, Empfindungen, das Erinnern, der Traum, Ängste, die Intuition und der Bewegungssinn – einbezogen und all das, was einmal nur gegeben, ver-

24 Vgl. ebd., 15
25 Vgl. ebd.

wendet und zur Gänze ausgewertet wird, so, dass sich dieser eine Körper, auf dem nun alles lastet, wissend um die Verirrungen des Geistes und daher einzig darauf bedacht, dieses eine Leben zum wiederholten Mal physisch zu sichern, sich vom Gipfel ab- und dem Tal zuwendet, und bevor die Sonne kommt sitzt Messner bereits im Basislager.

3.3 ent/grenzen

Unten ist aber nicht schon alles vorbei. Hier suchen ihn die Erinnerungen an das Drama von 1970 auf. Wie oft wollte er auch damals nicht mehr weitermachen, denn in den 4000 Höhenmetern vom Gipfel bis hierher gab es genug ausweglose Situationen.[26] Dennoch, die Erlebnisse von damals, glaubt Messner, nicht verdrängt, sondern bewältigt zu haben und als Beweis gibt er die Suchexpedition von 1971 an, wo er von schlimmen Träumen heimgesucht wurde. Einmal beispielsweise sah er, wie ihm sein Bruder Günther übern Gletscher entgegengekrochen kam. In Messners Text tauchen aber auch noch andere Verschollene auf. Der wohl berühmteste ist Albert Frederic Mummery. Er hat bereits im Jahr 1895 den ersten Versuch unternommen, über den zentralen Wandteil hinaufzuklettern, blieb aber mit zwei Gurkha-Träger irgendwo am Nordgrat zurück.[27] Die Suche nach ihnen war, wie auch die nach vielen anderen, erfolglos. Ohne die lange Reihe der vom Himalaja nicht mehr Zurückgekehrten anzuführen, ein kurzer Verweis auf ein Ereignis, das sich 1953 zugetragen hat.[28] Damals gelang dem Tiroler Hermann Buhl das schier Unmögliche. Rund 1400 Höhenmeter hat er ohne Einsatz eines Sauerstoffgeräts allein zurückgelegt; von 2 Uhr nachts bis 7 Uhr abends ist er allein in zum Teil schwerer Felskletterei aufgestiegen, er hielt sich nahezu 40 Stunden in der Todeszone auf, um dann lebendig wieder zurückzukehren – eine Leistung ohne Vergleich.[29]

Diese Tat, genauer: der Hinweis auf diese Leistung, für die es keinen Vergleich gibt, enthält vermutlich einen der Schlüssel bereit, an das näher heranzukommen, was Messner will, was ihn, zumindest so stark wie die Hoffnung, der erlittenen Trennung aktiv zu entkommen, antreibt. Wenn es, so denke ich laut an seiner statt, zu tun gelänge, wofür es keinen Vergleich gibt, dann stünde man auch selbst außerhalb jeder Vergleichbarkeit. Gleichzeitig aber würden neue Maßstäbe gesetzt, welche die eigene Einzigartigkeit und Einmaligkeit garantieren und mithin den Status, voll und ganz, d. h. nur Individuum zu sein. So oder so ähnlich könnte die offizielle Version lauten. Ein Individuum

26 Vgl. ebd., 16
27 Die Angaben zur Anzahl der Verschollenen schwanken, vgl. Peskoller, 8000, 1998, hier ist von einem Gurkha-Träger die Rede, der mit Mummery zurückblieb.
28 Vgl. hierzu das Medienecho auf diese bergsteigerische Sensation, in: „Hermann Buhl", 1997, insbes. 160 ff.
29 Vgl. ebd., 19

tritt an, möglich zu machen, was als unmöglich gilt, und sichert damit seinen Status. Inoffiziell und wahrscheinlicher könnte es um etwas anders gehen. Die Erfahrung reizt, Mögliches unmöglich werden zu lassen, d. h. beständig und mit denselben Mitteln an der Zerstörung dessen mitzuwirken, was gerade durch die Zerstörung erneuert und befestigt wird.

Die Rede ist von der Grenze und von den Spielregeln ihrer Überschreitung. Grenzen zu überschreiten verhält sich nicht wie das Maß zum Maßlosen, das Eingeschlossene zum Ausgeschlossenen oder das Erlaubte zum Verbotenen.[30] Hier liegt kein logisches, sondern ein nichtlogisches Verhältnis vor, dessen adäquate Fassung allerdings zu den Fragen des Überlebens zählt.[31] Ob dieser Nichtlogik mittels der Vernunft beizukommen ist, erscheint fraglich. Ich vermute, dass allein mit ihr alles beim Alten und – außer das Scheitern – ungewiss bliebe. Annäherungen an Grenzen bis hin zu deren Überschreitung werden aber nicht für Ungewisses riskiert, sondern darum, Gewissheit zu erlangen, eine Gewissheit, die tiefer als das Wissen und über das Wissen hinaus reicht. Dieses andere Wissen ist so komplex, dass es annähernd unzugänglich ist, ganz zu schweigen von den Prozessen der Ungewissheit, welche mit der Produktion von Gewissheit in Kauf zu nehmen und durchzustehen sind.

Die Frage, die sich stellt, könnte daher lauten: Welche und wie viel Ungewissheit ist vonnöten, bis die Herausbildung eines Individuums gelingt, in dem all das wieder sichtbar wird, was im Zuge seiner Vergesellschaftung verworfen, verdrängt bis zerstört werden musste und muss, denn ein Ende dieses Vorgangs ist nicht abzusehen. Was also ansteht, wäre nicht der Entwurf eines Individuums, welches getrennt ist von der Gesellschaft, in der es lebt, sondern im Gegenteil, es geht um ein Individuum, das übervoll der gesellschaftlich vermittelten Normen ist, um diese weiß und sich gerade dadurch wie besessen wünscht, einen Rest zu verwahren, für den es bereit ist, bis zum Äußersten und darüber hinauszugehen, was in einer Gesellschaft noch toleriert wird. Um diesen Gang bis und über die Grenze zu wagen, muss all das, was eine Gesellschaft zur Unterscheidung von Menschen erfunden hat, in- und auswendig gelernt, sprich lückenlos verinnerlicht sein, um dann, als Antwort auf dieses Leiden an der maßlosen Verichung, alles umzudrehen und die Maßlosigkeit dieses Ichs radikal aufs Spiel zu setzen. All das, was vonnöten, um unter dem Gesetz des Allgemeinen die Homogenisierung voranzutreiben, wird nun gegengewendet. Aus dem Verworfenen im Verborgenen des Herzens wird ein Arsenal von

30 Vgl. Foucault zit. in Kamper, Wünsche, 1977, 179 f.

31 Vgl. Kamper, Wünsche, 1977, 174

Gegenkräften in Gebrauch genommen, das für das Abenteuer der Entichung eingesetzt wird im festen Vertrauen, dass das, was einen leiden macht auch heilen kann, indem man bis zur Bewusstlosigkeit zuspitzt, was diesem Leiden zugrunde liegt und was es überdauert. Das Trauma der Individualisierung erweist sich als der Traum von einem Tod, der eintritt, ohne dass man sterben muss. Die Aufspaltung in die vielen und immer noch mehr individualisierten Individuen erhebt das Prinzip der Spaltung selbst zur allgemeinen Regel des Menschlichen und nährt die Hoffnung, die jeder Trennung innewohnt: Es gibt kein reales Ende. Solange man dividieren kann, ist auch das Wachstum unendlich und unendlich die Möglichkeiten, ein Individuum zu werden, das nicht aufhört, sich auszudifferenzieren.

Messner nähert sich dem Nanga Parbat als ein ausgeprägtes Individuum und nicht allein als Verrückter, sondern, wie ich nachzuweisen suchte, hochgradig vernünftig. Es ist nicht nur alles bis ins Kleinste ausgeklügelt, durchgeplant und mit Akribie vorbereitet, sein Begehren selbst ist zum Kalkül geworden. Vernünftiger als dieser Extreme kann sich kein normaler Mensch verhalten. Der Extreme, das ist hier das vervollkommnete Individuum, muss Bescheid wissen um sein Ich, damit er es versteht und in Folge bestimmen wie beherrschen, aber auch zu Grunde richten oder einfach gehen lassen kann, zielsicherer und gekonnter als jede/r Zuhausegebliebene. Bis in die letzte Faser diszipliniert und selbstbeherrscht zu sein, gehört nicht nur zu den Voraussetzungen des Höhenbergsteigens, es ist auch das Kapital, welches am Berg zum Einsatz kommt und dort zirkulieren soll. Wenn der Fuß des Berges erreicht ist, setzt man sein hart erworbenes Kapital ein für einen Tausch der besonderen Art. Das selbstbewusste Ich wird in eine Natur verwickelt, die dieses Ich von Anfang an unterwandert und um vieles übersteigt.

Am Nanga Parbat messen sich also zwei, die nicht gleich sind. Was, so frage ich, muss dieses Ich zuwege bringen, um in der Ungleichheit zu bestehen? Die Antwort ist verdächtig einfach: Dieses Ich muss ein anderes werden. In den Steilflanken des Nanga Parbat kommt man längst als ganz und gar Unterschiedener an, aber als solcher sichert man weder Durchstieg noch Leben. Die Beharrung auf das, was man, bis hin zur Selbsteinschließung, geworden ist, muss, um zu überleben, porös werden und umschlagen zugunsten der Bereitschaft, auch ganz anders werden zu dürfen und zu wollen. Zu öffnen und auszusetzen wäre zunächst die Herstellung eines Bildes von sich, das keine Spaltung vorsieht und auf Einheit besteht.

Diese ohnehin kontrafaktische Zumutung der Gesellschaft,[32] im Laufe des Lebens derselbe zu sein, ist nicht nur nicht einzulösen, sie ist auch lebensgefährlich. An seine Stelle könnte, im Rückgriff auf Platon, das Wissen treten, dass Identität nur über einen schwierigen Weg der Selbstsorge zu erringen sei,[33] besser noch, es ginge über Platon hinaus und darum, Selbstsorge zu üben, aber freiwillig darauf zu verzichten, diese Selbstsorge auf ein Ziel hinzurichten oder dieses auf sich selbst zurückzuführen, um zu verhindern, dass die Achtsamkeit in der Selbstsorge in ein Zweck-Mittel-Verhältnis gespannt wird und zu einem Instrument verkommt, das den Dingen wie den Menschen Gewalt antut, eine Gewalt, die hinter dem Rücken der Menschen und ohne deren Absicht zu ihnen zurückkehrt, mit Sicherheit. Die Gewalt kehrt zurück in Gestalt eines autonomen Subjekts, das sich in der Behauptung – der Erste in dieser Welt zu sein – von Anfang an der eigenen Gesetztheit unterworfen hat. Das sich selbst unterwerfende Subjekt hat – es unterwirft die Natur außen und mit ihr auch das in ihm, was Natur ist und sich unablässig nach dem Lebendigen sehnt – durch seinen doppelten Akt der Unterwerfung immer schon aufgehört, souverän zu sein. Zu einer Souveränität zu finden aber gelänge gerade an einem Ort wie diesen. Im Nanga Parbat tritt den Menschen etwas gegenüber, an dem, jenseits der Geschichten, Bilder und Mythen über den Berg, nahezu nichts vom Menschen gemacht ist. Die Selbstreferentialität des Systems Mensch ginge an diesem Berg, als dem radikal Anderen, zu Bruch und mit ihm taucht die Chance auf zumindest einen Auslass auf. Der „Nackte Berg", wie er aus dem Sanskrit übertragen heißt, schenkt, was kein Mensch zu geben vermag und was auch niemals zurückzuerstatten wäre. Das Ende des Tauschs führt an die Grenze dessen, was die Logik der Ökonomie lehrt. Berge geben ein Wissen von dem, was eine Gabe ist, eine wahre Gabe, d. h. keine Ware, die zu kaufen oder zu verkaufen wäre; die einzige menschliche Gegengabe ist daher die Hingabe an den Berg, die, ohne zurückzugeben, ihn anzunehmen und zu lieben versteht.

3.4 wünschen
Messner hat gut getan, diesen zweiten Versuch zu unternehmen. Sich inmitten der Ichverstrickungen aufzumachen und – warum auch immer – dorthin zu gehen, auch physisch, wo dieses Ich nicht nur bestätigt, sondern laufend bedrängt wird, bis es endgültig zerbricht, war eine kluge Entscheidung. Was ihn aber zurück- und gefangen hielt ist diese merkwürdige Logik,

32 Vgl. G. Böhme 1997, 688
33 Vgl. G. Böhme ebd., 688 ff.

die seiner Absicht vorausliegt. Absicht war, zwei Fliegen auf einen Streich zu schlagen. Messner wollte sich als jemand rehabilitieren, dem es gelingt, mit dem Leben wieder zurechtzukommen, und es sollte dieser eine Mensch Messner als jemand vom Berg zurückkehren, der etwas geleistet hat, das auf ewig nur ihm zuzuschreiben ist. Das Zusammentreten dieser beiden seltsam ungleichen Ziele musste Verwirrung stiften. Denn einerseits geht es um etwas ganz Normales: Ein erwachsener Mann will sich beweisen, allein, d. h. ohne Frau an seiner Seite, leben zu können, und für diesen Selbstbeweis wählt er den Schauplatz Berg. Andererseits soll mit derselben Tat ein Weltrekord aufgestellt werden, niemals zuvor ist einer von diesem Berg lebend zurückgekehrt, der von Anfang an, also vom Basislager aus ganz allein aufgebrochen wäre. Was sich der Mensch Messner vornimmt, könnte unterm Strich jemanden hervorbringen, der mehr oder auch weniger ist als nur ein Mensch, ein Tier vielleicht oder gar ein Gott.[34]

Diese Frage findet noch keine Antwort, die Rechnung wurde ohne den Wirt gemacht. Eine über 4000 Meter hohe und steile Wand, in der regelmäßig Lawinen ins Tal donnern, ist nämlich völlig ungeeignet, nachzuweisen, dass man mit dem ganz normalen Leben, mit dem Alltag sozusagen zurechtkommt. Diese Wand verlangt nach etwas anderem. Sie setzt bereits voraus, dass man leben kann und auch, dass man leben will. Womit sonst als mit diesem bewegendsten aller Vermögen sollte man es wagen, in eine derartige Wand einzusteigen, die kein menschlich Maß hat? Man muss sicher sein, behaupte ich, dieses eine Leben so sehr zu lieben, dass man, um es notfalls zu retten, auch Erfahrungen mit dem Tod in Kauf nimmt.

Ist das eine Logik, die der Vernunft entspringt? Kann es sein, dass Messner streng genommen nicht den Gipfel, sondern allein auf seine Angst treffen wollte? Welchen Sinn aber ergäbe ein solch absurder Wunsch?

Angst, Todesangst ist vermutlich die wirkungsvollste Architektin eines Individuums, das nie zu seinem Ende kommt. Angst arbeitet zweifach, und darin mag die Spur zu einer Antwort liegen: Einerseits ist Angst unmittelbar sinnlich erlebbar, ohne Distanz setzt sie im Körperlichen ein und an und erzeugt in ihm eine starke Turbulenz und Erregtheit. Andererseits treibt sie das Gegenteil voran, indem sie verstärkt die Erinnerung und Phantasie in Gang setzt und dadurch den Auszug und ein Abrücken aus dem Körper bewirkt. Beides, Situationsabhängigkeit und -unabhängigkeit, braucht es, auch in extremen Lagen.[35] So innig

34 Vgl. Peskoller, Götterberge, 1989,
    Kapitel 1 in diesem Buch
35 Vgl. Görlich 1997, 875

Grenzkenntnis

wie möglich mit dem eigenen Körper verbunden und so weit als möglich von sich selbst entfernt und mithin in zarter Berührung mit dem, was die Wand, sprich Eis, Schnee oder Fels ist. Dieses Spiel, erst dann sich besonders nah zu sein, wenn man am weitesten sich entfernt wähnt und nach außen gegangen ist, muss geübt sein, es kann aber nicht ohne Angst und Schrecken eingeübt werden. Der absurde Wunsch, Angst, schreckliche Angst zu empfinden, könnte, so gesehen, insgeheim die Sehnsucht zum Ausdruck bringen, im Innersten, und sei es nur für den Moment, die Herrschaft einer Logik zu unterbrechen, die darin besteht, immer nur zu teilen, d. h. zu urteilen und aufzuteilen in das eine oder in das andere, denn ein Drittes gibt es nicht.

Bei Georges Bataille wäre nachzulesen, dass die Natur nicht vernünftig, aber auch nicht unvernünftig ist, sondern der Vernunft entzogen.[36] Es gibt also Zwischenräume, einen Nullpunkt, etwas, das jenseits der Moral und der Teilung, sprich unverfügbar bleibt. Reinhold Messner geht in eine Natur, die sich der Vernunft entzieht, und er geht in sie mittels einer Vernunft, die der Angst immer weniger standhält. Im Zustand der Angst wird Messner gezwungen einzusehen, was die Vernunft ist, wie sie arbeitet und wo sie einbricht in das, was ihr vorausliegt. Mit jedem Schritt nach oben schreckt dieser Bergsteiger mehr und mehr vor sich selbst zurück; ihn scheint das pure Entsetzen darüber zu packen, in eine Kraft gesetzt zu haben, die zwar perfekt arbeitet, sogar noch hier am Nanga Parbat, aber auf die mit zunehmender Höhe, trotz oder gerade wegen der Perfektion, immer weniger Verlass ist. Die Maßlosigkeit der Vernunft erweist sich selbst als eine Gewalt, und zwar als Gewalt gegen das unmittelbar Gegebene.

Der Vorgang, jeweils zu gewärtigen, was unmittelbar gegeben, wäre begleitet von ekstatischen Augenblicken, die sich verströmen und in denen sich die geordneten und gezügelten Kräfte befreien für Zwecke, die keine sind. Das Unzweckmäßige entzieht sich der Rechtfertigung und der Theoretisierbarkeit. Es zeigt gerade durch den Entzug ein Leben, das sich auf kein geschlossenes System reduzieren lässt.[37] Auf noch zugespitztere Weise zeigt sich in Grenznähe, dort also, wo es keine Option gibt, der paradoxe Zustand jedes fortgeschrittenen Individuums: In Augenblicken erhöhter Selbstgefährdung scheint, erzwungenermaßen, erst zu gelingen, von jenem Entwurf Abschied zu nehmen, der fortwährend die Illusion nährt, nur im Nachweis der Unterschiedenheit ein Individuum zu sein, zugunsten einer Gegenerfahrung, nach der ein Individuum über-

36 Vgl. Bataille zit. in Kamper, Wünsche, 1977, 182
37 Vgl. Bataille zit. in Kamper ebd., 178

haupt erst als solches zu leben imstande, wenn es fallweise wie hoffnungslos und vor allem anderen verloren geht in einer Ununterscheidbarkeit von allen anderen. Diese Ununterscheidbarkeit, von der ich hier spreche, hängt eng zusammen mit einer Unentschiedenheit, welche inmitten jedes Individuums wirkt und dieses immer schon enteint. Individuen zeichnen sich aus durch eine tiefe, geradezu grundlose Gespaltenheit, die sich dem Wissen um ihre Bestimmung – zugleich vollkommen natürlich und vollkommen kulturell zu sein – verdankt.[38] Wenn die Unentschiedenheit vorherrscht, die Angst übergroß wird, ist man dieser Gespaltenheit und mithin der Gewissheit, zumindest zwei zu sein, sehr nahe gekommen. Angst macht nicht nur unbewusst,[39] sie ist auch produktiv, zeigt und fördert zutage, was ansonsten unsichtbar bliebe. Normalerweise bleibt unsichtbar, dass das, was in einem wirkt, immer mehr als eines, zudem vermischt und daher weder ent- und schon gar nicht exakt unterscheidbar ist. Individuen – je fortgeschrittener und ausgeprägter, desto unübersehbarer – kommen zu keinem Ende, sondern treffen höchstens auf Enden, die nichts schließen, aber einen unscharfen Blick auf das Projekt, Mensch zu werden, gewähren bei gleichzeitigem Versagen, angeben zu können, was dieser Mensch ist oder gar werden soll. Im Ausdenken des Individuums in seinen extremen Ausprägungen geht es, vermute ich, um die Konzeption einer Wissenschaft des Singulären, in der die Menschen selbst immer auch schon AnthropologInnen sind. Was das für die anthropologische Forschung bedeutet, lässt sich nicht abschätzen, aber es zeichnet sich ab, so viel lässt sich sagen, dass durch diese Verschiebung die Art der Wissensproduktion sich grundlegend verändert und mit ihr das Wissen und seine Bedeutung.

Noch einmal zurück zum Berg. Als Reinhold Messner wieder sicheren Boden unter seinen Füßen verspürt, hat er sich geschworen, es nie wieder zu versuchen.

Der Schwur nützt nicht viel, immer noch ist Messner von seiner ursprünglichen Idee gefangen. Er legt die Sonnenbrille zur Seite und blickt hinauf zum fein gezeichneten und zugleich Furcht einflößenden Gipfel. Was er sieht, ist weit weg und doch nahe. Er könne irre werden an der Unfähigkeit, die wahren Dimensionen zu erkennen, sagt er und gesteht ein, dass er nicht wirklich wisse, wie groß der Nanga Parbat ist.[40]

Erneut taucht die alte Angst auf, dieses Mal als Furcht, die wahre Dimension des Berges nicht zu erkennen und an diesem Unvermögen verrückt zu werden. Wäre die gegenteilige Reak-

38 Vgl. Morin 1994
39 Vgl. Erdheim 1984
40 Vgl. Messner a. a. O., 21

tion nicht wahrscheinlicher? Wenn es gelänge, dem, wie es Lyotard sagt, Inkommensurablen habhaft zu werden, d. h. die vorgestellte Idee und das Dargestellte bzw. Ergangene miteinander vollends zur Deckung zu bringen, müsste nicht dann ein heilloser Größenwahn entstehen? Ist es nicht das Scheitern, das genau vor diesem Wahn und mithin vor dem eigenen Elend schützt und auffordert, Zeugnis abzulegen, dass es etwas gibt, das zwar unmittelbar erlebbar, aber nicht darzustellen ist?

Messner sieht im Basislager ein, nichts mehr wirklich sehen zu können. Auf das Sehen selbst ist also kein Verlass, da die Einschätzung von Distanzen, sprich Nähe und Ferne, ebenso aufhört wie die Bestimmung von der Größe und Höhe des Berges. Das Ankommen im Unverhältnismäßigen ist ein Ankommen am Ende des Sehens, und was sich an diesem Ende auftut, ist ein Untergrund, der kein Wirkliches mehr zu kennen erlaubt. Mit diesem Verlust wird ein Durchgang aufgemacht in das Unterirdische der Vernunft, man betritt das Souterrain der Vorstellungen und nähert sich der Struktur des Bildes. Bislang hatte der Bergsteiger eine klare Vorstellung vom Berg, selbst in der Wand, als ihn die Furcht davor, ein Mensch zu sein, vertrieb, erhielt sich dieses Bild vom Berg irgendwie aufrecht. Aber jetzt, im Abstand zum Berg und zu dem, was oben geschah, wird das Bild seltsam unscharf und ungenau. Es ist, als hätte es keinen Rahmen mehr und es schaut ganz danach aus, rahmenlos zu bleiben, da auch der Berg, gleichgültig, was man mit ihm vorhat, seine Gestalt und Größe beibehält. Er bleibt, was er ist und widersteht jeder Art von Verkleinerung; er ist ein Land und nicht eine Landschaft.[41] Der Nanga Parbat ist ein vertikal geschichtetes und gewaltig aufgeworfenes Stück Land, in dem Messner etwa ein Drittel der Höhe erreicht hat.

Von seinem Basislager aus wirke die Mazenomauer fast so mächtig und ebenso hoch wie die Diamirwand, schreibt er, dennoch, er wisse, dass ihr 1000 Höhenmeter auf den Nanga-Parbat-Gipfel fehlen und 1000 Meter in der Todeszone sind viel. Nun stellt er einen Vergleich an: Die Mazenowand ist dreimal so hoch wie die Droites-Nordwand im Montblanc-Gebiet und die gilt als die wildeste unter den Alpenwänden. Die natürliche Arena im Diamirtal sei derart mächtig, dass man nicht alles fassen kann, sie ist ohne jeden Vergleich. Wer ist schon in der Lage, sich zwei Eiger-Nordwände übereinander gestellt vorzustellen? Würden sie aufgetürmt hier stehen, reichten sie bis zum Gipfel des Nanga Parbat, wobei das Basislager hier bereits höher gelegen ist als der Eigergipfel selbst. Langsam bricht die Nacht her-

41 Vgl. „Landschaft", 1998, insbes. 9–13

ein. Immer wenn er im feinen Abendwind ein Stückchen geht und die Luft schnuppert, kann er die wahren Dimensionen spüren. Der Berg kommt ihm so unendlich groß vor und er kann zum wiederholten Mal nicht glauben, dass er von einem allein zu schaffen ist. Alles, so das Resümee, scheitert an seinen Ängsten, an der Unfähigkeit, das Alleinsein im schier Unendlichen zu ertragen.[42]

In der Riesigkeit des Berges begegnet dieser eine Bergsteiger etwas in ihm, das sich ähnlich maßlos verhält, es ist sein Wunsch, und der taucht auf in Gestalt der Einbildungskraft. Messner mag seinen knapp ein Meter achtzig großen Körper mehr als nur einmal in die Wand gestellt und ihn dort, imaginär, x-mal übereinander gelegt haben, ohne aber bis zum Ende zu gelangen. Der Einbildungskraft, die unentwegt nach oben steigt, bleibt der Gipfel außerhalb. Diese Kraft der Menschen, die sie als Gattungswesen auszeichnet und von Steinen, Pflanzen und anderen Lebewesen unterscheidet, scheint hier zu Ende zu gehen. In der Selbstabmessung dieses Menschen tritt uns nicht die Fähigkeit zur Entgrenzung, sondern die Begrenztheit dieser ihrer Fähigkeit entgegen. Messner kann die mächtigen Dimensionen, um die es am Berg geht, nicht messen, höchstens ermessen. Im Eindunkeln, und, selbst in Bewegung, er geht, kann er im Atmen die Unermesslichkeit des Mineralischen erahnen. Er kann das Übergroße nicht bestimmen, aber es ist ihm möglich, es irgendwie zu spüren. Auf diese Möglichkeit lernt er sich in den folgenden Jahren zu verlassen. Und als er 1978 wieder- und allein bis auf den Gipfel kommt, weiß er sowohl mit der einen wie auch mit der anderen Unverhältnismäßigkeit umzugehen.[43] Er weiß, dass beide – die des Außen und die in seinem Innersten – untrennbar miteinander verbunden sind und dass dieser Zusammenhang Angst macht. Der Angst bis zu ihrem Ende zu folgen hätte noch tiefer in das Flechtwerk einer Vernunft hineingeführt, das nichts mehr außerhalb belässt und sich gerade dadurch in die eigene Maßlosigkeit verliert. In dem Moment jedoch, wo sich die Vernunft verliert, taucht das auf, worum sich die Vernunft von Anfang an zu drehen und woraus sie immer schon hervorzugehen scheint: der Tod. Er ist jene Stelle im Denken, an der alles zusammenläuft, dort, wo beide – Wunsch und Angst – einander unmittelbar berühren, und in der Berührung läge dann die Möglichkeit der Wende hin zu einem Neubeginn. Die Voraussetzung für die Berührung war in Messners zweitem Versuch nicht gegeben, noch nicht. Ihm fehlte es

42 Vgl. ebd., 21 f.
43 Vgl. die Beschreibung „Die weiße Einsamkeit", in: Messner a. a. O., 96–105

Grenzkenntnis

daran, entzweit und entschieden einsam sein zu wollen, eine Einsamkeit, die ihren Ausgang in einer unheilbar menschlichen Verwundung nimmt. Diese Verwundung ist immer schon da, sie entzieht sich der Arbeit des Willens und weiß aufgrund ihrer Vorentschiedenheit, dass im Letzten nicht anzugeben ist, wer und als was man entscheidet und handelt. Extremlagen verlangen bekanntlich ein hohes Maß an Entscheidungsfähigkeit ab, wie sie diese aber auch außer Kraft und damit den Subjektstatus aufs Spiel setzen. Erfahrungen an der Grenze des Menschenmöglichen fordern heraus, und deshalb sind sie nicht nur für BergsteigerInnen von unschätzbarem Wert, das Verhältnis zur Vernunft zu klären und ihr Regelwerk einzusehen aber nicht, das macht ihre Radikalität aus, jenseits des Körpers, sondern inmitten desselben und auch nicht jenseits oder in Anrufung einer anderen Vernunft, sondern kraft und diesseits derselben. Nur so kann man die Erfahrung eines Scheiterns der Vernunft machen.

Der Punkt im Bild vom Anfang ist und bleibt zweifach gespalten und findet sich vor unterhalb eines Eisbruchs. Er bewegt sich trotz allem oder gerade wegen der Spaltung fort und nach oben. Dieser Zwiespalt war, zerrissen zwischen Wunsch und Angst, mehr als nur einmal nahe daran, endlich an seinem eigenen Ich, das Vernunft heißt, zu scheitern und in der Folge einzusehen, worin die Spaltung besteht und dass sie nirgendwo gründet. Das zu erkennen und anzuerkennen war nicht möglich, der Abstieg fand vorzeitig statt. Aber Messners mühsam erstiegenen Erkenntnisse hat er dann an den Anfang jenes Buches gestellt, das ich nun, ebenfalls vorzeitig, jedoch sitzend und achtsam schließe: Die Einsamkeit ist eine Kraft, die, wenn sie unvorbereitet aus einem ausbricht, einen umbringt: Sie ist aber auch eine Kraft, die einen über den eigenen Horizont trägt, wenn man sie für sich zu nutzen versteht.[44]

44 Vgl. Messner a. a. O., 5

Literatur

- „Abfahrt zum Erfolg", Hans Kammerlanders Everest-Besteigung und Befahrung mit Schiern vom 23./24. Mai 96; Fernsehsendung in „Land der Berge" vom 28.6.1996 in ORF 2
- „Aisthesis/Ästhetik". Zwischen Wahrnehmung und Bewußtsein. Hg. von Klaus Mollenhauer und Christoph Wulf. Deutscher Studien Verlag: Weinheim 1996
- Ackerman, Diane, Die schöne Macht der Sinne. Eine Kulturgeschichte. München: Kindler 1991
- Albert, Kurt, Solo „Fight Gravity". In: Zak/Güllich 1987, 130–133
- „Alpenblick – Die zeitgenössische Kunst und das Alpine". Ausstellungskatalog Kunsthalle Wien (31. 10. 97 – 1. 2. 98). Hg. von Wolfgang Kos. Stroemfeld/Roter Stern: Wien 1997
- Amstädter, Rainer, Der Alpinismus. Kultur – Organisation – Politik. Wiener Universitätsverlag: Wien 1996
- „Andy Goldsworthy". Hg. von Andy Goldsworthy. Ins Deutsche übersetzt von Imke Janiesch. Verlag Zweitausendeins: FaM 1991 (im Original 1990).
- „Anthropologie nach dem Tode des Menschen". Hg. von Dietmar Kamper und Christoph Wulf. edition suhrkamp: FaM 1994
- Aufmuth, Ulrich, Die Lust am Aufstieg. Was den Bergsteiger in die Höhe treibt. Drumlln: Weingarten 1984
- Aufmuth, Ulrich, Zur Psychologie des Bergsteigens. Fischer TB: FaM 1988
- „Augenblick und Zeitpunkt – Studien zur Zeitstruktur und Zeitmetaphorik in Kunst und Wissenschafen". Hg. von Christian W. Thomsen und Hans Holländer. Wissenschaftliche Buchgesellschaft: Darmstadt 1984
- „Augen-Blicke. Das Auge in der Kunst des 20. Jahrhunderts", Katalog. Hg. von Christiane Vielhaber. Vista Point Verlag: Köln 1988 [Ausstellung Kölnisches Stadtmuseum, 13. 4. – 12. 6. 1988]

- Bahr, Hans-Dieter, Der Sinn, die Sinne und der Unsinn: Tierisch. In: Paragrana. Internationale Zeitschrift für Historische Anthropologie. „Selbstfremdheit". Band 7 (1998), Heft 2, 177–187

- Barthes, Roland. Die helle Kammer. Bemerkungen zur Photographie. suhrkamp TB: FaM 1989 (1980)
- Berendt, Joachim Ernst, Das Leben ein Klang. Knaur: München 1996
- Bergfleth, Gerd, Theorie der Verschwendung. Einführung in Georges Batailles Antiökonomie. Matthes & Seitz: München 1985[2]
- Bergson, Henri, Zeit und Freiheit. Mit einem Nachwort „Anmerkungen zu Henri Bergson" von Konstantinos P. Romanòs. Europäische Verlagsanstalt 1994 (1889 franz., 1911 dt.), ZF
- Bergson, Henri, Materie und Gedächtnis. Eine Abhandlung über die Beziehung zwischen Körper und Geist. Mit einer Einleitung von Erik Oger. Meiner: Hamburg 1991 (1914/1896), MG
- Bergson, Henri, Das Lachen. Westkulturverlag A. Haln: Maisenheim am Glan 1948 (1914), L
- Bergson, Henri, Schöpferische Entwicklung. Nobelpreis für Literatur 1927. Coron: Zürich 1967 (1912), SE
- Bergson, Henri, Denken und schöpferisches Werden. Aufsätze und Vorträge. Mit einem Nachwort von Konstantinos P. Romanòs. Europäische Verlagsanstalt: Hamburg 1993 (1948), DSW
- Berr, Marie-Anne, Die Kadenzen der Schöpfung. Gott – Mensch – Maschine. In: „Anthropologie nach dem Tode des Menschen", 1994, 203–215
- Berr, Marie-Anne, Technik und Körper. D. Reimer: Berlin 1990
- Bilstein, Johannes, Erinnerung und Aufbruch. In: „Gedächtnis und Bildung. Pädagogisch-anthropologische Zusammenhänge". Deutscher Studien Verlag: Weinheim 1998.
- Bilstein, Johannes, Bilder-Hygiene. In: „Bild, Bilder, Bildung". Hg. von Christoph Wulf. Deutscher Studien Verlag/Beltz: Weinheim 1998, 89–115
- Bilstein, Johannes, Bildungszeit in Bildern. In: „Transformationen der Zeit. Erziehungswissenschaftliche Studien zur Chronotopologie". Hg. von J. Bilstein/G. Miller-Kipp/Ch. Wulf. Deutscher Studien Verlag: Weinheim 1999, 241–275
- Boehm, Gottfried, Die Wiederkehr der Bilder. In: „Was ist ein Bild?" 1994, 11–38

– Böhme, Hartmut, Natur und Subjekt. edition suhrkamp: FaM 1988
– Böhm, August, Über die Berechtigung des Bergsports. In: Zeitschrift des Deutschen und Oesterreichischen Alpenvereins (1880), 230–244
– Böhme, Gernot, Identität. In: „Vom Menschen", 1997, 686–697
– Böhme, Hartmut, Das Steinerne. Anmerkungen zur Theorie des Erhabenen aus dem Blick des „Menschenfernsten".In: Das Erhabene: zwischen Grenzerfahrung und Größenwahn. Hg. von Christina Pries; VCH – Acta Humaniora: Weinheim 1989, 119–141
– Böhme, Hartmut, Welt aus Atomen und Körper im Fluss. Gefühl und Leiblichkeit bei Lukrez. In: Rehabilitierung des Subjektiven. Festschrift für Hermann Schmitz. Hg. von M. Grossheim und H.-J. Waschkies. Sonderdruck. Bouvier: Bonn 1993, 413–439
– Böhme, Hartmut, Das Licht als Medium der Kunst. – Über Erfahrungsarmut und ästhetisches Gegenlicht in der technischen Zivilisation. In: Paragrana. Internationale Zeitschrift für Historische Anthropologie. Band 5 (1996), Heft 1, 92–116
– Böhme, Hartmut, Enthüllen und Verhüllen des Körpers in Bibel, Mythos und Kunst. In: Paragrana. Internationale Zeitschrift für Historische Anthropologie. Band 6 (1997), Heft 1, 218–246
– Böhme, Hartmut, Kontroverspredigt der Berge. In: „Schwerkraft" 1997, 231–233
– Bonato, Maurizio, „denkmalen", Video, 1998, 10 min, Farbe
– Bourdieu, Pierre/Wacquant, Loïs J. D., Reflexive Anthropologie. Suhrkamp: FaM. 1996 (im Original 1992)
– Brant, Sebastian, Das Narrenschiff. Übertragen von H. A. Junghans. Reclam: Stuttgart 1993
– Braun, Christina von, Nicht ich. Logos, Lüge, Libido. Verlag Neue Kritik: FaM 1988[2]
– Braun, Christina von, Die schmalose Schönheit des Vergangenen. Zum Verhältnis von Geschlecht und Geschichte. Verlag Neue Kritik: FaM 1989
– Buhl, Hermann, Große Bergfahrten. Nymphenburger: München 1974
– Buhl, Hermann, Allein am Nanga Parbat und große Fahrten. Steiger: Innsbruck 1984

– Çakir, E. Ahmet, Ein Sinn verliert seinen Sinn und findet ihn wieder. Der Tastsinn im Spiegel des Technikwandels. In: Tasten. Schriftenreihe Forum/Band 7, Steidl: Kunst- und Ausstellungshalle Bonn 1996, 262–275
– Capurro, Raffael, Die Welt – ein Traum? Vortrag auf der Tagung „Virtualität. Illusion. Wirklichkeit. Wie die Welt zum Schein wurde". Manuskript, Luzern: Stiftung Lucerna 1996
– Castoriadis, Cornelius, Durchs Labyrinth: Seele, Vernunft, Gesellschaft. FaM 1983
– Csikszentmihalyi, Mihaly, Das Flow-Erlebnis. Jenseits von Angst und Langeweile: im Tun aufgehen. Klett-Cotta: Stuttgart 1993 (1975)

– Daly, Mary, Gyn/Ökologie. Eine Meta-Ethik des radikalen Feminismus. Frauenoffensive: München 1986[3]
– „Das Schwinden der Sinne". Hg. von Dietmar Kamper und Christoph Wulf. edition suhrkamp: FaM 1984
– „Die Entdeckung der Alpen – Eine Sammlung schweizerischer und deutscher Alpinliteratur bis zum Jahr 1800". Ausgew. und bearb. von Richard Weiss. Verlag Huber & Co: Frauenfeld/Leipzig 1934
– „Die Schwerkraft der Berge. 1774–1997", Ausstellungskatalog Kunsthaus Aarau und Kunsthalle Krems. Hg. von Stephan Kunz, Beat Wismer, Wolfgang Denk. Stromfeld/Roter Stern: Basel/FaM 1997
– Deleuze, Gilles, Henri Bergson zur Einführung. Junius: Hamburg 1997[2] (im Original 1966)
– „Der Mann". In: Paragrana. Internationale Zeitschrift für Historische Anthropologie. Band 6 (1997), Heft 2
– Derrida, Jacques, Die différance. In: Jacques Derrida, Randgänge der Philosophie. FaM/Berlin/Wien: Ullstein 1976
– Descartes, René, Abhandlung über die Methode des richtigen Vernunftgebrauchs und der wissenschaftlichen Wahrheitsforschung. Übers. von L. Fischer. Reclam: Leipzig 1956
– Descartes, René, Meditationes, zweisprachige Ausgabe lat./deutsch in der Übersetzung von Buchenau und Gäbe. Reclam 1959, 47
– Dickel, Hans, Die Sehnsucht nach Natur in den Medien der bildenden Kunst: Caspar David Friedrich – Gerhard Richter – Bill Viola. In: Paragrana. Zeitschrift für Historische Anthropologie. „Die Elemente der Kunst". Band 5 (1996), Heft 1, 153–169

- „Dokumentation einer Unzweckmäßigkeit", Kletterfilm über Beat Kammerlander von Gerhard König, 1995, Farbe, 32 min
- „Du grosses stilles Leuchten" – Albert Steiner und die Bündner Landschaftsphotographie. Hg. von Beat Stutzer, Bündner Kunstmuseum Chur. Offizin Verlag: Zürich 1992

- Eco, Umberto, Das offene Kunstwerk. suhrkamp TB: FaM 1977 (1962)
- Egger, Carl, Michel-Gabriel Paccard und der Mont Blanc. Verlag Gaiser & Haldimann: Basel 1943
- Ehrenspeck, Yvonne, Aisthesis und Ästhetik. Überlegungen zu einer problematischen Entdifferenzierung. In: Aisthesis/Ästhetik, 1996, 201–229
- Elias, Norbert, Über den Prozeß der Zivilisation. Soziogenetische und psychogenetische Untersuchungen. 2. Bd. Wandlungen der Gesellschaft. Entwurf zu einer Theorie der Zivilisation. Suhrkamp TB: FaM 1976
- Erdheim, Mario: Die gesellschaftliche Produktion von Unbewußtheit. Eine Einführung in den ethnopsychoanaltischen Prozeß. Suhrkamp TB: FaM 1984
- „Erhard Loretan. Den Bergen verfallen." Hg. von Erhard Loretan und Jean Ammann; Paulusverlag: Freiburg 1996
- „Ernst Brunner. Photographien 1937 – 1962". Offizin Verlag: Zürich 1998[4] (1995)
- Ertl, Hans, Bergvagabunden. München 1952
- Finter, Helga / Maag, Georg (Hg.), Bataille lesen: Die Schrift und das Unmögliche. München: Fink 1992 [= Materialität der Zeichen, Reihe A; 11]. 7–10 und 13–31

- Fischer-Lichte, Erika, Auf dem Wege zu einer performativen Kultur. In: Paragrana. Internationale Zeitschrift für Historische Anthropologie. „Kulturen des Performativen". Band 7 (1998), Heft 1, 13–29
- Flusser, Vilém, Virtuelle Räume – Simultane Welten. In: Arch +, 111 (1993), 34–49/ 19–32
- Foucault, Michel, Sexualität und Wahrheit. 1. Band – Wille zum Wissen. Suhrkamp: FaM 1977
- Friedländer, Max, Über die Malerei. München 1963
- „Frühe Zeugnisse – Die Alpenbegeisterung". Vorgestellt von Helmuth Zebhauser. Hg. vom Deutschen Alpenverein. Bruckmann: München 1986 (Alpine Klassiker Bd. 5)

- Fulton, Hamish, Nicht zu viele Fußspuren hinterlassen. In: „Alpenblick", 1997, 101–102

- Gebauer Gunter, Hand und Gewißheit. In: „Das Schwinden der Sinne", 1984, 234–260
- Gebser, Jean, Ursprung und Gegenwart, 1. Teil. München 1986 (1973)
- Geertz, Clifford, Dichte Beschreibung. Beiträge zum Verstehen kultureller Systeme. suhrkamp TB: FaM 1994 (1983)
- Ginzburg, Carlo, Spurensicherung. Die Wissenschaft auf der Suche nach sich selbst. Wagenbach: Berlin 1995
- „Gipfel des Ruhms. Berge der Welt und ihre Bezwinger". Hg. Stefano Ardito. Rosenheimer Verlag: Rosenheim 1993
- Görlich, Bernhard: Angst. In: „Vom Menschen", 1997, 874–891
- „Grenzgänger in Fels und Eis", Dokumentation über Hans und Beat Kammerlander, „Land der Berge"-Produktion, Universum, ORF am 2. 12. 1999.
- Gugger, Beat, Alpenglühen. In: „Schwerkraft", 1997, 63–67
- Güllich, Wolfgang, Marksteine des Sportkletterns: Wallstreet XI–/8c. In: rotpunkt, Nr. 5 (1989), 53
- Guttandin, Friedhelm: Wunsch und Rationalität. Skizzen. In: „Über die Wünsche", 1977, 130–149

- Habeler, Peter, Der einsame Sieg. Goldmann TB: München 1979
- Haeffner, G., Philosophische Anthropologie. Stuttgart 1992
- Heiz, André Vladimir, Medium – eine Welt dazwischen. In: Museum für Gestaltung. Schriftenreihe 23, Zürich 1998, 79 Seiten
- „Hermann Buhl. Kompromisslos nach oben." Hg. von Reinhold Messner und Horst Höfler. Steiger Verlag: Augsburg 1997
- „Historische Anthropologie. Zum Problem der Humanwissenschaften heute oder Versuche einer Neubegründung." Hg. von G. Gebauer, D. Kamper, D. Lenzen, G. Mattenklott, Ch. Wulf, K. Wünsche. rororo TB: Reinbek bei Hamburg 1989
- Hofmann, Hugo, Was soll der Mensch da oben? In: Zeitschrift des Deutschen und Oesterreichischen Alpenvereins (1887), 246–253
- Hofmann, Werner, Turner und die Landschaft seiner Zeit. Ausstellungskatalog. Hamburg 1974

- Holländer, Hans, Augenblick und Zeitpunkt. In: „Augenblick", 1984, 7–21
- Holländer, Hans, *Augenblicksbilder*. Zur Zeit-Perspektive in der Malerei. In: „Augenblick", 1984, 175–197
- Hoppe – Sailer, Richard, Elementare Wahrnehmungen. Zur Präsenz der Elemente in Werken der modernen Kunst. In: Paragrana. Internationale Zeitschrift für Historische Anthropologie. „Die Elemente der Kunst". Band 5 (1996), Heft 1, 170–187
- Hübel, Paul, Führerlose Gipfelfahrten. München 1949
- Hütte, Axel, Ein imaginärer Raum. In: „Alpenblick", 1997, 122

- Kaempfer, Wolfgang, Das Gefängnis der Freiheit. Zur Pathologie von Bewusstseinsprozessen. In: Paragrana. Internationale Zeitschrift für Historische Anthropologie. „Selbstfremdheit". Band 7 (1997), Heft 1, 81–103
- Kaempfer, Wolfgang, Das Triebwerk des Bewusstseins. Jenseits von *Bewusst* und *Unbewusst*. In: Paragrana. Internationale Zeitschrift für Historische Anthropologie. „Jenseits", Band 7 (1998), Heft 2, 188–208
- Kammerlander, Hans, Abstieg zum Erfolg. Rother: München 1987
- Kammerlander, Hans, In der Todeszone. Stern-Gespräch, geführt von Norbert Höfler und Brigitte Zander. In: Stern, Heft Nr. 30 (1998), 94–102
- Kammerlander, Hans, Bergsüchtig. Piper: München/Zürich 1999 (unter Mitarbeit von Walter Lücker)
- Kamper, Dietmar, Die Aufhebung der Ökonomie durch den Wunsch – Georges Bataille. In: „Über die Wünsche" 1977, 174–183
- Kamper, Dietmar, Zur Geschichte der Einbildungskraft. Hanser: München/Wien 1981
- Kamper, Dietmar, Vom Hörensagen. Kleines Plädoyer für eine Sozio-Akustik. In: „Das Schwinden der Sinne", 1984, 113
- Kamper, Dietmar, Zur Soziologie der Imagination. Hanser: München/Wien 1986
- Kamper, Dietmar, Tod des Körpers – Leben der Sprache. Über die Intervention des Imaginären im Zivilisationsprozeß. In: „Historische Anthropologie" 1989, 49–81
- Kamper, Dietmar, Nach dem Schweigen: Hören. Das Ohr als Horizont der Bestimmung. In: Paragrana. Internationale Zeitschrift für Historische Anthropologie. „Das Ohr als Erkenntnisorgan". Band 2 (1993), Heft 1–2, 116 –119
- Kamper, Dietmar, Der eingebildete Mensch. In: „Anthropologie nach dem Tode des Menschen", 1994, 273–278
- Kamper, Dietmar, „Nachträgliches epistemologisches Minimum", Fauzan 1994, hektografisches Manuskript, 4 Seiten.
- Kamper, Dietmar, Die Kunst des Unmöglichen. In: Dietmar Kamper, Unmögliche Gegenwart, 1995, 113–148
- Kamper, Dietmar, Theorie als panische Notwehr. In: Paragrana. Internationale Zeitschrift für Historische Anthropologie. „Aisthesis". Band 4 (1995), Heft 1, 219–224
- Kamper, Dietmar, Unmögliche Gegenwart. Zur Theorie der Phantasie. Fink: München 1995, 169–178
- Kamper, Dietmar, Abgang vom Kreuz. Fink: München 1996
- Kamper, Dietmar, Das Bild als Tod in Person. Über Präsenz, Repräsentation und Simulation eines Abwesenden. Vortrag auf der Tagung „Virtualität. Illusion. Wirklichkeit. Wie die Welt zum Schein wurde." Manuskript, Luzern: Stiftung Lucerna, 1996
- Kamper, Dietmar, „Das Virtuelle als Spielart der Absenz". Vortrag beim Prager Mediensymposium zu Flusser Medien Film, 1997
- Kamper, Dietmar, GeistesGegenwart und Körper-Denken. In: Paragrana. Internationale Zeitschrift für Historische Anthropologie. „Selbstfremdheit". Band 6 (1997), Heft 1, 247–267
- Kamper, Dietmar, Im Souterrain der Bilder. Die Schwarze Madonna. Philo: Bodenheim 1997
- Kamper, Dietmar, „Ultra". In: Paragrana. Internationale Zeitschrift für Historische Anthropologie. „Jenseits". Band 7 (1998), Heft 2, 266–277
- Kamper, Dietmar, von wegen. Fink: München 1998
- Kant, Immanuel, Kritik der Urteilskraft. Suhrkamp: FaM 1974
- Karl, Reinhard, Erlebnis Berg. Zeit zum Atmen. Knaur TB: München/Zürich o. J. (Erstdruck Limpert: Bad Homburg 1980)
- Karpenstein-Essbach, Christa, Ein moderner Körper – Zum Beispiel Gregor Samsa. In: „Transfigurationen des Körpers", 1989, 228–244

– Klarer, Mario, Locker vom Hocker – Die Benennung von Sportkletterrouten. In: Berg '90. Alpenvereinsjahrbuch 1990, 91–98
– König, Eckehard, „Performativ" und „Performanz". In: Paragrana. Internationale Zeitschrift für Historische Anthropologie. „Kulturen des Performativen". 7 (1998), Heft 1, 59–70
– „KörperDenken. Aufgaben der Historischen Anthropologie." Hg. von Frithjof Hager. Reimer: Berlin 1996
– Krämer, Sybille, Sprache – Stimme – Schrift. In: Paragrana. Internationale Zeitschrift für Historische Anthropologie. „Kulturen des Performativen". Band 7 (1998), H. 1, 33–57
– Kukuczka, Jerzy, Im vierzehnten Himmel. Wettlauf im Himalaya. Verlag J. Berg: München 1990
– „Kunst und Pädagogik. Erziehungswissenschaft auf dem Weg zu Ästhetik?" Hg. von Dieter Lenzen. Wissenschaftliche Buchgesellschaft: Darmstadt 1990
– Kutschmann, Werner, Der Naturwissenschaftler und sein Körper. Suhrkamp: FaM 1986

– L. G. (anonym), Über die Freude an der Natur und am Bergsteigen. In: Zeitschrift des Deutschen und Oesterreichischen Alpenvereins (1881), 323–326
– Lacan, Jacques, Zur „Verneinung" bei Freud. Schriften III. Olten 1980, 203
– Lammer, Eugen Guido, Jungborn. München 1923
– „Landschaft. Die Spur des Sublimen". Hg. von Hans-Werner Schmidt und Ute Riese. Ausstellungskatalog Kiel/Innsbruck/Esbjerg, Kerber Verlag: Bielefeld 1998
– Leeker, Martina, Medien, Mimesis und Identität. Bemerkungen über einen geglückten Umgang mit Neuen Technologien. In: Paragrana. Internationale Zeitschrift für Historische Anthroplogie. „Mimesis, Poiesis, Autopoiesis". Band 4 (1995), Heft 2, 90–102
– Leibniz, Gottfried Wilhelm, Die Philosophischen Schriften. Hg. von C. I. Gerhardt, Bd.7, Nachdr. Olms 1961
– Lyotard, Jean-François, Philosophie und Malerei im Zeitalter ihres Experimentierens. Merve: Berlin 1986 (1985)
– Lyotard, Jean-François, „Die Erhabenheit ist das Unkonsumierbare", Gespräch mit Christine Pries. In: Kunstforum Bd. 100 (1989)

– Matussek, Peter, www.heavensgate.com – Virtuelles Leben zwischen Eskapismus und Ekstase. In: Paragrana. Internationale Zeitschrift für Historische Anthropologie. „Selbstfremdheit". Band 6 (1997), Heft 1, 129–147
– McLuhan, M., Die Gutenberg-Galaxis – das Ende des Buchzeitalters. Düsseldorf/Wien: Econ 1968
– Meiffert, Thomas, Implantation oder Konvenienz. Zum Charakter der Informationstechnologien. In: „Bildmaschinen und Erfahrung". Hg. BILDO-Akademie, Edition Hentrich: Berlin 1989/1990, 29–37
– Merleau-Ponty, Maurice, Phänomenologie der Wahrnehmung. Berlin 1966
– Messner, Reinhold, Der 7. Grad. Extremstes Bergsteigen. BLV: München/Bern/Wien 1973
– Messner, Reinhold, Alleingang Nanga Parbat. Knaur TB: München/Zürich o. J. (Erstdruck BLV: München 1979)
– Messner, Reinhold, Der gläserne Horizont. Knaur TB: München o. J. (BLV: München 1981)
– Messner, Reinhold, Überlebt: alle 14 Achttausender. BLV: München/Wien/Zürich 1991[5] (1986)
– Messner, Reinhold, Everest, Expedition zum Endpunkt. BLV: München 1995
– „Metamorphosen des Raums. Erziehungswissenschaftliche Studien zur Chronotopologie". Hg. von Eckart Liebau, Gisela Miller-Kipp, Christoph. Wulf, Deutscher Studien Verlag/Beltz: Weinheim 1999
– Meyer-Drawe, Käte: Individuum. In: „Vom Menschen", 1997, 698–708
– Meyer, Oscar Erich, Das Erlebnis des Hochgebirges. Union Deutsche Verlagsgesellschaft: Berlin 1932
– Minois, Georges, Die Hölle. Zur Geschichte einer Fiktion. stv: München 1996 (1991)
– Morin, Edgar, Die Unidualität des Menschen. In: „Anthropologie nach dem Todes des Menschen", 1994, 15–24

– Nef, Jürg, Haftpflicht und Versicherungsschutz des Bergsteigers. Schulthess: Zürich 1987
– Nietzsche, Friedrich, Götzen-Dämmerung. Kritische Studienausgabe 6. Hg. von G. Colli und M. Montinari. dtv/de Gryter: Berlin 1988[2] (1980)
– Nigsch, Otto, Die Quantität der Qualität. In: Exemplarische Erkenntnis. Zehn Beiträge zur interpretativen Erforschung sozialer Wirklichkeit. Studien Verlag: Innsbruck/Wien 1998, 15–33
– Norton, E. F. u. a., Bis zur Spitze des Mount Everest.

Die Besteigung 1924. Verlag B. Schwabe & Co: Basel 1926

- Ölz, Oswald, Die Risikosucht als medizinisches Phänomen. In: Neue Züricher Zeitung. Nr. 37, 14./15. Februar 1998, 58.

- Perfahl, Jost, Kleine Chronik des Alpinismus. Rosenheimer Verlag: Rosenheim 1984
- Perfahl, Jost, Die schönsten Bergsteigergeschichten der Welt. Delphin: München/Zürich 1984
- Peskoller, Helga, Lebensschule Bergsteigen. In: Jugendzeitschrift des OeAV, 33. Jg. (1982), Heft 4, 6–7
- Peskoller, Helga, Zwischen Sternen und Steinen – eine Fläche zum Nachsinnen. Ideen zum Verhältnis von Kunst und Wissenschaft. In: InN – Zeitschrift für Literatur, Nr. 12 (1987), 6–7
- Peskoller, Helga, Acmeridasel – ein Textexperiment. Schreiben in Bildern, um authentisches Denkmaterial, Wissen und eine subjektiv brauchbare Denkanordnung zu produzieren? In: Gehen Bildung, Ausbildung und Wissenschaft an der Lebenswelt vorbei? Hg. von Michael Schratz, profil: München 1988, 268–280
- Peskoller, Helga, Vom Klettern zum Schreiben – ein Versuch, sich zur Gänze zu verwenden. Monographie einer Dissertationsgeschichte als erzählte Wissenschaft. Dissertation, Innsbruck 1988, 3 Bde.
- Peskoller, Räume setzen das Lernen in Gang. Überlegungen zur Jugendarbeit im Alpenverein. In: OeAV Mitteilungen, Jg. 43 (1988), Heft 1, 8
- Peskoller, Alpinismus – vertextet und montiert. In: Tiroler Kulturzeitschrift DAS FENSTER, 23. Jg. (1989), Heft 45, 4455–4469; erschienen auch In: Berg '90, Alpenvereinsjahrbuch, Bd. 114, 57–65
- Peskoller, Helga, Götterberge – Berggötter. Wahnsinnsunternehmen Tiamat bis Güllich – eine feministische Denkskizze. In: Lesezirkel der Wiener Zeitung, Nr. 42 (1989), 6. Jg., 3–5
- Peskoller, Helga, Neue Spielformen des Bergsteigens und Schifahrens: learning by doing? In: Sicherheit im Bergland. Jahrbuch. Hg. vom Österr. Kuratorium für alpine Sicherheit. Wien 1991, 74–83
- Peskoller, Helga, Frau : Berg = Mythenzerstörung. In: OeAV-Mitteilungen, Jg. 46 (1991), Heft 3, 4–5
- Peskoller, Helga, Wanda Rutkiewicz – ein Nachruf. In: OeAV-Mitteilungen, Jg. 47 (117), Heft 6, 1992, 14–15

- Peskoller, Helga, Der Bergfilm ist kein anderer Film. Interview mit Erich Lackner. In: OeAV-Mitteilungen, Heft 5 (1993), 16, 18–21
- Peskoller, Helga, ... zerstückelt und allein. Zur Abbildung zeitgenössischer Berghelden. In: OeAV-Mitteilungen, Heft 5 (1993), 6–7
- Peskoller, Helga, BergDenken – Kulturschichten fremder Höhe. Habilitationsschrift, Innsbruck 1996, 561 Seiten, Materialband, 132 Seiten
- Peskoller, Helga, Gegenstand. Habilitationskolloquium. Innsbruck 23. 6. 1996, Manuskript, 8 Seiten
- Peskoller, Helga, „Die Rolle der Frau im Alpinismus" – Anlass zu einer Dekonstruktion. In: Sicherheit im Bergland. Jahrbuch. Hg. vom Österr. Kuratorium für alpine Sicherheit. Wien 1996, 18–24; erschienen auch in den Mitteilungen des OeAV, Heft 1 (1999), 5–9
- Peskoller, Helga, Bergsteigen: Zur Unbestimmbarkeit von Natur und Mensch. In: Mitteilungen des OeAV, Jg. 51 (1996), Heft 5, 5–9
- Peskoller, Helga, BergDenken. Eine Kulturgeschichte der Höhe. W. Eichbauer Verlag: Wien 1998² (1997)
- Peskoller, Helga, Raumverdichtung durch Vertikalität. In: „Metamorphosen des Raums", 1999, 275–280
- Peskoller, Helga, 8000 – Ein Bericht aus großer Höhe. In: Paragrana. Internationale Zeitschrift für Historische Anthropologie. „Jenseits". Bd. 7 (1998), H. 2, 228–240.
- Peskoller, Helga, „... unfassbar und doch wirklich" – Grundzüge eines anderen Wissens von Menschen. In: Berg '99, Alpenvereinsjahrbuch, Band 123. Bergverlag Rother: München 1998, 241–248
- Peskoller, Helga: Kunst der Berührung. Vortrag zur Vernissage von Lies Bielowskis Ausstellung unter dem Titel: „von dingen und sinnen oder eine geschichte vom versammeln und reisen", Kunstpavillon Innsbruck, März 1998, Manuskript, 6 Seiten
- Peskoller, Helga, extrem. Vortrag im Kunstraum Innsbruck, 7. Mai 1998, Manuskript, 13 Seiten
- Peskoller, Helga, Zwischen hoch und tief. In: Medium – eine Welt dazwischen. Beobachten und Unterscheiden. Anthologie. Hg. von André Vladimir Heiz und Michael Pfister. Edition Museum für Gestaltung: Zürich 1998, 174–179
- Peskoller, Helga, Virtuelle Welt und gemeiner Sinn – Spurensicherung eines Zeitphänomens. Vortrag

in Üetlikon/Zürich, 13. 11. 1998; Manuskript, 17 Seiten

- Peskoller, Helga, Die Kunst der Berührung. Randnotizen zu einem Paradigma des Performativen. In: „Das Geschlecht, das sich (un)eins ist? – Frauenforschung und Geschlechtergeschichte in den Kulturwissenschaften". StudienVerlag: Innsbruck/Wien/München 1999, 174–187
- Peskoller, Helga, Risikotyp Genick brechen: Schwierigkeitsgrad X–. In: du. Die Zeitschrift der Kultur. „Angstlust", Juni 2000/Heft Nr. 707, 7–9
- Peskoller, Helga, 1 cm – Zur Grenze der Beweglichkeit. In: Paragrana. Internationale Zeitschrift für Historische Anthropologie. „Metaphern des Unmöglichen". Band 9 (2000), Heft 1, 107–116
- Peskoller, Ein Spiel gegen die Täuschung. Vortrag beim Symposium „Der Berg – Symbol, Materie, Leben", Universität Klagenfurt: Kulturwissenschaftliches Dekanat, 14. 6. 2000, Manuskript, 8 Seiten
- Peskoller, Helga: Wider die Vernunft. In: „Natur- Erziehungswissenschaftliche Studien". Hg. von Eckart Liebau/Helga Peskoller/Christoph Wulf. Deutscher Studien Verlag Beltz: Weinheim 2001 (in Druck)
- Pessentheiner, Harald, Satzweise. Dissertation, Klagenfurt 2000 (Innsbruck 1998)
- Pixner, Werner, Zur Technikgeschichte. Ein Rund-Schreiben über und zu meinem Technikverständnis. Diplomarbeit am Institut für Erziehungswissenschaften, Innsbruck 1998
- Posch, Gabriele, Zwischen der Horizontalen und der Vertikalen. Eine Forschungsarbeit über Frauen beim Sportklettern. Dissertation, Innsbruck 1988
- Prochazka, Stephan, Die Berge bei den arabischen Geographen des Mittelalters. In: Mitteilungen des ÖAV, Jg. 46 (1991), Heft 5, 9–10

- Reznicek, Felizitas von, Vierhundert Jahre Bergsteigerinnen. In: Jahrbuch des D und ÖAV 1967, 153–161
- Reznicek, Felizitas, Von der Krinoline zum sechsten Grad. Verlag Das Bergland-Buch: Salzburg/Stuttgart 1967
- Rittelmeyer, Christian, Synästhesien. Entwurf zu einer empirischen Phänomenologie der Sinneswahrnehmung. In: Aisthesis/Ästhetik. 1996, 138–152
- Ritter, Joachim, Landschft. Zur Funktion des Ästhetischen in der modernen Gesellschaft. In: „Subjektivität". Hg. von Joachim Ritter. Frankfurt/Main 1974, 11

- Schärli, Otto, Werkstatt des Lebens. Durch die Sinne zum Sinn. AT Verlag: Aarau 1995[2]
- Schemm, Martin, Der Alleingang. Einen imaginären Grenzübergang passiert? In: Berg ’99. Alpenvereinsjahrbuch. Hg. vom D und ÖAV, München 1998, 233–240
- Schmidgen, Henning, Einbildung und Ausfühlung. In: Paragrana. Internationale Zeitschrift für Historische Anthropologie. „Selbstfremdheit", Band 6 (1997), Heft 1, 25–42
- Schmidkunz, Walter, Alpine Geschichte in Einzeldaten. In: Alpines Handbuch Bd. 1. Hg. vom D und ÖAV, F. A. Brockhaus: Leipzig 1931, 307–449
- „Schreiben auf Wasser. Performative Verfahren in Kunst, Wissenschaft und Bildung." Hg. von Hanne Seitz. Klartext: Essen 1999
- Schuhmacher-Chilla, Doris, Sprechen und Sehen. Köln 1988
- Schuhmacher-Chilla, Doris, Wenn das Auge das Ohr übermannt. In: Paragrana. Internationale Zeitschrift für Historische Anthropologie. „Das Ohr als Erkenntnisorgan". Band 2 (1993), Heft 1–2, 45–55
- Schuhmacher-Chilla, Doris, Ort des Bildes – Ort des Lebens. Vortrag in Magdeburg, Okt. 1997, erschienen in: „Metamorphosen des Raums", 1999, 281–292
- Seitz Gabriele, Wo Europa den Himmel berührt. Die Entdeckung der Alpen. Artemis: München/Zürich 1987
- Seitz, Hanne, Räume im Dazwischen. Bewegung, Spiel und Inszenierung im Kontext ästhetischer Theorie und Praxis. Klartext: Essen 1996
- Seitz, Hanne, „Und die Spur führt ins Leere ..." – Der andere Raum oder Wie aus einer Lichtung ein Stück Wirklichkeit wird. Vortrag in Magdeburg, Okt. 1997, erschienen in: „Metamorphosen des Raums", 1999, 293–305
- Serres, Michel, Die fünf Sinne. Eine Philosophie der Gemenge und Gemische. Suhrkamp: FaM 1993[2] (im Original 1985; als TB 1999)
- Serres, Michel, Hermes III. Übersetzungen. Merve: Berlin 1992
- Serres, Michel, Hermes IV. Verteilungen. Merve: Berlin 1993

- Serres, Michel, Hermes V. Die Nordwest-Passage. Merve: Berlin 1994
- Sonntag, Susan, Über Fotografie. Fischer TB: FaM 1988
- „Sport – Eros – Tod". Hg. von Gerd Hortleder und Gunter Gebauer. edition suhrkamp: FaM 1986
- Stark, Karl-Heinz, Eine Diplomarbeit zu neuen Medientechnologien. Diplomarbeit am Institut für Erziehungswissenschaften, Innsbruck 1995
- „stay hungry", Video, 8 min, Farbe & SW; 1991, produziert von Helga Peskoller und Michael Stark; aufgeführt u. a. beim 1. Sportkletter-Weltcup in Innsbruck 1991 und bei den Salzburger Filmtagen in der Residenz 1992
- Steffens, Andreas, Die Möglichkeit Mensch. Wiederaufnahme der Anthropologie am Ende des Jahrhunderts. In: Paragrana. Internationale Zeitschrift für Historische Anthropologie. „Selbstfremdheit". Band 6 (1997), Heft 1, 43–64
- „Stein". Hg. von Andy Goldsworthy. Ins Deutsche übers. von Imke Janiesch. Verlag Zweitausendeins: FaM 1994
- Steinitzer, Alfred, Der Alpinismus in Bildern. Mit 700 Abbildungen. R. Piper & Co: München 1913
- Sting, Stephan, Der Mythos des Fortschreitens. Zur Geschichte der Subjektbildung. Reimer: Berlin 1991.
- Stucki, Peter, Virtuelle Realität – reale Virtualität. Vortrag auf der Tagung „Virtualität, Illusion. Wirklichkeit – Wie die Welt zum Schein wurde." Manuskript, Luzern: Stiftung Lucerna 1996

- Täuber, Carl, Die älteste Gebirgsdarstellung. In: Die Alpen. Monatsschrift des Schweizer Alpenclubs. XIII (1937), 383–385 samt Abb. 377.
- Terray, Lionel, Große Bergfahrten. München 1975
- „the Nose. free Climbing", Dokumentation, Video, Farbe, 25 min, Lynn Hill 1997
- Trabant, Jürgen, Der akroamatische Leibniz: Hören und Konspirieren. In: Paragrana. Internationale Zeitschrift für Historische Anthropologie. „Das Ohr als Erkenntnisorgan". Band 2 (1993), 64 – 71
- „Transfigurationen des Körpers. Spuren der Gewalt in der Geschichte". Hg. von Dietmar Kamper und Christoph Wulf. D. Reimer: Berlin 1989
- „Transformationen der Zeit. Erziehungswissenschaftliche Studien zur Chronotopologie". Hg. von Johannes Bilstein, Gisela Miller-Kipp, Christoph Wulf. Deuter Studien Verlag/Beltz: Weinheim 1999

- „Über die Wünsche. Ein Versuch zur Archäologie der Subjektivität". Hg. von Dietmar Kamper. Hanser: München/Wien 1977
- Vief, Bernhard, Vom Bild zum Bit. Das technische Auge und sein Körper. In: „Transfigurationen des Körpers", 1989, 265–292
- Vief, Bernhard, Die Bits als Elemetarzeichen. Vereinfachung, die im Zweifachen endet. In: Paragrana. Zeitschrift für Historische Anthropologie. „Miniatur". Band 1 (1992), 86–95
- Vief, Bernhard, Die Bits als Elemetarzeichen. In: „Anthropologie nach dem Tode des Menschen", 1994, 170–184
- Virilio, Paul, Die Sehmaschine. Merve: Berlin 1989
- Virilio, Paul, Gott, Medien, Cyberspace. Gespräch von P. Virilio und Louise Wilson. In: Lettre international, Herbst 1995, 38–39

- „Wanda Rutkiewicz. Karawane der Träume". Hg. von Gertrude Reinisch; Bergverlag Rother: München 1998
- „Was ist ein Bild?" Hg. von Gottfried Boehm. Bild und Text, Fink: München 1994
- Weeks, David/James, Jamie, Exzentriker. Über das Vergnügen, anders zu sein. Rowohlt: Reinbek b. Hamburg 1997 (1995)
- Weinrich, Harald, Semantik der kühnen Metapher. In: Deutsche Vierteljahresschrift für Literaturwissenschaft und Geistesgeschichte, Heft 3 (1963), 325–344
- Weizsäcker, Victor von, Pathosophie. Vandenhoeck & Ruprecht: Göttingen 1956
- Westphal, Kristin, Zwischen Himmel und Erde. Annäherungen an eine kulturpädagogische Theorie des Raumerlebens. P. Lang: FaM 1997
- Westphal, Kristin, *Stimme* im Verhältnis und zur Differenz von alten und neuen Medien im Kontext ästhetisch-erziehungswissenschaftlicher Diskurse. Manuskript 1998
- Whymper, Edward, Berg- und Gletscherfahrten in den Alpen. Braunschweig 1909
- Willmann, Urs, Wo ist Gott? In: Die Zeit, Nr. 13 bzw. Nr. 17, 70
- Wittgenstein, Ludwig, Philosophische Untersuchungen. Werkausgabe Band 1, suhrkamp tb wissenschaft: FaM 1997[11]
- Wittgenstein, Ludwig, Über Gewißheit. Werkaus-

gabe Band 8, suhrkamp tb wissenschaft.: FaM 1997[7]
- „Vom Menschen" – Handbuch Historischer Anthropologie. Hg. von Christoph Wulf. Beltz Handbuch: Weinheim/Basel 1997, 698–708
- Wo´zniakowski, Jacek, Die Wildnis. Zur Deutungsgeschichte des Berges in der europäischen Neuzeit. Wissenschaftliche Sonderausgabe. Suhrkamp Verlag: FaM 1987
- Wulf, Christoph, Jenseits im Diesseits. Körper-Andersheit-Phantasie. In: Paragrana. Internationale Zeitschrift für Historische Anthropologie. „Jenseits". Band 7 (1998), Heft 2, 11–23

- Zak, Heinz, Rock Stars. Die weltbesten Freikletterer. Bergverlag Rother: München 1995
- Zak, Heinz/Güllich, Wolfgang, high life. Sportklettern weltweit. Rother: München 1987
- Zebhauser, Helmuth, Alpinismus im Hitlerstaat. Bergverlag Rother: München 1998
- Zsigmondy, Emil, Die Gefahren der Alpen. Augsburg 1886 (1885)

ABBILDUNGEN

NAMENSVERZEICHNIS

bóhlau Wien neu

Jon Mathieu
Die Geschichte der Alpen 1500–1900
Umwelt, Entwickung, Gesellschaft
2., unveränderte Auflage
2001. 256 S. m. 10 S. s/w-Abb. Geb.
ISBN 3-205-99363-2

Die Alpen gelten mindestens seit Jean-Jacques Rousseau als Verkörperung der Natur und damit als Gegenpol der Zivilisation –
Grund genug, um die Geschichte dieser europäischen Gebirgs-
region kaum wahrzunehmen bzw. den sechs Nationalstaaten zu
überlassen, die sich heute in sie teilen. Dieses Buch führt durch
die gemeinsame Geschichte des Alpenraumes vom Ausgang des
Mittelalters bis 1900 und untersucht Bevölkerung, Wirtschaft und
Umwelt. Die politischen Kräfteverhältnisse, ökologische Frage-
stellungen und die aktuelle Diskussion um eine künftige Alpen-
politik fließen mit ein. Wie gestaltete sich die langfristige
Beziehung zwischen Bevölkerung, Wirtschaft und Umwelt?
Und wie wirkten sich politische Kräfte auf die Verfassung und
Gesellschaft aus?

Kurt F. Strasser/Harald Waitzbauer
Über die Grenzen nach Triest
Wanderungen zwischen Karnischen Alpen und Adriatischem Meer
(Schriftenreihe des Forschungsinstitutes für politisch-historische
Studien der Dr.-Wilfried-Haslauer-Bibliothek, Band 8)
1999. 23,5 x 15,5 cm, 288 S., zahlr. s/w. u. farb. Abb., Gb.
ISBN 3-205-99010-2

Jetzt erhältlich in Ihrer Buchhandlung!

bóhlau Wien